JN260977

旧韓国〜朝鮮の「内地人」教育

稲葉継雄 著

九州大学出版会

緒　　言

　著者は，学生時代以来かれこれ30年，比較教育学・教育史を中心に広義のKorean Studiesを続けてきた。時期としては江華島条約による朝鮮の開国（1876年）から現代まで，研究テーマは多岐にわたったが，対象は専ら朝鮮・韓国の人々であった。裏を返せば，1945年8月以前の彼の地における日本人（居留邦人・内地人）の教育にはほとんど関心がなかったのである。
　留学と筑波大学勤務を経て1993年，福岡に戻り，数年後九州大学同窓会の事業に関係するようになって，先輩方の中にかつての京城帝国大学および同予科の出身者が少なくないことを知った。改めて見回してみると，中学・高校の同窓生の親族・姻戚の中にも多くの朝鮮引揚者がいた。居留邦人・内地人の教育に関心を持ち始めたのはこの頃からである。
　2001年3月，九州大学の『大学院教育学研究紀要』第46集に「旧韓国における居留邦人の教育」を発表した。そして，この研究をさらに発展させたいと思っていたところに科学研究費補助金の支給を受けたのである（2002年度130万円，2003年度100万円，2004年度100万円）。
　科研費のお蔭で，九州・中国・四国一円の大学図書館・県立図書館などにおいて文献資料を収集することができ，引揚者を訪ねて彼らが語る「朝鮮の思い出」を収録することもできた。インタビュイーは，「連翹の会（旧京城公立小学校の会）」「ニュー釜山会（旧釜山公立小学校の会）」をはじめとする各種同窓会を足掛りとして芋蔓式に増え，およそ80名にのぼった。
　Korean Studiesに携わっていると，韓国か朝鮮かをはじめ用語法に神経を使うことが多いが，今回の研究題目を定めるにあたってはとくに悩んだ。旧韓国～植民地朝鮮を一貫するわれわれ日本人のどんぴしゃりの呼称がないからである。「日本人」とすれば，国際法上植民地時代の朝鮮人も含むことになり，「日本人」教育は，彼ら朝鮮人を名実ともに「日本人」にしようとしたいわゆる同化教育と受け取られる可能性がある。また，「内地人」は，

併合以前，日本によって保護国化されたとはいえまだ国の形を保っていた旧韓国時代の居留邦人とは，当然のことながら法的性格が異なる。迷いに迷った挙句の果てに，「内地人」を採ることにした。牽強付会の感は免れないが，一部の日本人が，旧韓国時代においてすでに，韓国を事実上の植民地，日本を「内地」と認識していた（仁川公立尋常高等小学校『創立五十周年記念誌』92頁参照）ことがその根拠である。

　本書は，第Ⅰ部において併合前後の居留邦人・内地人の教育を概観し，第Ⅱ部として「内地人」学校の事例研究を列挙する。事例研究は，資料・時間の制約のため今のところ12校（小学校3，中学校4，高等女学校・実業学校・師範学校・専門学校・大学予科各1校）であるが，今後さらに充実させていきたい。

　　2005年9月

　　　　　　　　　　　　　　　　　　　　　　　　　　稲　葉　継　雄

目　次

緒　言 ………………………………………………………………… i

第Ⅰ部　概　説

第1章　旧韓国における居留邦人の教育 ……………………… 3
　はじめに ……………………………………………………… 3
　第1節　日本人学校の展開 ………………………………… 4
　　1．小　学　校　　4
　　2．高等女学校　　9
　　3．中　学　校　　11
　　4．実業学校　　14
　　5．専門学校・各種学校　　15
　　6．幼　稚　園　　17
　第2節　日本人学校の特色 ………………………………… 21
　　1．設立経緯における宗教色　　21
　　2．「日語学校」との関係　　30
　　3．韓国人教育への参与　　32
　　4．韓語教育　　35
　おわりに ……………………………………………………… 39

第2章　植民地朝鮮の「内地人」教育 ……………………… 45
　はじめに ……………………………………………………… 45
　第1節　量的・制度的展開 ………………………………… 46
　　1．小　学　校　　46

2．中　学　校　　50

　　3．高等女学校　　53

　　4．実業学校　　56

　　5．師　範　学　校　　60

　　6．専門学校・大学予科　　67

　第2節　内地との異同 ……………………………………………… 73

　　1．小　学　校　　73

　　2．中　学　校　　80

　　3．高等女学校　　82

　　4．実業学校　　84

　　5．師　範　学　校　　85

　　6．専門学校・大学予科　　87

　おわりに ……………………………………………………………… 90

第Ⅱ部　「内地人」学校の事例研究

第3章　釜山第一小学校 …………………………………………… 97

　はじめに ……………………………………………………………… 97

　第1節　学　校　沿　革 ……………………………………………… 98

　第2節　教員の去就 ………………………………………………… 101

　　1．校　　　長　　101

　　2．訓　　　導　　107

　第3節　釜山第一小学校の学校文化 ……………………………… 113

　おわりに …………………………………………………………… 116

第4章　京城日出小学校 ………………………………………… 119

　はじめに …………………………………………………………… 119

　第1節　学　校　沿　革 …………………………………………… 120

　第2節　教員の去就 ………………………………………………… 123

　　　　　　　　　　　目　次　　　　　　　v

　　　1．校　　長　123
　　　2．訓　　導　127
　　第3節　京城日出小学校の学校文化 ……………………………… 132
　　第4節　朝鮮社会との関連 ……………………………………… 136
　　おわりに ………………………………………………………… 137

第5章　釜山第六小学校 …………………………………………… 141
　　はじめに ………………………………………………………… 141
　　第1節　学校沿革 ………………………………………………… 141
　　第2節　教員の去就 ……………………………………………… 146
　　　1．校　　長　146
　　　2．訓　　導　148
　　第3節　釜山第六小学校の学校文化 ……………………………… 156
　　おわりに ………………………………………………………… 159

第6章　京城中学校 ………………………………………………… 163
　　はじめに ………………………………………………………… 163
　　第1節　学校沿革 ………………………………………………… 164
　　第2節　教員の去就 ……………………………………………… 168
　　　1．校　　長　168
　　　2．教　諭　等　172
　　第3節　学校生活の諸相 ………………………………………… 178
　　　1．入学・卒業　178
　　　2．京城中学校の学校文化　182
　　　3．朝鮮社会との関連　184
　　おわりに ………………………………………………………… 186

第7章　釜山中学校 ………………………………………………… 189
　　はじめに ………………………………………………………… 189

第 1 節　学校沿革 …………………………………………………… 190
　第 2 節　教員の去就 ………………………………………………… 193
　　1. 校　　長　193
　　2. 教　　諭　199
　第 3 節　釜山中学校の学校文化 …………………………………… 207
　おわりに ……………………………………………………………… 210

第 8 章　龍山中学校 …………………………………………………… 213

　はじめに ……………………………………………………………… 213
　第 1 節　学校沿革 …………………………………………………… 213
　第 2 節　教員の去就 ………………………………………………… 216
　　1. 校　　長　216
　　2. 教　　諭　218
　第 3 節　龍山中学校の学校文化 …………………………………… 222
　第 4 節　朝鮮社会との関連 ………………………………………… 227
　おわりに ……………………………………………………………… 229

第 9 章　大田中学校 …………………………………………………… 231

　はじめに ……………………………………………………………… 231
　第 1 節　学校沿革 …………………………………………………… 232
　第 2 節　教員の去就 ………………………………………………… 235
　　1. 校　　長　235
　　2. 教　　諭　240
　第 3 節　大田中学校の学校文化 …………………………………… 245
　おわりに ……………………………………………………………… 247

第 10 章　平壌高等女学校 ……………………………………………… 249

　はじめに ……………………………………………………………… 249
　第 1 節　学校沿革 …………………………………………………… 250

第2節　教員の去就 …………………………………………… 252
　　　1．校　　長　252
　　　2．教　　諭　256
　　第3節　平壤高等女学校の学校文化 ………………………… 260
　　おわりに ………………………………………………………… 265

第11章　釜山第一商業学校 ………………………………………… 269
　　はじめに ………………………………………………………… 269
　　第1節　学校沿革 ……………………………………………… 270
　　第2節　教員の去就 …………………………………………… 276
　　　1．校　　長　276
　　　2．教　　諭　281
　　第3節　釜山第一商業学校の学校文化 ……………………… 287
　　おわりに ………………………………………………………… 292

第12章　京城師範学校 ……………………………………………… 297
　　はじめに ………………………………………………………… 297
　　第1節　学校沿革 ……………………………………………… 298
　　第2節　教員の去就 …………………………………………… 303
　　　1．校　　長　303
　　　2．教諭（教授）　306
　　第3節　京城師範学校の学校文化 …………………………… 315
　　おわりに ………………………………………………………… 321

第13章　京城高等商業学校 ………………………………………… 325
　　はじめに ………………………………………………………… 325
　　第1節　学校沿革 ……………………………………………… 325
　　第2節　教員の去就 …………………………………………… 332
　　　1．校　　長　332

2．教　授　等　335
　第3節　京城高等商業学校の学校文化 ……………………………………… 341
　おわりに ……………………………………………………………………… 348

第14章　京城帝国大学予科 ……………………………………………… 351

　はじめに ……………………………………………………………………… 351
　第1節　学校沿革 …………………………………………………………… 352
　第2節　教官の去就 ………………………………………………………… 358
　　1．予科部長　358
　　2．教　　授　360
　第3節　京城帝国大学予科の学校文化 …………………………………… 364
　おわりに ……………………………………………………………………… 368

第Ⅰ部

概　　説

第1章　旧韓国における居留邦人の教育

はじめに

　梶村秀樹が論文「植民地と日本人」の冒頭に,「近代一〇〇年の日本庶民の生活史のなかで, 朝鮮をはじめとする植民地でのそれは, 研究者がまったく避けて通ってきた領域である」[1] と記したのは 1974 年のことである。それから 30 年以上を経た今日も, 状況はさほど変わっていない。これが, 筆者が本研究を思い立った所以である。

　朝鮮半島への日本人の移住は, 1877 年の釜山開港から始まり, 日清・日露戦争を契機として急増, 韓国併合の 1910 年には居留民人口 17 万を数えるに至った。その中で,「警備機関と新式の医療機関と小学校の三者は, 内地人移住に一日も欠くべからざる最少限度の必要的施設」(ママ)[2] とされ, 居留民小学校が次々に設立されていった。

　ところで 1899 年 2 月の『中央公論』には,「彼等の子弟に学校の設けあるは只朝鮮あるのみ」[3] という一文がある。これに先立つ 1895 年 4 月, 台湾が日本の植民地となり, 当時すでに米国・南米などにも多くの移民がいたにもかかわらず, 居留邦人子弟の学校があるのは朝鮮だけだったというのである。ここに, 海外における日本人教育の歴史を研究するにあたってまず朝鮮を踏まえるべき意義がある。本章は, 併合以前の朝鮮・韓国 (旧韓国) における日本人学校の展開を跡付け, そこにみられるいくつかの特色を抽出したものである。

　なお, 本文中の用語としては, 大韓帝国期 (1897 年 8 月～1910 年 8 月) を

「韓国」あるいは「旧韓国」，その前後を「朝鮮」とすることを原則とするが，植民地朝鮮と区別する意味で1910年以前をまとめて「韓国」「旧韓国」とすることがある。本章標題の「旧韓国」もそれである。

第1節　日本人学校の展開

1．小　学　校

　外務省は，1873年10月，朝鮮の現地において効果的な朝鮮語教育を行なうため釜山に「草梁館語学所」を設置した。これが，海外における日本人学校の嚆矢である。しかし，「草梁館語学所」の学生は，対馬藩士族出身のいわば留学生であり，いわゆる居留民とは区別される。

　日本人居留民の朝鮮進出は，1876年2月締結の「日朝修好条規」（別称「江華条約」）を契機とした。同条規にもとづいて，1877年1月に釜山，1880年5月に元山，1883年1月に仁川が開港され，居留民の増加に伴ってこれらの地に小学校の基が開かれた。1877年5月の釜山居留民会議所における寺子屋式教育のスタートは，「外国にゐて，学童の発した咿唔の第一声」[4]だったのである。

　朝鮮王朝の首都漢城（以下，日本における通称に従って「京城」とする）は，開港場ではなかったが，甲申政変（1884年12月）後の「天津条約」（1885年4月）の結果日本人が続々と来住するようになり，1889年8月，居留民子弟の教育が開始された。以上の4都市における小学校が，日清戦争（1894年7月～1895年4月）以前に開設された日本人学校のすべてである。「明治二十年（1887年―稲葉註）頃より日清戦争前までの，京城在留の日本商人には，一人として永住の考へを以て居るものはなく，一切腰掛的出稼根性であった」[5]ともいうが，すでに1892（明治25）年当時，小学校は，居留民統合の中核として根付きつつあった。一例として仁川小学校の卒業生の回想記に，「殊に運動会当日の如きは市中を練り巡り……（中略）……恰然仁川の御祭りの如く店舗は休業でした確かな記憶はないですが明治二十五年頃です」[6]とある。

　ところが日清戦争は，居留民の教育に一頓挫をもたらすことになった。日

清の風雲が急を告げるや，居留民の婦女子は引き揚げを命じられ，小学校は休校を余儀なくされたのである。しかし，終戦とともに既設校は再開され，続いて木浦・群山などに小学校が新設された。

　1900年を前後して，教師の人材難問題がクローズ・アップされた。「海外に於ける我邦人の教育事業に関しては，政府も関係する所なければ，有力達見の教育家もあるなく，従って随分乱暴なる有様なり」[7]，「何うも朝鮮であるから，外国であるから何だか世間並でない所の欠点でもあるか，出稼でもあるの外は，進んで行かうと云ふ考を有たないやうな者が多い」[8] という状況だったのである。そこで居留民らは，本国政府にその改善を要望した。1900年末，各居留地総代が外務省に，居留地小学校の教員に対して「内地教育と同様に恩給，退隠料等，総ての資格と特典とを付与せられたしと」[9] 請願したのが最初である。続いて1901年2月，木浦居留民会が次のような請願書を文部大臣に提出した。

一．外交及び通商上近来密切なる関係を有するに至りたる韓国に於ける本邦居留民に対しては教育行政上政府は韓国居留地を以て本邦同様の地域と見做し特に本邦同一の学制を定め充分なる保護奨励を加へられたきこと
若し前項の特別法を実施する能はざる事情あらば左の各項の保護奨励を与へられたきこと
一．居留民教育に関しては駐在領事に特に適当の職権を与へられ之が監督奨励を為さしめ従来の如く居留民の自治に放任せざること
一．居留地教育補助費として各居留民の数に応じ政府は年々相当の金額を下付せられたき事
一．教員の俸給を国庫より支弁せられたき事
一．校舎校地其他必要の費用に対し居留民の請願により駐在領事の意見を徴し教育基金中より貸下を許されたきこと
一．居留地小学校教員に本邦に於けると同一の待遇を与へられたきこと
一．教員任用は文部省に稟請し府県師範学校卒業生中より選択採用の便宜を与へられたきこと

一．在韓国居留地小学校を公認し該学卒業生には本邦小学校卒業生同一の
　　資格を認められたきこと[10]

　同年3月、群山居留民総代が文部大臣および帝国教育会に提出した請願書の内容も、これとほぼ同様である。このような請願は、居留民の多くが韓国を、出稼ぎの地ではなく永住地とする傾向が強くなったことを反映するものであろう。

　これを受けて文部省は、韓国における居留民教育の状況を調査するため視察員を派遣することになった。1902年4月25日付の『教育時論』は、「いよいよ文部省書記官松本順吉氏派遣を命ぜられ、已に四五日前出発したり」[11]と報じている。

　松本書記官の現地調査の結果、文部省は、居留地小学校に有資格教員を確保することを主たる目的として1903年度予算案に5,000円の補助金を計上した。しかし、文部省の要求は、1903年度も、次いで1904年度も、大蔵省によって拒否された。

　松本書記官の報告にもとづいて文部省がとったもうひとつの措置は、義務服務年限中の師範学校卒業者が居留地に赴任する場合、国内の在勤校を休職扱いとすることを認めたことである。東京府が、直ちにこれに応じた。「今回（1902年12月—稲葉註）東京府は……（中略）……文部大臣の認可を得て、在韓国釜山港日本居留地小学校在勤中休職を命ずとの辞令を教員に交付し、出向せしめ」[12]たのである。ただ、この措置が東京以外にはあまり適用されなかったことは後述するとおりである。

　1904年8月、当時は日露戦争の最中であったが、在韓国居留地小学校長会議は、「在韓日本人教育費国庫補助請願ノ件」「在韓日本人小学校教員ニ内地同様ノ待遇ヲ与ヘラレン事ヲ其筋ニ請願スル事」[13]などを決議し、同じころ駐韓本邦領事会議も、「韓国各地の日本小学校に対し内地同様の保護を加へ国庫より補助金を与ることを本国政府に上申する事」[14]を決議した。

　これらの決議が効を奏したのか、文部省は、各地方官に対して次のような通牒を発した。

在韓国居留地に於ける普通教育に関しては居留民に於て各相当の施設を為し専ら普通教育の普及を企図しつゝあるも教員の聘用等につきては常に不便困難を感ずること少からざる趣を以て相当保護を与へられたき旨居留民長より申請有之候処在外国居留地に於ける国民教育の勿諸(ママ)に附すべからざるは論を俟たざる儀につき相当の保護を与へ度見込に候条貴県の如き韓国移住民の多数なる地方に在つては右居留地より教員聘用方申出候節は特に便宜を与へられ候様致度最も右の場合に於て現に小学校に在職の教員にありては小学校令施行規則第百二十七条に依り休職処分上申相成候はゞ認可可相成省議に有之候条右併せて御含相成度依命此段及通牒候也[15]

　また教員待遇に関しても，1905年度予算案に計上された補助金の大部分は削られたものの，「居留地小学校教員を本邦小学校教員同様に待遇するだけの費用は，提出することに定まりたり」[16] という。
　こうして，日露戦争の終結（1905年9月）後は，次の引用にあるように「五百戸以上位の在留民の聚落には，何れも容易に良教員を得るに至」った。

　　韓国に於ける，我在留民の設立に係る小学校に奉職する小学教員の待遇方に関しては，前号にても記載せし所あるが，韓国に赴任せば，内地よりも比較的多額の報酬を得らるべきのみならず当局者に於ても九州関西の各地方に訓令を発し，師範学校卒業後義務年限に在る者をも，韓国ならば其地方を離るゝことを得せしめたるなど，旁々にて小学校教員の韓国赴任は，彼我公私の為に非常に便利と為りしかば，現今にては五百戸以上位の在留民の聚落には，何れも容易に良教員を得るに至りたりといふ[17]。

　上述したように，文部省が韓国居留民教育補助を開始したのは1905年度からであるが，1906年2月1日，伊藤博文を初代統監とする韓国統監府が開設され，以後，この補助は統監府の所管に移された。統監府は，学齢児童10人以上の土地に学校を設置した場合にはこれに補助金を与えることを原則としたが，一方で「在外指定学校」を指定し，補助金のより効率的な運用を図った。統監による最初の在外指定学校は，1906年8月17日に指定され

た仁川尋常高等小学校で，これを皮切りに主要な日本人学校（小学校・高等女学校・商業学校）が相次いで在外指定学校となっていった。

1906年11月1日，「居留民団法」が施行された。居留民団は，京城・仁川・群山・木浦・馬山・釜山・大邱・平壌・鎮南浦・新義州・元山の11ヵ所に設立され，これに伴ってこれら各地の学校は，○○居留民団立○○学校となった。

居留民団組織の整備を基礎として，1907年には，居留民教育を鼓舞するふたつの重要な法的措置がとられた。韓国における居留民団立小学校児童および卒業者の他の学校への入学・転学に関し，これを市町村立小学校と同等と認めた文部省告示第73号（1907年3月19日）と，在職3年以上であれば日本内地の5割増の優待を規定した「韓国ニ在勤スル居留民団立在外指定学校教員ノ退隠料及遺族扶助料ニ関スル法律」（法律第44号，同年4月23日）がそれである。

1909年2月11日，統監府は，本国の「小学校令」および「小学校令施行規則」に準拠して「統監府小学校規則」を制定した。ここでそれまでの状況を振り返ってみると，統監府開設前は一般に，「其教科は読書算術習字の三科を主とし，修身の如き所謂説教を為したるに止まるもの少からず，教育学，心理学，学校管理法，学校衛生法の如き全く之を度外視した」[18]といわれており，1904年に仁川小学校に赴任した教員の回想記にも，「其頃内地の学校ではやれ細目の編成とか教授業（ママ）の作製とか，それも三段式だの五段式だのと先生の仕事も随分忙しいものであつたがこちらに来て見ると，左様な面倒臭い事もなく頗る朗らかなノンビリしたもので殖民地とは有り難い処だと思つた」[19]とある。「統監府小学校規則」によって，小学校教育体制の整備がある程度は進んだであろう。しかし，それが徹底するには多少時間がかかったようである。というのは，同規則の制定から半年を経ても次のような状況だったからである。

　統監府は専任学事係二名を置て監督させ，本年二月小学校規則なるものを発布して統一しやうとしてるけれど，気候風土将経済の異る各所を迚も一に律する事はできない，況や教育のやり方などに至りては全く各学校

長の活動する自由の天地である[20]。

　1909年12月，統監府は「学校組合令」を発布し，従来の居留民団あるいは日本人会を法人としての学校組合とするとともに，授業料・組合費等を賦課徴収する法的権限を与えた。「統監府小学校規則」が教育の内的事項に関するものであったとすれば，「学校組合令」は，外的事項に関する条件整備の一環であった。

　本節の最後に小学校数の推移をみると，日清戦争前（1894年）まで僅か4校，日露戦争後（1905年）も18校に過ぎなかった小学校は，統監府開庁（1906年2月）を契機として急激に増加した。すなわち，1906年から韓国併合の1910年に至る各年度末の小学校数は，それぞれ35・54・79・102・128校である。これは，いうまでもなく居留民数の増加に比例したものであり，併合当時は，「目下二百人以上の居留民を有する土地にして，小学校の設置なきは六ヶ所に過ぎず，二百人以下の集団地にして小学校を有するもの亦少からず」[21]という普及状況であった。小学校の増加に伴って国庫からの「在韓教育補助費」も，1906年15,000円，1907年20,000円，1908年30,000円，1909年40,000円，1910年55,000円と増加した。しかし，この補助金額は，居留民の教育を内地並に運営するには不充分であった。単純に計算すれば，1校平均の補助金は，教員ひとりの年俸に足りるか足りないかという程度だったのである。したがって，居留民は大きな教育費負担を強いられた。たとえば「明治四十年（1907年―稲葉註）度に於ける，内地各府県教育費の，人口一に対する平均負担額は，東京十八銭，京都四十六銭，最大なる大阪は六十四銭なり。然るに釜山は二円三十銭強にして，其教育経常費を民団経常費総額に比するに，十万九千〇四十二円に対する四万〇六百四十四円即三割七分に当」[22]たったのである。旧韓国における居留民の教育は，主として受益者負担によって行なわれたということができる。

2．高等女学校

　東本願寺釜山別院輪番太田祐慶は，1883年，小学校を卒業した居留民子女のため別院内において女学科・英語科・朝鮮語科の3科から成る補習教育

を開始した。中等レベルの居留民補習教育機関としてはこれが最初であり，同時に，高等女学校の先行形態でもあった。しかし，結局これは短命に終わる。「女学科に於ては裁縫及普通の女子教育を施した。女学科には当時二十名余の生徒があつて小田某氏，某婦人之れを担当し，……（中略）……一時成績の見るべきものがあり大に期待されしも，本山財政の都合上十八年（1885年—稲葉註）に至つて中止の止むなきに至つた」[23] という。

次いで現われた高等女学校（および中学校・商業学校）の原型は，1902年10月1日に発足した釜山小学校補習科であった。釜山からの現地報告に，「当居留地小学校は，本年十月一日を以て新築せる校舎に移転し，茲に開校すると同時に，高等小学部を卒業したる男女に，中学程度の教育を施すの目的を以て，男子には商業学校の教科に準じ，女子には高等女学校の程度に該当する，課程を履修せしむべき教科を開始せり」[24] とある。

1906年4月，釜山高等女学校が開設された。ただし，独立の校舎はなく，同年1月に竣工した釜山小学校の新校舎に併設されたが，ともあれ高等女学校は，女児はなるべく親元に置きたいという居留民の要望に応じ，男子の中学校に先んじて発足したのである。

釜山に続いて高等女学校が開設された京城では，1904年ごろ京城女学会という女子補習教育機関ができていた。京城女学会は京城婦人会の経営で，これが京城高等女学校の前身である。京城高等女学校は，1907年4月，釜山と同じく居留民団によって設立された。京城高等女学校は，4年制であるにもかかわらず創立2年目にしてすでに10余名の卒業生を出し，創立初期には生徒数が年々ほぼ倍増した。それは，「当地在住の邦人が母国の女学校に遺しありし女子を迎へて当地の女学校に転学せしめた」[25] からであり，これは，中学校には見られない現象であった。

仁川小学校には，1904年10月，補習科が設置された。1907年3月，このうち男子学級が廃止されたため，補習科は女子学級のみとなった。次の資料は，1907年中の仁川小学校補習科の状況である。

　　補習科とは四ヶ年の高等小学を卒へし女子の為に，高等女学科程度に準じ，修身，国語，算術，理科，裁縫，家事，手芸及随意科英語を課するも

の，修業年限二ヶ年にして，現在生徒は一年生十名なり。高等女学校の素地と見る可し[26]。

上の引用の末尾に「高等女学校の素地と見る可し」とあるように，この補習科を母体として1908年4月，仁川居留民団立仁川実科高等女学校が発足した。先にみた釜山・京城と仁川の3校が，旧韓国における正規の日本人高等女学校のすべてである。

3．中 学 校

筆者の管見の限り，日本の教育雑誌における居留民中学校関係記事の初出は，1894年12月5日付『教育時論』の時事寓感「朝鮮の我が公使館に一人の督学官を置くべし」である。その中に，「渡韓の人民漸く多きを加ふるに従ひ，仁川若くは釜山に，一の中学校を設くること，亦甚急務なり。在外の臣民に，日本人固有の思想と感情とを与ふるは，中等教育によらざれば能はず。而して是等の設計は，特派せる督学官に任かすを可とす」とある。これによれば，1894年当時，中学校設立地としては仁川もしくは釜山が有力候補だったようである。現に釜山では，1899年2月，日本弘道会釜山支会が中学校課程の授業を開始しており，1902年10月には，中学校課程に準ずる釜山小学校補習科が発足している。しかし，これらが正規の中学校に発展することは，旧韓国時代においてはなかったのである。

1903年初め，その後京城居留民団民長となる中井喜太郎が，「仁川，京城に於きましては此先き中学教育はどうするであらうかもう二三年経てば中学校を建てるといふ其講究まであつたのであります」[27]と語っている。だが，これまた話はなかなか具体化せず，ために1905年，中学校設立要求の声は内外に高まった。すなわち，『時事新報』は「朝鮮に中学校を設く可し」という論説を掲げ[28]，韓国居留民代表者会議は，「韓国居留地に官立中学校官立実業学校を設立ある様其筋へ請願する事」[29]を決議したのである。

このような経緯を経て，京城中学校が漸く設立されたのは，1909年4月のことであった。京城中学校の開校に際して忘れてならないのは，当時「韓日合邦」運動を推進していた親日団体一進会との関係である。京城中学校は，

一進会所有の建物（独立館および国民演説台）と敷地を無償で借り受け，運動場は一進会立漢城中学校のものを借用するという形で開校したのである。give and take というわけか，「校舎の向うには一進会の中学校あり民団立中学校の教師が教授を手助けする」[30] ことになっていた。

京城中学校の教師陣は，次のように「大物揃ひの陣容」であった。

　　学校長は隈本有尚氏で，曾て文部視学官として又長崎高等商業初代校長として令名のあった人，又首席小寺甲子二氏は新渡戸博士時代の札幌農学校出身で，福岡修猷館長，長野中学校長などを歴任した立派な大校長級の人物，次席神谷文学士は前二高教授として国史学に造詣深い篤学の士であった。斯く大物揃ひの陣容は恐らく京城教育界空前のことであったらう。其他，数学に湖崎喜三郎氏（後の京城女子技芸校長），体操に忠隈大尉，学窓を出たばかりの若輩の私（日吉守—稲葉註）も職員の末席を汚した[31]。

この引用を少々補足すると，隈本有尚は，福岡県久留米の出身で，初代（1885年7月〜1889年6月）と第4代（1894年8月〜1901年8月）の福岡県立中学修猷館長を務めた。文部省視学官であった1902年12月13日，いわゆる「哲学館事件」が起こり，その引き金を引いた張本人である隈本は，留学の名目で英国に難を避け，帰国後長崎高等商業学校長となった。京城中学校に赴任した隈本は，「在外児童に対しては殊更此の国力増進の方針を服膺する如く指導せんければならん」[32] という信念にもとづいて強力なリーダーシップを発揮した。京城中学校は，「第一部は普通の中学，第二部は特殊の中学即ち実業教育に力を入れる」というユニークな体制をとったが，この第二部は，「隈本君の理想通り実行して居る」と評されたものである[33]。なお隈本は，京城中学校が統監府中学校，さらには総督府中学校となっても校長であり続けた（1913年2月まで）。

小寺甲子二は，隈本の第4代修猷館長時代の教頭で，隈本の後任として第5代館長を務めた（1901年8月〜1905年9月）。その後長野中学校長を経て，隈本の京城中学校長就任と同時に同校教頭となった。つまり京城において，福岡時代の隈本・小寺コンビが再現されたわけである。

先の引用（註31参照）の最後に「学窓を出たばかりの若輩の私」とある日吉守は，東京府立一中を経て1909年3月，東京美術学校を卒業し，直ちに京城に赴任した。後年の朝鮮美術界の中心人物である。

京城中学校初期の生徒に関しては，開校と同時に2年生として入学した児島高信が次のような回顧談を残している。

　我々二年に這入った生徒達は，当時の日本人発展の社会状態の現はれともいふべきか潑溂たるもので，それに年齢など不揃ひで，相当年輩の者もゐて，なかなか乱暴でした。上級生はをらず学校の先輩なるものがゐないので，随分無鉄砲なところがあつたと思ひます。特に我々の組には苦学生が多く新聞の配達や牛乳の配達をして通学してゐた者が数名をりましたが，志は皆相当しっかりしてゐたやうで今も皆それぞれ成功されて居られます[34]

開校翌年（1910年）の春，「生徒は現在二百三十名，修業年限五年の処，今年では第三学年込しかない」[35]（ママ）という状況であった。すなわち，京城中学校は学年進行方式で整備され，先にみた高等女学校のように，日本の学校に在学中の者を当該学年に編入学させ，早くも開校1年後には卒業生を出すというようなことはなかったのである。男の子は日本の中学校で学ばせ，女の子は手元に置きたいという親心の反映でもあろう。

1909年8月，つまり京城中学校が発足して1学期を経たばかりの時点で統監府は，統監府中学校設立計画を打ち出した。具体的には，「来年度に於て百九万円を計上し，中学校を設立することゝせり，予算通過の上は現今の民団立中学校を統監府に引受け，民団の経費を軽減せしむる筈なり」[36]というものであった。こうして京城居留民団立京城中学校は，1910年4月，官立の統監府中学校となり，さらに韓国併合後の同年10月，朝鮮総督府中学校と改称された。（ちなみに，その後朝鮮総督府中学校は，1913年4月，官立京城中学校と改称され，1925年4月には，朝鮮総督府から京畿道に移管されて京城公立中学校となった。）

中学校官立化の理由は次のとおりである。（引用文中の「現在」は1923年で

あるが，この内容は，1910年当時にも妥当したであろう。）

　　現在の中学校は法令上高等普通教育を為すと云ふも，生徒も父兄も大体上級学校の予備校と認めて中学校を利用するの現状である。相当の経費を掛けて学校を経営しなければ，卒業生が其の目的を達成することが出来ぬ実況である。到底貧弱なる学校組合の事業には適しない。
　　高等女学校と実業学校とは居留民の自営の事業として今日の発達を来たしたのである。学校を多く設立する為めには此の慣例が比較的便宜である。何となれば官立学校の如く帝国議会の協賛を経る必要がないからである[37]。

　中学校の官立化は，いうまでもなく教員の官吏化を意味した。「統監府服制に依る金筋帽，着剣の厳めしい職員の姿はいたく生徒を悦ばせたものであつた」[38]という。
　京城中学校の設立〜官立化に呼応して，釜山をはじめ各地で中学校設立運動が盛り上がった。しかし，併合以前にそれが実を結ぶことはなかった。したがって，京城以外の「小学校卒業生中希望者の多数は，遠く本籍地に或は親族故旧をたより，或は朝鮮唯一の京城中学に志願する外はなかったのである」[39]。

4．実業学校

1902年7月の『教育実験界』には，当時一時帰国中であった釜山小学校長国井泉の次のような談話がある。

　　釜山は幼稚園から尋常小学，高等小学を遠き以前に於て拵えた，それ等の児童数が今は七百五十人に余つて居る，尚ほ本年度からは，其高等小学校の上に三ヶ年の商業学校の程度の教科を加設して，将来彼の地に於て日本の国民的事業を成すに就ての，中等教育の素養のある実業家をば養成しやうと云ふ計画で，今現に其事をば成立せしめて，それが為に要する教科書を選択し，教員を傭聘すると云ふ用務を帯びて参つたやうな次第である[40]。

ここでいう「三ヶ年の商業学校の程度の教科」は，1902年10月，釜山小学校補習科として発足した。これが，後の釜山商業学校の母体である。

1905年6月，韓国居留民代表者会議は，「韓国居留地に官立中学校官立実業学校を設立ある様其筋へ請願する事」[41]を決議した。しかし，官立実業学校は結局実現せず，実業学校は，1906年4月，公立釜山商業学校として創設された。釜山高等女学校の創立と同時である。当時の雑誌記事に，「全国に於ける実業専門学校側にては既に釜山居留地商業学校に今春四月より補助実施の手続を了したりと云ふ」[42]とあるところから，釜山商業学校の開設にあたっては日本政府および全国の実業専門学校の支援もあったことがわかる。

1907年度末まで，「実業学校には公立には釜山の甲種商業学校あるのみ。私立には京城夜学校仁川商業夜学校の二あり，共に商業学校の性質を具有す」[43]という状況であった。1908年に入って，仁川の民団評議員会は甲種商業学校の設立を決議し，同年4月，仁川居留民団立仁川商業学校を発足させた。こうして正規の実業学校は，1908年度以後，釜山商業学校と仁川商業学校の2校となった。

5．専門学校・各種学校

朝鮮総督府の『学事統計（明治四十三年度）』によれば，「専門学校」とされているのは東洋協会専門学校京城分校ただひとつである。東洋協会専門学校（現，拓殖大学）は，1907年10月，京城に修業年限1年の分校を設置した。学生は，東京本校の朝鮮語学科第3学年生および卒業生のうち研究科生となった者であった。つまり，京城分校に直接入学する者はなく，すべて本校からの派遣学生だったのである。教育内容は「拓殖」のための諸教科であり，したがって当然，朝鮮語（当時は「韓語」ともいった）は中心的な教科目であった。「朝鮮の金融組合，ついで韓国統監府と朝鮮総督府及所属官署，その他とくに目立つのは銀行などの金融関係機関」[44]という卒業生の主要就職先が，東洋協会専門学校京城分校の性格を示している。

朝鮮総督府『学事統計（明治四十三年度）』における「各種学校」は次のとおりである。

〈学校名〉	〈創立年月〉	〈設立者〉
東洋協会専門学校朝鮮語講習会	1910. 4	東洋協会
善隣商業学校夜学専修科	1908. 4	大倉喜八郎
私立京城女子技芸学校	1910. 4	湖崎喜三郎
私立京城夜学校	〃	〃
元山教育会補習学校	1908. 1	元山教育会

　善隣商業学校夜学専修科は，本来韓国人のための学校である善隣商業に，同校開校（1907年4月）の1年後，日本人学生の商業教育を目的として特設されたものである。その萌芽に関しては，「明治三十八年の末頃であつたか，三浦理事官や出淵領事官補（現駐米大使）等が産婆役となつて商業教育を主とした京城夜学校を設立した。之が善隣夜学部の前身で当時の校長は横山彌三氏」[45] 云々という記録がある。この「京城夜学校」は，いうまでもなく上掲リストの「私立京城夜学校」とは別物である。

　1907年当時，「女子の技芸学校としては，釜山の成錦社，元山の元山女学館，京城の裁縫学会あり。仁川公立小学校に女子の補習科」[46] があったという。仁川小学校女子補習科がその後（1908年4月）仁川実科高等女学校に発展したことは前述のとおりであるが，その他の女子技芸学校も，上掲「各種学校」には含まれていない。ちなみに釜山の成錦社は，「釜山婦人会の附属事業にして，（明治―稲葉註）三十八年四月創設せられ養蚕を主とし，裁縫，茶之湯活花を教授」[47] していた。

　元山教育会補習学校は，元山教育会の設立で校名に終始「元山教育会」を冠したが，1909年の春以降は東本願寺元山別院の主導下にあった。教育形態は，「毎夜三時間宛の教育時間にして之が科目は商業要項，実業読本，作文，習字，英語，算術，簿記等」[48] であった。

　このほか，統計には現われないが，各種学校に類するものは韓国各地に多数存在した。次にいくつかの例を挙げておこう。

　小学教育の漸く緒につくと共に更に実業教育の勃興を見るに至つた。明治二十年仁川港の有志青年相謀り仁川英学々舎を創立し，英人「チェスネー・

ダンカン」氏を聘し英語研究を領事館内に開始し,仁川英語夜学校と称した。之れ仁川に於ける青年教育,実業教育の濫觴であつて現今の仁川南公立商業学校の前身をなすものであつて実業教育の種子はこの時既に蒔かれたのである[49]。

別に私立京城教育会ありて昨年(1906年—稲葉註)以来京城夜学会を開始す。現在生徒第一学年六十三,第二学年九,韓語専修科十四,高等小学卒業生を収容す[50]。

本校(釜山実業夜学校—稲葉註)は釜山教育会の決議に基いて開校した夜学校である。教育会の創立後僅に三ヶ月を閲した明治四十年五月一日早くも山下町弘道館に於て始業式を挙げたのである。……(中略)……愈々開校して教場を第一小学校に教師は各学校の適任者を依嘱し,朝鮮語国語英語漢文商業簿記算術習字作文を教科とし生徒の実力に応じ,初等科中等科高等科の三学期に分け一期を六ヶ月,一ヶ年半にて全科卒業の規則であつて経費の出所は教育会居留民団の補助及特志者の寄附金であつた[51]。

6. 幼稚園

韓国における幼稚園教育史研究の第一人者李相琴が調べたところによれば,旧韓国時代の日本人幼稚園は次表のとおりである[52]。

園　　名	設立者	設立年月	備　　考	設立種別
私立釜山幼稚園	大谷派本願寺釜山別院	明治 30.3 (1897)	釜山の日本人居留民団設立	私立
庚子記念京城幼稚園	京城居留民団	明治 33.5 (1900)	日本皇太子成婚記念として設立	公立
仁川記念幼稚園	仁川居留民団	明治 33.5 (1900)	同　　　上	公立
元山幼稚園	元山居留民団	明治 40.6 (1907)	大谷派本願寺別院で一時運営	私立
大邱幼稚園	大邱婦人会	明治 40.5 (1907)	大邱居留民団で一時運営	公立

鎮南浦尋常高等小学校附設幼稚科	鎮南浦居留民団	明治 37.4 (1904)	明治 41 年鎮南浦幼稚園に改名	公立
京城高等女学校附属幼稚園	京城居留民団	明治 41.4 (1908)	一名南大門尋常小学校附属幼稚園明治 42 年庚子記念幼稚園に統合	統合廃止
群山尋常小学校附属幼稚園	群山居留民団	明治 42.4 (1909)	設立者宮崎佳太郎に変更す。日時不明	私立
私立羅南幼稚園	浄土宗	明治 42.4 (1909)		私立
私立京城幼稚園	湖崎喜三郎	明治 43.4 (1910)	所在地不明	私立

出典:『統監府統計年報』明治 40 年, pp. 50–52.
　　　『朝鮮総督府統計年報』明治 45 年　p. 810 及び大正元年　p. 682 に依る。

　旧韓国における幼稚園の嚆矢は, 日本人 (東本願寺釜山別院輪番菅原磧城) による日本人のための幼稚園 (私立釜山幼稚園) であった。のみならず釜山幼稚園は,「日本国内に於ける最初の仏教主義幼稚園は明治 34 年 (1901) の開設というが, 韓国内で日本の仏教機関による幼稚園が 4 年ほど先だって始められた」[53] という意味でも先進的であった。1897 年 3 月の開設以来, 東本願寺釜山別院の経営という形は, 結局後々まで維持されるのであるが, その間何度か, 居留民団との間で経営権をめぐる綱引きが行なわれたようである。たとえば 1901 年 2 月の『婦人と子ども』には,「幼稚園は……(中略)……目下本派 (大谷派の誤り—稲葉註) 本願寺の主持する所なれども, 今回は, 之を学校に移さんとするなり」[54] とあり, 1903 年 1 月の『東亜同文会報告』には,「経費は本願寺より一年六七百円を支出し尚居留民より保托費あり而して監督者 (釜山別院—稲葉註) は既に居留民の必要を感したる上は之を居留地に引渡さんと欲し居留地も亦明年度より引受くるの計画をなしつゝありと云ふ」[55] とある。
　私立釜山幼稚園の, 創立から 1905 (明治 38) 年までの状況は次のとおりである。

　　最初は保姆二名助手一名を以て僅かに二十名の園児を収容するにすぎな

かつたが間もなく七十名に達し急速の発展を見るに至つた。居留民団に於ては之を非常によろこび明治三十八年以来保姆及助手の手当若干を補助することゝなつた[56]。

こうして経営が軌道に乗った私立釜山幼稚園は，併合後の 1915 年に釜山公立幼稚園が開設されるまで釜山唯一の幼稚園であった。
　1900 年 5 月，皇太子（後の大正天皇）の成婚を記念して各地に幼稚園設立の動きが起こり，京城居留民団は同年 10 月，庚子記念京城幼稚園を開設した。1901 年 1 月の『婦人と子ども』は，その経緯を次のように伝えている。

　　在韓国公立京城高等尋常小学校長，早川清範氏は，昨年五月我皇太子殿下の御慶事記念として，同所に標題の幼稚園（公立庚子記念京城幼稚園―稲葉註）創設の計画に尽力せられ遂に昨年十月廿七日を以て開園式を挙行せられたり。幼児は目下四十名を収容し，園長には，三増領事令夫人友子氏之に当られ，氏は主幹として庶務を整理し，保姆は，大阪より聘し外に助手二人を附して，日々保育に従事せられ居ると云ふ。尚，仁川，釜山の両市とも来年四月を以て開園すべしとのことなり[57]。

京城小学校長早川清範が「幼稚園創設の計画に尽力」し「主幹として庶務を整理」したこと，幼稚園も小学校と「同所」にあったことに留意すべきである。「大阪より聘し」ていた保姆は，1901 年 11 月，東京日本橋の常磐幼稚園保姆であった京口さだ子に代わった。京口さだ子については次のような対談記事が残っており，当時の幼稚園運営の苦労が偲ばれる。

　　当時の幼稚園は三増領事夫人を名誉園長とし，小学校長の監督指導を受くる組織にして，自治団体たる居留民役所の所属なりしを以て，無理解なる多数居留民会議員の，没議非道の干渉と彼等の無礼暴慢なる態度には，実に閉口させられたとの事である[58]。

なお，京城尋常高等小学校と庚子記念京城幼稚園の敷地は，1906 年まで，

東本願寺京城別院が無償貸与したことを附言しておく。

　仁川記念幼稚園の創立年月日も，庚子記念京城幼稚園と同じく1900年5月10日であった。しかし，実際の開園日は，京城の1900年10月27日よりも遅れて1901年7月1日であった。これからして，先の引用（註57参照）の「仁川，釜山の両市とも来年四月を以て開園すべし」という読みは誤っていたことになる。仁川の開園は「来年四月」よりさらに遅れたし，釜山の公立幼稚園は，前述したように1915年まで開設されなかったからである。

　仁川記念幼稚園の開設経緯は次のとおりである。

　　明治三十三年五月十日東宮殿下（大正天皇）御成婚奉祝記念として創立されたものであつて，当時居留民一般より募集された寄附金二千七百余円，其の内当日の奉祝経費三百十八円を引去りたる余金を基礎とし，不足額はこれを居留民団費中より支出し，総額四千余円を以て，山手町の現在の土地を購入し建築に着手し翌三十四年七月一日より開園した[59]。

　このように，京城の場合と違って「土地を購入し建築に着手し」なければならなかったことが，仁川記念幼稚園の開園が遅れた理由であろう。

　李相琴作成の前掲表では，元山幼稚園は1907年6月，元山居留民団によって，すなわち「公立」として設立されたことになっている。しかし，明治〜大正〜昭和と永続した「私立」元山幼稚園は，これとは別物である。東本願寺の『朝鮮開教五十年誌』によれば，元山別院輪番長谷得静が明治「四十二年三月幼稚園を建築し」[60]，これが，李のいう「大谷派本願寺別院で一時運営」ではなく，昭和まで継続している。私立元山幼稚園の教場は，1909年3月の開園当初，別院内に建てた仮保育室であったが，翌1910年，同院の隣接地に本格施設が建設され，これに移転した。

　大邱幼稚園は，1907年4月（前掲表では5月）の創立以来，次のような曲折を経た。

　　大邱幼稚園は明治四十年四月の創立に係り始め大邱婦人会これを計画し，後ち居留民団が継承し，最初は小学校の一室を仮りて使用し，漸く児童の

数を増すに至つて借家をなして保育に従事したが経営艱難に陥つて一時閉鎖され，後ちまた官民有志の寄附に依り，明治四十三年小学校の南隣に新築落成するに至つた[61]。

この引用を補足すると，「一時閉鎖され」たのは 1909 年 8 月，「居留民団が継承し」たのは 1910 年 5 月のことである。
　その他の幼稚園については，今のところ李相琴の表にある以上の情報を持ち合わせていない。

第 2 節　日本人学校の特色

1．設立経緯における宗教色

　旧韓国における日本人学校の最大の特色は，その設立初期において宗教色が強かったこと，換言すれば日本仏教各派の関与が大きかったことである。「在韓日本人教育の状況」と題する 1909 年当時の雑誌記事に次のような一節がある。

> 当初は各学校共一般に，僧侶の経営に係りたること内地に於ける維新当時と其軌を一にせり，殊に東本願寺は在韓邦人の教導に最も其力を尽したるものなり，即ち元山，仁川，木浦，群山，鎮南浦の諸校皆本願寺の創設経営に成り，京城の如きも亦一時之に教育を委託したり，其他馬山，江景等浄土宗の関係せし学校も少からず[62]

　ここにあるように，当時のインテリとしての僧侶が学校の設立・経営に関わったことは「内地に於ける維新当時と其軌を一に」するものであり，日本仏教各派の中でも東本願寺（真宗大谷派）と浄土宗の貢献が大きかったのである。以下，両派の具体的な動きを追ってみよう。
　東本願寺自らが言うところの「本願寺の抱負」は次のとおりであった。

当時本願寺の計画は先づ釜山に別院を創設して，国威の進展に伴つて否先んじて全鮮枢要の地に別院及布教所を建設して在留日本人の布教伝導(ママ)はもとより，更に教育と社会改善に従事する一方朝鮮同胞方面への開教を企図してゐたのであつた。その故各居留民の教育を創始するは勿論慈善事業の大部分は別院の手によつてはじめられたのであつた[63]。

　この「抱負」に従って，1877年11月東本願寺釜山別院が創設され，すでに同年5月から釜山居留民会会議所において同会議所事務員上野敬介を教師として開始されていた寺子屋式教育を，釜山別院において輪番平野恵粋が担当することになった。

　1880年に入ると，児童数増加のため別院内の教室では手狭となったので，釜山居留民会は新たに修斉学校を創立した。修斉学校は，居留民会が経営する形で同年7月に開校した。

　1885年，釜山別院は女児学校を設立した。この女児学校と修斉学校が合併，1888年12月に完成した新校舎において釜山共立学校が発足した。共立学校は，その後釜山公立小学校，釜山公立尋常小学校，釜山第一公立尋常小学校として当地居留民の中核的初等教育機関であり続けた。

　小学校に続いて東本願寺釜山別院は，1897年3月，幼稚園の経営にも着手した。これが，前述した私立釜山幼稚園である。

　このほか釜山別院輪番太田祐慶は，1883年，高等女学校の先行形態というべき補習教育を開始した。しかし，これが短命に終わったことは前述のとおりである。

　釜山に続いて元山が開港されたのが1880年5月，東本願寺釜山別院元山支院（後に元山別院）の開設は1881年4月であるが，元山に居留民子弟教育の必要が生じ，元山別院がこれに応じたのは1884（明治17）年のことであった。その経緯は次のとおりである。

　開港後四年即ち明治十七年居留民の漸く増加すると共に学齢児童も漸次其数を加ふるより之に普通教育を施すの必要を感じたが未だ学校設立の域に達せないので有志者相謀り時の大谷派本願寺別院輪番石川馨(ママ)氏に依嘱し

て僅に読書習字算術を授け之を小学教育所と称し本願寺別院の一室を以て校舎に充てた，当時生徒は僅に十二名に過ぎなかったのである，之れ元山に於ける小学校設立の萌芽であつたのだ[64]。

その後，韓国統監府の公式資料によれば，「明治二十一年迄ハ本願寺元山支院(ママ)ニテ教育ス同年公立小学校設立」[65]とされている。しかし，1888（明治21）年に元山居留民団の公立小学校となっても，それで元山別院との縁が切れたわけではない。『朝鮮開教五十年誌』は，1887（明治20）年〜日清戦争当時の元山別院の推移を次のように記している。

　二十年石川師去り赤松師その後を襲ひ依然教育に従事してゐたが赤松師また去つて豊島了寛師来任するに及び，豊島師はその経験にもとづいて大に教育の振興を計つたが，学童の増加と共に遂に学校建築の議起り，ともかく公立小学校が建設された，豊島師はその校長に推されて学校事務を兼任し六年の久しきに及んだ。豊島師は一方に於て大に布教の振興を策し，一時衰微を伝へられた元山別院も師の時代に至つて隆盛の第一歩を建設したのであつたが，師は日清役に従軍苦戦を経て元山を辞し秦光麿師後任として来任すると共に学校は別院の手をはなれ，別院は布教に専念することゝなつた[66]。

すなわち，元山公立小学校の校長は豊島了寛であり，同校への元山別院の関与は，日清戦争を経て豊島が元山を離れるまで続いたというのである。

元山別院が，幼稚園および実業補習学校を経営する形で再び居留民教育に乗り出したのは1909年であった。私立元山幼稚園と元山教育会補習学校については先にみたとおりである。

仁川における東本願寺の開教は，当初から居留民子弟の教育を条件としたことが大きな特徴である。1883年の仁川開港以来居留邦人の数は次第に増加していたが，居留地草創期のこととて学校をはじめとする諸般の公共事業は，まだその緒に就くに至らなかった。そこで居留民会は，子女の教育を東本願寺に託すべく，釜山別院輪番太田祐慶に僧侶の派遣を依頼した。この話

は，布教地の拡大を目指す東本願寺としても渡りに船であったので，太田は，本山の諒解を得てただちに釜山在勤朝倉多賀麿を遣わし，釜山別院仁川支院を開設せしめた。時に1885年9月のことである。

朝倉は，翌月13日寺子屋式の授業を開始した。当時の仁川は，「僅かに居留民七百五十内外，漸く妻子同伴するものが出来て来た位であつたので，生徒は十名内外，全くの寺小屋(ママ)教育であつた事は当然であつた」[67]。しかも朝倉は，「衣食の道に不十分であつた為に，彼処に七日此処に十日と居留民の家に寄食しゝ児童の教養に専念した」[68]という。

その後居留民会の財政も確立，1890年居留民会は，公費をもって学校を維持・拡張すること並びに僧侶以外に専任教師を招聘することを決議した。ここに，居留民会と仁川支院が共同運営する半公半私の小学校教育が開始されることになる。同時に，支院西隣の家屋敷を買収して移転した。また，専任教師の招聘に伴って教員職制が生じ，支院輪番が校長を兼任することになった。

1890年の専任教師招聘に続いて1892年2月には専任校長角尾好義が就任し，学校は，完全に仁川支院の手を離れて仁川公立小学校となった。したがって，仁川支院が居留民小学校の経営に携わったのは，1885年10月以来の6年3ヵ月である。この間，輪番は朝倉多賀麿・石川馨・横山文円・山田芳景と頻繁に交替したが，彼らはいずれも居留民教育に尽瘁し，仁川公立小学校の基礎を築いた。

京城における居留民教育は，1889年，当地日本商人の草分け的存在であった山口太兵衛の尽力によって開始された。具体的には，居留民「総代役場内の一室を仮教場に充て，中村再造より机腰掛全部の寄附を受け八月より総計八九名の小学児童を収容して教授を開始し，須田熊蔵なるものをして毎日午後二時間宛授業に当らしめた」[69]のである。

ところが，須田熊蔵は翌1890年に帰国，ここに新しい教師が必要になった。そこで山口太兵衛は，東本願寺仁川支院に対して京城布教所の開設と引き換えに居留民子弟の教育を依頼した。当時の状況を，山口自身次のように語っている。

当時仁川には内地人が千人位居て本願寺の布教出張所があつたので私は京城に於ける布教尽力の責任を引受ける。布教出張所を設置する経費を引受ける等の条件つきで本願寺より赤松慶恵師を入京させて貰ひ，須田氏（小学校の教師）の後任を兼ねて頂く事にしました[70]。

　こうして1890年10月，京城布教所が釜山別院京城支院として設置され，赤松慶恵が初代輪番兼小学校教師として赴任した。この小学校は，共立学舎と称した。「共立」の所以は，京城居留民会が居留民役所裏の朝鮮家屋一棟を借り上げて支院に提供し，その一室を教室に充てたからであった。財政面からしても，この段階での学校運営の主導権は，ほぼ全面的に居留民会側にあったとみることができる。

　1891年3月，京城支院は自前の土地・建物を入手して鋳洞に移り，共立学舎もともに移転した。これによって京城支院の地位が向上，支院が主導権を握って学校を運営し，居留民会はこれに対して応分の公費補助をすることになった。当時の教師陣は赤松（主任）と橘円寿の2名，生徒数は25〜26名であった。

　しかし，それから1年後の1892年3月，赤松慶恵の帰国を契機として共立学舎は急速に公立化の道をたどる。居留民会は，同年5月，赤松の後任として正教員麻川松次郎を招聘，校長心得とし，6月，共立学舎を京城公立尋常小学校に改編した（開校式は8月22日）。こうして学校は，公式的には京城支院の手を離れたのである。

　だが，支院との関係はその後も続く。「教場は依然として別院内に置き家賃を支払はず従前の関係を存続した」[71]し，橘円寿は，公立小学校の教師として1893年12月まで勤続した。また，氏名は定かでないが，『京城発達史』には，京城支院は明治「二十八年に及ぶ迄教員を供給せり」[72]とある。日清戦争を経た1895年11月，京城公立尋常小学校は鋳洞の京城別院（1895年2月，京城支院が別院に昇格）から南山に移転，公立尋常高等小学校と改称したが，この土地がまた，京城別院がその所有地を無償貸与したものであった。

　前述したように，庚子記念京城幼稚園もまた，1900年の開園から1906年までこの京城別院所有地にあった。

上にみた釜山・元山・仁川・京城の4校が，日清戦争前に開設された日本人小学校であるが，これら4校は，いずれも東本願寺がその設立に関与したものであった。

1897年10月，木浦が開港されるや東本願寺本山は，翌1898年3月西山覚流を当地に派遣，西山は同年4月，日本領事館敷地の一部を借り受けて木浦支院を開設した。西山の第一の使命は，いうまでもなく真宗の布教であったが，当時の居留民は，説教になかなか耳を貸そうとしなかった。そこで，「師は此の状勢を見て敢て頓着するなく，本山より齎せる別使命……即ち未だ何人も手を染むることなかりし居留民子弟の教育事業を企画し，直接の布教を寧ろ第二義に置き，校主として一意其の経営に努力した」[73]。すなわち，支院の本堂および庫裡の一部を教室に充て，20名弱の児童を集めて西山自ら小学校課程の教育に従事した。短期間ではあったが，西山が独力で学校を運営したのである。

やがて，釜山・元山・仁川・京城などにおける東本願寺支（別）院の先例に準じて居留民会との共同経営を図ることになり，同年11月12日，久水領事より木浦尋常高等小学校設立の認可を受け，同16日開校式を挙げた。木浦支院は，居留民会から教育事業を正式に委託されて西山自ら木浦尋常高等小学校校主となり，その職員任免権の下に訓導1名，代用教員1名を置き，児童42名を2学級に編成した。これに対して居留民会は，職員給与をはじめとする経常費の一部を補助し，必要に応じて備品等を寄附した。

校主としての西山の最大の課題は，児童数の増加によって狭隘となった教室を拡張することであった。このため彼は，本山と交渉して7,200余円の巨費を引き出し，新たに居留地の一画を購求して校舎を新築，これに移転することにした。新校舎は，1899年11月に1棟，1901年7月に2棟が竣工した。

この間，木浦尋常高等小学校は，1899年10月に幼稚科を新設して学齢未満の児童を収容し，1900年2月には裁縫科を開設して，新規採用の代用教員にこれを担当させた。こうして教育体制の充実をみ，新校舎の完成と相俟って，木浦支院主導の居留民教育はいよいよ軌道に乗るかのようであった。

ところが，居留民会は，1901年11月27日の臨時大会において，翌1902年1月1日以降木浦尋常高等小学校を民会の直接経営とすることを決議した。

この決議は木浦支院の意に反するものであったが，結局木浦支院は，教育事業の管轄権と校舎その他一切の設備・備品を無条件で居留民会に譲渡した。この手続きが完了したのが1902年2月1日である。以後，居留民会は，校長に聘用した前釜山小学校訓導戸川真菅をして学校経営に当たらせ，木浦支院は布教のみに専念した。

次に，群山小学校については，資料によってかなりの食い違いがあり，その正確な歴史を明らかにすることは難しい。まず，東本願寺の『朝鮮開教五十年誌』は，「明治三十三年三月十五日布教所の一部を開放して小学校教室に充てた。之が即ち群山小学校の濫觴である。……（中略）……其後三十四年二月日本人会の設立を見るに及んで小学校経営を同民会に移譲したのであるが此時生徒の数は既に三十四名に増加し，鮮人中篤志家の児童数名をも収容して居た」[74]という。

一方，統監府の『韓国事情要覧』には，群山尋常高等小学校は「明治三十二年五月設立同三十三年六月本願寺支院ニ移ス同三十四年二月ヨリ韓人教育ヲ併セ行フニ対シ外務省ヨリ補助ヲ受ク」[75]とある。つまり，群山小学校の設立は群山開港（1899年5月）と同時で，これを1900年6月に東本願寺が引き継いだことになっており，1900年3月に布教所の一部を開放して教室に充てたのが群山小学校の濫觴であるとする東本願寺側の主張と異なっている。ただし，韓国人子弟の教育も併せ行なっていたことを認めている点は共通である。

この韓国人教育にとくに注目したのが，東亜同文会幹事恒屋盛服である。恒屋は，1904年7月に群山小学校を視察し，「抑モ本校ノ創立ハ明治卅二年群山浦開港ト殆ド同時ニシテ東本願寺ノ支持スル所ナリキ其初メ本願寺ハ居留日本人ノ少数ナルヨリ韓人教育ニ重キヲ置キ四五年前日語ニ慣熟セル白文謹ヲ聘シ日韓児童ヲ併セテ教授セシメ一昨年本校ヲ東本願寺ヨリ居留地ニ引續クニ至ルマテハ生徒総数九十名ノ内韓人児童七八十名ヲ占メタリ」と報告している[76]。
(ママ)

以上3種の資料から抽出される公約数的事実は，1901年2月に群山日本人会が組織され同会が小学校を経営するようになるまでの1年弱の間，群山布教所が教育事業を担当したが，それは，日本人・韓国人をともに対象とす

るものであった，ということである。

　このほか東本願寺が居留民教育に従事した例としては，1901（明治34）年8月から1903（明治36）年9月まで小学校を経営した鎮南浦布教所と，開教師の私的教育活動が1908（明治41）年5月から併合後にまで及んだ城津布教所がある。鎮南浦布教所に関しては，同布教所開設の翌1901年に赴任した片野憲恵が，「明治三十一年以来民団書記をして掌らしめてあつた児童教育の依頼をうけ，三十四年八月本願寺布教所に於て開校式をあげ，ともかく形式的にも茲に小学校を創設した。かくて三十六年九月校舎の建築と共に之を民団に引渡し，後専ら伝導（ママ）に従事することゝなつた」[77]とあり，また城津布教所は，「明治四十一年五月十五日原元晃師命を帯びて創立したものであるが，原師は開教の傍ら児童を集めて教育に従事したのが縁となつて大正五年公立小学校の設立と共に開教使を辞し専ら教育に従事することゝなつた」[78]という。

　また，開設時期は不明であるが「馬山浦の小学校」が，1901年12月の『教育時論』に，「同地なる我在留民公共の機関は，略ぼ整備したるも，未だ公立小学校の設立あらず，幸に東本願寺の設立に係る尋常高等併置の小学校あり，児童の教育を欠かざるも，何時迄も本願寺の手に依頼せん事は，在留民の安ぜざる所なれば，遂に民会々議にては，明年度より右本願寺の学校を引受くることに可決し，直に本願寺に交渉せしに，快く之を承諾し，校舎及び器具共悉皆寄附する旨回答あり」[79]と報じられている。

　続いて，浄土宗の教育関与を見てみよう。浄土宗は，1901年6月，いわゆる「日語学校」としての開城学堂を開設した。資料的に裏付けられるものとしては，これが最初の浄土宗系学校である。東本願寺に比べて，時期的にかなり遅く，また韓国人を対象とする「日語学校」から着手したことが浄土宗の特色である。

　居留民教育としては，1902年4月創立の平壌居留民団立尋常小学校の教師を浄土宗僧侶が務めたのが第一歩だったようである。1902年11月の『実験教授指針』に「平壌にも二百人程の学齢児童がある之も浄土宗の僧侶が教育の任に当て居る」[80]，1903年2月の『教育公報』に「平壌も日本人が二百人ばかり居りますが，是も学校が不完全で，教員としては浄土宗の坊さんと，

役所の教員にやらして居るだけで甚だ困つて居る訳であります」[81] とある。

上述した開城学堂は、1902年9月から1903年5月まで、居留民団の要望に応じて居留民子弟を受け入れた。これが開城尋常高等小学校の母体である。『韓国事情要覧』は開城尋常高等小学校を、「明治三十五年九月開城学堂ニ併設ス同三十六年五月分立ス」[82] としている。

『朝鮮教育大観』は馬山公立尋常高等小学校の沿革を、「明治三十六年浄土宗布教師三隅田持門氏内地人児童数名を教養せしに初まり、明治三十七年居留民会は校舎を新築し六月馬山公立小学校と改称開校す、明治三十九年十月在外指定学校の認可を得、明治四十五年四月馬山公立尋常高等小学校と改称し今日に至る」[83] と記している。別の資料には、明治「三十五年十一月に至り、浄土宗布教師に由つて児童五名、幼児四名の教育開始され」[84] とあり、開校の時期に多少のずれがあるが、いずれにせよこれらの資料によって、馬山公立小学校の基が浄土宗布教師によって開かれたことがわかる。前述した東本願寺系の「馬山浦の小学校」は、公立小学校にはつながらなかったわけである。

1898年10月、薬師寺知朧が江景に設立した「日語学校」韓南学堂には、韓国人のための本科（普通科）・小学科・漢文科・補習科のほか居留日本人子弟のための特別科があった。1905年4月、この特別科を浄土宗江景寺が引き継いだ。これが後の江景小学校である。韓南学堂の「江景通信」は、特別科移管のいきさつを次のように報じている。

　　在留民ノ増加ニ連レテ学齢児童増加シ来レルモ従来小学校ノ設置ナカリシヲ以テ便宜上本学堂ニ於テ韓人教育ノ傍ラ本邦児童ノ為ニ教鞭ヲ執リツヽアリシガ過般浄土宗ニ於テ布教ニ着手シ傍ラ本邦児童教育ヲ開始スル事トナリ本学堂ヨリ引継ギ同宗ノ仮寺院内ニ於テ教授ヲ開始スル事ト相成候[85]

1904年11月、かつて京畿道開城に在り、開城学堂の主任教師を務めていた浄土宗布教師生野善龍が海州学堂を創設した。これは、黄海道における日本仏教の韓人教育の嚆矢でもあった。海州学堂は、1905年5月、日本人教育を併せ行なうようになったが、この日本人教育部門は、1908年4月、居

留民会に移管され，これが海州尋常小学校となった。

　以上みてきたものが，東本願寺および浄土宗が設立に関与した日本人小学校であるが，非宗教的な形態としては，日本企業や日本人個人が生みの親となったものもあった。たとえば，「草梁なる京釜鉄道会社は，社員の子女の教育の便を図りて，最初校舎約三十余坪及職員宿舎を建築し，毎年金五百円を居留地役所に提供する契約で学校の開設を申請した，時の民長石原半右衛門之を釜山公立小学校草梁分校として三十八年四月四日始業式を挙行し，草梁古館釜山鎮の児童を収容せしめた」[86]。これが，釜山居留民団立草梁尋常小学校（1906年11月創立）の濫觴である。また，佐賀県出身の元砲兵少尉原口一二は，「明治四十一年渡鮮シテ忠州郡私立敦明学校ニ奉職シ本務ノ余暇自宅ニ於テ内地人児童ヲ教育セリ之忠州ニ於ケル内地人教育ノ濫觴トス明治四十二年以来率先シテ小学校ノ設立ヲ提唱シ之ガ創立委員トシテ忠州小学校ノ設立ヲ図」[87]った。

　このように日本人小学校の設立にはいろいろな形態があり，もちろん数的には，当初から居留民会（民団）の手になるものが圧倒的に多かったのであるが，とくに初期においては東本願寺や浄土宗の貢献が大きかったことを忘れてはなるまい。

2．「日語学校」との関係

　前節で触れた群山小学校・開城学堂・韓南学堂・海州学堂も，元来は韓人教育のための「日語学校」であり，そこに一時的な便法として委託された日本人教育部門が，やがて分離独立して日本人小学校となったのであるが，このような日本人小学校誕生の経緯は，他の「日語学校」においてもみられた。

　平壌小学校については，明治「三十三年四月より平壌日語学校成りたれば同校長に嘱して五名の児童を教育す。三十五年四月公立平壌尋常小学校を開校し，役場の書記たりし一尋常科正教員に兼任教授せしむ」[88]という記録がある。

　大邱公立尋常高等小学校の沿革は次のとおりである。

　　明治三十七年十数名の児童を当時の韓国の学校達城学校に委託教育によ

り内地人子弟初等教育の産声を挙げ、仝三十八年十月二日温突の一民家を買収して之を校舎とし大邱公立尋常高等小学校と称し開校す」[89]

達城学校は，1899年7月，大邱の日韓有志の手によって設立された。同校の日本人学級は，1904（明治37）年「十数名の児童」を以て始まったが，同年11月には24名，翌1905年7月には61名となり，教場は狭隘を告ぐるに至った。そこで大邱居留民会は，達城学校の勧めに応じて1905年10月小学校を開設，日本人児童は，担任の女教師大石シマとともに小学校に移ったのである。

水原の華城学校は，1900年秋，鶴谷誠隆によって設立され，1902年6月，三輪政一が第3代校長に就任した。華城学校が日本人教育を引き受けたのは，この三輪校長時代のことである。そして，次の引用にあるように1906（明治39）年9月，「華城学校の校舎に修理を加へ」，水原尋常高等小学校が誕生した。

　　水原に於ける教育機関として先づ内地人側の学校組合立尋常高等小学校は，実に明治三十九年九月の創立にして，従前は華城学校主三輪政一氏が篤志を以て，鮮人教育の傍教鞭を取つて居たのである，然し時勢の進運は独立した教育機関の必要を感じ，時の居留民総代と評議員が大に苦心計画の上，統監府に請願し一時金参百円毎月補助金参拾五円の下附を仰ぐことゝなり，漸く目的を達し華城学校の校舎に修理を加へ，元福岡県師範学校訓導奥園悦次郎氏を校長に任用した」[90]

日本人小学校の母体となったことを確認することはできないが，日本人教育も併せ行なった「日語学校」は次の5校である。

東亜同文会が1899年10月に開設した城津学堂は，1901年7月から日本人子弟を受け入れた。当時の「城津通信」に「本月廿二日当港本邦領事分館長川上立一郎氏は令嬢博子を同伴して教育を依頼され候当学堂事業以外の事に属し候へ共私交上拒絶する限りにもあらざれば請を容れ本日より就学」[91]とある。また1902年夏の記録にも，「城津も居留民七十余名に過ぎざるが故

に同様小学校の設けなし其の子女あるものは之を城津学堂に託せんとの意を懐き居れり」[92] とある。

公州・湖西学堂の沿革は『韓国事情要覧』に、「明治二十九年日語研究会ヲ開ク同三十一年四月ヨリ普通学ヲ教授ス同三十四年居留民ヲ併セ教育ス」[93] とあり、同学堂が1901(明治34)年に居留民教育を開始したことがわかる。

1903年5月、渡辺直躬が東本願寺釜山別院の支援のもとに開いた統営日語学校は、開校直後、「目下生徒十三名外に日本少年一名孰れも非常なる熱心」[94] であったという。

龍巖浦日語学校と公州の開興学校は、その目的が「韓人教育並居留民教育」であったという以上のことは不明である。

これまでみてきたように、韓国居留邦人子弟の教育は、「日語学校」に負うところもまた大きかった。前節との関連でいえば、東本願寺・浄土宗系の「日語学校」もあったという意味において、日本人学校の設立経緯における宗教色と「日語学校」色は部分的に重なることになる。

3. 韓国人教育への参与

日本人学校の教員は、日本人教育にとどまらず、勤務校の内外において韓国人教育にも参与した。1906年の「韓国各理事庁管内ノ本邦人学校数並ニ生徒数」調査に、全28校中「韓人教育ヲ並置シタルハ六校ニシテ他ハ皆居留民教育ノミナリ」[95] とある。この6校すべてを明らかにすることはできないが、以下にみるように釜山・京城・仁川の3小学校が含まれていたことは確実である。

1895年3月、釜山共立学校は「校名を釜山公立小学校と改め、英語韓語を随意科として課し、更に予習科を設け、韓人に日本語を教へ熟達の上本科生に編入する制を設」[96] けた。予習科は、「定員五十名、毎日二時間ヽ一年間を一期とし、学科は日本語、読書、算術」[97] であった。

京城尋常高等小学校は、1895年11月、校舎拡張と「同時に朝鮮国民両斑(ママ)以上王族に至る、中等以上の種族にして、帝国京城領事の認可を経たるものに限り入学を許すこととし」[98] た。

仁川公立小学校の「日韓共学」は、1896年に企図され、1899年に至って

実現した。「時宜ニ依リテハ韓人児童ノ内恰悧ナル者ヲ同校ニ於テ教授スル」[99] という日本外務省の対韓政策の一環であった。

上記の「本邦人学校数並ニ生徒数」調査から3年を経た1909年当時，鎮南浦では，「日本人学校と韓人学校も亦最も親和睦し，公立学校（韓国人の公立普通学校―稲葉註）と日本人学校と時々互に往来して学芸競技の進歩に資する所あ」[100] ったという。

なお，京城中学校の教師が，一進会立漢城中学校の授業の手助けをすることになっていたことは前述したとおりである。

次に，日本人教員個々人の活動を見てみよう。

1889年2月から途中半年の中断（1891年2～8月）を挟んで1898年3月まで釜山公立小学校の校長を務めた武光軍蔵は，その後も各地の日本人小学校の校長を歴任したが，最終的には韓国人教育（乙種公立日新普通学校教監）に転じた。

1894年6月から1905年12月まで釜山（第一）公立尋常小学校の訓導であった庄司新左衛門は，釜山の「日語学校」開成学校の嘱託を務めた（時期は不明）。また，1897年から1901年3月まで庄司の同僚であった井手光治は，1900年から1901年にかけて開成学校の教授を兼任した。

庄司新左衛門・井手光治と同じく釜山公立小学校の訓導であった（1898年11月～1901年12月）戸川真菅は，木浦尋常高等小学校の校長（1902年1月～）を経て，木浦日語学校の後身である育英中学校の教師となった。ただし，木浦小学校辞任・育英中学校着任の年月は定かでない。

1901年1月から1905年1月まで釜山公立小学校の校長であった国井泉は，1905年10月1日，韓国官立高等小学校の教員となった。これは，次の引用にあるように日本「政府ノ手ニヨリテ公然（韓国の―稲葉註）小学教育ニ日本人ヲ入レタル端緒」であり，いわゆる「模範教育」のスタートであった。

　　九月ノ新学期ヨリ先ツ高等小学ニ日本教師ヲ入ルヽノ案ハ通過シタリシガ偶新旧貨幣ノ交替ヨリ生スル俸給ノ異動ニヨリ在京城小学教員等ノ同盟罷工ニ類スル挙動アリ（生徒数百名亦学部ニ押寄セ来レリ）事尋デ鎮定ニ帰シタルモ日本教師ノ任命ハ稍其期ヲ延フルノ止ムヲ得サルニ至リ十月一

日ヨリ前釜山日本人居留地小学校長国井泉ヲ聘傭シテ教鞭ヲ執ラシメタリ（月俸八十円）是レ政府ノ手ニヨリテ公然小学教育ニ日本人ヲ入レタル端緒ニシテ目的トスル所ハ教育ノ根底ヲ改善シ国民ノ常識ヲ増シ日本語ヲ普及シテ日本教育ノ感化ヲ与ヘ他日発表セントスル国民教育案ノ素ヲ成サントスルニアリ[101]

その後国井は，1906年9月，従前の小学校を改編した普通学校体制が発足するにあたり春川普通学校に赴任したが，すぐに辞任した。

国井辞任のあとを受けて春川普通学校教員となった堀摠次郎は元，釜山小学校の訓導であった。その時期は，国井校長の在任期間とほぼ重なる1901年3月～1905年3月である。堀は，国井と同じく韓国官立小学校（鑄洞小学校）の教員を暫く務めた後春川普通学校に赴任，長らく同校にあって春川教育界の中心人物となった。

麻川松次郎の韓国における活動は，仁川の居留民教育からスタートした。前述したように，仁川居留民会が東本願寺僧侶以外に専任教師を招聘することになったのは1890年であるから，時期的にはこれ以降である。麻川の仁川小学校在任は1892年5月までであった。京城居留民会の招聘に応じての辞任である。1892年6月，京城居留民会は，経営上東本願寺京城支院から独立した京城公立尋常小学校を設立した。麻川は，この京城公立尋常小学校の校長心得となったのである。しかし，2年後の1894年6月，病気のためこれを辞任した。その後麻川は，韓国政府（学部）の「お雇外国人」となり，教科書の編纂や韓国官立学校（師範学校および小学校）の教育に携わった。1896年3月20日から2年を期限とする麻川の雇用継続契約（したがって，最初の契約はこれ以前である）の第2条は，「麻川松次郎は……（中略）……大臣協弁局長の命を受け，師範学校と小学校に関する教育上の適当な事務を着実に執行すべし」[102]となっている。教科書編纂に関しては，学部が1896年2月に発行した『新訂尋常小学』の序文が，「ここに日本人補佐員高見亀・麻川松次郎とともに小学の教科書を編集した」と，麻川の関与を明言している。先の雇用継続契約が切れた後も学部との縁は続き，学部は1899年10月16日，「医学校化学教科書の翻訳のため日本人麻川松次郎を雇聘」[103]した。

1895年2月京城尋常小学校の校長に就任した佐賀県人早川清範は, 日本人のための「教科書は多く佐賀県審査の書目を用」[104]いたが, 韓国人のために「日本高等小学校位の程度にて, 万国地誌歴史を編輯し, 之を朝鮮諺文に訳」[105]した。

1904年10月, 平壌日語学校教師として赴任した稲葉中は, 本来の職務に就く前, 平壌日本人小学校の校長兼教員を務めた。当時の『東亜同文会報告』に,「教師稲葉中ハ赴任以来居留地小学校ニ教員ノ欠ケ居タルヲ以テ校長兼教員トシテ教授ヲ嘱託サレ居タルカ居留地ヨリ招聘シタル山口県ノ若林勇ナルモノ到着シタレハ辞任シタリ」[106]とある。

若林勇が平壌小学校に着任したのは1905年4月である。若林は, その後1909年5月, 補助指定校であった私立清道普通学校の教監となった。

1905年3月から1906年4月まで仁川小学校の訓導であった早川勇は, その後公立原州普通学校, さらには私立永同普通学校の教監として韓国人教育に従事した。

上にみたように日本人学校の韓国人教育への参与は, 日本人学校における「日韓共学」, 教員の人事交流（兼任・出張授業・転出等）や韓国政府「お雇外国人」としての活動などさまざまな形をとって展開されたのである。

4. 韓語教育

1910年8月の韓国併合後, 日本語が植民地朝鮮の国語となり, 日本（内地）人の「朝鮮語」教育はないがしろにされた。しかし, 併合以前の日本人学校では,「韓語」を学ぶ姿勢が随所にみられたのである。

まず小学校の韓語科設置の形態についてみると, 1900年2月の『教育時論』に「日本子弟の為には, 各居留地に学校あり, 其主とする所は, 正科又は随意科として, 朝鮮語を教ふるにあり」[107]とある。1900年当時, 正科・随意科の2形態が併存していたことがわかる。

1903年7月に開催された在韓連合小学校長会は, 12の事項を協議したが, その中に「三, 高等小学校に於て韓語科を必須科とするの件」[108]が含まれていた。しかし, 1905年6月の小学校長会では,「日本小学校に韓語を課することを根本的に不可とする説と目前の必要あれば課するを要すとの二説あり

たれば唯意見の交換に留」[109]めた。このように韓語科必修化の積極論から，韓語を課すこと自体をめぐる賛否両論の対立へと移行した背景として，2回の小学校長会の間に日露戦争があり，韓国において日本の勢力が確立したことが考えられる。結局，1909年2月に公布された「統監府小学校規則」は，「高等小学校ニ於テハ随意科目トシテ韓語ヲ加フルコトヲ得」と規定した。随意・加設科目，すなわち教えても教えなくてもよい科目として韓語科の形態が決定されたのである。

続いて，各学校における韓語教育の実施状況をみてみよう。

釜山尋常小学校の韓語教育は，同校の前身である修斉学校の成立（1880年7月）とともに開始された。その後一時中断もあったようであるが，1894年当時は，「目下釜山の小学校にて教授しつゝある課程は，韓語の一科を加へたる外，毫も内国に於ける者と異ならず」[110]という状況であった。この「韓語の一科」は必修であったが，同じ1894（明治27）年の7月，随意科となった。「以前は本科中にありしか，廿七年七月以降之を随意科とす」[111]という記事がある。

釜山尋常高等小学校の場合は，すでに1903年当時，尋常科・高等科とは「別に補習科を設け中学程度に近き学科を教授す男生は三学年とし女生は二学年とす殊に韓語科を置く」[112]という体制をとっていたが，1904年から高等科男子部にも韓語科が加えられたようである。「当校は昨年度より，学科目の上に変更を加へて，高等科男子部には，一学年より手工，英語，韓語の三科目を加へ」[113]とある「昨年」が，前後の文脈から1904年と判断される。

仁川尋常高等小学校の1890（明治23）年度の生徒数は81名であったが，1891（明治24）年度77名，1892（明治25）年度63名と減少した。『仁川府史』はこの原因を，明治「廿三，四年頃まで韓，英語等の専科を置きたるが，廿四年よりは本邦の小学令に依りこれらの生徒の収容を廃したるためか」[114]とみている。これによって，草創期の仁川小学校が「韓，英語等の専科を置き」，これを1891年に廃止したことがわかる。しかし，「専科」か否か形態は不明であるが，仁川小学校の韓語教育は間もなく復活した。1895年4月の『教育時論』に，「仁川港有志者は，朝鮮語学校を設立し，生徒募集に着手したり。教師は仁川公立小学校韓語嘱託教師朝鮮人文向禧氏にして」[115]云々とあ

り，当時「仁川公立小学校韓語嘱託教師」がいたことが明らかである。ところが，これまた中断したのか，1905年度には次の資料にあるように，高等科男子生徒に「新らたに」韓語が課されている。

　学科につきては，新らたに本年度より，高等科男生に，英韓科，商業科を課し，英語韓語及日用取引売買の必須の事項を授け，大に実業的方面に力を用ゐつゝあり[116]。

　この文面では韓語も必修であったニュアンスが強いが，1908年当時の資料には，仁川の「高等小学三四学年には商業を正科とし，英韓語を随意科とす」[117]とあり，この時点では，商業と違って韓語は随意科であった。
　京城尋常高等小学校は，日清戦争による混乱が治まった1895年初め韓語教育を開始した。「是迄高等科には，英語を授けたるか，這度之を止めて，韓語に換へたり」[118]という。「高等の全学年に韓語の一科を課」[119]す体制が，少なくとも1902年までは続いている。
　釜山高等女学校も，「元は朝鮮語を課してゐた」[120]というが，詳しいことは不明である。
　1906年4月に創立された釜山商業学校では韓語が必修であった。「一般に在韓諸学校は外国語の教科に韓語を充てたるが，釜山の商業学校も之を必須科となし韓人に教授せしむ」[121]という記録がある。
　東洋協会専門学校京城分校が，1907年10月の設立以来韓語を中心的な教科目としたことは前述のとおりである。
　このほか，夜学（夜学校・夜学会）の形をとった韓語教育は，半島各地で行なわれた。ここでは主な例のみ紹介しよう。
　釜山公立夜学校の1895年夏の状況は次のとおりである。

　本校は，公立小学校と同所に設置せらる。以前は商業夜学校と名つけ，当港各店の子弟雇人にして，昼間余暇なきものに，実業上の智識活用を授くるの目的なりし故に，其学科は，英語韓語商業の三科にして，志願に任せ，全科を修め又は一二科を撰修することを許し，各学科三ヶ年六学期と

し，毎日日没より三時間宛とせり，後都合により商業科を廃し，共立夜学校と名け(ママ)，昨年以来亦英語科を廃し，現今は韓語一科となり，其名称も公立夜学校となれり」[122]。

釜山公立夜学校が，「昨年」すなわち1894年「韓語一科」となったのは，日清戦争のため「通弁者を要すること無数なるより……（中略）……俄然として韓語熱を沸騰せしめ，入学企望者も続々踵を接するに至」[123]ったからである。

釜山実業夜学校は，1907年5月釜山教育会によって開設され，先にみたように，「教場を第一小学校に教師は各学校の適任者を依嘱し(ママ)，朝鮮語国語英語漢文商業簿記算術習字作文を教科とし生徒の実力に応じ，初等科中等科高等科の三学期に分け一期を六ヶ月，一ヶ年半にて全科卒業」（註51参照）という教育体制であった。ちなみに同校は，1916年9月まで存続した。

仁川の韓語夜学会は，1896年1月，仁川小学校の教室で産声をあげた。同会のその後の消息は不明であるが，これとは別に1902年当時，「仁川にては私立教育会の事業として夜学校を設け商業科及韓英語科を課し」[124]ていた。

京城商業夜学校は，京城尋常高等小学校に附設されていた。したがって時期的には，京城尋常小学校が尋常高等小学校となった1895年11月以降である。同夜学校は，「居留民商家の子弟十五歳以上のものを入学せしめ，露韓英の国語，及日本国文，数学，簿記等の学科を課」[125]したという。

京城教育会が1906年に開始した京城夜学会には「韓語専修科」というクラスがあった。1908年，「現在生徒第一学年六十三，第二学年九，韓語専修科十四，高等小学卒業生を収容す」[126]と報じられている。

1901（明治34）年に創立された鎮南浦青年会は，次の資料にあるように「夜間英，韓，簿記の三科を教授し」「一時は一寸盛んだつた」ようであるが，間もなく「雀羅の張るに任せるに至つた」。

　小学校の方は一先づ之で畢りとし少しく他の方面に向つて述べようなら，青年教育の事だが，之は別に書き立てる値もない。尤も以前一時は一寸

盛んだつたさうだが何を申しても居留地気質の青年だもの中々真面目にやらぬ処から今日では有名無実のものになつて雀羅張りまどへる門柱には淋しげに颯々たる北風に煽られてゐるのみだが之れでも以前は夜毎に数十の健児が咿唔の声を挙げたといふことだ。即ち創立は明治三十四年中の事で当初の目的は青年の人々がつまらぬ遊びに時を浪費し却て不良の品性を養成しつゝあるを慨し，有志者相謀りて青年会なるものを起し夜間英，韓，簿記の三科を教授し傍ら体力を練り且は娯楽に供せんとて撃剣フートボール等諸種の遊戯具を備へ昼間と雖も随時来て嬉戯するを得せしめ夜に入りては前三科目を教授したのださうな。教授者は領事館書記生島雄氏韓語を，当港海関吏松川氏英語を，第一銀行支店員松田氏簿記を担任し名誉教授にして熱心教授の労を執られたが如何にせん被教授者の方に至誠事に当るものなく漸次衰運に向ひ遂に名誉教授諸氏をして匕を投げしめ今日の如く雀羅の張るに任せるに至つたは南浦青年のため深く遺憾とするところだ。近時再興運動を開始して居るやうだが幾多の青年果して蹶起するや否[127]。

　上の引用の「今日」「近時」はいずれも1904年である。当時開始されていたという「再興運動」の結果は明らかでない。
　なお，文中「教授者は領事館書記生島雄氏韓語を」とあるが，日本人による韓語教育は極めて稀なケースであった。前述した京城小学校長早川清範など，当時韓語を解する日本人教師もいることはいたが，彼らはあくまでも少数派であって，日本人の韓語教育はほぼ全面的に韓国人によって担われたのである。

おわりに

　最後に，併合以前の韓国・韓国人に対して日本人がどのような姿勢で臨んだかをみておきたい。次の引用は，仁川小学校のある卒業生の追憶談である。

　　やがて日清の風雲が急を告げたので，居留民の婦女子は引揚を命じられた。小学校は閉鎖され，校庭は馬繋場となつた。私は弟妹と共に母に連れ

られ，父を残して故里へ帰りました。

　そこで足掛け三年通学していました。……（中略）……故里にいたこの三年の間友達から「朝鮮」だとか「朝鮮人」だとか罵らるゝのが小供心につらかつた。喧嘩と云へばいつもこの問題から起つたのであつた[128]。

　すでに日清戦争当時，日本では韓国に対する優越感が小学生の間にも蔓延していたこと，一方，居留民の子弟には，韓国居留民であることに一種のコンプレックスがあったこと，がうかがわれる。
　このコンプレックスは，日清戦争の勝利によって補償される。「日清戦役後は以前とは打つて変つて，朝鮮人や支那人が日本人に屈従的に丁寧な態度を現はす様になり，それに引代へ日本人が馬鹿に威張」[129]ったという。
　そして，日本人の対韓優越感は，日露戦争後，確固たるものとなった。「彼等（居留民の児童―稲葉註）は日本人は世界に於て最優勝の者にして，決して歯すべきものならざるかの感を抱き，従て韓人に対しては頗る傲慢粗暴の行動をなす，又韓国は全く我領土たるやの感を有し，決して外国に在留することを感ぜざるものゝ如し」[130]と評されるほどであった。「韓国は全く我領土たるやの感を有し」たということは，すなわち，併合以前においてすでに植民地支配者としての意識が確立していたということに他ならない。
　しかし，「一代植民者はやがて日本に帰る。彼らがここ（朝鮮）に住むのは，日本に帰るためである」[131]といわれているように，当時の居留民の多くは，半島の地に永住することを大前提としてはいなかった。換言すれば，出稼ぎ的な色彩が濃かったのである。1910年度末現在，小学校128校に対して中学校1校，高等女学校3校，商業学校2校と中等教育機関の整備が遅れていたことは，そのような居留民の姿勢を反映したものとみることができる。

[註]（※はハングル文献）
　1）『梶村秀樹著作集』　第1巻　明石書店　1992年　p.193
　2）弓削幸太郎　『朝鮮の教育』　自由討究社　1923年　p.269
　3）『中央公論』　第14巻第2号　1899年2月　p.68
　4）『釜山教育五十年史』　釜山府・釜山教育会　1927年　p.2
　5）藤村徳一編　『居留民之昔物語』　第1編　朝鮮二昔会　1927年　p.43

第1章　旧韓国における居留邦人の教育　　　　　　　　　　41

6）仁川公立尋常高等小学校　『創立五十周年記念誌』　1936年　p.107
7）『婦人と子ども』　第1巻第2号　1901年2月　彙報「韓国釜山教育事情」（以下、雑誌記事でページ表示のないものは、近代アジア教育史研究会〈阿部洋代表〉編『近代日本のアジア教育認識・資料篇【韓国の部】』龍渓書舎　1999年　から採ったものである。）
8）『教育実験界』　第10巻第2号　1902年7月　交詢界「海外に於ける国民教育（つゝき）」
9）『教育時論』　第564号　1900年12月15日　時事彙報「海外居留民の教育」
10）同上　第570号　1901年2月15日　時事彙報「朝鮮に於ける我居留民子弟の教育」
11）同上　第613号　1902年4月25日　時事彙報「韓国居留地教育視察」
12）同上　第636号　1902年12月15日　内外雑纂「在韓国日本居留地の教育」
13）『東亜同文会報告』　第58回　1904年9月20日　時報「在韓校長会議」
14）『教育時論』　第699号　1904年9月15日　時事寓感「駐韓領事と教育」
15）同上　第704号　1904年11月5日　時事彙報「韓国教員聘用に関する通牒」
16）『教育界』　第4巻第2号　1904年12月3日　内国彙報「韓国居留地教員の待遇」
17）『教育時論』　第738号　1905年10月15日　時事彙報「在韓国小学校教師」
18）『朝鮮』　第2巻第6号　1909年2月1日　雑纂「在韓日本人教育の状況」
19）仁川公立尋常高等小学校　前掲書　p.92
20）『日本之小学教師』　第11巻第129号　1909年9月15日　雑纂「在韓居留民側面観」
21）『教育界』　第10巻第1号　1910年11月3日　朝鮮教育「朝鮮の普通教育につきて」
22）『教育学術界』　第16巻第6号　1908年3月5日　外報「在韓子弟教育論評」
23）『朝鮮開教五十年誌』　大谷派本願寺朝鮮開教監督部　1927年　pp.150-151
24）『教育時論』　第636号　1902年12月15日　内外雑纂「在韓国日本居留地の教育」
25）『朝鮮』　第3巻第4号　1909年6月1日　雑纂「学校めぐりの記（其一）」
26）『教育学術界』　第17巻第2号　1908年5月10日　外報「在韓子弟教育論評（続）」
27）『教育公報』　第268号　1903年2月15日　時論「朝鮮に於ける本邦居留民の教育」
28）『教育時論』　第719号　1905年4月5日　時事彙報「朝鮮に中学校を設く可し」
29）同上　第729号　1905年7月15日　時事彙報「韓国居留民決議」
30）『朝鮮』　第3巻第4号　1909年6月1日　雑纂「学校めぐりの記（其一）」
31）和田八千穂・藤原喜蔵編　『朝鮮の回顧』　近沢書店　1945年　p.367
32）『朝鮮』　第28号　1910年6月1日　論説「朝鮮に於ける我日本子弟教育上の感想」
33）同上　雑纂「京城の諸学校一瞥」
34）和田八千穂・藤原喜蔵編　前掲書　pp.260-261
35）『朝鮮』　第28号　1910年6月1日　雑纂「京城の諸学校一瞥」
36）『教育時論』　第878号　1909年9月5日　時事彙報「統監府の中学案」
37）弓削幸太郎　前掲書　p.274
38）和田八千穂・藤原喜蔵編　前掲書　p.369

39)『釜山教育五十年史』 p.41
40)『教育実験界』 第10巻第1号 1902年7月10日 交詢界「海国に於ける国民教育」
41)『教育時論』 第729号 1905年7月15日 時事彙報「韓国居留民決議」
42)『教育実験界』 第17巻第3号 1906年2月10日 彙報界「韓国在留民教育補助費」
43)『教育学術界』 第16巻第6号 1908年3月5日 外報「在韓子弟教育論評」
44) 山田寛人 「東洋協会専門学校における朝鮮語教育」『アジア教育史研究』 第8号 1999年3月 p.58
45) 三城景明編 『韓末を語る』 朝鮮研究社 1930年 p.82
46)『教育学術界』 第16巻第6号 1908年3月5日 外報「在韓子弟教育論評」
47) 同上 第17巻第1号 1908年4月10日 外報「在韓子弟教育論評」
48) 山田市太郎 『北朝鮮誌』 博通社 1913年 p.69
49)『仁川府史』 仁川府 1933年 p.1276
50)『教育学術界』 第17巻第2号 1908年5月10日 外報「在韓子弟教育論評(続)」
51)『釜山教育五十年史』 p.31
52) 李相琴 『解放前韓国の幼稚園に関する研究――その成立と展開――』 お茶の水女子大学博士学位論文 1987年 p.31
53) 同上 p.33
54)『婦人と子ども』 第1巻第2号 1901年2月 彙報「韓国釜山教育事情」
55)『東亜同文会報告』 第38回 1903年1月1日 雑録「韓国学事視察報告書」
56)『朝鮮開教五十年誌』 p.151
57)『婦人と子ども』 第1巻第1号 1901年1月 彙報「公立庚子記念京城幼稚園」
58) 藤村徳一編 前掲書 pp.246-247
59)『仁川府史』 p.1324
60)『朝鮮開教五十年誌』 p.154
61)『大邱府史』 大邱府 1943年 p.219
62)『朝鮮』 第2巻第6号 1909年2月1日 雑纂「在韓日本人教育の状況」
63)『朝鮮開教五十年誌』 p.20
64) 山田市太郎 前掲書 p.68
65)『韓国事情要覧 韓国統監府 1906年 p.28
66)『朝鮮開教五十年誌』 pp.153-154
67)『仁川府史』 p.1314
68)『朝鮮開教五十年誌』 p.155
69)『京城府史』 第2巻 京城府 1936年 p.603
70)『朝鮮開教五十年誌』 p.45
71)『京城発達史』 京城居留民団役所 1912年 p.55
72) 同上 p.368
73)『木浦府史』 木浦府 1930年 p.418

74)『朝鮮開教五十年誌』 p.80
75)『韓国事情要覧』 p.27
76)『東亜同文会報告』 第59回　1904年10月25日　視察報告「韓国視察報告」
77)『朝鮮開教五十年誌』 p.82
78) 同上　pp.97-98
79)『教育時論』 第599号　1901年12月5日　時事彙報「韓国馬山浦の小学校」
80)『実験教授指針』 第1巻第11号　1902年11月8日　彙報「韓国に於ける教育事業」
81)『教育公報』 第268号　1903年2月15日　時論「朝鮮に於ける本邦居留民の教育」
82)『韓国事情要覧』 p.27
83) 西村緑也編　『朝鮮教育大観』　朝鮮教育大観社　1932年　慶尚南道　p.8
84)『教育学術界』 第17巻第2号　1908年5月10日　外報「在韓子弟教育論評（続）」
85)『東亜同文会報告』 第70回　1905年9月26日　海外通信「江景通信」
86)『釜山教育五十年史』 pp.16-17
87)『文教の朝鮮』 1937年3月号　p.95
88)『教育学術界』 第17巻第2号　1908年5月10日　外報「在韓子弟教育論評（続）」
89) 西村緑也編　前掲書　慶尚北道　p.5
90) 酒井政之助編・発行　『発展せる水原』　1914年　p.16
91)『東亜同文会報告』 第24回　1901年11月1日　海外通信「城津通信」
92) 同上　第38回　1903年1月1日　雑録「韓国学事視察報告書」
93)『韓国事情要覧』 p.28
94)『東亜同文会報告』 第45回　1903年8月10日　通信「統営日語学校近況」
95) 同上　第82回　1906年9月26日　時報「在韓邦人教育事業」
96)『釜山教育五十年史』 p.13
97)『教育報知』 第496号　1895年11月13日　新報「釜山の小学校」
98)『国家教育』 第50号　1896年5月15日　内外雑纂「朝鮮国公立京城尋常高等小学校」
99)『仁川府史』 p.1285
100)『同仁』 第35号　1909年4月1日　論説「韓国鎮南浦状況一班（ママ）」
101)『日本外交文書』 第38巻第1冊　日本国際連合協会　1958年　pp.869-870
102)※奎章閣文書　「大日本雇聘人麻川松次郎合同」　文書番号23081
103)※『年表で見る現代史』　韓国現代史9　新丘文化社　1974年　p.172
104)『教育時論』 第371号　1895年8月5日　内外雑纂「朝鮮国日本居留地小学校一覧」
105) 同上　第364号　1895年5月25日　内外雑纂「朝鮮教育実地視察」
106)『東亜同文会報告』 第67回　1905年6月26日　本会記事「平壌日語学堂報告」
107)『教育時論』 第533号　1900年2月5日　内外雑纂「日本人と韓国教育事業」
108) 同上　第659号　1903年8月5日　時事彙報「在韓連合小学校長会」
109)『日本之小学教師』 第7巻第80号　1905年8月15日　談叢「在韓日本各居留地

小学校長会決議事項」
110)『教育時論』　第340号　1894年9月25日　時事寓感「在外居留民子弟の教育法を如何にすべきか」
111)『教育報知』　第496号　1895年11月13日　新報「釜山の小学校」
112)『教育時論』　第669号　1903年11月15日　時事彙報「釜山公立小学校」
113)　同上　第755号　1906年4月5日　内外雑纂「韓国に於ける我国民教育（六）：釜山小学校（下）」
114)『仁川府史』p.1279
115)『教育時論』　第359号　1895年4月5日　内外雑纂「仁川の朝鮮語学校」
116)　同上　第752号　1906年3月5日　内外雑纂「韓国に於ける我国民教育（三）：公立仁川尋常高等小学校（上）」
117)『教育学術界』　第17巻第2号　1908年5月10日　外報「在韓子弟教育論評（続）」
118)『教育時論』　第357号　1895年3月15日　内外雑纂「京城の日本小学校」
119)　同上　第618号　1902年6月15日　時事彙報「松本書記官の韓国教育談」
120) 幣原坦　『朝鮮教育論』　六盟館　1919年　p.307
121)『教育学術界』　第17巻第1号　1908年4月10日　外報「在韓子弟教育論評」
122) 123)『教育報知』　第498号　1895年12月3日　新報「釜山の状況（続稿）」
124)『教育時論』　第618号　1902年6月15日　時事彙報「松本書記官の韓国教育談」
125)『国家教育』　第50号　1896年5月15日　内外雑纂「朝鮮国公立京城尋常高等小学校」
126)『教育学術界』　第17巻第2号　1908年5月10日　外報「在韓子弟教育論評（続）」
127)『実験教授指針』　第3巻第8号　1904年4月20日　彙報「韓国鎮南浦に於ける教育状況の一斑（続）」
128) 仁川公立尋常高等小学校　『創立五十周年記念誌』　p.105
129)　同上　p.106
130)『教育時論』　第755号　1906年4月5日　内外雑纂「韓国に於ける我国民教育（六）：釜山小学校（下）」
131) 村松武司　『朝鮮植民者──ある明治人の生涯──』　三省堂　1972年　p.51

第2章　植民地朝鮮の「内地人」教育

はじめに

　1910年8月29日，日本は，「大韓帝国」を併合して植民地「朝鮮」とした。同年末の「内地人」人口は17万人余，朝鮮総人口の1.29％であった。その後毎年2万人内外ずつ増え続けてピーク時の1942年には75万を超え，朝鮮総人口の2.86％を占めた。1943年以降は，戦争による混乱のためやや減少し，1945年8月15日の敗戦当時は70万人前後だったものと推定される。このように在朝鮮内地人の人口は，植民地統治の末期には内地の小県に匹敵する規模に達していたのであるが，彼らは，朝鮮にあっては常に絶対的なマイノリティーであった。
　しかし，圧倒的多数の朝鮮人と少数の内地人という民族構成にかかわらず，朝鮮教育界における内地人のプレゼンスはかなり大きかった。たとえば初等・中等普通教育体系が内鮮別々であった最終年の1937年，2,168万人の朝鮮民族は，2,601校の普通学校に約90万人の児童を有したが，内地人63万人の小学校は505校，児童は8万7千余であった。つまり，朝鮮総人口の僅か2.8％の内地人が，全朝鮮の初等学校の16.3％，児童の8.9％を占めていたのである。学校段階が上がるにつれ，内地人の占有率はさらに大きくなる。
　本章は，このような韓国併合後の内地人教育が，量的・制度的にどのように展開されたか，内鮮共学の態様も含めそれは朝鮮人社会とどのような関係にあったのか，植民地教育としての内地人教育は，日本内地の教育とどこが異なったのか，を概観しようとするものである。

第1節 量的・制度的展開

1. 小 学 校

　韓国併合とともに朝鮮総督府が設置され，諸般の施政が開始されたが，教育事業については慎重を期し，暫く従来の体制が維持された。「朝鮮ニ於ケル朝鮮人ノ教育ハ本令ニ依ル」ことを定めた「朝鮮教育令」によって植民地教育が正式にスタートしたのは1911年11月のことである。内地人教育に関する法的整備はさらに半年遅れ，1912年4月，朝鮮公立小学校規則・同高等女学校規則・同実業専修学校及簡易実業専修学校規則が，諸学校官制とともに施行された。続いて同年5月，文部省は，朝鮮の小学校・高等女学校・実業専修学校および簡易実業専修学校に対し内地と同等の取扱をすることを省令を以て定めた。

　こうして，これに先んじていた中学校と合わせ内地人教育体系は法的な裏付けを得たが，この時，小学校は161校，就学率はすでに95％に上っていた。1913年仁川小学校に赴任した訓導は，「当時朝鮮にては日韓合併後間もなき事とて，義務教育制の実施なく，為めに就学年齢に達するも，強制的就学をなさず，只新聞を利用し，或は要所要所に告示を出す程度にて，全く父兄の意志に委せたる状態なりし為め，至る所に学齢児の就学せざる者を散見し，内地より出向したる不肖の眼には異な感じを起せしこともあり」[1) と記しているが，これは誇張に過ぎる感がある。朝鮮における義務教育制は終に実現しなかったものの，内地人小学校に関する限り，1920年代初めには学齢児童の全員就学がほぼ達成されていたとみることができる。1921年京城日出小学校卒業生が，「日本人の子弟は立派な校舎の小学校，中学校に通学していましたが，当時朝鮮の人達の子弟には義務教育は行なわれておらず，寺小屋(ママ)に通っているのをよく見かけたものです」[2) と述べているように，内地人子弟の間には小学校イコール義務教育という認識が定着していたのである。

　このように植民地化からごく短期間で事実上の義務教育を実現させたこと

が朝鮮の内地人教育の一大特色であるが，小学校の設立主体や規模をみると，私立小学校がなかったこと，単級学校が多かったことも特徴である。

単級学校について述べる前に，単級学校さえもない寒村僻地の内地人児童を就学させるための手立てであった小学児童鉄道無賃乗車と児童寄宿舎（寄宿所）に触れよう。『教育時論』第969号（1912年3月15日）は次のように報じている。

　　総督府にては本年一月より，小学児童鉄道無賃乗車を決行し，日々地方駅より，小学校所在地に通学するもの少なからざるも，鉄道沿線地外にては此恵に浴する能はず，故に此際主要地に小学校寄宿舎を設け，以て僻遠地の児童を収容すべき計画にて，平安南道にては平壌に之を設置するやの内議あり，目下調査中なるが右計画にして成就の上は，総督府よりも若干の補助あるべきやに聞く[3]。

ここにあるように，小学児童鉄道無賃乗車は1912年1月から開始され，これによってもなおカバーできない子どもたちのために寄宿舎が設けられたのである。児童の汽車通学は，児童本人も大変であったろうが，教職員の負担もまた大きかった。次は，黄海道・新幕小学校の事例である。

　　京義線の一駅新幕に新幕公立尋常高等小学校あり，同校は同駅の付近鉄道用地に建設せられ，生徒九十二名を有す。而して其の中の三十二名は汽車通学生にして全生徒の三分の一強を占む，沿線小学校に於て汽車通学の児童を有する学校少からざれども，斯の如く多数なるは蓋し稀なるべし。当所の汽車発着時間は，不幸にして学校の始終時間と適合せず。南よりする者は一時間，北よりする者は二時間の遅刻をなす状態なるが校長新四郎治氏大正二年四月本校に赴任するや汽車通学者に対し特に注意を払ふの必要を認め一方には学科補欠の法を設け，本校一般の授業終りたる後日日其の後れたる科目に対し正式に定めたる時間割に依り一般と同様の授業をなし以て之を補ふと同時に又一方には汽車通学に依る危険を防がんが為め，昇校の際は各駅より団体にて乗車し，其の上級生に監督せしめ下車するや

停車場より列をなし静に登校せしむ。又退校の際は職員必ず停車場に引率（途中列をなすこと昇校のときに同じ）乗車の指揮監督をなし車中は上級生に之を依託し，発車の後帰校するを常例となす，其の発車時刻は南行四時三分北行六時三十分にして職員は如何なる日にありても二回の見送りをなし，此の時刻を過ざれば帰宅することを得ず。其の労容易にあらざれども三人の職員交代にて日日此の任に当り絶て倦色なきが如し[4]。

児童寄宿舎は，1912年度の3ヵ所（京城・平壌・木浦）を皮切りに年々増設され，1918年には31ヵ所となった。13道に普く配置され，費用の大部分は総督府からの補助金であった。

朝鮮総督府の1910年度『学事統計』によれば，小学校は128校，うち単級学校が69（53.9％）を占めた。1916年には，「現在三百三十校中，百八十八校は単級組織のものにして其の過半は児童数二十名以下」[5] であった。すなわち，単級小学校の比率は57.0％である。時の経過とともにその比率は漸減するが，それでも1931年当時，「朝鮮の公立小学校は四百六十三校，千六百七十八学級あるけれども此の中の百九十六校即ち全体の四割二分強が単級小学校であ」[6]った。

このように単級小学校が多かったのは，どんな僻陬の地にも小学校を，という親たちの教育熱の反映であった。その親たちを，朝鮮総督府や内地の県当局が側面支援した。県支援の例として，岡山県出身の漁民（1911年現在35戸117名）が慶尚南道統営郡統営邑南里の弥勒島に建設した岡山村の尋常小学校がある。岡山県編の『朝鮮岡山村事績書』によれば，岡山村尋常小学校の設立経緯は次のとおりである。

　　明治四十四年度ニ於テ県費八百五十円ヲ投シ校舎一棟ヲ建築シ朝鮮総督府ヨリ教員給並ニ備品購入費トシテ金五百五拾五円ノ下付ヲ受ケ岡山村尋常小学校ヲ設置シ明治四十四年二月開校シ延ヒテ全年八月岡山村ヲ地区トセル学校組合ヲ設立シ爾来全組合ニ於テ之ヲ経営維持セリ其経費財源ハ毎年県費補助百円及総督府ヨリ教員給補助五百四十円ノ下付金及其他ハ授業料（通学者アル一戸ニ付一ヶ年金三拾銭）（ママ）及戸数割（地区内移住者一戸ニ

付一ヶ年金拾銭)ニ依ル[7]
                                    (ママ)

　単級小学校に対して総督府は，財政（主として教員給与）を補助したばかりでなく，「単級小学校教育法を研究し，且つ年年該教育法の講習会を開催」[8]した。ちなみに；官立京城師範学校の設立以来11年間(1921年6月～1932年10月)に同校で開催された講習会48回中15回が「公立小学校教員単級教授法講習会」であった[9]。

　農村部に単級小学校が多かった一方，都市部には大規模小学校もあった。すでに1910年度末の時点で，京城南大門尋常高等・仁川尋常高等・釜山尋常の3小学校は児童数1,000を超えていたのである。その後，「在朝日本人の大多数が基本的に都市生活者であった」[10]と総括されるように内地人の都市集中が進み，そこにおける小学校の大規模・過密化が見られた。学校の大規模化は必ずしも好ましい現象ではないが，内鮮の力の差を見せつけるという植民地ならではの副産物があった。京城東大門小学校の昭和初期の卒業生は，「りっぱな校舎は裏の清溪川越しの現地の人々の粗末な家並とは際立った対比を成し，神社建立も含めて，外地特有の事情によるものではあろうが，半島の人々の目には，日本の優越を誇示するものと写ったことであろう」[11]
                                                              (ママ)
と回想している。

　京城・釜山など大都市の伝統校は，朝鮮人社会に対して校舎の壮麗を誇ったのみならず，施設・設備や教育内容・方法において内地以上に先進的な面もあった。次の引用は，釜山第二小学校の昭和初期，釜山第六小学校の1940年当時の状況である。

　　赤い鳥（雑誌）の影響も先進的な先生方の意欲によって採り入れられて，綴方教室・児童創作画等にも新面目を続々と加え，やがて大新町に新校舎を建設してからは，まことに目を見張るような大活躍をいたしました。……（中略）……遂には全鮮は言うに及ばず遠く日本内地の各地方に迄影響を与え，ある所では初等教育を論ずるなら釜山二小をまづ見よ，と噂さされる
                                                    (ママ)
　　事もあった程です[12]。

学校は末永校長以下二十数名，児童数千四百名余りで前任校と規模の上では似通っていた。先生方は全員師範出身揃いで，内地ではとても考えられない程のすばらしいものであった。校舎，校庭はじめ講堂や教室，衛生室，理科室等立派なものばかりであり，給食室に至っては，内地にはない程進歩的であったのにはびっくりしたものであった[13]。

　次に初等教育レベルにおける内鮮共学についてみると，1938年3月の「第3次朝鮮教育令」によって「国語ヲ常用セサル者」すなわち朝鮮人の普通学校が小学校に名称統一され，学校体系上の内鮮区分はなくなった。しかし，これによっても，また1941年の「国民学校令」によっても，共学はほとんど進展しなかった。換言すれば，後述する中等レベル以上とは違って，小学校～国民学校の内地人児童は，終始，ほとんど内地人だけの学校生活を送ったのである。とはいえ，朝鮮で生活する限り朝鮮の子どもたちとの諍いも避け難い。これについては，「毎日のように繰り返される日朝ミニ戦争は，文字通り正義のための闘いであり，勝たなければならない子供なりの聖戦でもあった」[14]，「しばしば行われた喧嘩でも日本の子供は負けてはならなかった。彼らに負けることは鬼畜米英に破れるよりも恥辱だった」[15] といった証言が残されている。彼ら内地人「少国民」は，小学校に通うころにはすでに一廉の植民地支配者に育っていたのである。

2．中学校

　併合前の中学校は，1909年5月京城居留民団立として創設され，1910年4月統監府中学校，同年10月総督府中学校となった京城中学校が唯一であった。以後，中学校は，「朝鮮総督府中学校官制」に基づく官立として開設される。

　1913年4月，併合後初の中学校として釜山中学校が誕生し，続いて1916年平壌，1918年龍山・大田中学校が創立された。平壌中学校と大田中学校は，それぞれ創立前年に開設されていた京城中学校の分教場が母体であり，龍山中学校も，京城中学校から枝分かれしたものである。

　1920年2月25日付の『教育時論』には，「北鮮に於ける中学校設置問題

は元山及び咸興との間に殆ど争奪的の観ありしが愈々元山に設置す可く決し」たとある。元山・咸興はいずれも咸鏡南道の中都市で，競合の結果，元山に中学校を設置することになったというのである。元山中学校は1921年4月に開設されたが，同時に元山高等女学校も開校されており，元山における中等教育のレディネスを窺わせる。また，1921年4月には大邱中学校も開設された。

　1923年5月，官立光州中学校と，初の学校組合立として群山中学校が設立された。続いて1924年5月，13道中最北端の咸鏡北道に羅南中学校が開設され，中学校は計10（官立9，学校組合立1）校となった。

　1924（大正13）年は，朝鮮の中学校にとって大変革の年であった。「大正十三年中央政府に於て行政並財政の整理緊縮を実行せらるゝや朝鮮に於ても其の方針に則り，幾多の整理を行はれたるが，其の一端として本府直轄に係る中等程度の諸学校は之を道地方費に移管し，其の経営に任ずるを以て適当と為し，大正十三年度より各其の所在地の属する道地方費に移管せらる」[16] ということになったのである。こうして，それまで官立であった中学校・高等普通学校・女子高等普通学校は公立（道立）化された。

　1926年5月に新義州中学校が設立された後，暫く道立中学校の新設はない。1927年4月21日付の『京城日報』が，「中学校設置希望は清州年来の熱望であるが未だ機熟せぬのでそのまゝとなつてゐたが本年に入りて益々熱度を加へ去十四日金融組合楼上に有力者多数会合し期成同盟会を組織し……（中略）……いよいよ具体的運動に移ることになつた」と清州中学校設置運動を報じているが，この時は結局，実を結んでいない。（清州第二中学校として清州に内地人主体の中学校が実現したのは，12年後の1939年3月であった。）

　1928年4月，学校組合立であった群山中学校が全羅北道に移管された。以後，後述する京城城東中を除いて内地人の，あるいは内鮮共学の中学校はすべて道立となる。

　1935年4月，仁川中学校が新設された。それまで仁川府内小学校の卒業生は，京城中学校か龍山中学校に進学していたが，これで，厳しい進学競争と片道1時間の汽車通学から解放されることになった。

　1936年2月には京城城東中学校が，同年4月には馬山中学校と咸興中学

校が開設された。京城城東中学校は、京城在住の資産家高村甚一から京城府に寄付された60万円を基金として設立された府立中学校であった。また、「馬山中学は、当時としては珍しく日本人子弟と朝鮮人子弟との共学を建て前として創立された」[17]ところに特色があった。実際、1936年の新入生は内地人67名、朝鮮人43名であった。

　1937年4月、全州中学校が設立され、「第2次朝鮮教育令」下の中学校16校が出揃った。1937年5月末現在、16校に内地人生徒7,313名(94.0%)、朝鮮人生徒465名(6.0%)が在籍していた。

　1938年3月、「第3次朝鮮教育令」が施行され、高等普通学校も中学校と改称されるとともに、既設・新設すべての中学校で内鮮共学が推進された。したがって、これ以降の新設校にいわゆる内地人中学校はないが、敢えて言えば清州第二中学校と海州西中学校(1938年4月創立)が、内地人生徒が約8割を占め、それに近かった。『朝鮮諸学校一覧』の最後の統計である1943年5月末現在、公立中学校は56校、生徒は内地人が12,158名(41.9%)、朝鮮人が16,881名(58.1%)であった。

　1938年4月の新学期を期して高等普通学校が中学校に改称される際、①従来の内地人中学校の校名を尊重する、②番号を付ける場合は内地人学校を第一、朝鮮人学校を第二とする、という原則があった。このため、朝鮮人側の反発を買うこともあった。たとえば平壌中学校(1916年4月創立)を平壌第一中学校、平壌高等普通学校(1911年11月創立)を平壌第二中学校としたケースがそれである。「第一中学校よりも五、六年前に設立されてゐるにも拘らず第二中学とは名前が嫌だ」[18]というわけである。

　総督府の内地人優先政策もあって、内地人の中学校と朝鮮人の高等普通学校は、往々にして対立することがあった。中学生と高等普通学校生の諍いが全朝鮮的な反日運動に発展したのが、1929年11月の光州学生事件である。ここでは事件自体について詳述することはしないが、総督府が、「たまたま昨年十月三十日羅州駅下車の両校生徒間に改札口の混雑による些かの事故に端を発し」[19]と皮相に見ていたのに対し、事件の一方の当事者であった光州高等普通学校の白井規一校長は、光州中学校との衝突を前々から予知していたことを指摘しておきたい。白井は次のように語っている。

第 2 章　植民地朝鮮の「内地人」教育　　　　　　　　　　　　53

中学校にては……（中略）……優秀民族として一段低き者に対する態度に出るように考える者もあり，それが言語動作の上に現れ，平素朝鮮民族として僻み心を抱いている高普生の反抗心を誘発する虞がありはせぬかと思われ，私からも中学校の方に話せしことあり[20]

3．高等女学校

　併合時，釜山・京城・仁川実科の 3 校であった高等女学校は，その後，中学校のほぼ 2 倍のペースで増加した。併合後初の新設校は，1913 年 4 月創立の平壌高等女学校である。平壌高女は，1928 年に拡張され，赤煉瓦の校舎と各種運動施設を備えた。ある教師は，「内地の古色蒼然たる木造校舎ばかり見て来た目にはプールつきの煉瓦建の堂々たる校舎に，まず威圧を感じた」[21] という。1914 年 1 月〜 1929 年 4 月の新設校は次のとおりである（括弧内は創立年月）。

　元山（1914 年 1 月実科高女として創立，1921 年 4 月に高女）・馬山（1915 年 6 月実科高女として創立，1921 年 4 月に高女）・群山（1916 年 4 月実科高女として創立，1921 年 4 月に高女）・大邱（1916 年 4 月）・鎮南浦（1917 年 4 月）・木浦（1917 年 5 月実科高女として創立，1920 年 5 月に高女）・大田（1919 年 4 月実科高女として創立，1921 年 4 月に高女）・羅南（1920 年 6 月）・京城第二（1922 年 5 月）・光州（1923 年 3 月）・清州（1923 年 4 月）・鎮海（1923 年 4 月）・全州（1924 年 4 月）・裡里（1924 年 4 月）・咸興（1924 年 5 月）・海州（1925 年 4 月）・沙里院（1926 年 4 月）・清津（1926 年 4 月）・公州（1928 年 2 月）・新義州（1929 年 4 月）

　ここまでの累計は 24 校で，2 年制の実科高等女学校としてスタートした 6 校も，1921 年 4 月にはすべて 4 年制高等女学校となっていた。

　京城第二高等女学校は，京城高等女学校から分岐したもので，1922 年 5 月，本家の京城高等女学校は京城第一高等女学校となった。第二高女は，「京城府内で最初の鉄筋コンクリート建ての校舎」[22] であった。

　1929 年 9 月，龍谷高等女学校が開設された。前身は，1927 年 3 月京城に，「西本願寺が社会事業の一とし教育運動を通じ内鮮融和の一助とともに新設した龍谷女学校」[23] である。すなわち龍谷高等女学校は，初の私立高等女学校であり，結果的に唯一の私立内地人高女であった。他の内地人高等女学校

は，すべて公立（居留民会〜居留民団〜学校組合立，あるいは府立）である。龍谷高女の役割は，いわば京城第一・第二高女の受け皿であった。1935年3月10日付の『京城日報』は，「九日入学試験を終った京城第一，第二の両高女と女子実業の三校受験生は一千名中，五百名の犠牲者を出さなければならず親達としては女の子であるため遠くへは出したくなく，結局は女子技芸と龍谷女学校に依って緩和策を講じなければならない」と報じている。

その後暫く高等女学校の新設はなく，1934年4月になって春川・興南高女が開校された。春川高等女学校の特徴は，「内鮮共学を創設の使命とし」[24]て開設されたことである。1939年当時の同校校長石井正雄は，「内鮮一体」を目指して「或は修養に，学習に，運動に，散策に，娯楽に，団欒に，炊事に，食事に，入浴に更に役員当番の勤務作業に混然一体たる家庭的和楽の生活を通じて，涙ぐましく麗はしき親和提携の実を挙げ皇国女性としての修練を重ねつゝある」[25]と報告している。

1935年4月，金泉高等女学校が設立された。そして，この金泉高女と，前年に開設されていた春川高女をモデル・ケースとして総督府は，「全鮮中等学校を愈よ内鮮共学制へ」という方針を固めた。この見出しに続く『釜山日報』の記事は次のとおりである。

　　総督府学務局では朝鮮内に於ける教育機関の根本対策として内鮮人子弟の共学実施の前提として昨年新設された春川公立高等女学校及本年新設された金泉高等女学校を基調として目下研究中である当分の間は校名の統一又は形式的法令の改正等の手段を執らず女学校より自然中等学校に及ぼし実質的に漸進主義を執り其の領域を拡大して全面的共学に実現せしむる(ママ)方針である[26]

1937年4月，兼二浦と会寧に高等女学校が新設され，これで「第2次朝鮮教育令」下の高等女学校が出揃ったことになる。同年5月末現在の学校数は30（公立29，私立1），生徒は内地人が11,337名（95.1％），朝鮮人が587名（4.9％）であった。先に見た中学校の場合よりも朝鮮人の比率がむしろ低く，総督府の掛け声の割に高等女学校の内鮮共学は進まなかったことがわ

かる。

　しかし，「第3次朝鮮教育令」が転機をもたらした。私立高等女学校は，前述した龍谷と1940年5月創立の仁川昭和を除いて，もともと宗教色あるいは民族色の強い女子高等普通学校で，内鮮共学はほとんど見られなかったが，公立にあっては，元女子高等普通学校も内地人生徒を受け入れたし，「内鮮一体の現れとしての教育令改正後最初に設立された名誉ある晋州高等女学校」[27]以後の新設校は，内鮮共学が大原則であった。公立に限って1943年5月末現在の状況をみると，学校は64校，生徒は内地人15,467名（59.3％），朝鮮人10,627名（40.7％）であった。この時点でも中学校より朝鮮人の比率が低いが，それは，そもそも内地人の公立高等女学校に比べて朝鮮人の公立女子高等普通学校が少なかった（1937年5月末現在29校対11校）からである。

　次に高等女学校の修業年限を見てみよう。1923年11月，京城第一高等女学校の補習科が廃止され，代わって従来4年制であった本科が5年制となった。これが，朝鮮における5年制高女の嚆矢である。その後修業年限を1年延長する高等女学校が増え，1934年当時，5年制は京城第一・京城第二・大田・大邱・釜山・馬山・新義州・元山・咸興の9校，残りの17校が4年制であった。換言すれば，大・中都市では5年制，小都市では4年制という区別が成立していたのである。しかし，このころから5年制高女に対する批判論が盛んになり，4年制に還元するところも出始めた。1936年3月の状況は次のとおりである。

　　現今我が国に於ける女子教育機関たる高等女学校の現状を観るに其修業年限に於て五年制を採用するもの十一パーセントに対し四年制を採用するもの実に八十九パーセントの多きを示し五年修業年限の学校を有せざるもの一道十七県あるの実情たり……（中略）……鮮内に於ても平壌鎮南浦仁川群山木浦清津大田全州光州の各府女学校は全部四年制にして近時釜山咸興元山に於ても目下頻りに学年の短縮を唱ふるに至れり要するに学年の短縮は経済問題に伴ひ家庭婦人に必要なる教養を完備せしめ日本女子の特異性を全からしめんとするにあり[28]

ここにあるように,「要するに学年の短縮は経済問題」であったが,それは日本内地の動向と軌を一にするものでもあった。こうして5年制の高等女学校は漸減し,1943年度には,ひとり元山高女が5年制を維持するのみとなった。

4. 実業学校

内地人の男子実業学校として最古の伝統を誇るのは,1906年4月,釜山居留民会によって設立された釜山商業学校である。同校の校名は,1912年4月釜山商業専修学校,1922年2月釜山商業学校,1923年3月釜山第一商業学校,設置主体は,1906年11月釜山居留民団,1914年4月釜山学校組合,1923年3月慶尚南道と変遷した。

第2の伝統校は,仁川商業学校である。この学校は,1912年4月仁川商業専修学校として創立され,1922年4月仁川南商業学校,1933年4月仁川商業学校となった(このとき朝鮮人の仁川商業学校を吸収合併)。設置主体は,釜山商業と軌を一にして仁川居留民団〜仁川学校組合〜京畿道と変わった。

韓国併合から9年を経た1919年においても,内地人の公立実業学校は釜山・仁川の2校のみであった。当時の状況を,幣原坦は次のように記している。

　　実業方面の中等程度の学校に就て一言せむに,規則によれば,実業専修学校は,之を分つて農業専修学校・水産専修学校・商業専修学校・工業専修学校・商船専修学校の五種類とし……(中略)……規則には斯様になつてゐるけれども,実際はまだ商業専修学校が二校あるばかりで,其の他の簡易専修学校にしても,商業に関するものゝみである。故に農業を学ばんとする者でも,朝鮮人側の農業学校へ入学する[29]。

一方,私立の商業学校として京城に善隣商業学校があった。同校は,1907年3月,実業家大倉喜八郎の古稀を記念して組織された日本の財団法人によって設立され,もともとは韓国人教育機関であったが,間もなく日本人生徒も

収容するようになった。すなわち，1908年4月，日本人のための夜間専修科が設置され，1910年には専修科の上に高等科が開設されたのである。続いて1913年4月，夜間専修科・高等科を母体として昼間の3年制本科が設けられ，これを善隣商業学校第一部と称した。同時に，従来の朝鮮人教育部門は第二部となった。『善隣八十年史』は，善隣商業学校の第一部・第二部体制は，「韓国において韓・日人を共同教育する最初の試みであった」が，「韓国人本科の設置が先であったのに，後に設置された日本人学級を一部とし，韓国人学級は二部としたのは，日本当局の馬脚を現わしたものである」[30]と評している。

ともあれ，内地人の実業教育は，公立・私立を問わず主として商業学校において行なわれたのである。1920年代に入ると，1922年4月創立の京城商業学校が純粋な内地人学校であったのを例外として，咸興（1920年3月）・江景（1920年5月）・木浦（1920年6月）・新義州（1921年4月）・馬山（1922年4月）・元山（1922年4月）・大邱（1923年4月）・京畿（1923年5月）など内鮮共学の公立商業学校が次々に開設された。その後内鮮共学はさらに拡大され，釜山第一商業学校や京城商業学校も朝鮮人生徒を受け入れるようになった。

1943年5月末現在の統計によれば，公立商業学校は22校，生徒は内地人4,602名（42.7％），朝鮮人6,165名（57.3％）であった。また，私立商業学校8校には内地人生徒494名（10.1％）と朝鮮人生徒4,380名（89.9％）が在籍していたが，内地人のうち475名は善隣商業学校に集中していた。

このように商業学校，なかんずく公立商業学校では内鮮共学が一般的であったと言ってよいが，共学は果たしてスムーズにいったのであろうか。総督府御用紙としての『京城日報』は，1928年8月18日，「実業学校中商業校の如きは十五校で内地人子弟二,二四二名朝鮮人子弟一,七七七名商工校一校で内地人子弟一五八名朝鮮人子弟二三〇名を収容して何等の不都合も聞かず，鎮南浦や義州の如きは同一寄宿舎にあつて兄弟の如く睦しく生活し学習してゐることは記者も見聞して大いに意を強うした」と報じているが，これはむしろ例外で，内鮮人生徒間にはしばしば抗争が発生したようである。たとえば，1929年6月，「木浦商業学校ではさきごろ運動選手のことから内鮮学生間に争ひが起こり，一鮮人学生は一内地人学生に瀕死の重傷を負はしたが，

加害者の処置につき学校のとつた処分に不満を抱き自来不穏の形勢があった
が，四日鮮人学生全部が同盟休校した」[31]，1931年1月，「大邱商業学校では……
（中略）……上級生の暴行事件に端を発し紛糾を続けて居たが二十七日に至り
俄然一年生五年生を除く二三四年生朝鮮人大部分の学生百数十名が登校せず
遂に事態は悪化して盟休に入ったので，出張から帰任した計りの多賀校長は
大に憂慮してこれが対策を講じて居るが問題が内鮮人にハッキリ別れて居る
関係から，光州事件の二の舞ひを仕出かしては大変であると至急最善の方法
を取ることゝなり直に父兄を集めて学校当局の意のあるところを伝へ」[32] と
いった新聞記事がある。

　上掲の1928年8月18日付『京城日報』記事にある「商工校一校」とは，
鎮南浦商工学校のことである。同校は，1916年4月平安南道の道地方費に
よって設立され，商業・工業の両部門を持つ朝鮮唯一の公立商工学校であっ
た。当初は朝鮮人学校であったが，次第に内地人生徒の比率が増大し，昭和
期に入ってからは，概ね内地人4対朝鮮人6の割合で推移した。

　工業学校も，1937年度までは官立京城工業学校がただ1校存在しただけ
であった。同校の前身は，1907年2月に開設された韓国官立工業伝習所で，
1916年4月，京城工業専門学校附属工業伝習所となり，1922年4月，「朝鮮
教育令」の改正に伴い京城工業学校と改称された。工業伝習所に内地人が在
籍したかどうかは確かめえないが，官立京城工業学校は，終始内地人優位
（シェアは年により64〜87％）の内鮮共学校であった。『京城日報』1938年
3月20日付は，「娘一人に聟八人半島の軍需景気を一人で背負った京城工業
は五十八名の卒業者から高工志望の八名を除いて全部昨年中に契約済み，鉱
山科は来年の卒業生まで売約済みといふ好景気である，窯業科も堅実に売れ，
応用化学科，機械化も羽が生えて飛ぶ有様で就職難は何処吹く風だ」と卒業
生の就職状況を伝えている。

　このように官立工業学校が盛況を誇っていた1938年の4月，京畿道によっ
て京城公立工業学校が創立された。そして1940年3月，官立京城工業学校
が廃止されたのに伴い，4月，京城公立工業学校は官立工業の在校生（新2・
3年生）を引き取った。こうして工業学校は官立から公立の時代となったわ
けであるが，1943年5月末現在の公立工業学校（括弧内は創立年月）は，京城

(1938年4月)・平壌第一 (1939年5月)・裡里 (1940年4月)・釜山 (1940年4月)・興南 (1940年4月)・清津 (1941年4月)・新義州 (1941年5月)・兼二浦 (1943年5月)・平壌第二 (1943年5月)の9校 (新義州と兼二浦が4年制,その他は5年制ですべて内鮮共学),在籍生徒は内地人1,992名 (48.0%),朝鮮人2,156名 (52.0%)であった。

一方,私立工業学校は,1940年3月になって京城に朝鮮電気工業学校が,1941年6月平壌に平安工業学校が開設された。1943年5月末現在の在校生は,朝鮮電気工業が内地人263名 (55.4%),朝鮮人212名 (44.6%),平安工業が内地人14名 (4.9%),朝鮮人270名 (95.1%)であった。

農業学校は,朝鮮の産業構造を反映して併合前から盛んに設立され,1943年5月末現在,実業学校としては最多の55(公立54,私立1)校を数えた。しかし,そこに在籍する生徒は,朝鮮人14,434名 (93.0%)に対して内地人は1,094名 (7.0%)に過ぎなかった。敢えて内鮮共学と言えるのは,裡里農林・京城農業・光州農業・大邱農林の公立4校ぐらいのものである。

このほか1943年5月末現在,水産学校4校と職業学校11校があったが,これらはほぼ朝鮮人のための学校と言ってよく,内地人生徒はごく少数であった。

1944 (昭和19) 年3月,「教育に関する戦時非常措置方策」に基づき「男子商業学校については,昭和十九年度に於て之を工業学校,農業学校,女子農業学校又は女子商業学校に転換せしめ,転換し得ざるものについては之を整理縮少する」(ママ)[33]などの措置がとられたが,太平洋戦争末期のこととて詳しい統計は残されていない。

以上,中等レベルの男子実業学校の概況を見てきたが,女子の中等レベル実業学校は,1943年5月末現在,文字どおりの「実業学校」が6(公立2,私立4)校あっただけである。このうち京城女子公立実業学校 (1926年4月創立)と私立三島高等実業女学校 (1913年10月創立,在釜山) が内地人学校,清津公立女子実業学校 (1942年3月創立) が内鮮共学校であった。このように内地人女子の実業学校は少数であったが,それなりの存在意義を有した。1928年3月11日付『京城日報』は,京城女子実業学校の入試について,「百人の所に百六十人の応募者のあった女子実業,比率の上から見るとこゝが一番多

い,世間によく理解されてか,世智辛くなつたのか相当の家の人々が多い,変つた事は女学校在学中でこゝに受験に来た者四名ある」と報じている。

次に簡易実業専修学校～実業補習学校について見てみよう。1912年4月の諸学校官制・規則によってスタートした簡易実業専修学校は,当初,商業教育を専らとした。平壌(1912年8月)・鎮南浦(1914年4月)・京城(1916年5月)・仁川(1917年4月)と公立簡易商業専修学校の設立が続き,鎮海に初めて簡易工業専修学校が開設されたのは1918年4月のことであった。

1922年,「朝鮮教育令」の改正とともに,従来の内地人の簡易実業専修学校と朝鮮人の簡易実業学校を合して実業補習学校となし,内鮮共学を原則とすることになった。同年5月末現在の実業補習学校は,農業6校,商業8校,工業4校,水産2校,実業3校の計23校に生徒1,154名であったが,うち内地人は,商業補習学校を中心に195名(16.9%)が在籍するに過ぎなかった。その後実業補習学校の数は増えたものの,内地人にはほとんど無縁であった。

私立各種学校は栄枯盛衰が激しかったが,植民地末期まで続いた内地人学校は京城女子技芸学校(1910年7月～)・釜山商業実践学校(1919年5月～)・彰徳家庭女学校(1929年4月～)で,いずれも女学校であった。彰徳家庭女学校は,京城龍山の実業家石原磯次郎が昭和天皇の即位を記念して創立したものである。

5. 師範学校

併合当時,朝鮮にいた内地人教員は,すべて内地で養成された人々であった。「平均的教員像」とまではいかないかもしれないが,当時の仁川尋常小学校の場合は次のとおりであった(なお,文中の「現在」「現今」は1936年である)。

　当時の職員は平均年齢三十歳以上にして,現在の職員年齢に比すれば,年輩者揃ひにて,其の大部分は且つて内地に於て,校長の職に在りたる者多く,各人何れも特種の技能に秀で,常に研鑽修養を怠らず,身体頑健活気旺盛なりしことは事実にして,又女教員の少なかりしは,現今と其の趣

きを異にせる感がある[34]。

　植民地朝鮮において内地人教員の養成が始まったのは，1911年4月，朝鮮総督府中学校附属臨時小学校教員養成所においてであった（修業年限1年，定員は男子40名。同養成所は，1913年4月，京城中学校附属となる）。
　次いで1913年4月，京城高等普通学校附設臨時教員養成所において普通学校内地人男子教員の養成が開始された。この養成所は，併合前の韓国官立漢城師範学校が，1911年11月の「朝鮮教育令」施行とともに改編されたもので，当初は，普通学校朝鮮人教員の養成機関であったが，1913年4月，第一部・第二部体制となり，第一部（3年制）において従来どおり普通学校朝鮮人教員を，第二部（1年制）において新たに普通学校内地人教員を養成することになったのである。
　1919年4月，普通学校の内地人女子教員の養成を目的として京城女子高等普通学校に臨時女子教員養成所が附設された。主任の川上教諭は，1920年2月，「後数十日で四十名の女教員が出来るのです，何しろ朝鮮人の学校に日本人を収容するといふ事は今回が最初の試みですから可成り心配も致しましたが其結果は案外良好で近く卒業して鮮人教育に就く筈です，遠いのは九州土佐辺りから来て居ます，本年も目下各府県下で生徒募集をやって居ます」[35]と語っている。ここでいう「日本人」は，京城高等普通学校附設臨時教員養成所の前例があるので正確には「内地人女子」とすべきであるが，それはともかく，この定員40名が，全国各府県を通じて募集され，試験によって選抜されたこと（競争率7.5倍）を強調しておきたい。
　1921年4月，官立京城師範学校が創設され，京城中学校附属臨時小学校教員養成所と京城高等普通学校附設臨時教員養成所は同校に吸収された。京城師範学校は，普通科5年と演習科1年を合わせた6年制（演習科のみの履修も可）で，たてまえは内鮮共学であったが，基本的性格は内地人学校であった。とくに演習科は，圧倒的多数を内地人が占め，普通科においても，朝鮮人生徒の受け入れには暗黙の枠があった（1937年までは定員の2割以下，1938年以降は3割以下）。
　1922年2月，「朝鮮教育令」が改正され，官立京城師範学校のほか，道地

方費による公立師範学校の設立が認められた。ある韓国人学者は，これを次のように受け取っている。

　日帝が，1922年2月の改正朝鮮教育令を通じて初等学校教員養成機関である師範学校を官立・公立として設置することにしたのは，日帝が植民地政策遂行のために打ち出したいわゆる「一視同仁」という美名の下，韓国人を本格的に皇民化（日本人化）するための前衛隊を養成しようという底意に基づく措置だといえる。すなわち，日帝が，改正朝鮮教育令を通じて初等学校教員養成のために師範学校を新設したのは，表面上，韓国人の教育を韓国人に任せ，韓国人に師範教育の機会を提供するように見えたが，その窮極的な目的は，同化主義教育の推進者を養成するところに主眼点を置いていた[36]。

「第2次朝鮮教育令」に基づいて1922年4月，忠清南道公立師範学校が，続いて1923年4月，残る12道に公立師範学校が開設された。これが師範学校の「1官立・13公立」体制である。各道の公立師範学校は，高等小学校卒業を入学資格とする特科（修業年限は，当初2年，1924年以後3年）を本体としたので「特科師範学校」とも称された。特科の入学者はほとんどが朝鮮人で，内地人は，13校全体で年により21〜35名（比率にして3.4〜5.7％）に過ぎなかった。

　1925年4月，男子校である京城師範学校に女子演習科が設置された。前述した京城女子高等普通学校附設臨時女子教員養成所が，1922年4月，京城女子高等普通学校演習科となっていたが，これが京城師範学校に移管されたのである。京城師範学校女子演習科は，概ね1対2の割合で朝鮮人の方が多かったが，1928（昭和3）年の内地人入学生に関して，「昭和三年四月，二十数倍の難関を突破して入学した女学生の出身校は次の通りである。京城第一高女，四名，第二高女，四名，釜山高女，二名，仁川，光州，鎮海，全州，元山，平壌，鎮南浦，羅南高女，各一名，福岡，久留米，鹿児島川内，都城高女，各一名」[37]という資料がある。朝鮮各地ばかりでなく，臨時女子教員養成所時代からの伝統で九州からも入学者があったことがわかる。

1928年3月，総督府学務課長福士末之助は，師範学校改革について次のように語っている。

　各道に於ける師範の特科生制度は高等二年修業者に三ヶ年の師範教育を施してゐるが，高等小学なるものは全鮮に極めて少く，師範に進む過程に不便があるばかりでなく三ヶ年の教育では程度が低い，これ等の点を考慮すると朝鮮の師範教育には大改革を加へなければならぬ事を痛感する[38]

このような総督府の方針は，翌1929年の4月，「師範学校規程」の改正という形で結実した。「特科を尋常科に改め，其の修業年限を五年（女子に在りては四年）とし，且入学資格を低下して，尋常小学校卒業程度とす」「尋常科のみを置く師範学校に，第二部（普通学校訓導養成課程—稲葉註）演習科を置くことを得しむ」[39] というのである。尋常科は，入学資格・修業年限とも京城師範学校普通科と同じであるが，普通科のように演習科に直結するものではなかった。

　新しい「師範学校規程」に則って，1929年6月，官立の大邱師範学校と平壌師範学校が誕生した（この時，公立の慶尚北道師範学校と平安南道師範学校がそれぞれ官立師範学校に吸収され，残りの公立師範学校11校は，1931年3月に廃校となった）。大邱・平壌師範学校は，よく「双童之間」[40] つまり双子といわれた。ともに第1期生の入試事務を京城師範学校に委託し，同じ試験問題で入学者を選抜したからである。同じく尋常科と講習科の構成でスタートし，第二部演習科を開設したのも同じ1938年であった。内・鮮人の構成比もよく似ていた。尋常科の場合，1929～41年の入学者中の内地人は，両校とも毎年10名前後，比率にして10％内外に過ぎなかったが，1942年から急増した。内地人急増の勢いは平壌の方が著しく，大邱師範学校が1942年110名中14名（12.7％），1943年110名中66名（60.0％）であったのに対し，平壌師範学校は，1942年110名中28名（25.5％），1943年110名中92名（83.6％）であった。両校とも，尋常科は1943年に至って一挙に内地人主体となったのである。一方，演習科は，いずれも終始内地人中心であったが，こちらは大邱師範学校の方が集中度が高く，8割以上を占めた。

平壌師範学校演習科の内地人占有率は6割前後であった。このような尋常科・演習科間の民族的アンバランスは，自ずから葛藤の元となった。朝鮮人側から見た1938～39年当時の大邱師範学校の状況は次のとおりである。

　　大邱師範学校に演習科が設置されたのは1938年であるが，その生徒は，大部分日本人であった。彼らは，中学校卒業後入学した者で，大学や専門学校の入試で落ちた者たちであった。修業年限の上からは尋常科5年よりも1，2年多いが，その質を糺せば非常に低質であった。演習科1学年だけの時は別に紛争がなかったが，1939年に彼らが2学年になるや，学校では，演習科2年生を最上級生として扱う一方，尋常科5年生を次位序列と定めた。尋常科生は，5年間もここで修業していたし，また，入学時の高い競争率や大部分韓国人で構成された民族的な対立意識からしても，この取扱に甘んじることが極めて難しかった。この主導権問題は，寄宿舎から露骨化し，全校に波及した。すなわち，1939年からは日本人演習科生を尋常科生と混ぜて収容するようになり，室長に日本人演習科生を据え，副室長に尋常科5年生を据えた。しかし，演習科は，われわれ尋常科とは何ら関係のない存在だったので，民族的感情から対立が甚だしく，些細なことでも格闘が繰り広げられた。日本人教師らは，口を開けば必ず内鮮一体を唱えながらも，常に日本人生徒の肩を持ったので，民族感情は一層高潮し，場所を選ばず争いが生じたものであった[41]。

話を官立師範学校の新設に戻すと，1935年4月，京城女子師範学校が開設され，京城師範学校女子演習科がこれに移管された。結果的に，演習科を有する官立師範学校（京城・大邱・平壌・京城女子）がこれで出揃ったことになる。（なお，当初1年制であった演習科は，1933年から2年制となっていた。）

京城女子師範学校生徒の民族構成比は，1935年，内地人4対朝鮮人6でスタートした。尋常科では，この比率が1942年まで守られ，1943年になって内地人70名対朝鮮人42名と逆転したが，演習科では，早くも1937年に半々となり，1939年からは内地人が6割以上を占めるようになった。

第2章　植民地朝鮮の「内地人」教育　　　　　　　　　65

　このように生徒の民族構成比は，科により，また年によって変化したが，教育方針は一貫していた。咲本和子が調査した京城女子師範学校の「内鮮一体」の生活は次のとおりである。

　　学校内外では「内鮮一体」が連呼され，その実践が生活の到るところまで徹底された。具体的には，学校内では朝鮮語の時間以外はすべて日本人学生も朝鮮人学生も共に授業を受け，教室の中で民族別にかたまるような光景は見られなかったという。「朝鮮人だということを全然意識せずに，わけ隔てなく一緒に仲良くした」。寮生活においても日本人と朝鮮人は同じ部屋で共に生活し，共に風呂を浴び，食事も共にしたという。このように彼女たちは学校生活，寄宿舎生活で徹底的に「内鮮一体」をたたき込まれ，日常生活を通して実践することが要求された[42]。

　こうして養成された女子教員は，小学校・普通学校（1941年以降はすべて国民学校）の「学級のお母さん」となることが期待され，主として男女共学の低学年や高学年女子学級を担任した。
　1935（昭和10）年11月，総督府学務局は，次のような師範学校増設計画を発表した。

　　好景気と就学熱に煽られて半島の就学児童は一ヶ年に七万人宛増加し，これを学級数になほすと一千学級宛増加してゐるにも拘らず，教員は内地からの出向も併せて年に八百人で，毎年二百名余りの不足をつげてゐる，本府学務局ではこの情勢に鑑み，昭和十一年度から五ヶ年計画で全鮮に五校を一ヶ年に一校宛師範学校を増設して就学難に悩む児童を救済することになつた，師範学校の設立費は一校について約五十万円で，昭和十一年度に湖南地方一校，昭和十二年度には咸南に新設する計画である[43]

　これに基づいて，1936年5月に全州師範学校，1937年4月に咸興師範学校，1938年4月に光州師範学校と公州女子師範学校，1939年4月に春川師範学校，1940年4月に晋州師範学校が設立された。ここまでが1936（昭和

11）年度からの5ヵ年計画で，5年間に5校の予定を上回って達成されたわけである。

官立師範学校の新設は，1941年4月清州師範学校，1942年4月新義州師範学校，1943年4月大田・海州・清津師範学校，1944年4月元山女子師範学校とその後も続き，都合16校となった。

全州師範学校以下の12校は，演習科を持たない第二種訓導（尋常小学校レベルのみ担当。第一種は高等科も担当可）の養成機関であった。その故か，これらの師範学校の尋常科に入学する内地人生徒は少なかった。ただし，公州女子師範学校は例外で，内地人・朝鮮人の比率がほぼ半々であった。

このように植民地朝鮮においても，京城をはじめ各道の主要都市に設置された師範学校で初等教員の養成が行なわれた。しかし，朝鮮における内地人教員は，師範学校がなかった植民地初期にあってはほとんどすべてが，そして，1940年に至っても，その半数以上は日本内地で養成された人々であった。佐野通夫の研究によれば，1939年当時の状況は次のとおりである。

　一九三九年当時において，朝鮮内で資格を得た日本人教員は男で四五五〇人，女で八五〇人より多いとはいえないだろう。一方で同年の統計によれば，官立および公立の日本人，朝鮮人の小学校の日本人訓導は，すべて合わせて男八〇六五人，女一一五八人である（うち日本人小学校に勤務する者二四一二人）。つまり，一九三九年において，男女合わせてどんなに少なくとも三八〇〇人は日本から渡ってきた日本人教員がいなければならない。朝鮮内養成の教員の転職，その他を考えれば，四〇〇〇人はまちがいなく越えている[44]。

1940年4月，「第2次朝鮮人初等教育普及拡充計画」に備えて，男子師範学校に特設講習科が開設された。高等小学校卒業程度の男子を1年間の講習によって教員に仕立てようというのである。しかし，特設講習科は，内地人にはほとんど無縁であった。1943年5月末現在の統計によれば，特設講習科の在籍者は，朝鮮人1,864名に対して内地人は僅か10名であった。

特設講習科において朝鮮人初等学校教員の大量・速成教育が行なわれる一

方，一部の師範学校は，日本内地に準じて専門学校化が図られることになった。その結果，1943年に京城・京城女子師範学校が，1944年に大邱・平壌師範学校が専門学校に昇格し，従来の演習科は本科に改編された。しかし，時すでに戦争末期であり，専門学校としての師範学校が，その機能を全うすることはなかった。ただ，本科の内地人学生が，1944年度から徴兵され始めた朝鮮人青年に対し「援助助教」の名で皇民化教育を施したことを指摘しておきたい。次の資料は，平壌師範学校の例である。

　朝鮮総督府は，平壌にも「朝鮮総督府第二軍務予備訓練所」なる看板を掲げ，徴兵検査後入営を待つ朝鮮人青年に朝鮮式生活習慣を払拭させ国語教育を始め軍事訓練の基礎教育のための訓練所を開設し，文官教官の他に現役の下士官を軍隊から派遣して貰い彼らの教育を始める事になったが，それに我々師範学校本科生の中から内地人学生だけを選んで教育実習の一環として「援助助教」という名目で教官や軍事訓練の下士官助教と共にその教育に当る事になった。……（中略）……
　私達は，彼ら朝鮮人青年を一人前の皇軍兵士に育てるのだという使命感に燃えて教練に座学に，しごきにしごいた。朝鮮の農村の片田舎の小学校しか出ていない彼らにとって，国語常用という運動の中で日本語を強制的に使わされて育って来たとはいえ，特別な軍隊用語や兵隊用語が理解出来る筈もない。しかし私たちはその彼らに鉄拳を振っては日本語を叩き込んだといってよい。……（中略）……彼らにとっては，強制的に徴兵検査を受検させられ，今までの生活習慣を一切捨てさせられ，軍隊という組織の中で，年齢もそう違わない我々日本人学生から撲られ叩かれてまでも教育される屈辱感は如何ばかりであったろう。しかし我々は全くそういう彼らの精神状態や気持ちなど考える余裕もなくまさに馬車馬の如くひたすら「援助助教殿」！と呼ばれて突き進んでいた毎日であった[45]。

6．専門学校・大学予科

　植民地朝鮮にあった官公私立専門学校のうち唯一，内地人学校として開設されたのが京城高等商業学校であった。同校のルーツは，1907年10月に開

校された東洋協会専門学校京城分校に遡る。1915年8月，本校である東洋協会専門学校が東洋協会植民専門学校となったので，分校の名称も自動的に東洋協会植民専門学校京城分校となった。1918年4月，東洋協会植民専門学校が拓殖大学に昇格するのを機に，京城分校は，東洋協会京城専門学校として独立した。独立の専門学校になったとはいえ，学生数は，分校時代からの在学生が16名，新入生が48名，計64名に過ぎなかった。

「京城高等商業学校」の名は1920年5月からである。朝鮮総督府・朝鮮銀行・南満州鉄道株式会社（満鉄）の共同出資で財団法人が組織され，東洋協会京城専門学校が，この財団法人による私立京城高等商業学校に改組されたのである。そして1922年3月，私立京城高等商業学校は，総督府管轄の官立学校となった。朝鮮の官立専門学校としては5校目であった。

そもそも朝鮮の官立専門学校は，1915年の「専門学校規則」に基づいて設置されたが，4年制普通学校〜4年制高等普通学校に続く3〜4年制の中等教育機関で，対象は朝鮮人であった。しかし，当時はまだ朝鮮在住の内地人が学べる専門教育機関がなかった（東洋協会（植民）専門学校京城分校の学生は，すべて東京本校からの派遣学生だった）ので，総督府は，「大正四年（1915年—稲葉註）三月新たに朝鮮人教育の専門学校規則を発布し，同時に私立学校規則を改正した際に，京城医学専門学校及び京城工業専門学校に内地人をも収容することゝ為し，以て朝鮮人子弟と内地人子弟の混合教育を施す途を開いた」[46]。

京城医学専門学校は，1899年に韓国官立医学校として創立され，1909年大韓医院附属医学校，1910年朝鮮総督府医院附属医学講習所と改称，1916年4月京城医学専門学校となった。1918年8月，内地人のために「特別医学科」が置かれている。

京城工業専門学校は，1899年に設立された官立商工学校が，1904年農商工学校，1906年工業伝習所，1916年京城工業専門学校と変遷したものである。1920年代初頭までは朝鮮人学生が多かったが，やがて内地人主体となっていった。

京城医学専門学校・京城工業専門学校と同じく1916年4月に専門学校となったのが京城専修学校である。同校は，1895年に開設された法官養成所

の後身で，併合後の1911年に総督府立京城専修学校となっていた。京城医専や京城工専と違って京城専修学校は，1921年度まで純然たる朝鮮人学校であった。

1918年4月，水原農林専門学校が開設された。この学校のルーツは京城工業専門学校と同じく官立農商工学校で，1906年，農商工学校工科が工業伝習所となると同時に，農科が農林学校として水原に分離独立したのである。当初は韓国農商工部の所管であったが，併合に伴って朝鮮総督府農林学校となり，1918年4月，専門学校に昇格した。内地人学生は1917年に初めて募集され，同年4月の入学生22名中7名が内地人であった。

1922年3月「第2次朝鮮教育令」が施行され，京城専修学校が京城法学専門学校，京城工業専門学校が京城高等工業学校，水原農林専門学校が水原高等農林学校と改称されるとともに私立京城高等商業学校が官立化され，京城医学専門学校を含めた5官立専門学校が日本内地の実業専門学校と同一の取扱いを受けることになった。ちなみに修業年限は，京城医学専門学校が4年，他の4校は3年であった。また，この時専門学校すべての内鮮共学が謳われ，少数ではあったが，京城法学専門学校が内地人学生を，京城高等商業学校が朝鮮人学生を受け入れた。

その後長らく，官立専門学校は5校体制が続いたが，1939年4月に至って，京城高等工業学校の鉱山科を母体に採鉱・冶金・鉱山機械の3学科からなる官立京城鉱業専門学校が設立された。

続いて1941年4月，京畿道（京城・水原）以外では初めて慶尚南道釜山に釜山高等水産学校が開設された。

こうして7校となった官立専門学校の1943年5月末現在の在籍状況を見ると，内地人占有率の高い方から京城高等工業学校87.5％（543名中475名），釜山高等水産学校84.2％（203名中171名），京城鉱山専門学校79.5％（278名中221名），京城医学専門学校77.9％（411名中320名），水原高等農林学校76.6％（372名中285名），京城高等商業学校69.1％（395名中273名），京城法学専門学校49.6％（276名中137名）の順で，全体として内地人学生が75.9％（2,481名中1,882名）を占めた。京城法学専門学校を唯一の例外として，官立専門学校では内地人男子学生が圧倒的に優勢だったのである。

1944年には，文科系の縮小，理科系の拡充という内地の措置に準じて，朝鮮の官立専門学校にも大きな変革が加えられた。ひとつは，京城法学専門学校の廃止（京城高等商業学校との統合）と平壤工業専門学校・大邱農業専門学校の新設であり，もうひとつは，京城高等工業学校の京城工業専門学校，水原高等農林学校の水原農林専門学校，京城高等商業学校の京城経済専門学校，釜山高等水産学校の釜山水産専門学校への改編・拡充であった。ただし，戦争末期のこととて，学生の在籍状況など詳細は知る術がない（この点は，以下に述べる公立・私立専門学校も同様である）。

公立専門学校は，1933年3月に開設された大邱・平壤の両医学専門学校のみであった。『朝鮮功労者銘鑑』の大野謙一の項に「多年の懸案であつた平壤大邱両医学講習所の医専昇格に成功し」[47] とあるところをみると，1933年当時総督府学務課長であった大野が，従来からあった大邱と平壤の医学講習所を専門学校に昇格させたようである。両校とも内地人学生主体であったが，その傾向は大邱医学専門学校において，より強かった。すなわち内地人占有率は，1933年5月，大邱が70.2％（255名中179名），平壤が53.7％（272名中146名）であったが，この比率は基本的にその後も維持され，1943年5月末現在，大邱が69.0％（290名中200名），平壤が63.2％（315名中199名）であった。

私立専門学校は，1922年4月に認可された普成専門学校とセブランス医学専門学校をはじめとして1943年までに11校を数えたが，基本的に内地人学校であったのは京城歯科医学専門学校（1929年4月創立）と京城薬学専門学校（1930年4月創立）の2校であった。『京城日報』1932年4月11日付が，歯科医専の入試が京城のみならず福岡でも実施されたことを，同じく『京城日報』の1938年3月13日付が，「鮮内の私立専門学校は沿革的に内地人の入学を歓迎せぬ向があり，また学制の内容からみて入学志願者がなく只歯専，薬専は内地人が多く，国庫補助も両専門学校のみに下附され，他の私専には何等財的援助を与へて居ない」ことを伝えている。

また，この両校は，内鮮共学であったばかりでなく男女共学でもあったという点で非常に特異であった。ただし，女子学生の数が2桁に乗る時期はなかったので，男女共学を重視する必要はない。内鮮の学生比率は，1943年

5月末現在,京城歯科医学専門学校が内地人270名 (57.6％),朝鮮人180名 (38.4％,他に台湾人19名),京城薬学専門学校が内地人251名 (66.8％),朝鮮人115名 (30.6％,他に台湾人10名) であった。

上の2校に次いで内地人学生数が多かったのが淑明女子専門学校である。同校は,1939年4月,「日本女性としての家政,技芸,忠良至醇な婦徳を磨くと共に内鮮共学融和の実を挙げる目的で新設された」[48]。初年度は内地人37名 (28.5％),朝鮮人93名 (71.5％) でスタートしたが,1943年には内地人96名 (32.7％),朝鮮人198名 (67.3％) となり,終戦直前には内地人が過半数を占めたようである。内地人比率増大の理由は次のとおりである。

　　当時この学校の過半を占めていた日本人生徒は京城の選ばれた階級のおじょうさまたちである。それまではこれらのおじょうさまは,多くは東京などの高等専門学校に遊学してよめ入りの良い資格を得るというのが一般であったが,その頃には「内地」は生活も苦しいし,いつ空襲があるかもしれない,また関釜連絡船もあぶないというわけで,この専門学校に入る者が多かった[49]。

このほか京城女子医学専門学校 (1938年5月創立) と大同工業専門学校 (同年7月創立) も内鮮共学校であった。内鮮学生比率は,1943年5月末現在,京城女子医専が内地人86名 (27.7％),朝鮮人224名 (72.3％),大同工専が内地人28名 (18.3％),朝鮮人125名 (81.7％) であった。

一方,京城帝国大学予科は,「京城帝国大学官制」に基づいて1924年5月に開設された。第1期生の入試が行なわれたのは同年3月,内地の高等学校との二股受験を防ぐため試験期日を同一とし,試験場は京城だけに限った。この入試の結果,文科・理科合わせて170名の入学が許可されたが,合格者中の内地人の比率は,文科 (90名中61名,67.8％) よりも理科 (80名中64名,80.0％) において高く,全体としても73.5％ (170名中125名) を占めた。逆にいえば朝鮮人学生のシェアは3分の1弱に過ぎず,この低率は朝鮮側の非難するところであったが,基本的にその後も改められることはなかった。

また，第1回入試の合格者を出身校別に見ると，在朝鮮中学校出身内地人が59名（34.7％），在内地中学校出身内地人が65名（38.2％），高等普通学校出身朝鮮人が45名（26.5％）となっており，3グループの中では内地からの新規渡航者が最も多かったのである。彼らは，とくに理科に集中していた（80名中37名，46.3％）。ただ，結果的には，内地中学校出身者の比率は第1期生の38.2％がピークで，その後は漸減し，1942年3月修了の第16期生までの平均は24.1％であった。上述のように朝鮮人のシェアはあまり増えなかったから，内地中学校出身者の比率が減った分，在朝鮮中学校出身の内地人が増加したということになる。

　1934年，京城帝国大学予科は，発足以来の2年制から3年制となった。日本内地の旧制高等学校（高等科）はいうまでもなく，他大学の予科も，私立大学のごく一部を除いて3年制であったから，2年制の予科をもつ京城帝国大学は，決して一流大学と見られることはなかった。予科の1年延長によって，漸く先発の帝国大学（東京・京都・東北・九州・北海道）に近づくことになったのである。

　1938年，理科の入学定員が40名増員され，文科80名，理科120名，計200名の学年定員となった。定員増の1学級は，1941年度からの理工学部新設のための布石であった。1937年7月に日中戦争が始まっており，理工学部の新設は戦力増強に向けた措置であったが，朝鮮総督府の理工系重視の教育方針を反映して，予科の新設学級は理科「甲類」と命名された。予科創立以来の理科（医学部進学予定者）を理科「乙類」に押しやったわけである。ちなみに，理科甲類新入生における内地人のシェアは，年によって66〜80％を占め，もともと内地人の比率が高かった理科乙類をも上回ることが多かった。

　1939年，京城帝国大学予科の入試競争率は初めて7倍を超え（7.3倍），さらに翌1940年には12.7倍となった。日本内地の大学入学難が主たる原因であった。

　1941年，理科甲類が1学級（40名）拡充され，予科全体の入学定員は240名（文科甲類40名，文科乙類40名，理科甲類80名，理科乙類80名）となった。

第2章 植民地朝鮮の「内地人」教育　　73

　このように，京城帝国大学予科の足場は着々と固まりつつあるかのようであったが，1941年12月太平洋戦争が勃発し，京城帝大も戦時体制に巻き込まれていった。1942年9月，予科の修業年限6ヵ月短縮が断行され，1943年1月にはさらに6ヵ月（通算1年）短縮されることになった。こうして京城帝国大学予科は，かつて（1933年入学者まで）の2年制に還元されたのである。

　1944年3月，「教育に関する戦時非常措置方策」に基づいて文科系の縮小，理科系の拡充措置がとられ，京城帝国大学予科の入学定員は，文科60名（前年より20名減），理科240名（甲・乙とも前年より40名増），計300名となった。しかし，最早まともな授業が行なわれる情勢ではなく，理科系拡充はほとんど画餅に帰した。

第2節　内地との異同

1．小学校

　1919年の三・一独立運動後，朝鮮人教育に対して「内地延長主義」が喧伝されたが，内地人教育は，それ以前から基本的に内地の延長であった。しかし，仔細に見るといろいろな点で異なっている。1930年時点の小学校における内地との主要な違いは次のとおりである。

一．朝鮮に在りては小学校の設置，職員，費用の負担，授業料，管理及び監督並に児童の就学に関しては小学校令を適用しないこと，
二．従つて内地人に就いても朝鮮人に就いてと同じく義務教育制度が行はれて居らないで就学義務がないこと，併し内地人は法律上の就学義務はないけれども学齢児童は内地に於けると同様に総て之を就学せしむべきものと考へ且之を就学せしめんことを欲して居る。
三．公立小学校を設置するのは市町村ではなくして府及び学校組合であること，
四．訓導は内地の如く待遇官吏ではなくして総て官吏であり又教員免許状

の制度が未だ行はれてゐないこと,

五. 内地に於ては尋常小学校に就いては授業料を徴収しないことが原則であるけれども朝鮮に於ては原則として一月五十銭以内を徴収し得ること,

六. 朝鮮に於ては職業科を必須科目とし朝鮮語を加設科目として居ることも内地の小学校と異つて居る。

七. 教科書は原則として内地の国定教科書を使用するけれども朝鮮総督府編纂のものがあるときは之を使用せしめること[50]

以下,この枠組みに従って少々敷衍する。前述したように,内地人児童の義務教育は,すでに1920年代の初めには事実上実現されていたが,法的な義務教育が本格的に論議されたのは,1941年の国民学校制度実施をめぐってであった。同年3月,総督府学務局編輯課長島田牛稚は,朝鮮での国民学校義務化を想定しつつ,「朝鮮では一部,二部制があるため即時に義務教育八年制を敷く訳にゆかぬため,当分間六年制で進み,経済,教育の普及をまつて八年制になる筈であります,即時内地と歩調を合せて進めなかつたことは非常に残念ではありますが,皆様の御努力によって一日も早く八年制になるやうにしたいものであります」[51] と語っている。そして1942年12月,総督府は,来る1946年度から義務教育を実施することを決定した。しかし,それは,1945年8月の敗戦によって終に日の目を見なかったのである。

義務教育が施行されなかった朝鮮では,当然のこととして授業料が徴収された。その額は,時期により地域により,また一家内の児童数によりさまざまであるが,公費補助に多くを期待することができなかったので,授業料収入は小学校経費の不可欠の柱であった。参考までに,親類・知人等を頼っての越境入学も多かった京城では,収入増を図るためか,「保護者が実の親でない場合は授業料を約十倍も払わねばならなかった」[52] という。

居留民団に次ぐ第2の公立小学校設立母体としての学校組合は,1910年1月施行の「学校組合令」に基づいて組織され,併合までの組合数は68であったが,併合後急速に増加し,1920年末には389組合,その組織率(全内地人に対する組合員の割合)93.9%に達した。そして,「内地に於ては学齢

児童にして就学せざる者も幾分ある様であるが朝鮮に於ける学校組合員中には不就学者は殆ど無い」[53]　という状態だったのである。ただ，学校組合の中には単級小学校設立のために組織された小規模なものも多く，その経営は楽ではなかった。1917年2月の『朝鮮彙報』には，時の総督府学務課長弓削幸太郎の次のようなコメントがある。

　　目下本府に於ては児童数十人以上に達すれば一小学校を設立することを許し，之に対して年額六百円迄の補助金を下附しつつあり，児童数十人なれば学校組合内の戸数少きは二十戸内外なり，即二三十戸にして其の子弟の為に一学校を設立し教育の実を挙げんとする我が内地人の意気と努力とは誠に敬服に堪へざるものあると共に，是等小学校に奉職する教員諸君も亦時に僻遠の地に於て不便を忍び困苦に堪へて能く其の責務を果しつつあるは深く感謝する所なり[54]

　学校組合と併存してきた居留民団は1914年3月限りで廃止され，代わって府制が布かれた。以後暫く，内地人公立学校の設置主体は府または学校組合とする時代が続いたが，1931年4月，改正府制の実施によって府内の学校組合は府に統一され，「第一部特別経済」となった。こうして，府すなわち都市部では第一部特別経済，それ以外では学校組合によって内地人公立学校が運営される体制が築かれたのである。
　1912年4月，諸学校官制の実施に伴い，その職員はいずれも文官として任用された。しかも，統監府時代からの伝統で，文官といえども制服・制帽・帯剣のいでたちであった。統監府からの移行については次のような記述がある。

　　明治四十三年八月韓国併合と成るや，統監府が廃されて新たに総督府が設置せられ，官吏の数も非常に増加した。此の時制服の一部が改正せられて銀筋が金線に改められ銀色金具の剣も金色と成つた。此の制服は官吏は勿論小学校の訓導さんに至るまで帯剣したもので，小学校に金モール帯剣の先生が教壇に立つ事は如何にも当時の金ピカ時代らしい風景である[55]。

これによれば，併合後直ちに「金モール帯剣の先生が教壇に立つ」たようであるが，事実は多少異なる。併合後暫くは式日のみ正装し，1913年に至って，「従来は制服を着けずにすんだ教育者も，本年六月一日から必ず制服を着用すべきことになり，金線入りの制服と佩剣との厳めしい姿で登校することになつた」[56]のである。この教員の制服・制帽・帯剣が廃止されたのは，1919年の三・一独立運動後，いわゆる「文化政治」となってからである。

教員は，判任文官として身分を保証されたばかりでなく，本俸の6割の加俸（外地手当）など経済的な恩典に浴した。また，「朝鮮公立小学校長及朝鮮公立普通学校長優遇令」(1929年2月)などの措置もあった。これは，「内地に於ける小学校長で現に本務月俸（年功加俸を含む）百円以上を受け廿年以上小学校訓導の職に在り功労著しきものは奏任待遇を受け，植民地に於ける小学校長は十五年以上で同様の待遇を受ける」[57]というものであった。したがって，教員免許状制度の有無に関係なく，朝鮮において良教員を得ることは容易であった。弓削幸太郎は，「朝鮮には内地に於けるが如く准訓導の制度なく，総て訓導で，其資格は高等小学校迄担任することの出来る正教員であつて，尋常科正教員の如きは余り採用しない，従て全体としては比較的良教員の多いことは常に吾人の誇りとする所である」[58]と述べている。

小学校の実業教育については，1915年3月，「朝鮮公立小学校規則」の一部改正にあたって寺内総督が次のように訓令している。

　　国民教育ニ於テ児童ニ実業上ノ知識技能ヲ授ケ以テ其ノ少時ヨリ之ニ関スル実用的智能ト趣味トヲ養成シ着実穏健ナル気風ト勤労ヲ尚フノ習慣トヲ得シメ併セテ日常生活ノ用ニ資セシムルハ現時ノ状況ニ鑑ミテ最モ須要ナル事トス特ニ朝鮮ニ於テハ農商ヲ以テ生業トスル者多キニ拘ラス動モスレハ勤労ヲ厭ヒ遊惰ニ流レ浮華軽佻漸ク其ノ俗ヲ為サントスルノ虞ナキニアラス是レ寔ニ戒心スヘキ事ナリ是ヲ以テ従来尋常小学校ニアリテハ土地ノ状況ニ依リ実科トシテ単ニ手工ヲ課スルニ止リシカ更ニ進ミテ農業又ハ商業ヲモ加設スルヲ得シメ由テ以テ浮薄ノ弊ヲ除キ着実ノ風ヲ養ヒ時勢ノ進運ニ資セムトス[59]

これによって，同年4月から小学校5年生以上に農業または商業を毎週2時間以内課すことができるようになった。1918年ごろの資料に，「小学校の方でも，全数の五分の一までは，既に農業を課して居り，又約三分の一は，手工を課して居り，更に又主要なる商業地には，ぼつぼつ商業をも課して居る。而して小規模の新設学校を除き，其の他は大抵学校園・実習地及び学校林を有して居る」[60]とある。その後1929年，職業科は，山梨総督の政策によって必修科目となった。山梨総督に続く宇垣総督時代には，これがさらに強化された。『釜山日報』1933年6月3日付夕刊は，「職業教育時代」の見出しのもと，釜山府内の小学校（当時，第一・二・三・四・六・七・八尋常小と高等小の8校）の状況を次のように報じている。

　　釜山府では当局の方針によって小学校及び普通学校に於ける職業教育に力を注いで居るが本年度に於ては更に同方面の実績を挙げるため従来各学校の地方的特色を加味して実施して来た職業科目の外に工業方面では竹工，木工，金工，粘土細工，手芸方面では造花，マクラメ，染色，編物，刺繍，リボンアート，ビーズ細工，商業方面では販売簿記，珠算などの新科を加え夫々地方の実情に即した科目を各学校に課し実習せしめる事となつたが学校以外の家庭実習科目として店員見習や新聞配達などをも行はしめ以て職業教育の目的に達成せしめる計画である（ママ）

　教科としての朝鮮語は，高等小学校の加設・随意科目であった。すなわち加設してもしなくてもよく，加設されたとしても選択随意の科目であったから，その実施状況は明らかでない。一方，尋常小学校で朝鮮語が教えられた例もあった。たとえば，「一九三二年（昭和七年）から巨文島小学校の上級生を対象に「朝鮮語」授業が週一回・火曜日に行なわれ，朝鮮の人（だいたい面長が多かった）が学校へ来て教えた」[61]ことがあり，平安南道の小学校では1930〜34年度，正科として朝鮮語が教えられた。これを報じた1935年5月16日付『西鮮日報』記事は次のとおりである。

　　平南道内の小学校には朝鮮語教育が一週間二時間宛正科として各学年を

通じて教授されてゐたが朝鮮語を小学校で教授してゐるところは全鮮に一ヶ所もないので本年初めの初等学校長会議に於てこれを本科とせず一週間二時間の教授はするもこれを通信簿には記載せざることゝいふ不合理的な方法を以てなほ科目の一つとなつてゐる

　元来この朝鮮語教育は前任藤原知事が内務部長当時に発案して実施されたもので最早五ヶ年間の星霜を経てゐるがその実績には大して見るべきものなくかゝるが故に本年は先づ正科よりこれを除いた次第であるが近き将来には全然これを廃止し他の学科をこれに充当する意向を道当局は考へてゐる模様である

　上の記事に「朝鮮語を小学校で教授してゐるところは全鮮に一ヶ所もない」とあるのは極端に過ぎるが，1935年当時，小学校における朝鮮語教育の事例が稀だったことは事実である。内地人と朝鮮語との関係は恐らく，「私が十四才（すなわち高等小学校卒業—稲葉註）のころまでに覚えた韓国の言葉は，悪口かそうでなければ相手を見下げてのものを言う，命令する類の言葉でしかなかった。対等の立場で相手に話かける言葉は覚える必要がなかった。教わることがなかった」[62]というのが最大公約数であったろう。

　小学校の教科書は，1931年まで文部省編纂の国定教科書が使われていた。しかし，内地とは異なる朝鮮独自の教科書が必要だという論議が高まり，1931年6月，総督府学務局は次のような方針を発表した。

理科教科書
　学務局編輯課で編纂したもので今年初めて普通学校四学年の教科書となしたが其内容に於ては内地の分解的取扱に対し綜合的に朝鮮に於ける自然科学を織込ませたもので普通学校に於ける成績を見て之を小学校にも充当せしむる

国語読本
　文部省編纂の国定教科書はその題材の殆ど全部を内地に取つてゐるので歴史的関係や気候風土を異にする朝鮮に在りてはその教程を補充する必要があるから副読本を併用せしめる

地理教科書

　現在の国定教科書では内地に主力を注いである傾きがあるが朝鮮に在りては先づ朝鮮地方より教程を進め漸次内地，台湾，関東州などに及ばしむるため目下教科書に修正を加えつつあり来年四月の新学期から朝鮮編纂の新教科書による事にする[63]

　こうして1932年以降使用されるようになった総督府編纂教科書は，朝鮮的な内容を補充したものでありながら結果的に，内地人をより内地人的にする効果をもたらした。ある植民地3世は次のように述懐している。

　総督府教科書が教える，日本内地の温暖な気候，湿度，山河の姿，など。これらは，意味のない気象と風土であるのだが，わたしたちは植民地朝鮮のそれらより優れたものとして，祖国の自然を学習しはじめる。意味を与えはじめる。それは，実感や，体験ではなく，重要な精神上の，観念上のものとして――[64]。

　1941年，国民学校制度が発足するにあたり，「内鮮一体」の実を挙げるために全学年全教科で内鮮共用の総督府編纂教科書を作成することが目指された。しかし，結局それは，修身（4学年以上）・国史（5～6学年）・地理（5～6学年）・理科（4学年以上）・音楽（全学年）にとどまった。なお，新入学児童用の修身教科書は，朝鮮神宮（1925年10月竣工）が昭和初期から毎春，各家庭に贈る形をとっていたことを附言しておく。
　ところで，朝鮮総督府の初代学務局長関屋貞三郎は，就任早々「朝鮮に於ける内地人教育に就いて」の談話を発表し，「特に朝鮮に於ける公立小学校の教科を定むるに当つて注意を払へるは左の四項である」として「忠君愛国の士気を発揚せしむる事」を第一に挙げている[65]。朝鮮における同化・皇民化教育を論ずる場合，専ら朝鮮人に対するそれが問題にされがちであるが，実は，在朝鮮内地人に対しても，日本内地における以上に徹底した皇民化教育が行なわれたのである。「鮮人の同化も内地人の発展も実に此朝鮮に於ける内地人教育の事業と相待つて進歩し発達する」[66]と考えられたからである。

このような教育理念の典型的な現われが，1937年10月に制定された「皇国臣民ノ誓詞」である。これは，時の学務局長心得塩原時三郎によって考案されたもので，日本内地にも，他の外地にもない朝鮮独特のものであった。子ども用の「一ツ，私共ハ大日本帝国ノ臣民デアリマス　二ツ，私共ハ互ニ心ヲ合セテ天皇陛下ニ忠義ヲ尽シマス　三ツ，私共ハ忍苦鍛錬シテ立派ナ強イ国民トナリマス」という「皇国臣民ノ誓ヒ」を，朝鮮人のみならず内地人児童も，事あるごとに斉唱させられたのである。京城日出小学校では，「毎朝「皇国臣民の誓い」という三か条の誓詞（児童用）を唱えていた。最初，何か異和感を覚えたが，やがて何の抵抗感もなく，唱和しはじめていた」[67]という証言がある。
（ママ）

2．中学校

朝鮮の中学校の，1930年時点における内地中学校との違いは次のとおりである。

一．設立，教科書，教員及び授業料に関しては中学校令を適用しないこと，
二．設立する公共団体が道地方費，府若くは学校組合であること，併し現在の中学校は総て道立（以下略）
三．内地の中学校の如く課程を二種類に区別することをなさないで総ての生徒に対して必須科目として実業を課すること，
四．又朝鮮語を課して居ること[68]

前節において見たとおり，京城居留民団立の京城中学校が1910年4月に官立化されて以後，植民地朝鮮の中学校は，原則として官立（朝鮮総督府立）であった。そして官立中学校は，1925年4月各道に移管され，公立となった。例外は，群山と京城城東の2校である。群山中学校は，1923年5月，群山学校組合によって設立され，1928年4月，全羅北道に移管された。1936年2月創立の京城城東中学校は，基金寄付者の高村甚一は当初私立中学を目指したが，結局，京城府立に落ち着いた。

中学校の2課程（第一部・第二部）制については，1919年発行の『朝鮮教

第2章　植民地朝鮮の「内地人」教育

育論』に次のような記述がある。

　朝鮮に於ける総ての学校の中で，中学校が最も重んぜられて居ることは，他の学校が尽く組合立なるに対して，独り中学校のみが総督府立なるを以て之を証することが出来る。而して内地の中学校と異る点は，第三学年以上が二股に分岐してゐることである。其の第一部は，内地の中学校と全然同じであるが，第二部に至ては，頗る実科的の傾向を帯びて，朝鮮語をも課することになつてゐる（釜山中学校では今之を課してゐないが）。即ち主として朝鮮で事業を営まんとする者の為に，考案せられたものと見える[69]。

　すなわち，中学校第二部は，1919年の時点では朝鮮にあって内地にはなかったというのである。その後，この関係は逆転，内地中学校で2課程制が採用される一方，朝鮮のそれは消滅した。

　朝鮮語教育については，上の引用に「釜山中学校では今之を課してゐない」とあり，さらに同書の中で，「青年の気分は，朝鮮語を学ぶよりも英語を学ばんとする傾向を現はして居る。それで釜山中学校の如きは，其の第二部に於てすらも朝鮮語を中止し」[70]云々と駄目押しされている。他に朝鮮語を課す中学校があったとしても，その数は多くはなかったであろう。

　このほか内地と異なった点をいくつか挙げておこう。全国中等学校野球選手権大会に，外地の学校は1920年まで出場権が与えられなかった。1921年の第7回大会から朝鮮代表も参加が認められ，1940年の第26回大会まで20回出場している（戦争のため1941年から中止）。代表校は，京城中が5回，仁川商が3回，京城商と平壌中が各2回，釜山商・徽文高普・釜山中・大邱商・善隣商・新義州商・龍山中・平壌一中が各1回であった（平壌中と平壌一中は同一校）。進学の名門中学校は，野球の名門でもあったのである。

　中等学校以上の軍事教練は，内地に1年遅れて1926（大正15）年から開始された。次の資料にあるように，初期の対象は中学校が中心であった。

　朝鮮に於て初めて陸軍現役将校の配属を受けて学校教練を実施したのは

大正十五年度(内地に在りては大正十四年度)であつて,該年度に於ては京城師範学校・公立中学校十校及び内地人のみを収容する実業学校三校合計十四校に,昭和二年度に於ては新設の新義州公立中学校に実施したが,其の成績の顕著なるに鑑み内鮮共学の学校にも之を及ぼすことゝし(以下略)[71]

 軍事教練は,1年遅れで内地とほぼ同様に行なわれたが,朝鮮での中学校生活は,少なくとも1942年春までは内地より戦時色が薄かったようである。龍山中学校の1942年卒業生は,「内地とは異なり,私達の在学中には,下駄履登校も,勤労奉仕で授業がつぶれるということもなかった。記憶にあるのは,練兵町の陸軍倉庫の空地で軍馬飼料用の草刈りをしたことくらいである」[72]と述べている。
 一方,中学校への入学,中学から上級学校への進学をめぐる競争は,内地よりも厳しかったとみられる。進学の機会が,量的に内地より少なかったからである。『京城日報』は,早くも1923年3月8日,「内地以上に入学試験の弊害の多い朝鮮」の状況を報じている。

3. 高等女学校

 朝鮮の公立高等女学校の最大の特色は,設立者が,1914年の府制施行以来,道地方費・府または学校組合たることとされていたことである。ただし,内地人の公立高女が道立だったことはなく,すべて府または学校組合の設立であった。弓削幸太郎は,このような高等女学校の設置形態を,官立時代の中学校と比較して次のように述べている。

 中学校は法令上高等普通教育を為すと云ふも,生徒も父兄も大体上級学校の予備校と認めて中学校を利用するの現状である。相当の経費を掛けて学校を経営しなければ,卒業生が其の目的を達成することが出来ぬ実況である。到底貧弱なる学校組合の事業には適しない。
 高等女学校と実業学校とは居留民の自営の事業として今日の発達を来したしたのである。学校を多く設立する為めには此の慣例が比較的便宜である。

第2章 植民地朝鮮の「内地人」教育

何となれば官立学校の如く帝国議会の協賛を経る必要がないからである[73]。

高等女学校の朝鮮語は，加設科目として課す余地があったことは事実であるが，実際に教えられたことはあまりなかったようである。幣原坦によれば，1910年代末の状況は次のとおりであった。

高等女学校にあつては，段々朝鮮語を授けなくなるといってよい。釜山高等女学校も，元は朝鮮語を課してゐたが，次第に希望者が少くなって，近年は全く之を廃して英語に代へてゐる。大邱の高等女学校でも朝鮮語がない。京城の高等女学校では，英語を学ばざる者に，手芸と朝鮮語とを選択せしめるに過ぎない[74]。

このほか内地との違いとして，朝鮮の内地人高等女学校は，朝鮮人学校とのスポーツの対抗試合において，多くの場合劣勢に立たされたことを指摘しておきたい。次の資料は，平壌高等女学校と平壌西門高等女学校（1938年3月までは平壌女子高等普通学校）とのケースである。

西門高女は，スポーツ全般について全鮮第一の強豪校であった。陸上競技は，鮮内はおろか日本全国大会にも勇名を馳せた学校である。道内予選でこれと対抗せねばならぬ平高女は，並々の努力ではなかった筈である。同じ四年制の学校でも相手はまず体格から卓越していた。……（中略）……
水泳はさすがに平高女の独壇場であった。朝鮮女性は裸にはなり得ないからでもあった[75]。

また，これは内地との本質的な違いではなく単にアクセントの強弱の差に過ぎないが，「良妻賢母」が法文上の教育目的として明示されたのは朝鮮においてだったことを附言しておく。1938年3月「第3次朝鮮教育令」に伴って改正された「高等女学校規程」第1条に「高等女学校ハ女子ニ須要ナル高等普通教育ヲ施シ特ニ国民道徳ノ涵養，婦徳ノ養成ニ意ヲ用ヒ，良妻賢母タルノ資質ヲ得シメ以テ忠良至醇ナル皇国女性ヲ養成スルニ努ムベキモノトス」

とある。内地の「高等女学校令」に良妻賢母という言葉は明示されていなかったが,「植民地朝鮮における「良妻賢母」は「皇国女性」の必要不可欠な条件とされていた」[76] と解することができる。

なお,高等女学校の設立・教員・授業料などに関して「高等女学校令」が適用されなかったことは,中学校に「中学校令」が適用されなかったのと同様である。

4. 実 業 学 校

『釜山教育五十年史』は,釜山商業学校の教育体制について次のように記している。

　　釜山商業学校は明治……（中略）……四十一年四月十四日文官任用令徴兵令により文部省より認定せらるゝに至つたが,これ全く創立以来修業年限入学資格学科課程授業時数休業日等学則の全部内地の法規に準拠し,内地と同様の教育を施し来つた結果である[77]。

また,大邱商業学校の軍事教練を報じた1930年4月17日付『朝鮮民報』記事は次のとおりである。

　　慶北道内では大邱中学校のみに現役将校を配置し軍事教練をなしつゝあつたが本年新学期より大邱商業学校にも少佐の現役将校を配置して軍事教練を行ふことに決定したが商業学校は内鮮人の共学制にして全校生徒四百名中約半数は朝鮮人である関係から此等の生徒に対して軍事教練を施す必要ありや否やについては論議されてゐたが同一生徒に対し学科目を以て差別をつけるのは日鮮融和上面白くないと云ふので結局全校生徒に対し軍事教練をなすことに決したが内鮮共学の学校に軍事教練を行ふはこれが嚆矢である

これらの資料は,内地人の,あるいは内鮮共学の商業学校が,教育体制も,軍事教練を含む教育内容も内地とほぼ同様であったことを示している。しか

第2章　植民地朝鮮の「内地人」教育

し，内地と大きく異なった点がある。それは，実業学校全体における商業学校の比重である。朝鮮の内地人教育界では，実業学校といえばほぼ商業学校を意味し，これに対して農業学校はごく小さな部分を占めるに過ぎなかったのである。これは，朝鮮における内地人の職業構成を反映していた。すなわち『朝鮮総督府統計年報』1942年版によれば，在朝鮮内地人の職業は公務・自由業が圧倒的に多く（39.5％），次いで工業（18.7％）・商業（18.2％）がほぼ並び，農業は僅か3.9％であった。当時日本内地では農業人口が40％を上回っていたにもかかわらず，植民地朝鮮で農業に従事した内地人はごく少数だったのである。

もうひとつの特色は，内鮮共学の進展である。小学校・中学校・高等女学校が事実上1937年度まで内鮮別学であったのに対して，実業学校とくに公立実業学校は，すでに1920年代から共学を原則とした。1938年以後，新設の中学校・高等女学校も共学校が多かったが，中等教育レベルで相対的に内鮮共学が最も進んでいたのは実業学校であった。

5．師 範 学 校

朝鮮総督府の機関誌『朝鮮』の1934年6月号には，朝鮮の師範学校の特色が次のように記されている。

　　現在師範学校は，京城・大邱・平壌にある官立三校の外にはない。大正十二年から昭和六年にかけて，各道に公立の師範学校があつたが，今は廃止せられて全く影を止めない。即ち師範教育は当分官立主義をとることとなつたからである。
　　朝鮮の師範学校が，内地のそれと異ふ所は，修業年限七年を原則とするといふ点で，他の総ての学校と異ふ所は，私立を許さない点であらう。朝鮮の師範学校にも内地のそれの如く，第一部と第二部との別はあるが，前者は小学校教員たるべきもの，後者は普通学校教員たるべきものを養成する点に於て異ふ[78]。

「師範教育は当分官立主義をとることとなつた」のは，前節で述べたよう

に 1929 年からで，官立師範学校は最終的に 16 校開設された。各道に公立師範学校があったのは,「大正十二年から昭和六年にかけて」ではなく，正確には 1922 (大正 11) 年 4 月から 1931 (昭和 6) 年 3 月までである。

師範学校が官立であった結果，卒業生の赴任校は全朝鮮にわたった。京城師範学校のある担任教師は，卒業生配当の苦労を次のように語っている。

> 困ったのは，卒業学年生徒の配当である。内地と異い，自分の担任，四十四名の卒業生を，本州と同じ程の面積の全鮮に，総督府の配当数の通りにバラ散(ママ)かねばならない。誰しも，京城附近の京畿道 (本土の三県位の広さ) とか，南鮮に行きたがる。担任たる者，まことに辛い。結局，厳正に成績と出席率で配けるより致し方がない。咸鏡北道 (露領に近い方) へ送る生徒に，因果を含める時のつらさ。涙を奮って馬謖を斬るとはこの事であった[79]。

上掲『朝鮮』記事にある「修業年限七年を原則」としたのは京城師範学校のみで，それも 1933 年に演習科が 2 年制となって以後である。その他の官立師範学校に置かれていた尋常科は，演習科に直結するものではなく，基本的な性格は第二種普通学校教員の養成機関であった。この意味で,「韓国人には可能な限り程度の低い教育のみを実施しようという底意から，日本の師範学校より低い制度を用意したのである」[80] という韓国側の批判は的を射ている。

師範学校の第一部・第二部の区別は，1938 年,「内鮮一体」が「第 3 次朝鮮教育令」体制のスローガンのひとつとして打ち出されたのに伴って撤廃された。しかし，新体制下で養成された朝鮮人教員が，内地人小学校に配置されることは稀であった。

このほか日本内地との違いとして挙ぐべきは，朝鮮の内地人教員には，本俸の 6 割の外地手当，1 割の舎宅手当などが付いたことである。「昭和の初期は我が国の最も不況な時，大学卒の初任給は大体五十円だったが，京師演習科卒業は本俸五十円で更に六割加俸と住宅料がついて初任給は九十三円であった」[81] といわれており，民族別に比較すると,「日本人女性教員は朝鮮

人女性だけでなく朝鮮人男性よりも俸給の点ではるかに優遇されていたのである」[82]。

1932年3月，小学校教員試験規則が一部改正された。これは，「小学校教員となる者に対し従来第一種（本科正教員）試験の選択科目中英語と鮮語があったものを英語を廃して鮮語を必須科目とし又第二種（尋常科正教員）試験の選択科目たりし鮮語を必須科目としたもので要するに朝鮮語が何れも必須科目となつたものである」[83]。しかし，この措置が，内地人教員の朝鮮語学習を大幅に促進した形跡はない。

6．専門学校・大学予科

1943年度『朝鮮諸学校一覧』によれば，同年5月末現在，官立専門学校7校の在校生は内地人1,882名（75.9％），朝鮮人596名（24.1％），公立専門学校2校の在校生は内地人399名（66.0％），朝鮮人206名（34.0％）であった。これに対して私立専門学校11校の在籍者は，内地人744名（18.5％），朝鮮人3,252名（80.8％，他に台湾人29名）であった。すなわち，内地人学生の多くは官公立に在籍し，逆に私立専門学校では朝鮮人学生が圧倒的多数を占めたのである。

このように，いわば内地人・朝鮮人の住み分けが行なわれたのは，官公立が比較的プレスティージが高く，対して私立は，キリスト教色やコリアン・ナショナリズムが強かったからであるが，朝鮮において比較的プレスティージが高かった官公立専門学校といえども，日本内地の専門学校には一籌を輸した。1936（昭和11）年の京城高等商業学校卒業生は次のように述べている。

> 昭和十一年，卒業の年を迎えた。同級生はほとんど京城あるいはその近郊に就職先を求めたが，私は母の希望が内地だったので内地へ就職したかった。しかし，その当時，朝鮮の学校を出て内地への就職は困難だった[84]。

「朝鮮の学校を出て内地への就職は困難だった」のは，1922年以後漸く内地の専門学校と同等の地位を認められるようになった朝鮮の専門学校が，就職戦線においてまだ確固たる地歩を築いていなかったということである。

教員人事の面からも，内地と朝鮮の専門学校の相対的な上下関係が窺われる。次は，1939〜40年当時の京城高等工業学校における一例である。

　学校（京大理学部数学科）を卒業したら，四月一日付で京城高工助教授と発令された。二，三年は助手か講師を勤めるのが通例であったので一寸驚いた。いきなり授業（講義）担当。一年したら教授になって一人前扱い。教務や学生部の仕事をやらされる。（技術者養成のために"内地"からベテランの先生に来てもらうことは困難な時代になっていたのだ。）[85]

　京城帝国大学予科は，そもそも朝鮮に，旧制高等学校ではなく大学予科を置いたところに意味があった。総督府当局によればその意味とは，「高等学校の制に依るときには内地より入学志願者の殺到により朝鮮在住者の入学難を来たし，朝鮮に大学を設置するの趣旨を完ふすることが難しくなる虞がある」[86] ということであった。つまり，予科制は，朝鮮在住者を保護するための方策だというのである。

　しかも京城帝国大学予科は，日本内地の高等学校（高等科）や他大学の予科と違って，当初2年制であった。その理由としては，「高等学校の文科並びに理科に於ては大学の各種の方面に進むべき生徒を養成する必要があるが為めにその教科をなるべく普遍ならしむる必要があるのであるが，本大学予科に於ては法文学部並びに医学部に入るべく限定された生徒を養成するのであるから，その学力の教養に於て或る種類のものに向って集中することが出来る」[87] こと，朝鮮人は一般に資力に乏しいので修業年限は1年でも短いほうがよいこと，などが挙げられた。しかし，やはり3年制に比べて教育課程運営（とくに外国語教育）には無理があり，プレスティージの低下は避けられなかった。そこで，大学側を中心として修業年限延長の働きかけが続けられた結果，総督府は，1934年度から京城帝国大学予科を3年制とすることを認めたのである。その後，1943年に至って再び2年制に還元されるが，これは全国的な戦時非常措置の一環であった。

　ところで京城帝国大学予科には，開放的な性格と閉鎖的な性格とがあった。前者の代表は，学生が，朝鮮のみならず日本内地や関東州・台湾からも集まっ

たことである。とくに理科には日本の多くの府県から受験生が押しかけ，予科入学後は，在朝鮮中学校出身内地人，内地中学校出身内地人，高等普通学校出身朝鮮人という3つの異質な学生集団を形成した。

閉鎖的な性格は，朝鮮所在の学校でありながら朝鮮人への門戸は狭かったこと，予科生の学部進学を大前提とし，予科以外から学部への入学は例外的にしか認められなかったこと，などに見られる。そもそも学部の構成（1926年に法文学部と医学部，1941年に理工学部を開設）からして，日本の便宜を優先させたものであり，朝鮮側の教育要求に広く応じようとしたものではなかった。

京城帝国大学予科のもうひとつの性格は，皇民化の率先垂範機関としてのそれである。1925年2月11日の紀元節を期して，京城帝国大学教授津田栄の周囲の予科学生たちが「京城天業青年団」を結成した。京城天業青年団は，1930年5月，そのOBすなわち京城帝国大学の学生・卒業生などを含めて「緑旗同人会」となった。ここまでは仏教（とくに日蓮宗）研究を中心とする修養団体であったが，緑旗同人会は，1933年2月，「緑旗連盟」に改組されるとともに社会教化団体へと脱皮した。緑旗連盟は，日中戦争勃発後，国民総力朝鮮連盟の別働隊として京城帝大の枠を遙かに超えたものになったが，そのルーツが予科生の京城天業青年団にあり，連盟の幹部に多くの予科OBがいたことは記憶されるべきである。

京城帝国大学予科生が実際に率先垂範した例として，日中戦争勃発直後の断髪がある。1937年11月7日付の『朝鮮新聞』は，「大学専門校学生が一斉に丸刈断行　禁酒禁煙も申合す」の見出しのもと，次のように報じている。

　時艱克服に挙国一致の協力が捧げられてゐる時代に学生，生徒の身分で頭の髪を長くしてゐるなどとは日本男子の本懐にあらずといふ機運が最近京城の大学，専門諸学校学生の間に醸成され「学生は率先して一般青年層に模範を示すべきである」とまづ城大予科学生四百四十九名が同校応援団長の指揮の下に一斉に断髪を敢行して丸刈となつてしまつたが各学校もこれに追随の傾向にあり

1940年4月，朝鮮総督府令第79号「大学規程」が公布された。その第1条は次のとおりである。

　　大学ハ国家ニ須要ナル学術ノ理論及応用ヲ教授シ並ニ其ノ薀奥ヲ攻究シ特ニ皇国ノ道ニ基キテ国家思想ノ涵養及人格ノ陶冶ニ留意シ以テ国家ノ柱石タルニ足ルヘキ忠良有為ノ皇国臣民ヲ錬成スルニカムヘキモノトス

　これは，日本全国の大学に適用される「大学令」の目的規定に「皇国ノ道」「忠良有為ノ皇国臣民」を付加したものであった。すなわち京城帝国大学は，1940年4月1日，単なる日本国民ではなく皇国臣民の錬成機関となったのである。

おわりに

　1877年5月，釜山居留民会議所の一室で13名の児童が呻唔の声を挙げてから1945年8月の敗戦まで，旧韓国〜朝鮮における日本人（居留邦人〜内地人）の教育は68年余の歴史であった。敗戦から早くも60年の歳月を閲し，引き揚げ当時の国民学校1年生も，今や歴とした老人会々員となった。朝鮮の内地人教育体験者が日々減少する一方で，彼らのノスタルジアは募り，同窓会活動や，植民地時代の校地・校舎を受け継いだ今日の韓国諸学校との交流は，依然として活発に行なわれている。

　彼らの朝鮮時代の思い出の共通項をふたつ挙げるとすれば，「内地より進んだ朝鮮」と「豊かな生活」であろう。「進んだ朝鮮」は，京城・平壌・釜山などの大都市において外地独特の西洋化が内地よりも早く進展していたことを指し，学校教育に関してそれは，とくに児童・生徒の服装や校舎建築をめぐって印象化されている。次の例は，1935年に釜山第三小学校を卒業した女性の回想である。

　　やはり東京，と云うのに二人共一寸憧れてて，東京の女の子は皆可愛くて，勉強が出来てキレイな洋服ばかり着てて……と少女雑誌の口絵の少女

のような人ばかりだと考えていた。どこの家も皆ヤンバンで……なんて本気で思っていた。

　後年同年の人の小学校時代の写真を見て驚いたのは，クラスの3分の1位の女の子が和服だったこと。校舎が木造だったこと。釜山は，どこの小学校も鉄筋かレンガだし，和服の子など，一人も居なかったから[88]。

「豊かな生活」は，内地人家庭の多くが，「オモニー」「チョンガー」などの日本式朝鮮語で呼ばれた使用人（当時の日本語で女中・下男）を置くことができた経済的余裕の反映である。1940（昭和15）年当時京城三坂小学校に在学していたある男性は，次のように語っている。

　在韓の日本人は，大半が中産階級に属していた。内地で行き詰っても，朝鮮に行けば，何とか，ましな生活が出来た。その生活を支えていたのは，貧しい朝鮮人大衆だった，と私は思う。
　昭和一五年，里帰りの父母に連れられ，初めて内地を旅した時，駅の「赤帽」や，タクシーの運転手，果ては乞食までが日本人であるのに驚いたことを覚えている。そういうことは朝鮮人がやるものだと思っていた。お手伝いの「オモニー」や，子守りの「キチベ」が家にいた記憶をお持ちの方も多いだろう。たまにオモニーや子守の実家に連れて行かれて，その貧しさに驚いたことも思い出す[89]。

　このような思いが凝集すれば「古きよき朝鮮」ということになる。そして，それを一層強固なものにしたのが引き揚げ後の悲惨な生活であったのも事実であろう。
　梶村秀樹は，1974年の時点で次のような辛辣な弁を吐いている。

　今日の日本のあちこちで，相変わらず，昔どこそこに住んでいた人々の会，どこそこの学校の同窓会という形で，もと在朝日本人の集まりが無数に持たれているが，それらはすべて「古きよき朝鮮」への郷愁と植民者意識を温めあう場でしかない。そして，それらは決して単純な形ではあとつ

ぎを持てない宿命にあり，もはや相当に老化しはじめてもいる。しかも現時点では，依然として一種の毒素を日本社会に放ち続けていることを過小評価するわけにはいかない[90]。

　この梶村発言から30年を経た今日，状況はどれほど変わったであろうか。著者がインタビューなどを通じて得た印象では，かつての「内地人」の多くは日本の植民地支配の歴史を重く受け止めているが，未だ大日本帝国の夢から醒めない向きもなくはない。本稿が，梶村のいう「毒素」を薄め，あわよくば建設的な史観を構築することに多少とも貢献できれば幸いである。

[註]（※はハングル文献）
1)『創立五十周年記念誌』　仁川公立尋常高等小学校　1936年　p.99
2)『京城日出小学校百年誌　わが赤煉瓦の学び舎』　京城日出小学校同窓会　1989年　p.177
3)『教育時論』　第969号　1912年3月15日　時事彙報
4)『朝鮮彙報』　1915年10月　p.125
5)　同上　1917年2月　p.140
6)　武部欽一『朝鮮の教育』　私家本　1931年　p.24
7)　岡山県編『朝鮮岡山村事績書』　岡山県　1915年　p.7
8)『朝鮮彙報』　1915年9月　p.61
9)『官立京城師範学校一覧』　1933年　pp.42-43
10)『梶村秀樹著作集』　第1巻　明石書店　1992年　p.229
11)『西日本だより』　京城東大門小学校同窓会西日本支部　1993年3月31日　p.3
12)『釜山二小会会報　うさぎ山』　第2号　1979年1月
13)『釜山第六小学校松島会誌　まつしま』　第10号　1989年12月　p.42
14)『京城三坂小学校記念文集　鉄石と千草』　三坂会事務局　1983年　p.125
15)『京城南山公立尋常小学校創立七〇周年記念誌　坂道とポプラと碧い空と』　京城南山小学校同窓会　1996年　p.271
16)　西村緑也編『朝鮮教育大観』　朝鮮教育大観社　1932年　p.23
17)『季刊　三千里』　第29号　三千里社　1982年　p.184
18)『京城日報』　1938年4月9日付
19)『朝鮮』　1930年1月　p.226
20)　八木信雄『日本と韓国』　日韓文化協会　1978年　p.189
21)　平壌高女同窓会誌『楽浪』　第5号　1959年　p.12
22)『京城三坂小学校記念文集』　p.28
23)『京城日報』　1927年3月3日付

24) 『朝鮮』 1939 年 4 月 p.3
25) 同上 p.7
26) 『釜山日報』 1935 年 10 月 10 日付
27) 『京城日報』 1939 年 4 月 24 日付
28) 『朝鮮新聞』 1936 年 3 月 23 日付
29) 幣原坦 『朝鮮教育論』 六盟館 1919 年 p.300
30) ※『善隣八十年史』 善隣中・商業高等学校 1978 年 p.131
31) 『大毎朝鮮版』 1929 年 6 月 5 日付
32) 『朝鮮民報』 1931 年 1 月 28 日付
33) 『朝鮮』 1944 年 3 月 p.31
34) 『創立五十周年記念誌』 仁川公立尋常高等小学校 p.99
35) 『教育時論』 第 1255 号 1920 年 2 月 25 日 時事
36) ※金英宇 『韓国近代教員教育史（Ⅰ）――初等学校教員養成教育史――』 正民社 1987 年 pp.392-393
37) 『京城師範学校史 大愛至醇』 醇和会 1987 年 pp.333-334
38) 『京城日報』 1928 年 3 月 20 日付
39) 『朝鮮』 1929 年 5 月 pp.7-8
40) ※『大邱師範尋常科誌』 大邱師範尋常科同門会 1991 年 祝辞
41) ※同上 p.279
42) 『国際関係学研究』 第 25 号 1998 年 p.84
43) 『京城日報』 1935 年 11 月 16 日付
44) 佐野通夫 『近代日本の教育と朝鮮』 社会評論社 1993 年 p.39
45) 『戦後 50 年 引揚げを憶う アジアの友好と平和を求めて』 引揚げ港・博多を考える集い 1995 年 p.75
46) 『施政二十五年史』 朝鮮総督府 1935 年 p.181
47) 阿部薫編 『朝鮮功労者銘鑑』 民衆時論社 1935 年 p.335
48) 『京城日報』 1939 年 4 月 20 日付
49) 碓井隆次 『京城四十年』 生活社 1980 年 p.303
50) 武部欽一 前掲書 pp.23-24
51) 『京城日報』 1941 年 3 月 20 日付
52) 『京城南山公立尋常小学校創立七〇周年記念誌』 p.218
53) 『朝鮮』 1921 年 4 月 p.91
54) 『朝鮮彙報』 1917 年 2 月 p.142
55) 和田八千穂・藤原喜蔵編 『朝鮮の回顧』 近沢書店 1945 年 pp.374-375
56) 『京城府史』 第 2 巻 京城府 1936 年 p.919
57) 『教育時論』 第 1627 号 1930 年 8 月 25 日 時事
58) 弓削幸太郎 『朝鮮の教育』 自由討究社 1923 年 p.272
59) 『京城府史』 第 3 巻 1941 年 p.227
60) 幣原坦 前掲書 pp.266-267

61) 中村均 『韓国巨文島にっぽん村』 中公新書 1181 1994 年 p.96
62) 『西日本だより』 第 9 号（鹿児島全国大会特集号） 京城東大門小学校同窓会西日本支部 1994 年 12 月 15 日 p.4
63) ※『朝鮮日報』 1931 年 6 月 12 日付
64) 村松武司 『朝鮮植民者──ある明治人の生涯──』 三省堂 1972 年 p.183
65) 『朝鮮及満洲』 第 56 号 1912 年 8 月 談叢
66) 同上
67) 『京城日出小学校百年誌』 pp.274-275
68) 武部欽一 前掲書 p.25
69) 幣原坦 前掲書 p.294
70) 同上 pp.306-307
71) 『施政二十五年史』 p.901
72) 『龍山公立中学校創立七十周年記念誌』 龍山公立中学校同窓会 1988 年 p.282
73) 弓削幸太郎 前掲書 p.274
74) 幣原坦 前掲書 p.307
75) 平川武士編 『平壌高女の思い出』 第 1 集 楽浪同窓会 1968 年 pp.216-217
76) 『国際関係学研究』 第 25 号 p.83
77) 『釜山教育五十年史』 釜山府・釜山教育会 1927 年 p.27
78) 『朝鮮』 1934 年 6 月 p.13
79) 『京城師範学校史』 p.204
80) ※金英宇 前掲書 p.394
81) 斎藤鎌二郎 『風霜の碑文』 私家本 1996 年 p.26
82) 『国際関係学研究』 第 25 号 p.89
83) 『京城日報』 1932 年 3 月 18 日付
84) 『京城高等商業学校創立 70 周年記念文集 一粒の麦』 京城高等商業学校（同経済専門学校）同窓会崇陵会 1990 年 p.314
85) 『京中卒業五十周年記念誌 仁旺ヶ丘』 京喜会 1982 年 p.510
86) 『朝鮮』 1922 年 3 月 p.10
87) 『文教の朝鮮』 1926 年 6 月 p.19
88) 片山美代子 『花暦──双葉の章──』 私家本 2001 年 pp.42-43
89) 『京城三坂小学校記念文集』 p.354
90) 『梶村秀樹著作集』 第 1 巻 pp.240-241

第 II 部

「内地人」学校の事例研究

第3章　釜山第一小学校

はじめに

　1876年3月「日朝修好条規」に基づいて釜山が開港され，日本人の朝鮮移住が始まった。そして早くも翌1877年の5月，釜山の地に日本人小学校の基が開かれた。これが，「朝鮮は勿論，邦人の外国に於ける学校教育の鼻祖」[1]であった。日本人の海外進出はそれ以前からあったにもかかわらず「邦人の外国に於ける学校教育の鼻祖」が釜山に誕生した理由を小島勝は，「韓国の場合，修交条規(ママ)の締結という「身の安全」が保証されて，家族挙げて移住するということがみられた。したがって，単身で外国へ渡る場合に比してすぐさま，子どもの教育問題が浮上し」[2]たとみている。

　発足当時名もなき寺子屋に過ぎなかったこの教場は，1880年修斉学校〜1888年釜山共立学校〜1895年釜山公立小学校〜1906年4月釜山公立尋常小学校〜同年11月釜山居留民団立釜山尋常小学校〜1912年釜山第一公立尋常小学校と発展する過程で，分校や校区分割を通じて釜山第二・三・四・五小学校を生み，「殆ど小学校中の母校とも称すべきもの」[3]となった。のみならず釜山公立小学校の男子補習科と女子補習科は，それぞれ釜山(第一)商業学校・釜山高等女学校の母体となった。すなわち釜山公立小学校は，釜山の多くの初等・中等学校にとってもルーツなのである。

　したがって，旧韓国〜朝鮮の内地人教育を追究するにあたって同校の事例研究を欠くことはできないが，その関係資料は，同校の伝統の割には多くない。釜山第一小学校の後継者とされる現・釜山光一初等学校には歴史資料室

が設けられ，歴代校長と日本側の「ニュー釜山会（旧釜山公立小学校の会）」によって鋭意資料収集の努力が続けられているが，筆者が訪問した2003年3月当時，本稿に利用できるものは僅かであった。このため，第2節の記述に「○○○については不明」という箇所がいくつもあること，第3節以下が貧弱にならざるをえないこと，を予め断わっておきたい。

第1節　学校沿革

釜山第一小学校とその関連校の沿革を略図で示せば次のとおりである。以下，これを解説する形で論を進める。

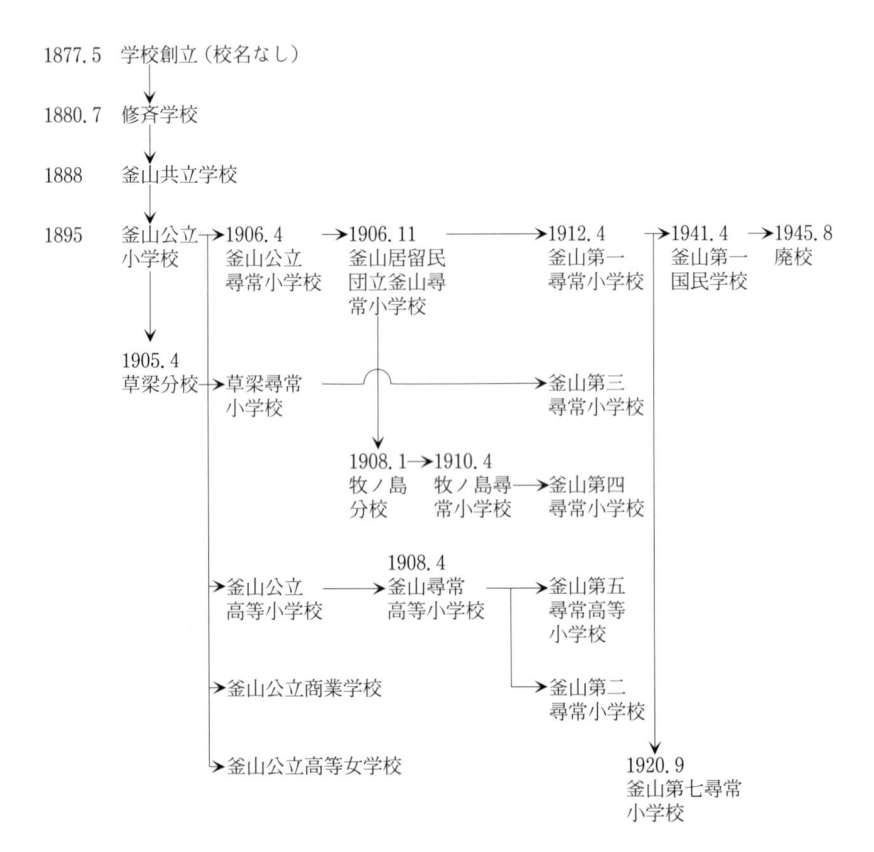

1877.5　学校創立（校名なし）

1880.7　修斉学校

1888　　釜山共立学校

1895　　釜山公立小学校 →1906.4 釜山公立尋常小学校 →1906.11 釜山居留民団立釜山尋常小学校 →1912.4 釜山第一尋常小学校 →1941.4 釜山第一国民学校 →1945.8 廃校

　　　　↓1905.4 草梁分校 →草梁尋常小学校 →釜山第三尋常小学校

　　　　　　　1908.1 牧ノ島分校 →1910.4 牧ノ島尋常小学校 →釜山第四尋常小学校

　　　　→釜山公立高等小学校 →1908.4 釜山尋常高等小学校 →釜山第五尋常高等小学校

　　　　　　　　　　　　　　　　　　　　　　　　　　　　→釜山第二尋常小学校

　　　　→釜山公立商業学校

　　　　→釜山公立高等女学校

　　　　　　　　　　　　　1920.9 釜山第七尋常小学校

1877年5月，釜山居留民会議所事務員上野敬介を教師として，13名の児童に読書・算術・習字の教授が始められた。校名もない，いわば釜山版寺子屋のスタートであった。

1878年と1879年には，児童数の増加に伴って教場の移転と教師の交替を繰り返した。すなわち1878年は，居留民会議所の一室から内大庁に移って医師半井湛四郎に教授を委任し，1879年は，東本願寺釜山別院で輪番平野恵粋をして教導の任に当たらせた。

1880年，初代領事近藤真鋤が就任，教育熱心な近藤は，領事官舎の一部を校舎として提供した。居留民会は，元長崎中学校教諭越矩房を聘して校長とし，校名を「修斉学校」と定めた。

1888年，居留民会の決議によって校舎を新築することになり，5ヵ月を要して同年12月竣工したので，これを機に修斉学校は，1885年以来東本願寺釜山別院に併設されていた女児学校を合併して「釜山共立学校」と改称した。

1889年には日本の「小学校令」に基づいて校則を改め，尋常科・高等科の修業年限を各4ヵ年とした。こうして体制を整えた釜山共立学校に，1891年5月教育勅語謄本が，翌1892年9月明治天皇の御真影が下賜された。ここまでの経緯を日本政府との関係からみると，次のようにいえるであろう。

　　当初は，日本政府の協力なしの純然たる民間での設立でもあった。創立から数えて三年の後，領事館が梃子入れし，一〇年の歳月を経て「正規」の小学校として認められ，一五年かかって……内地の臣民教育機関として"一人前"の体裁を整えているのである[4]。

1895年，釜山共立学校は，校名を「釜山公立小学校」と改めた。この校名変更は，釜山居留民会と東本願寺釜山別院との「共立」から釜山居留民会による「公立」へという意味合いが強い。

1900年の「改正小学校令」および同「施行規則」に基づいて高等科の修業年限を3年に改め，同時に男子3ヵ年，女子2ヵ年の補習科を設置し，1901年4月の新学期から実施した。

1902年10月，前年から建設されていた大庁町の新校舎が落成，これに移転した。この新校舎は，2年後の1904年12月不審火によって烏有に帰し，1906年1月再建された。

1905年1月，京城～釜山を繋ぐ京釜線が開通，釜山居留民の増加に拍車がかかったが，草梁に拠点を置く京釜鉄道会社は，社員子女の教育のため，校舎および職員宿舎を建築し毎年500円を居留地役所に提供するという条件で学校の開設を申し出た。これを受けて居留民会は，1905年4月釜山公立小学校草梁分校を開設し，訓導米野康太郎が分校主任として経営にあたることになった。

日露戦争終結後の釜山居留民急増の結果，釜山公立小学校は1906年4月，釜山公立尋常小学校・草梁尋常小学校・釜山公立高等小学校・釜山公立商業学校・釜山公立高等女学校の5つに細胞分裂した。すなわち，釜山公立小学校の尋常科と高等科がそれぞれ尋常小学校・高等小学校として独立，同時に草梁分校も草梁尋常小学校として独立し，釜山公立小学校男子補習科と同女子補習科を前身として釜山商業学校と釜山高等女学校が発足したのである。釜山公立小学校の正式後継者の地位は釜山公立尋常小学校に与えられ，校地・校舎・御真影・教育勅語謄本その他備品一切が引き継がれた。

1906年11月「居留民団法」が施行され，釜山公立尋常小学校は「釜山居留民団立釜山尋常小学校」となった。次いで1907年1月，在外指定学校となり，同年9月，在学児童および卒業者の他学校への入学・転学等に関し日本国内の市町村立小学校と同等と認められた。

1908年1月，牧ノ島（現地名で絶影島・影島ともいい，牧島・牧之島・牧の島と表記する場合もある）に釜山居留民団立釜山尋常小学校牧ノ島分校が設置された。（1910年4月，牧ノ島尋常小学校として独立）

1910年8月韓国併合が断行され，暫くは旧韓国時代の教育体制が維持されたが，1912年4月，朝鮮総督府の各学校官制・規則が公布され，釜山の各小学校には番号が付されることになった。すなわち，釜山尋常小学校は釜山第一尋常小学校，草梁尋常小学校は釜山第三尋常小学校，牧ノ島尋常小学校は釜山第四尋常小学校となったのである。また，釜山高等小学校は1908年4月釜山尋常高等小学校になっており，これが1912年4月，釜山第五尋

常高等小学校となった。釜山第二尋常小学校は，釜山尋常高等小学校の尋常科を分割する形で1912年4月に新設されたものである。したがって釜山第二尋常小学校は，もともとの本家たる釜山公立小学校〜釜山尋常小学校〜釜山第一尋常小学校にとって分家の分家にあたるわけである。

1920年9月，釜山第一小学校と同じ大庁町内に，校区を分割して釜山第七尋常小学校が新設された。これが釜山第一小学校の最後の「子生み現象」であり，第七小学校の前後に開設された釜山第六・八・九・十小学校は，第一小学校と直接の縁はない。

釜山第一小学校は，朝鮮最古の日本人小学校として，また釜山・慶尚南道地域の名門校としてその名を誇ったが，1941年4月，内鮮の全小学校と同じく「国民学校」に改編され，1945年8月，日本の敗戦とともに消滅した。しかし，現・釜山広域市立光一初等学校は，釜山第一・第七小学校（国民学校）の後継者であることを認めており，両校の出身者と光一初等学校との交流は，21世紀の今日も続いている。光一初等学校は，1946年，釜山第一・第七国民学校の跡地に開設された南一国民学校と東光国民学校が，1998年9月に統合されたものである。

第2節　教員の去就

1．校　　長

釜山府・釜山教育会が1927年に発行した『釜山教育五十年史』に附録として収録された「釜山第一公立尋常小学校旧職員表」をみると，上野敬介・半井湛四郎・広沢（平野の誤り―稲葉註）恵粋の職名欄は空白であり，越矩房から「校長」となっている。1880年に修斉学校を称する以前は，学校というより寺子屋であり，したがって校長はいなかったというのであろう。現に，上野敬介は釜山居留民会議所の事務員，半井湛四郎は医師，平野恵粋は東本願寺釜山別院の僧であって，専任の教師ではなかった。

一方，筆者の手元にある『釜山第一公立尋常小学校要覧（大正3年2月調査）』によれば，上野・半井・平野・越は，それぞれ1・2・3・4代の校

長である。釜山第一小学校側では，すでに1914（大正3）年当時から，初期の教師を校長と認識していたことがわかる。ここでは便宜上，『釜山第一公立尋常小学校要覧』のナンバリングに従うこととする。

上述の「釜山第一公立尋常小学校旧職員表」には1927年までの旧職員の就職・退職年月日が記されているが，第1～14代校長の在任時期は次のとおりである。

1代	上野　敬介	1877.5	～	1877末
2代	半井湛四郎	1878始	～	1878末
3代	平野　恵粋	1879始	～	1880始
4代	越　　矩房	1881.7.22	～	1889.2
5代	武光　軍蔵	1889.2.27	～	1891.2.28
6代	小谷　茂実	1891.2	～	1891.7
7代	武光　軍蔵	1891.8	～	1898.3
8代	板垣　益二	1898.4.14	～	1898.12
9代	太田　久武	1898.12.9	～	1900.8
10代	国井　　泉	1901.1.31	～	1905.1.17
11代	高橋　　恕	1905.2.24	～	1906.7.6
12代	鈴木総次郎	1906.7	～	1911.12.3
13代	遠藤　徳郎	1911.12	～	1919.10.6
14代	山田　類蔵	1919.10.29	～	

一見して明らかなように第1～3代の在任期間はごく短く，第4代の越矩房が実質上の初代校長であったといってよい。前述のように越の前職は長崎中学校教諭であったが，越が赴任する前1878年当時の教場は内大庁にあった。内大庁は，かつて対州侯の使者が朝鮮官吏と応接した所である。そして釜山第一小学校は，最終的に大庁町に落ち着くことになった。そもそも釜山自体，昔から対馬・長崎との縁が深かったが，釜山第一小学校も，その例に漏れなかったのである。

武光軍蔵は，第5代と7代の2期にわたって校長を務めた珍しい経歴の持

ち主である。第5代校長を辞した理由は不明であるが，第7代校長には「父兄の懇請により」[5] 再登板することになったという。1898年3月以降暫くの消息は摑めないが，1911年5月当時は平安北道・日新普通学校の教監，すなわち朝鮮人小学校の事実上の校長であった。

武光軍蔵が第5代校長を辞任し第7代として復帰するまでの間は，第6代校長小谷茂実と池谷則臣校長心得によって繋がれた。小谷・池谷や第8代校長板垣益二，第9代校長太田久武の釜山一小関係以外の経歴は不明である。

第10代校長国井泉は，在任中の1903年7月，京城の横山弥三，仁川の三城教蔵，木浦の戸川真菅を釜山に招集して「在韓聯合小学校長会」を開催している。当時は群山・元山を含めて韓国に6校の日本人小学校があったが，その中心は釜山であり，国井泉が小学校長会のリーダーであった観がある。

1905年1月に釜山公立小学校長を辞した国井は，同年10月，韓国学部学政参与官として日本モデルの教育改革を進めていた幣原坦の斡旋により韓国官立高等小学校（在京城）のお雇教師として復活する。これが日本の国家権力をバックとした韓国でのいわゆる「模範教育」の発端であった。幣原坦は，これについて次のように述べている。

　……十月一日ヨリ前釜山日本人居留地小学校長国井泉ヲ聘傭シテ教鞭ヲ執ラシメタリ（月俸八十円）是レ政府ノ手ニヨリテ公然小学教育ニ日本人ヲ入レタル端緒ニシテ目的トスル所ハ教育ノ根底ヲ改善シ国民ノ常識ヲ増シ日本語ヲ普及シテ日本教育ノ感化ヲ与ヘ他日発表セントスル国民教育案ノ素ヲ成サントスルニアリ[6]

1906年9月，韓国学制改革によって普通学校体制がスタート，国井泉は春川普通学校の教員に任命された。しかし，国井は病気を理由にほどなく辞任，教育界の第一線から退いた。後任は，後述する堀摠次郎であった。

第11代校長高橋恕は，1906年4月に釜山公立小学校から釜山尋常小学校（後の第一小）・釜山高等小学校（後の尋常高等小～第五小）・釜山高等女学校が分離独立するや暫く3校の校長を兼ね，同年7月から後2者の校長兼任となった。この兼任は1910年9月まで4年余続き，以後1919年9月までの

9年間は釜山高等女学校の専任校長であった。このように高橋恕は，釜山公立～釜山尋常小学校長をはじめ釜山教育界の重要ポストを歴任した大物であった。

第12代校長鈴木総次郎は，釜山高等女学校の創立から3ヵ月同校の教諭を務め，1906年7月，釜山尋常小学校の校長となった。高橋恕が，3校兼任の一部を鈴木に託した形である。その後鈴木は，1911年12月京城に出て龍山小学校長となり，1917年まで務めた。だが，龍山小学校長としての鈴木の評価は，あまり芳しくない。当時の部下教員のひとりは，次のように冷評している。

　　上州は赤城山の麓から鈴木総次郎校長が見えた。ピンとはね上がった美髭は中々厳めしかったが，関八州で名を挙げた忠次のような侠気は更にないように見受けられた。むしろ神経質で小心な所があって，各方面に大小の問題が起こった[7]。

第13代校長遠藤徳郎は，1908年6月，福岡県から渡韓して釜山居留民団立釜山尋常小学校の訓導となり，1911年12月，鈴木総次郎の京城転出に伴って校長に昇任した。まだ30歳そこそこであった。したがって，遠藤の校長としての真価は，次の任地群山において発揮されたものとみられる。群山では，本務である群山尋常高等小学校長（1919～36年度）の傍ら群山実科高等女学校長（1919～20年度），群山高等女学校長（1921年度），群山高等女学校教諭（1922～34年度），群山簡易商業専修学校長（1919～21年度），群山商業補習学校長（1922～36年度）を兼務した。1930（昭和5）年頃の遠藤は，次のように絶賛されている。

　　昭和五年春，私は母校群山小学校に赴任した。今思ってもその頃は本当に夢のようだ。遠藤先生はこの頃最も円熟した，名実共に全鮮一を誇る校長として最大の手腕を発揮された。全北はじめての公開授業，著作「学校経営の実際」の刊行，校旗，校歌の制定，各方面からの感謝状，表彰や，叙勲などまさに小学校長として最高の栄誉に輝いたことだった。私にとっ

て先生は恩師でもあり，校長と部下職員の関係であり，同僚職員であり，私はよく叱られ，注意され又ほめられもした。とに角私の現在に至るまで四十三年に渉って一貫した教員生活の基礎をこの大校長の下に築き上げられたことは私の教員としての最大の幸運であった[8]。

　群山で教職生活を終えた遠藤徳郎は，再び釜山に戻った。熟年に達した遠藤は，釜山福岡県人会および釜山高等女学校父兄会（3女と4女が釜山高女卒）の重鎮であった。
　第14代校長山田類蔵は，釜山尋常高等小学校～釜山第五小学校の訓導（1906～14年度）から釜山第二小学校長（1914～19年度）を経て釜山第一小学校長となった（1919～30年）。続いて釜山高等小学校（第五小）の校長（1931～33年度）を務めている。すなわち山田の釜山勤務は，第五小に始まって第五小に終わったわけであるが，在任期間としては第一小学校長が最も長い。
　第15代校長加藤章は，1930年釜山第一小学校の訓導となり，翌年から3年間（1931～33年度）校長を務めた。その後は慶尚南道視学（1934～37年度）として教育行政に携わった。ちなみに加藤校長は，「釜山第一小学校校歌」の作詞者である。
　第16代校長豊田操の在任期間は1934～39年度であった。つまり満州事変～日中戦争勃発を経て次第に戦時色が強まりつつあった時期である。そのためか，釜山第一小学校関係者の間で豊田校長の思い出が語られる時必ず登場するのが「愛国運動」である。『釜山第一小学校昭和十五年卒業生会誌』には次のような記述がある。

　　あるグラフ雑誌社が，愛国運動を撮影にきたことがあった。縦横整然と並んで走るための訓練は，大変なものであった。この日，豊田校長はとても張り切って，先頭に立たれた。愛国運動は男女共，パンツかズロースだけの裸で，そして素足で参加するのが良しとされた。毎朝冷水浴を励行されていた豊田校長は卒先して，模範を示された。上半身は裸だからいうことはないが，下半身につけておられたのは，白いステテコであったように思う。猿又(ママ)ではなく，又カッコよいランパンやトレパンでもなかったよう

に思う。今なら、小学校の低学年といえども、女生徒は人前で裸になりたがらないが、当時は六年生の女生徒まで健気にも裸で走った。中には既に立派な、ポインチャンもいた[9]。

豊田操は、釜山第一小学校長の後晋州第一小学校長（1940年度）、晋州第一国民学校長（1941年度）、晋州吉野国民学校長（1942〜43年度、以後不明）を歴任した。

第17代校長鈴木重名は、朝鮮人教育から内地人教育に転じた。すなわち釜山普通学校長（1930〜33年度）から釜山第三小学校長（1934〜39年度）となり、次いで釜山第一小学校長となったのである。1940〜43年度の釜山第一小学校（国民学校）長在任は確認できるが、いつ辞任したかは資料不足で確認できない。

最後の校長（第18代）竹林為助も、鈴木重名と同じく朝鮮人学校から内地人学校に移ったが（釜山第三・第一とも鈴木の後任）、竹林の経歴はかなり複雑である。亀浦普通学校長（1927〜33年度）であった竹林は、1934年4月、釜山普通学校長となった。鈴木重名の後任である。しかし、釜山普通学校長は1934年度だけで、翌年には慶尚南道視学となり、さらにその翌年からは道視学と釜山女子高等普通学校教諭を兼ねた（1936〜37年度）。続いて晋州第一小学校（晋州第一普通学校を改名）の校長となり（1938〜39年度）、内地人学校に転じて釜山第三小学校〜釜山第三国民学校の校長となったが、「朝鮮総督府職員録」には1943年7月までの同校在任を裏付ける記録しかない。したがって、釜山第一小学校の最期を看取ったことは確かであるが、釜山第一国民学校（当時）の校長就任年月日は明らかでない。

釜山第一小学校は、朝鮮最古の伝統を誇る名門日本人学校であっただけに、歴代校長にも国井泉・高橋恕・遠藤徳郎など朝鮮教育界の有名人が少なくない。しかし、彼らの名声は、釜山第一小学校長としてよりも、むしろその後の活躍によって得られたものである。換言すれば、釜山第一小学校は、名校長への登龍門的な機能を果たしたとみることができる。この点、京城日出小学校の校長が、他校ですでに校長経験を積んだ元老級が就くポストであり、彼らの多くにとって教職生活のゴールだったのとは異なる。

2．訓　　導

　1904年6月から釜山公立小学校訓導であった米野康太郎は，1905年4月草梁分校主任となり，1906年4月草梁小学校の独立とともに同校校長，1912年4月には校名変更に伴って釜山第三小学校長となった（1914年度まで在任）。米野の分校転出が，釜山小学校の細胞増殖に伴って本家から分家へと教員が異動した嚆矢である。以下，これに類する例を紹介しよう。

　1906年4月の5校分岐に際して釜山公立小学校訓導から釜山高等小学校訓導となったのは瀧本申平・加藤マチ・林辰治・手島雄象・木野照・星野善随の6名である。

　瀧本申平は，修斉学校時代の1881年から在任していた，いわば釜山公立小学校の主的な存在であった。いったん高等小学校に出たものの再び本家の尋常小学校に戻り（1909～10年度），その後蔚山湾小学校長となった（1914年度まで）。

　林辰治は，1906年4月の高等小学校訓導就任時から事実上の校長格であった。名目上の校長は，前述したように高橋恕の兼任だったからである。林は，1910年9月，晴れて釜山尋常高等小学校長となり，1912年4月以降は釜山第五小学校長として1914年10月まで勤続した。

　手島雄象も，瀧本申平と同じく，高等小学校に転出したものの1908年4月尋常小学校に復帰し，1913年7月，他校の校長となって再転出した。校長在任校は，釜山第四小学校（1913～16年度）と梁山普通学校（1917年度）であった。

　木野照は，1906年4月釜山高等小学校訓導となったが，僅か3ヵ月で釜山高等女学校教諭に転じた。

　星野善随は，釜山高等小学校ばかりでなく，後述するように釜山第二小学校でも最初の訓導のひとりであった。

　釜山高等小学校が尋常高等小学校となった1908年4月には，古原八郎が本家の尋常小学校から異動した。

　1906年4月に釜山公立小学校訓導から釜山商業学校教諭となったのは北山喜一と戸倉英太郎である。北山は，1年後の1907年5月には辞任してい

るが，戸倉は，1915年5月まで同校（この間，1912年に釜山専修学校，1915年に釜山商業専修学校と校名変更）に勤続した。

釜山公立小学校から釜山高等女学校の開校に参じた者も3名いた。遠山テル・南合舜了・三科コトである。遠山は1908年11月まで，南合は1910年9月まで，三科は1916年10月まで在任した。また上述の木野照が，高等小学校を経て1906年7月から翌年11月まで釜山高等女学校に勤務した。

牧ノ島分校の職員名は確かめえないが，1910年4月にこの分校が牧ノ島尋常小学校として独立した際，岩津藤一・飯田勝正・小島芳太郎が釜山居留民団立釜山尋常小学校訓導から牧ノ島尋常小学校訓導となっている。

岩津藤一は，牧ノ島小学校，そして釜山第四小学校の初代校長でもあった。釜山四小には1913年7月まで在任，その後朝鮮人教育に転じて昆陽普通学校（1913～18年度）・河東普通学校（1919～22年度）の校長を歴任した。

飯田勝正の牧ノ島勤務は，僅か半年であった。その後釜山尋常高等小学校～釜山第五小学校の訓導（1910年10月～1916年4月）を経て校長となり，亀浦小学校（1916～18年度）・釜山第六小学校（1919～25年度）・釜山普通学校（1926年度）に勤務した。ちなみに釜山六小では初代校長であった。

小島芳太郎は，牧ノ島小学校の独立に続いて1912年4月の釜山第二小学校創立にも参画している。釜山二小には1922年4月まで10年勤続した。

釜山第二小学校開校時に教頭格だったのが，前述した星野善随である。星野は，本家（釜山公立小学校）から分家（釜山高等小学校～尋常高等小学校）へ，さらに分家の分家（釜山二小）へと異動したのである。釜山二小には1914年12月まで勤め，また元の分家（この時の校名は釜山五小）に戻って1917年9月まで在任した。

釜山二小の開校に本家（当時は居留民団立釜山尋常小学校）から直接馳せ参じたのが小原政照である。小原の釜山二小在任は，奇しくも星野善随と同じ1912年4月～1914年12月であった。

1920年9月，釜山第一小学校の新たな分家として釜山第七小学校が開設され，本家から八尋太八郎と朱雀タキが異動した。八尋の在任は僅か4ヵ月であったが，朱雀は，1927年まで7年余勤続した。

以上みたように釜山公立小学校～釜山第一小学校は，本家として，分家が

枝分かれするたびに多くの人材を供給した。釜山公立小学校〜居留民団立釜山尋常小学校の訓導が初代校長となった草梁小学校（釜山三小）・牧ノ島小学校（釜山四小）はその典型であり，釜山高等小学校（釜山五小）もこれに準じる。この意味で釜山の内地人諸学校（第一・二・三・四・五・七小学校，商業学校，高等女学校）は，教員の人脈上も親戚関係にあり，単なる制度上の本家・分家ではない。

次に釜山公立小学校〜釜山第一小学校で平訓導であった人々の校長歴を見てみよう。この学校が，釜山のみならず慶尚道一帯における初等学校長養成のセンターであったことを裏付けるためである。前述した米野康太郎・瀧本申平・林辰治・手島雄象・岩津藤一・飯田勝正を除く校長経験者は次のとおりである。

戸川真菅は，1898年11月，九州（本籍は佐賀県）から渡航して釜山公立小学校の訓導となった。その頃，全羅南道木浦に東本願寺木浦別院の手で木浦小学校が開設されたが，木浦小学校は1902年1月，東本願寺から木浦居留民会に移管された。この時校長として招聘されたのが戸川真菅であった。戸川がいつまで木浦に滞在したのかは明らかでないが，一時帰国を挟んで1919年11月には全羅南道青山島・青山小学校の校長となり，続いて済州島に渡って朝天普通学校（1921年7月〜1922年8月）と大静普通学校（1922年9月〜1925年3月）の校長を務めた。青山小学校と朝天普通学校では初代校長であった。

堀摠次郎は，釜山公立小学校在任（1901年3月〜1905年3月）の後韓国官立鋳洞小学校の教員となり，1906年9月韓国政府の手によって普通学校が新設されるや春川普通学校の教員となった（国井泉の後任，1906〜11年度）。「朝鮮教育令」の施行後校長に昇任し，黄海道の載寧普通学校（1911〜15年度）・沙里院普通学校（1916〜23年度）・海州第一普通学校（1924年度）に勤務した。

卜倉富太郎は，釜山公立小学校から釜山尋常小学校にかけて7年半（1904年10月〜1912年4月）在任し，その後10年余で5校（いずれも慶尚南道所在）の校長を務めた。その校名と時期は，下端小学校（1912年度）・亀浦小学校（1913〜15年度）・居昌小学校（1916〜17年度）・下南小学校（1918〜20年度）・沙上普通学校（1921〜22または23年度）である。

仲西威則は，釜山公立小学校時代から14年（1906年2月～1920年4月）にわたって勤続し，釜山第一小学校教頭から校長として牧ノ島普通学校に転出（1920～25年度），富民普通学校長（1925～27年度）も務めた。

　荒木三七は，釜山一小では中堅の訓導であったが（在任1908年3月～1914年9月），釜山郊外に出て校長となった。その校長歴は，新文小学校（1915～19年度）・辰橋小学校（1920年度）・下南普通学校（1922～27年度）・昌善普通学校（1928～37年度）と確かな分だけで22年に及ぶ。

　古賀松三は，17年余（1908年3月～1925年11月）に及ぶ在任期間の終盤（1923年4月～）は釜山一小教頭であり，慶尚南道・新方普通学校の校長（1925～30年度）として転出した。

　田坂松太郎は，釜山尋常小学校赴任は古賀松三より遅かったが（1910年4月），釜山一小教頭としては古賀の前任者（1921～22年度）であった。その後12年（1923～35年度）にわたって馬山小学校長を務めた。

　村瀬保二郎は，釜山第一小学校訓導（1912年11月～1917年3月）の後慶尚南道4校の校長を務めた。熊川小学校（1917～19年度）・熊川普通学校（1920～23年度）・梁山普通学校（1924～30年度）・咸陽普通学校（1931～33年度）である。

　樋口三芳（釜山一小在任1913年7月～1918年4月）の校長経験が確認されるのは機張普通学校（1918～19年度）のみである。

　片山房治は，釜山一小の中堅訓導（1916～22年度）から慶尚南道の普通学校に転出して校長となり，昌寧普通学校長（1923～24年度）・背屯普通学校長（1925～35年度）・郡北普通学校長（1936～37年度）を歴任した。

　亀崎定治郎も，片山房治と同時期（1916～21年度）の在任で，待遇も同等（月70円）の釜山一小中堅訓導から慶尚南道・洛東小学校の校長（1922～28年度）となり，続いて宜寧普通学校長（1929～31年度）・昌寧普通学校長（1932～37年度）・釜山鎮小学校長（1938～39年度）を務めた。1940～41年度の消息はつかめないが，1942年には「奏任官ノ待遇ヲ受クル国民学校訓導」として釜山蓬莱国民学校長に就いている。

　見野浩は，片山房治・亀崎定治郎よりもさらに若手の釜山一小訓導（1918～23年度）であったが，校長として転出，その校長歴は進礼小学校（1924～

30年度)・加祚普通学校(1931～36年度)・機張普通学校～機張小学校(1937～40年度)・花津国民学校(1941～43年度,以後不明)と20年以上に及んだ。

　有馬清憲の釜山一小在任は1919～36年度の18年にわたり,終盤6年間は教頭であった。その後草梁普通学校～釜山草梁小学校(1937～38年度)・鶴城小学校(1939年度)の校長を務め,1940年度は不明であるが,1941～43年度は奏任官待遇の三浪津国民学校長として「朝鮮総督府職員録」に登場する。

　筒井義久は,前任校の慶尚南道・鎮東小学校では校長(1918～19年度)であった。ところが,釜山一小に赴任するや平訓導(1920～24年度)となり,1年間の教頭(1925年度)をステップに密陽小学校長(1926～29年度)として転出した。

　山口環は,釜山一小訓導(1922～26年度)の後釜山六小訓導(1927～30年度)を経て校長となった。校長としての勤務校は,いずれも慶尚南道の沙上普通学校(1931～37年度)・固州小学校～固州国民学校(1938～41年度)・馬山国民学校(1942～43年度,以後不明)である。

　杉茂は,釜山一小の中堅訓導(1922～27年度)から海雲台小学校の校長(1928～32年度)となり,天加普通学校長(1933年度)も務めた。

　相良茂は,釜山一小の平訓導(1923～30年度)～有馬清憲教頭の次の教務主任格(1931～32年度)を経て,杉茂の後任の海雲台小学校長(1933～35年度)となった。

　仲田恭而は,釜山一小の平訓導(1924～29年度)から密陽普通学校で教頭(1930年度)となり,続いて密陽小学校で校長(1931年度)となった。

　大塚正男は,釜山一小訓導を10年(1924～33年度)にわたって務めたが,最終的に教務主任格止まりで,教頭を経験することなく泗川小学校の校長(1934～35年度)として転出した。

　増田多満亀は,釜山一小では末席に近い平訓導(1925～26年度)であったが,釜山郊外に出て4年目には校長となり,昆陽小学校長(1930～33年度)・昆明普通学校長(1934年度)・水谷普通学校長(1935～37年度)～水谷小学校長(1938～39年度)を歴任した。

　木田浩は13年(1925～37年度)にわたって釜山一小に在任し,最後の1年

だけ教務主任格であった。翌年度から校長となり，漆北小学校〜漆北国民学校（1938〜41年度）・釜山第七国民学校（1942年度）・温陽国民学校（1943年度，以後不明）に勤務した。

稲恒肇（多くの資料で稲「垣」となっているが，稲「恒」が正しい）の釜山一小在任時期（1925〜38年度）は木田浩とほぼ重なり，稲恒は木田よりも下に位置したが，1939年3月，いきなり昌寧小学校長に任命された。しかし，稲恒自身はこれを，「昌寧にとばされ」[10] たと認識している。結果的に敗戦まで昌寧に勤続した。

高橋勝は，1926年，末席訓導として釜山一小に着任し，在任末期（1932年度）に漸く中堅の域に達したが，転出先では校長であった。校長在任校は下端小学校（1933〜35年度）・柳谷普通学校〜柳谷小学校（1936〜39年度，以後不明）である。

垂水秀男の釜山一小在任は僅か1年（1927年）に過ぎなかったが，釜山普通学校の教頭（1928〜29年度）を経て校長となり，密陽小学校（1929〜32年度）・熊川普通学校（1933〜37年度）〜熊川東小学校（1938〜39年度）・宜寧邑内小学校〜宜寧邑内国民学校（1940〜42年度）に勤務した。

緒方信義は，釜山一小（1928〜31年度）と釜山高等小（1932〜33年度）では中堅訓導であったが，東萊第二普通学校の教頭（1934年度）を経て校長となった。校長としての勤務校は松渓普通学校〜松渓小学校（1935〜38年度）・大可第一小学校（1939年度）・凡西国民学校（1943年度）で，1940〜42年度および1944年度以降は不明である。

戒能孝一郎は，釜山一小勤務（1933〜37年度）の最後の1年間が教頭で，この後東萊第二小学校〜東萊第二国民学校の校長（1938〜43年度，以後不明）を務めた。

以上のように，釜山公立小学校〜釜山第一小学校の元訓導で他校の校長となった人は枚挙に暇がない。教頭から校長として転出するのは当然の人事であるが，釜山一小の場合は，教頭を経験せず，教務主任あるいはそれ以下の中堅訓導から直ちに他校の校長となる人が多かったことが特徴である。この点の詳しい追跡は，「朝鮮教育令」が施行され「朝鮮総督府職員録」に初等学校教員の氏名等も掲載されるようになった1911年末以降について可能で

あるが，釜山一小の教務主任以下から直接他校校長となった例は，管見の限りでも荒木三七・村瀬保二郎・片山房治・亀崎定治郎・見野浩・杉茂・相良茂・大塚正男・木田浩・稲恒肇・高橋勝など十指に余る。これをもって，釜山一小が釜山一帯の初等教育界で高いプレスティージを誇っていた最大の証左とみることができる。

逆に筒井義久のように，農村部の小学校では校長であったのが，釜山一小に赴任すると平訓導のポストしか与えられないというケースもあった。これまた，釜山一小の地位を物語る人事例である。

このほか釜山共立学校〜釜山公立小学校時代の教員であった井手光治・荘司新左衛門・吉村伝について附言しておきたい。井手は，1900年当時釜山開成学校教授を，荘司は，時期は不明であるが釜山開成学校の嘱託を兼ねた。また吉村は，1905年5月，釜山から京城に出て一進会立光武学校の教師となった。これらは，旧韓末のいわゆる「日語学校」に対しても釜山公立小学校が教員の供給源として機能した実例である。

第3節　釜山第一小学校の学校文化

釜山第一小学校の文・武面での成績をみると，同校を1922年に卒業して釜山中学校に進学した竹下文雄は，「私は第一小学校の出身で，かなりの友達がそのまま中学の同級生になった」[11]と述べている。また，釜山第一小学校を1940年に出た米田宏によれば，「ドッチボールが盛んであった。釜山で一番強かった」[12]という。いわば身内による主観的な自己評価である。釜山第一小学校は，最古の伝統校であるだけに当然，初期のころは文・武両面において釜山のトップであった。しかし，小学校の数が増えるにつれ，その地位は相対的に低下した。そして昭和期に入ると，「一番愛校心があるのは四小。……（中略）……一番出来る子が多いのは六小」[13]という評価が定着したようである。

次に掲げるふたつの引用は，大正デモクラシー後の新教育においては第二小学校が，スポーツでは第六あるいは第二小学校が釜山のトップであったという証言である。前者は，1924年10月から1938年3月まで第二小学校訓

導であった松田栄治，後者は，1931年4月から1941年8月まで第六小学校訓導であった村瀬昇による。

　郷土教育，技能手工芸教育，図画・図案教育，算数教育，学校劇，放送教育，そして音楽教育等々と挙げれば際限もない程教育の全分野にわたってわが釜山二小は画期的な発展を遂げた事は，卒業・在学生の皆さんと共に大いに誇るに足るものであります。……（中略）……げに釜山公立第二尋常小学校は初等教育のメッカであり，あらゆる教育分野における草わけ的存在でありました。そして私は今でもこの釜山二小の教員であったことに非常な誇りを持っております[14]。

　市内の小学校対抗リレーやドッチボール大会には，全教師一丸となって熱心に指導をし，いつも優秀な成績を修めた(ママ)。いつも張り合うのは，第二小学校であった[15]。

　釜山第一小学校の武の側面に係わって附言しておきたいのは，乃木希典大将との関連である。釜山一小の校庭には，建立の時期は定かでないが，乃木大将の銅像があった。戦前の日本では，内地・外地を問わず校庭の銅像（石像）は二宮金次郎が一般的で，乃木大将は稀であった。そして，第16代豊田校長時代，「愛国運動」と並行して始まった釜山一小の「鍛錬遠足」は，毎月の13日，つまり乃木大将の命日に実施するのを例としたのである。ちなみに「鍛錬遠足」の内容は次のとおりである。中には，往復48 kmを走破する猛者もいたという。

　この日は，日の丸弁当に限られた。当然，菓子・果物も禁じられた。ある学年以上だったと思うが，列を組まずに各人自由に競って，目的地の海雲台に向った。午前九時が出発時間であった。学校から，十二～十三km以上の一km毎の地点に先生方が先着し，十二時前後に到着する生徒を待っていた。吾々はそこで先生から到着距離を示す札をもらい，昼食をとって，午後一時になると引返した。午後四時までに学校に帰り，各学年毎に札を

集計した。そして，最も遠距離に行った生徒や，各学級の平均距離が発表された[16]

　次に，釜山第一小学校と朝鮮人社会との関係をみておこう。そもそも釜山の日本人居留地では，すでに日清戦争以前から日本人の現地人差別が横行していた。1892年6月に初めて朝鮮に渡った中井錦城（本名喜太郎，後の京城居留民会民長）は，上陸地釜山で目の当たりにした日本人の横暴ぶりを次のように記している。

　　夕飯を喰ひにさる宿屋に入り，其の二階から町を眺てゐると，日本人が韓人を苛酷に取扱ふのが目に付く，それが二三十分間に四五度も韓人を撲るのである，中にも燈心の包を負ふた韓人が，夏の夕方の熱さに堪へ兼ね，路傍の井戸で水を飲んでゐる処を，其の背後から十歳許りの日本人の男の子が，燈心を一本づゝ引出してゐる，気の付た韓人が後を振向て子供を叱ると，子供の親が店から飛出して，突如り韓人を引仆し，蹴るやら踏むやら大騒ぎだ[17]

　このような日本人（おとなばかりでなく，その尻馬に乗った子どもたちも）の差別・横暴はしかし，日本人の朝鮮語学習を排除するものではなかった。むしろ積極的に学ぼうとする姿勢があり，日本人児童の朝鮮語学習は，1880年7月の修斉学校の成立とともに開始されている。当時の教科目名は「韓語」で，1894年6月までは必修科目であった。
　1895年，校名を改めた釜山公立小学校は，英語・韓語の随意科教育体制を維持するとともに，「予習科」を新設し，朝鮮人に日本語その他の予備教育を施した上で本科生に編入するシステムを設けた。1895年8月5日付の『教育時論』は，「釜山には，韓人子弟十名余を入校せしめ，日本生徒と一様の教授をなせり。漸次他学校にも此の如き方法を施行せば，他日の成果大に宜しからん」と報じている。
　このような教育体制を裏付けるものとして，『釜山教育五十年史』の「釜山第一公立尋常小学校旧職員表」には日本人韓語教員・朝鮮人嘱託などが含

まれている。彼らの氏名・職名・就職年月日・退職年月日は次のとおりである。

中村 喜一郎	韓語教員	1881. 4		
上川 国夫	〃	1892. 4. 17		
大石 明	韓語嘱託		1902. 4	
李 義直	嘱 託		1904. 4. 1	
朴 珖植	〃	1904. 4. 1	1905. 3. 13	
金 命澤	〃	1905. 3. 15	1905. 6. 7	
張 太守	〃	1905. 3. 15	1905. 8. 1	
林 英奎	〃	1905. 9. 4	1907. 2. 20	

このリストから推測すれば，修斉学校以来の朝鮮語教育，釜山公立小学校以来の「予習科」体制は，続いていたとしても 1907 年 2 月までだったことになる。ちなみに 1907 年 2 月という時期は，日本の保護国としての韓国を支配する統監府が開設されて丸 1 年にあたる。

併合後も，第一小をはじめとする釜山の各小学校は，朝鮮人に対してほぼ完全に門戸を閉ざした。釜山第三小 4 年生に転入し，その後 1926 年に第二小を卒業した金允中は，「小学校は第一から第八まであったが，韓国人としての小学生は小生一人だった」[18] と回想している。

おわりに

釜山第一小学校の校歌および校訓は次のとおりである。

　　　　校　　歌
　一．万朶の桜日に映ゆる　大和心の跡とめて
　　　港釜山の中央に　　　我が学びやは聳えたつ
　二．緑したゝる向陽の　　あけの光を身にあびて
　　　常磐の松の美しく　　正しく強く生ひ出でん

第3章 釜山第一小学校

三．高き理想の実現を　　栄ある歴史思ひつゝ
　　昇る朝日の心もて　　とはに尽さん諸共に

　　　　校　　訓
愛　国……よい日本人となりませう
健　康……つよいからだで
協　同……仲よく力をあはせ
努　力……何事も本気に
進　取……何事も第一に

　校歌の「港釜山の中央に」「栄ある歴史思ひつゝ」，校訓の「進取……何事も第一に」といった文言に朝鮮随一の伝統校の誇りを読み取ることができる。筆者がインタビューを通じて受けた印象でも，釜山第一小学校関係者の誇りや愛校心は，他校に勝るとも劣らぬものがある。しかし，いわゆる「本家（宗家）意識」は，ほとんど感じることがなかった。この点，釜山第一小学校の京城版である日出小学校の場合とは異なる。筆者のみるところ，釜山第一小学校と京城日出小学校の主な違いは次の3点である。

　①釜山第二小学校や第六小学校の台頭に伴い釜山第一小学校は，中等学校進学競争やスポーツ競技において必ずしも釜山地区のトップではなかった。これに対して京城日出小学校は，スポーツは扨置き中等学校進学に関しては，京城のみならず全朝鮮を通じて随一の名門校であった。

　②歴代校長の人事をみると，京城日出小学校は，多くの校長にとって教職歴の掉尾であったが，釜山第一小学校の場合はそうでもない。

　③京城日出小学校における「統監～総督のお膝元意識」が，釜山第一小学校にはない。換言すれば，日本の国家権力との距離感が異なる。

　これらの要因が京城・釜山の初等教育界における「本家意識」の濃淡に影響したのではないか，これが筆者の憶測である。

［註］
1）釜山府・釜山教育会　『釜山教育五十年史』　1927年　自序 p.3
2）小島勝　『日本人学校の研究』　玉川大学出版部　1999年　pp.26-27

3) 森田福太郎編 『釜山要覧』 釜山商業会議所 1912年 p.50
4) 小島 前掲書 p.27
5) 『釜山第一公立尋常小学校同窓会名簿』 No.3 釜一小会 1977年3月 p.2
6) 『日本外交文書』 第38巻第1冊 日本国際連合協会 1958年 p.870
7) 『龍山小学校史・龍会史』 京城龍山公立小学校同窓会龍会 1999年 p.108
8) 斎藤鎌二郎 『風霜の碑文』 私家本 1996年 pp.144-145
9) 『釜山第一小学校昭和十五年卒業生会誌』 1976年 pp.24-25
10) 同上 p.5
11) 亀峰会編 『幻の名門校〈釜山中学回想記〉』 リベラル社 1988年 p.64
12) 『釜山第一小学校昭和十五年卒業生会誌』 p.23
13) 片山美代子 『花暦――双葉の章――』 私家本 2001年 pp.84-85
14) 『釜山二小会会報 うさぎ山』 第2号 1979年1月
15) 『釜山第六小学校松島会誌 まつしま』 第2号 1974年3月 p.8
16) 『釜山第一小学校昭和十五年卒業生会誌』 p.25
17) 中井錦城 『朝鮮回顧録』 糖業研究会出版部 1915年 p.3
18) 『釜山中学回想記』 p.110

第4章　京城日出小学校

はじめに

　谷川徹三ほか編の『同級生交歓』第3集（あすなろ社　1969年）には碓井益雄・東京教育大学教授（当時）の「外地小学校でのめぐりあい（京城日出小学校）」と題する一文が収録されている。京城日出小学校が，戦前数多く存在した「外地小学校」の代表格として取り上げられた格好である。

　京城日出小学校が呱呱の声をあげたのは1889年8月で，時期的には釜山（1877年5月）・元山（1884年）・仁川（1885年10月）の各小学校よりも遅い。しかし，朝鮮のかつての首都京城にあっただけに，朝鮮はもとより，日本の全「外地」における「内地人」小学校の代表と称されるまでになったのである。

　1919年2月京城日出小学校に赴任した赤津基は，先輩教師にこう言われたという。

　　君はこの学校を何と思ってをるか，中等教員の免許を有った而も一番二番で出た者しか採用しないんだ，女の先生は校長先生が見て顔が悪ければ採用しない。詰りこの学校は朝鮮一で，朝鮮の学習院として自他共に許してをる[1]。

　本章の狙いは，京城日出小学校の歴史を振り返り，同校の「朝鮮の学習院として自他共に許し」たその要因を明らかにすることである。

なお、京城日出小学校の校名は、後述のように複雑に変化したが、本文の記述に際しては以下、基本的に「日出小学校」とする。

第1節　学校沿革

1889年8月、当時韓国京城に居留する日本人は300名に達していたが、子弟の教育機関はなかった。これを遺憾とした山口太兵衛は、居留民役場の一室を借り受けて教室に充て、父兄を勧誘して児童8～9名を得、自ら教鞭を執った。この学校開設をめぐって、次のようなエピソードが残されている。

　小学校創立者の一人たる山口太兵衛翁の話によりますと、始めて学校を開いた当時には、七八名の子供を集めるにも骨が折れたさうです。或時床屋さんに行つて、お前処の子供を学校に出して呉れないかと相談した処、床屋の親父さんの云ふのには「小僧でも只では遣はれませんよ、日当幾ら呉れますか。内の仕事を手伝はすとこれでも存外手助けになりますからね」と云つたようだ。我子の教育をして呉れると云うものに逆さまに日当を呉れでは驚くではありませんか。其処で山口翁は内地には義務教育をせねばならぬ法律のあることやら、今の中に学校に遣つておかぬと大人になつて内地に帰つたとき小学校に行かねばならぬことやら、それでは大きな損であるなどと説き聞かしてやつとで出さすことにしたさうです。此の話一つでも学校創立当時の文化程度や創立者の苦心の程が分りません[2]。

山口太兵衛は、学校創立者兼初代教師であったが、本来の仕事（商業）が忙しかったので、すぐに須田熊蔵をして教授に当たらせた。しかし、須田もほどなくして帰国した。そこで、山口らによって東本願寺京城布教所の誘致が図られ、真宗僧侶に児童の教育が託されることになった。

1890年10月、京城布教所が東本願寺釜山別院京城支院として開設され、赤松慶恵が初代輪番兼「共立学舎」教師となった。学校を「共立学舎」としたのは、居留民会と東本願寺の「共立」の意である。

その後1年半、京城支院輪番が交替で教鞭を執っていたが、1892年5月、

初の正教員として麻川松次郎が招聘され，6月，東本願寺の嘱託を解いて学校は専ら居留民会側で経営することとなった（ただし，校舎は依然として寺院を借用）。ここに「共立学舎」の意味合いがなくなり，校名は「在京城日本公立小学校」と改称，麻川が校長心得に任命された。1895年2月，早川清範を招聘して正式の校長とし，校名を「在韓国公立京城尋常高等小学校」と改めた。

同年11月，7月から工事を進めていた新設校舎が完成，東本願寺支院内の学舎からここに移転し，これを機に「大日本公立京城尋常高等小学校」と改称した。

日露戦争勃発（1904年2月）を前後して居留民数が急増し，南山洞の校舎が手狭となったので，学校の移転・新築が計画された。これに関して，当時の京城居留民会民長中井喜太郎（錦城）は次のように語っている。

　　京城の人口が段々増加するに従ひ，小学生徒の数が殖へて来て，学校新築の必要を感じた，自分は煉瓦造の説を主張し，京城は熱さ寒さが厳しい（ママ）ので，木造では狂を生じ易り，現に是迄の小学校でも梁が八割れて鉄の輪で締付て置く様の事で，永年に亘て修繕費の事を算用したり，生徒の健康を考へたりすれば，煉瓦造にするに限り，併し費用は千人の生徒を収容するものと見て，先づ五万円は掛る，彼是完成迄には六万円余は要するのである，小学校一つの建築費に六七万円は少し過分だが，実際の経済は此方が利方である，儘よ京城居留地の名誉の為に，一ツ六七万円掛けても，煉瓦の小学校を造ろうではないかと，此説には初め反対があつたが，遂に之に決定した[3]

敷地は，鋳洞（日本名日出町）の日本陸軍練兵場跡を陸軍から譲り受けた。こうして赤煉瓦2階建の新校舎が1905年6月に着工され，1906年11月に落成したのである。『京城府史』には，「当時小学校々舎として練瓦造のもの（ママ）は全国になくスエズ海峡以東の学校舎と称せられた」[4]とある。

日出町新校舎の完成に先立つ1906年8月，京城居留民団が設立され，学校も「京城居留民団立尋常高等小学校」となった。

1908年4月，在学児童数の激増に伴い新たに第二尋常高等小学校（後の南大門小学校）が設置され，同時に従来の学校は，「京城居留民団立第一尋常高等小学校」と改称された。第二小学校は，京城居留民団立小学校の西部校区を割り，校長横山弥三が転任するという形で誕生した。いわば日出小学校の最初の「子生み現象」であった。

続いて1910年4月，第一小学校の通学区域の一部を割いて桜井尋常小学校が設立され，本体は「京城居留民団立日出尋常高等小学校」となった。

韓国併合後，「朝鮮教育令」が施行された1911年11月には鍾路尋常高等小学校が増設され，日出尋常高等小学校の高等科はここに移された。したがってこれ以降，「京城居留民団立日出尋常小学校」となったのである。

1912年4月，「朝鮮公立小学校官制」によって訓導は判任官とされ，金筋1本の制服を着用することになった。同時に，「朝鮮公立小学校規則」にもとづいて京城居留民団立日出尋常小学校は「京城日出公立尋常小学校」と改称された。

1915年11月，日出小学校に私立京城夜学校が併設されたが，この私立夜学校は翌1916年5月，京城学校組合（1914年4月，京城居留民団を京城学校組合に改組）経営の京城公立簡易商業専修学校となった。京城公立簡易商業専修学校が日出小学校にとって特に意味を持つのは，この学校が1922年京城日出公立商業補習学校，1929年京城日出公立商業実修学校に格上げされ（簡易商業専修学校の教員は訓導，商業補習学校・商業実修学校の教員は教諭），日出小学校の訓導が京城日出商業補習学校・京城日出商業実修学校の教諭を兼務することによって奏任官への道が開かれたことである。

1917年4月，京城東大門公立尋常小学校が設立された。東大門小学校の新設は，日出小学校の校区改編と児童の転籍を伴うものであった。また，東大門小学校の初代校長には，かつて日出小学校の訓導であった田島吉次郎が就任した。

1923年4月，児童数の膨張に対応して日出小学校南山分教室が設置されたが，1年後の1924年4月，この分教室を核として南山公立尋常小学校が開設された。南山小学校の開設は，結果的に日出小学校の最後の細胞分裂であった。

1935年8月，鉄筋コンクリート3階建の新館工事に着手，翌年8月落成した。

1941年4月，内地での国民学校制度の発足に伴い，日出小学校は「京城日出公立国民学校」と改められた。

1943年12月10日，未明の不審火により旧校舎が全焼した。1906年以来日出校のシンボルであった赤煉瓦の校舎が失われたのである。

敗戦40日後の1945年9月24日，日本人の学校は閉鎖する旨の米軍政布告によって日出校は，他の「内地人」学校ともども公式に終焉を迎えた。

第2節　教員の去就

1．校　　長

日出小学校には2代2年半の校長心得時代があり，その後正式校長は11代を数えた。初代校長心得は麻川松次郎である。麻川は，いつからかは不明であるが，1892年5月共立学舎の教員として京城に赴任するまで仁川小学校の訓導であった。京城初の正教員であったからこそ，京城居留民会は彼に校長心得の職名を与えたものと思われる。在任2年にして病気のため辞職したが，韓国政府は彼を放っておかず，すぐに学部顧問として雇い入れた。学部が1896年2月に発行した『新訂尋常小学』の序文には，「ここに日本人補佐員高見亀・麻川松次郎とともに小学の教科書を編集した」とある。

松崎陶直の第2代校長心得は，1894年6月～1895年1月のショート・リリーフ的な役割で，松崎は，その後1898年春まで訓導として勤続している。

初代校長早川清範は，1895年2月に就任し，日清戦争の余波で荒れた施設・設備の再整備，南山洞新校舎への移転など日出小学校の基礎を固めた。佐賀県人の故か，「教科書は多く佐賀県審査の書目を用」[5]いたという。対外的な活動も活発で，1895年5月の『教育時論』には「頃日京城日本居留地小学校長早川清範，日本高等小学校位の程度にて，万国地誌歴史を編輯し，之を朝鮮諺文に訳す」[6]とあり，1900年には庚子記念京城幼稚園の創設に尽力している。1901年2月の校長辞任後は実業家となった。1905年木浦新報

社発行の『在韓人士名鑑』の早川清範の項は次のとおりである。

　　君は佐賀県の人，夙に教育に志し，九州各地に教鞭を執れる中，京城公立小学校に聘せられ入りて其校長となり，爾来熱心経営する処あり，今の京城小学校の盛なる基礎を為せるもの，君の大に与って力ある所，後ち職を辞して実業界に投じ，京城貨幣交換所々員となり，傍ら佐賀県派遣留学生を監督す，本年貨幣交換所の解散せらるゝや，専ら諸般実業経営に努む[7]。

　ちなみに「傍ら佐賀県派遣留学生を監督す」というくだりは，当時「熊本県派遣朝鮮語留学生」[8]と同じく佐賀県からも県費留学生が派遣されていたことを示す証拠である。
　第2代校長小森秀一郎については，在任期間が1901年3月から1903年2月までであったという以上の情報を持ち合わせていない。
　第3代校長横山弥三は，1903年3月山口県の小学校長を辞して赴任した。在任5年にして転出し，京城第二小学校（1908〜09年度）・京城南大門小学校（1910〜14年度）・京城西大門小学校（1915〜21年度）・寿松普通学校（1922〜29年度）の各校長を歴任した。1910年の韓国併合直前すでに大校長に列せられていたようで，当時の教育雑誌には次のような記事がある。

　　韓国京城に於ける小学校教員は漸く待遇の度を高め訓導は校長給を除くの外は平均四十円余に及べり。韓国京城南大門尋常高等小学校の横山校長の如きは月額百円の収入ありて内外の信用も頗る厚しと云ふ。今其の一例を挙ぐれば統監の披露会に於ても総理大臣の宴遊会に於ても必ず招待を受くると云ふ[9]。

　第4代校長河合精一郎の前職は，大分県速見郡視学であった。日出小学校長在任は1908年4月〜1919年7月の11年3ヵ月に及び，これは歴代校長中の最長記録である。この間1909年4月には京城中学校が開設され，京城中学校への最大の入学者送り出し校として日出小学校の地位は一層高まった。

一方,河合校長時代の末期には大正デモクラシーの波が日出小学校にも及び,「京城の学習院」の変質を促した。次は日出小学校旧職員座談会の一節である。

 京城の学習院だと河合さんが自認してをったことに関連しますが,大工さんの子供が訓導に任命された時,時の府尹に校長が,「俺の学校は大工の子ぢゃ勤まらん。」と言った。私等もそれを応援しましたが,教育はデモクラシーの時代だからと言ふので河合さんも納得してその訓導を入れたが,それから後は学習院といふ看板は実質的に変わりました[10]。

 在任期間が長かっただけに,河合校長の印象は多くの教え子たちに強く刻されたようであるが,最も有名な語り草は,河合校長が判任官,実弟の河合操陸軍大将が勅任官,つまり制服の金筋が1本と3本だったというものである。ある教え子は,河合校長に同情しながら次のように述べている。

 (前略)ところが,このえらい河合校長も「一本すじ」である。河合校長は,大分県の旧家の出とかで,河合陸軍大将の実兄である。旧家で格式はあるが金はない。そんな場合には,子どもは金のいらない師範学校か軍人の学校にいく。師範に行ったらいくら昇進しても判任官,軍人になった方は将官にもなるという風で,いつしか兄弟で階級が大きくひらいている例はよくあるが,河合校長もその例であるか,同じ兄弟で,「一本すじ」と「三本すじ」……[11]

 河合精一郎は,1919年7月,日出小学校長を依願退職した。それは同時に,教育界の第一線からの引退でもあった。
 第5代校長大山一夫の日出小学校長在任は1919年8月〜1930年4月であるが,彼と韓国の縁は併合前に遡る。1906年4月,東京の小学校訓導であった大山は,漢城(京城)の韓国官立養士洞小学校教員として招聘されたのである。同年9月,小学校を改編した普通学校体制が発足,大山は海州普通学校教員に任命された(1908年1月1日付で訓導兼教監)。1908年5月,鎮南浦

普通学校訓導兼教監に転任，併合後は同校校長となった。1914年4月京城府書記となり，1919年8月，同府学務主任から日出小学校長となったのである。在任10年8ヵ月は河合精一郎には及ばないが，大山の足跡は，歴代校長中最も高く評価されている。

第6代校長石原清熙は，1905年5月，朝鮮でのキャリアを日出小学校訓導としてスタートさせた。その後暫く（1908～11年）の経歴は確かめえないが，1912年以後は京城桜井小学校（～1914年度）・京城南大門小学校（1915～21年度）・京城西大門小学校（1922～29年度）の各校長を歴任し，1930年4月，日出小学校長となった。しかし，1年後には依願退職し，第一線を退いた。つまり，石原にとって日出小学校は，朝鮮での教職生活の終着点でもあったのである。

第7代校長小坂権太郎は，梅洞普通学校（1917～21年度）・校洞普通学校（1922～24年度）・京城鍾路小学校（1925～30年度）と14年にわたって3校の校長を務めた後，1931年3月，日出小学校長に就任した。そして，これを花道として1935年3月，依願退職した。

第8代校長宮里貞徳は，日出小学校長となる前に京城元町小学校訓導（1927～29年度）・平沢普通学校長（1930～32年度）・京畿道視学（1933～34年度）を経験していた。日出小学校長は4年間務め，1939年3月，京城孝悌小学校長として転出した。1943年までの孝悌在任は確実であるが，それ以降は不明である。

第9代校長江藤良人は，朝鮮人初等学校（1937年度までは普通学校，1938～40年度は小学校）の校長として14年のキャリアを持っていた。その勤務校は，いずれも京畿道内の南面普通学校（1925～29年度）・長湍普通学校（1930～32年度）・烏山普通学校（1933～36年度）・仁川昌栄普通学校～仁川昌栄小学校（1937～38年度）である。1939年3月，日出小学校長に就任し，4年後，京城府学務課長に転じた。

第10代校長岩崎清は，梅洞普通学校長（1928～29年度）・渼洞普通学校長（1930～32年度）を経て内地人教育に転じ，京城三坂小学校長（1933～36年度）・京城南大門小学校長（1937～40年度）・京城南大門国民学校長（1941～42年度）を務めた後日出国民学校に赴任した。しかし，日出在任は僅か1年であっ

た。1944年3月，依願退職して故郷長野へ帰ったが，同年末には病没した。文字どおり日出校で燃え尽きたとみてよい。

　最後の校長町田定治は，1944年4月に就任し，敗戦とともに日出校の最期を看取った。それ以前の校長歴は，斎洞普通学校（1921～26年度）・孝昌普通学校（1927～28年度）・京城女子普通学校（1929～32年度）・京城西大門小学校（1933～39年度）・京城校洞小学校～京城校洞国民学校（1940～42年度）・京城西大門国民学校（1943年度）と実に23年に及んでいる。

　以上みたような校長たちの経歴は，日出小学校の「歴代の校長は教育界の元老格の人格者が就任された」[12] という定評を裏付けるものである。「教育界の元老格の人格者」とは，彼らが日出小学校長となる前にすでに豊かな教育経験を有していたことを意味する。日出小学校長のポストは，京城の，したがって朝鮮の初等学校長の序列上トップに位置し，事実，大半の日出小学校長にとってそれは，教職生活のゴールだったのである。

2．訓　　導

　『京城日出小学校百年誌』によれば，ごく短期間の勤務者を含めて日出小学校の旧教職員は総員298名である。このうち歴代校長（心得）を除き，日出小学校訓導をステップとしてその後教育界に雄飛した人々を何名か紹介しよう（日出小学校着任順）。

　京口さだは，もともと幼児教育の専門家で，庚子記念京城幼稚園の事実上の園長（1901～12年度）として有名であったが，その初期の2年間（1901～02年度）は，形式上日出小学校の職員であった。

　大川岩市は，1905年11月，日出小学校訓導から龍山小学校初代校長となった。しかし，翌1906年9月，新校長が就任して大川は平訓導に格下げとなる「不思議な人事」[13] が行なわれている。1914年，龍山小学校から西大門小学校に移り，1916年，京畿道・安山普通学校で晴れて再び校長となった（1924年度まで）。

　上野竹逸は，日出小学校訓導（1904～06年度）の後仁峴普通学校（1907～09年）と釜山普通学校（1909～11年度）の訓導兼教監を務めた。当時の普通学校の日本人教監は，実質的には校長であった。

岡田貢は，日出小学校（1904～08年度）・京城第二小学校～南大門小学校（1909～14年度）の訓導としていずれも同県（山口県）人の横山弥三校長に仕えた。1915年校長に昇任し，仁峴（1915～18年度）・校洞（1919～21年度）・孝昌（1922～26年度）と京城府内普通学校の校長を歴任した。
　波多江次雄は，日出小学校訓導（1906～10年度）から京畿道の普通学校教員となり，開城第一普通学校訓導（1911～12年度）を経て加平普通学校長（1913～15年度）・始興普通学校長（1916年度）を務めた。
　山本吉久は，日出小学校（1906～07年度）の直後の経歴を確かめえないが，1912年には南大門小学校訓導であった。そして1913（大正2）年，全羅北道群山に赴いて群山小学校長となり，1917年には龍山小学校長として京城に戻った。この人事は，「大正二年南大門校の教頭から群山へそれから五年後京城龍山への捲土重来であった」[14]と評されている。続いて山本は南大門小学校長（1925～30年度）・校洞普通学校長（1931～36年度）を歴任し，「半島教育界の第一人者であり稀に見る傑物として高名を馳せた」[15]という。
　石川伊三次も，山本吉久と同じく日出小学校訓導（1906～07年度）の後暫くの経歴が不明であるが，1912～13年度は京城鍾路小学校訓導であった。その後，西大門小学校訓導（1914年度）を経て桜井小学校長（1915～18年度）となり，京城女子普通学校長（1921年度）も務めている。
　貝原勇は，日出小・桜井小の訓導の後，1918年，往十里普通学校長となった。その在任は，1930年まで12年間に及んだ。
　田島吉次郎も，日出小・桜井小の訓導の後校長街道を歩み始めた。1917年度の東大門小学校は校長事務取扱であったが，以後は正式校長となる。その勤務校は昌信普通学校（1918年度）・水下洞普通学校（1919～22年度）・舟橋普通学校（1923～24年度）・南山小学校（1925～29年度）・南大門小学校（1930～33年度）である。すでに1930年の時点で「氏は殆んど都市初等教育の元老にして功績著し」[16]とされている。
　河野卓爾は，日出小学校（1910～16年度）の次の鍾路小学校（1917～18年度）までが訓導で，その後桜井小学校（1919～21年度）・南大門小学校（1922～24年度）・校洞普通学校（1925年度）の校長を務めた。
　片岡喜三郎は，日出小学校訓導（1911～13年度）から開城小学校長（1914～

第4章 京城日出小学校

16年度）となった。しかし、京城にUターンして龍山小学校では再び訓導に戻り（1917～19年度）、次の鍾路小学校で改めて校長となった（1920～24年度）。元町小学校長（1925～29年度）も務めた。

加藤五三郎も、日出小学校訓導（1911～15年度）から校長となり、加平小学校（1916～18年度）・南漢山普通学校（1919年度）に勤務した。

草野秋喜も、日出小学校訓導（1913～19年度）から永登浦普通学校長（1920～21年度）となった。

吉村清は、日出小学校（1914～20年度）・南大門小学校（1921～32年度）・龍山小学校（1933～34年度）の訓導を経て校長となり、仁川第二普通学校に勤務した（1935～36年度）。その後京城に戻って三坂小学校長（1937～38年度）・光熙小学校長（1939～40年度）を歴任した。1943年の光熙国民学校長在任までは確認できるが、44年以降は不明である。

赤津基は、1919年2月に渡航して日出小学校に就任したが、結果的に朝鮮での平訓導は日出小学校時代だけであった。1933年水原小学校長、1937年京城南山小学校長、1942年京城鍾岩国民学校長となり、西大門国民学校長として敗戦を迎えた。

武田知星は、日出小学校勤務（1919～21年度）の後西大門小学校訓導（1922～24年度）を経て東大門小学校長（1925～29年度）となった。その後京畿道視学（1930～32年度）として教育行政に携わったが、再び学校に戻って京城男子高等小学校長（1933～38年度）を務めた。

中尾豊は、1919年4月に渡航して日出小学校訓導となり、1922年5月、龍山小学校に転任した。1925年9月校長に昇任、龍山普通学校長（1931年度まで）・舟橋普通学校長（1932年度）を務めた。

柴崎直太は、日出小学校訓導（1919～22年度）の後鍾路小学校訓導（1923～28年度）を経て校長となった。校長在任校は貞洞普通学校（1929～31年度）・水下洞普通学校（1932年度）・開城第二普通学校（1933～34年度）・開城元町普通学校（1935～37年度）・開城元町小学校（1938～40年度）・開城元町国民学校（1941～42年度）と数多いが、実は開城所在の4校は、校名が変わっただけの同一校である。

小川吉太郎は、日出小学校訓導（1920～26年度）を最後に内地人教育を離

れ，以後は朝鮮人初等学校の訓導～校長として一貫した。訓導としての勤務校は京城の斎洞普通学校（1927年度）・於義洞普通学校（1928～29年度），校長としての勤務校は京畿道の竹添普通学校（1930～34年度）・金良場普通学校（1935年度）・龍仁普通学校（1936～37年度）・金良小学校（1938年度）・城湖小学校～水原城湖国民学校（1939～42年度）・漣川中央国民学校（1943～？）であった。

土生栄作は，日出小学校（1921～28年度）・西大門小学校（1929年度）・於義洞普通学校（1930年度）の訓導の後校長となり，梅洞普通学校長（1931～35年度）・元町小学校長（1936～40年度）・京城元町国民学校長（1941年度）を務めた。

山中千代穂は，1921年から12年間日出小学校の訓導であった。その後1933～34年度の消息は明らかにしえないが，1935年から庚子記念京城幼稚園の園長となった（1940年以降は不明）。

中村多門は，日出小学校訓導（1922～23年度）から三坂小学校長（1924～29年）となった。初めて校長となった中村は，権力には屈しない，受験勉強は必要ないという信念を貫いたようである。三坂小学校のある部下教員は，教育者中村多門の姿勢を次のように語っている。

　　権力に屈しない。私はそれをあの人から受け継ぎました。私は別に，あの人の授業を見たこともないし，教育の方針を聞いたこともない。わずかな期間でしたからね。しかし，権力に屈しない絶対の強さは見事でしたね。あの当時，父兄から，やいのやいの，と受験勉強をさせてくれという陳情は学校へ来る，視学の方でも，建前として表には出さないけれども，少しは受験勉強に熱を入れてほしいという考えもあったが，ガンとして自分の一念を通しましたね[17]。

三坂小学校に続いて中村が校長を務めた学校は桜井小学校（1930年度）・於義洞普通学校（1931～37年度）・孝悌小学校（1938年度）・校洞小学校（1939年度）・西大門小学校～西大門国民学校（1940～41年度）・京城男子国民学校（1942～？）で，その校長歴は20年に及ぶ。

第4章 京城日出小学校

　前村源松は，日出小学校（1922～26年度）の後朝鮮人教育に転じた。訓導として3つの普通学校（西大門・舟橋・貞洞）に1年ずつの在任を経て校長となり，始興普通学校（1930～32年度）・松坡普通学校（1933～34年度）・舟橋普通学校（1935～37年度）・蘇萊小学校（1938～40年度）・楊西国民学校（1941～?）の校長を歴任した。

　佐藤穂三郎は，日出小学校の訓導（1922～28年度）から普通学校の校長となり，斎洞普通学校（1929年度）・金良場普通学校（1930～32年度）に勤めた。

　岡本友一は，13年（1922～34年度）の長きにわたって日出小学校訓導を務め，水原普通学校訓導（1935～36年度）を経て校長となった。校長在任校は広灘普通学校（1937年度）・龍門小学校（1938～39年度）・知道小学校～知道国民学校（1940～41年度）で，いずれも朝鮮人学校である。

　沢田稔は，岡本友一よりさらに長く15年間（1922～36年度）日出小学校に勤め，3つの朝鮮人学校（平沢普通学校・平沢城東小学校・仁川昌栄小学校）を転々とした後1941年，仁川旭国民学校の校長となった（1944年以降は不明）。

　照崎鉄太郎は，日出小学校訓導（1923～24年度）・龍山小学校訓導（1925～28年度）を経て楊平小学校長（1929～30年度）となった。

　井沢宇三郎は，全羅北道で群山小学校長（1918～19年度）の経験がありながら，朝鮮の中心地京城では格下げとなっている。すなわち東大門小学校訓導（1919～23年度）・日出小学校訓導（1924年度）がそれである。その後開城女子普通学校長（1924～30年度）となり，京城でも桜井小学校長（1931～41年度）を務めた。

　柘植滋は，日出小学校訓導（1925～29年度）から京畿道・安城小学校の校長（1930～31年度）に栄転した。

　山下義雄は，日出小学校（1925～32年度）に続いて元町小学校・昌信普通学校・南山小学校の訓導を2年ずつ務めた後，1939年京城昌慶小学校長，1941年京城昌慶国民学校長となった（1944年以後は不明）。

　野田九八は，日出小学校訓導（1926～39年度）の直後2年間の経歴が明らかでないが，「奏任官ノ待遇ヲ受クル国民学校訓導（学校長）」として1942年と1943年の「朝鮮総督府職員録」に登場する。勤務校は京城清涼国民学校であった。

大沢武雄は，日出小学校に赴任する前に南大門小学校訓導（1917～18年度）・三坂小学校訓導（1919～27年度）の経歴があり，日出小学校教頭（1928～29年度）から西大門小学校長（1930～32年度），さらに京城女子普通学校長（1933年度）となった。

　以上みたように日出小学校訓導の直後に，あるいは数年後に他校の校長となった例は数多い。これは，教員人事に際して優秀な人材が集められ，結果的に日出小学校が，いわば校長の養成所として機能したことを物語る。女性教師や若手教師に関しても，「当時（1922年当時—稲葉註）の日出の女先生は，何れも京城女教員中の年長組であつた」[18]，「また若い先生方にしてもそれぞれ特技を持った，一般の学校では見られない職員組織だったようです」[19] という証言がある。

　このように教員のプレスティージが高く，まして京城一の伝統と格式を誇る日出小学校であってみれば，在職教師たちは自ずから誇り高かった。したがって，日出からの転出が左遷と感じられることもあったのである。1919年4月，日出から三坂に移った西館善平は次のように回想している。

　　三坂小学校に転勤を命じられたのは，大正八年の四月，京城中学の教員養成所を卒業して五年目であった。それまでは朝鮮一の古い歴史のある日の出小学校に勤務していた。歴史のある学校，赤練瓦（ママ）の堂々たる校舎に勤務していれば，それだけでも何となく誇らしく感じていたのである。それが京城の場末の新開地三坂の教員に。それは左遷されたようにも見える[20]。

第3節　京城日出小学校の学校文化

　日出小学校の校舎は，その前身時代何度も移転したが，日出町に落ち着いてからは京城の政治・経済の中心に位置することになった。統監府（およびこれを引き継いだ総督府）をはじめとする官庁・官舎や日本人商店街として賑わった本町などが校区内にあったからである。後発の小学校が新設されるたびに校区の周辺部を割譲し，ますます京城の中心としての性格を強くしていった。

校区内に官庁や会社が多いということは，転勤する保護者が多く，したがって児童の転入・転出も頻繁なことを意味した。日出小学校では「定住組」「渡来組」という用語も流布した。

官僚社会の階級制度は，日出小学校教員（判任官で制服の金筋は1本）の威信にも関わることがあった。「児童生徒の父親には，二本筋もあれば三本筋もありで，先生の面目も威信も台なしの丸つぶれという場面がしばしば」[21] あったという。しかし，教員にとってのデメリットの一方で，学校が統監（総督）の膝元に位置することは，多くの児童にとって自慢の種だったようである。明治時代の卒業生の回想記に，「年々統監邸へ招ばれることが，当時に於ける何よりの自慢であつた。日本人生徒だから招ばれるのである。日出小学校児童だから招ばれるのである」[22] とある。このような一種のプライドはやがて，「日出は京城で一番古く，一番良い学校です。日出の生徒は京城中の小学生のお手本にならなくてはなりません」[23] という意識に転化する。

日出小学校の教育目標は校訓に集約されている。校訓は次の5条から成るが，「第四，第五条の二条は居留地教育の特色として殊に重きを置く所」[24] であった。

第一条　教育勅語を奉体して忠孝の道に心掛くべし。
第二条　教師の教を守りて徳性を養ひ学業を励むべし。
第三条　身体を健全にして進取の精神と堅忍の気力とを奮起すべし。
第四条　内外国人に対しては公徳を重んじ我国民の品位を保持すべし。
第五条　我等の祖先が昔時東亜大陸に於て活動せしことを忘るべからず。

校訓の趣旨を受けて制定された校歌は次のとおりである。とくに校訓第五条が「勇気に満ちし健児等は　母国を後に西東　今や宇内に展びんとす」「祖先の遺せし業なる　東亜大陸活動の　基を作り造らなん　奮へ諸人諸共に　勇め諸人諸共に」といった歌詞に反映されている。

一．悠々二千五百年　　　　　　開国紀元の始めより

皇統連綿絶え間なく　　　国運日々に隆興し
　　　一指を染めし敵はなし　　　君臣の分明かに
　　　情は親子のあつきあり　　　しかも山河は明媚にて
　　　宇内に甞て類なき　　　　　国てふ国は此国ぞ
　二．国土は肥えて五雨十風　　　穀物豊かに実りして
　　　国民常に勤勉に　　　　　　希望の光り天に照り
　　　平和の薫り地に満ちぬ　　　されば国力日に月に
　　　大八洲に横溢し　　　　　　勇気に満ちし健児等は
　　　母国を後に西東　　　　　　今や宇内に展びんとす
　三．あゝ列聖の恩に浴び　　　　祖先の威光に生ひ立ちし
　　　我等のつとめは何なるぞ　　畏き勅語を奉体し
　　　学と徳とを修養し　　　　　又身体を鍛錬し
　　　堅忍不撓の精神と　　　　　進取の意気とを奮起して
　　　高き聖恩報いなん　　　　　深き国恩報いなん
　四．漢江の岸南山の　　　　　　麓に栄ゆる居留地に
　　　建てる京城小学校　　　　　学ぶ数百の学友よ
　　　互にはげみいそしみて　　　祖先の遺せし業なる
　　　東亜大陸活動の　　　　　　基を作り造らなん
　　　奮へ諸人諸共に　　　　　　勇め諸人諸共に

　日出小学校関係者のプライドを実質的に支えていたのは児童の学習成績，なかんずく中学校・高等女学校への進学競争における好成績であった。朝鮮に中学校がなかった1904年当時から卒業生の「過半数は中学校に入り」[25]といわれるほど日出小学校の進学熱は高かったが，1908年に京城高等女学校，1909年に京城中学校が創設されてからはこの両校に主力が注がれ，日出小学校は，朝鮮における名門男・女中等学校の双璧である京城中学校・京城第一高等女学校（京城高等女学校の後身，1922年改編）への進学者数において常にトップであった。京城第一高等女学校では次のようなエピソードがあったという。

　第一高女に入った時，地方から来た人に，「日出は人数が多くて威張っ

てるわね」と言われた。何しろ一クラスから二十人も入っているので、どこを向いても日出の人がいて、全然緊張しなかったから、そう見えたのだろう[26]。

そもそも入学時から、日出小児童の質は高かった。1919 〜 21 年度日出小学校に勤務した武田知星は、「東京の青山師範の卒業で、東京の良いところの先生をしていたのだそうだが、日出小学校にきて、子どもの質の良さには一驚したとよくいっていた」[27] という。加えて、徹底した受験指導が子どもたちの成績を向上させた。1937 年から 5 年間日出小学校の高学年のみを担任した竹ノ内一郎は、「子どもの心を無視した受験教育」を次のように懺悔している。

　六年生になりますと二学期中に教科書を終わり、あとは受験に備える日々でした。暗くなると、文章とその解釈の暗誦でした。
　朝から四時間続けて算数をすることもたびたびでした。テストをするとその場で採点し成績のよい順にならばせたり、点数の悪い子はうしろに立たせたり、体罰を加えることもしばしばでした。子どもの心を無視した受験教育で今なら即刻退職させられる人間味のない教育でした。子どもたちはつらかったと思います。それでもだまってついてきてくれました[28]。

「六年生では、教科書は一学期ですべて終り、二学期からは模擬テスト一本槍」[29] という証言もあり、受験体制の開始時期は、時代により、あるいは担任教師によって一定しなかったようであるが、いずれにせよスパルタ式の受験教育が行なわれたのである。進学競争が過熱する日出小学校区ならではの理由もあった。ある下級官僚の息子は次のように述懐している。

　初代長官の家には「ペス」というよく吠える洋種の犬がいた。母がコロッケを作るべく、肉ダンゴを台所に並べておいたら、この「ペス」があがりこんでみな食べてしまったが文句もいえない。犬まで長官の犬だと特別扱い。こんな絶対権力下の植民地の官吏の社会では、大学を出ない父などは

ずいぶん損をしたようである。これが好むと好まざるとにかかわらず，私の兄弟が大学に進まされた根拠になった[30]。

日出小学校の卒業生は，実質 7,257 名である（尋常科・高等科の卒業生総計から重複者等を除く）。この中から多くの人材が輩出しており，「はじめに」に示した碓井益雄の一文にも錚々たるメンバーが紹介されている。彼らの多くは，日出小学校から京城中学校（あるいは龍山中学校）→内地の旧制高校→帝国大学と進んだ人々である。

第4節　朝鮮社会との関連

日出小学校の旧教職員 298 名の中には 3 名の韓国人教師がいた。その氏名と在任時期は，権世鎮（1891〜96 年度）・姜環熙（1897〜1904 年度）・朴成圭（1905 年度）である。日出小学校では，前身の「共立学舎」時代から現地人教師による正規の朝鮮語教育が行なわれたとみることができる。

日出小の語学教育関係の資料として最も古いものは 1895 年 3 月の『教育時論』で，日清戦争のため「昨年来休校したる京城の我高等尋常小学校は，近頃より本願寺別院に於て開校したり。生徒の数目下四十六名なるが，是迄高等科には，英語を授けたるが，這度之を止めて，韓語に換へたりと云ふ。」[31]とある。これによって，高等科の朝鮮語（韓語）教育は 1895 年からだったことがわかる。

『京城府史』によれば，1895 年の項に「当時学校の設備及教授の方法は小学校令に準じ教科書は検定済のものを使用した。卒業者は直ちに商業に従事するものが多かつたから尋常四学年より随意科として朝鮮語を課した」[32]とある。一方，『京城日出小学校百年誌』では 1900 年 4 月，「本年度ヨリ尋常科第三学年ノ韓語科ヲ廃ス」[33]とされており，朝鮮語教育が実施された尋常科の学年が一致しないが，いずれにせよ 1900 年当時，尋常科・高等科ともに朝鮮語が課されていたことになる。

1903 年ごろの在校生と教師はそれぞれ，「当時朝鮮語も学科の一つで姜環(ママ)熙先生に教はった」，「当時は朝鮮語の外に朝鮮歴史を教へ，女子には薙刀体

操を教へた」[34]と述べている。しかし，1904年3月，日出小学校の「韓語科」は全廃された。韓国併合直前の1910年4月，再び随意科として復活したが，韓語科はもはや実質的な意味を有しなかった。

次に日出小学校の朝鮮人児童についてみると，1895年11月南山洞新校舎の完成と同時に，「韓国国民文武両斑(ママ)以上王族に至る，中等以上の種族にして，帝国京城領事の認可を経たるものに限り入学を許すこととし」[35]た。そこには，「朝鮮人との融和をも計り生徒も鮮語に熟達せしむる」[36]という狙いがあった。1898年4月，日出小学校の過密化のため朝鮮人の入学は公式的には拒絶されたが，少数の入学はその後も続いた。『京城日出小学校百年誌』には，元ソウル大学総長尹日善（1910年卒）・元韓国商工部長官具鎔書（1913年卒）・李徳恵姫（1925年女子学習院に転学）などの名が見える。

そもそも日出小学校は内地人町の中央にあり，朝鮮人社会と接する機会が少なかった。対人関係があるとすれば，主として各家庭の使用人とのそれであった。「幼少の頃は年輩のオモニーが母親を助けて家事をよく世話してくれ，成長すると若い女の子がよく手伝いに来てくれていたことなど，いまだに強く印象に残っています」[37]という1939年卒業生（女性）の回想記が残されている。彼女が「オモニー」を本来の「お母さん」でなく「家政婦」の意味で用いたように，内地人町でもいくつかの朝鮮語単語が通用したが，その多くは独特の意味合いで日本語化されたものであった。内地人がほとんどいない田舎で育ち，日常朝鮮語には不自由しない状態で日出小学校に入学する者もたまにはいた。しかし，彼らも，数年のうちに朝鮮語をきれいに忘れてしまうのが普通であった。

おわりに

日出小学校出身者のプライドは，第一義的に，母校の伝統に根差していた。冒頭に紹介した碓井益雄の長兄忠平はこれを，「校舎の堂々たること，京城で一番古い歴史をもった学校であることは吾々の誇りだった。殊に新設の小学校が分立する毎に，自分等は宗家の様な気がして優越感を感じたものだった」[38]と率直に披瀝している。

また，日出小学校が統監・総督のお膝元に位置し，植民支配機構の高官や朝鮮貴紳の子弟が入学したこと，日本皇族が訪朝して学校を視察する際には日出小学校が対象から漏れることはまずなかったことなども，関係者が誇る「朝鮮の学習院」の要因であった。

　しかし，筆者が本章で追究したかったのは，教員の人事や児童の動向である。その結果，日出小学校の歴代校長は，すでに校長としてベテランの域に達した人物が就任し，多くの場合，日出小学校を教職歴のゴールとしたこと，訓導にとって日出小学校は，一種の登龍門的な機能を果たしたこと，卒業生たちは，受験競争を勝ち抜いて母校を朝鮮随一の進学の名門校たらしめたこと，などが明らかになった。これらの事実こそが，「朝鮮の学習院」を実質的に裏打ちしたのである。

　『京城日出小学校百年誌』には，京城時代に関する多くの関係者の述懐が収録されているが，朝鮮認識を敢えてふたつにグルーピングすれば，植民地政策を皮相的に見ているものと，支配者側としての反省にまで至っているものに大別される。その代表例をひとつずつ紹介しておこう。日出小学校関係者のみならず，かつての「内地人」の間には，このような認識が併存しているとみることができる。

　　そういえば，日本人の子弟は立派な校舎の小学校，中学校に通学していましたが，当時朝鮮の人達の子弟には義務教育は行なわれておらず，寺小屋(ママ)に通っているのをよく見かけたものです。これも植民地政策の一つの姿だったのだと思います[39]。

　　ふり返ってみますと，私達京城に育った日本人はその少年少女時代を何不自由なく楽しく幸せに過ごしました。日出小学校の思い出は，どれをとってみても涙が出る程懐かしく，美しい珠玉のようなものばかりです。然し，その幸せが多くの場合朝鮮の人たちの涙と犠牲の上に成立っていたとは……。知らなかったとは言え，本当に申し訳ないことをしたと思う気持でいっぱいです[40]。

第4章 京城日出小学校

[註]

1) 『京城日出小学校百年誌 わが赤煉瓦の学び舎』 京城日出小学校同窓会 1989年 pp.56-57
2) 『京城府史』 第2巻 京城府 1936年 p.604
3) 中井錦城 『朝鮮回顧録』 糖業研究会出版部 1915年 p.148
4) 『京城府史』 第2巻 p.738
5) 『教育時論』 第371号 1895年8月5日 内外雑纂
6) 同上 第364号 1895年5月25日 内外雑纂
7) 中田孝之介編 『在韓人士名鑑』 木浦新報社 1905年 pp.56-57
8) 拙著 『旧韓国〜朝鮮の日本人教員』 九州大学出版会 2001年 第4章第4節を参照されたい
9) 『日本之小学教師』 第12巻第141号 1910年9月15日 彙報
10) 『京城日出小学校百年誌』 p.57
11) 碓井隆次 『京城四十年』 生活社 1980年 p.44
12) 『京城日出小学校百年誌』 p.150
13) 『龍山小学校史・龍会史』 京城龍山公立小学校同窓会龍会 1999年 p.107
14) 同上 p.108
15) 同上
16) 西村緑也編 『朝鮮教育大観』 朝鮮教育大観社 1930年 京畿道 p.94
17) 『京城三坂小学校記念文集 鉄石と千草』 三坂会事務局 1983年 p.64
18) 『京城日出小学校百年誌』 p.63
19) 同上 p.140
20) 『京城三坂小学校記念文集』 pp.17-18
21) 佐々亀雄 『屋久島行き』 熊本工業大学出版局 1978年 p.79
22) 『京城日出小学校百年誌』 p.76
23) 同上 p.278
24) 『教育時論』 第751号 1906年2月25日 内外雑纂
25) 同上 第750号 1906年2月15日 内外雑纂
26) 『京城日出小学校百年誌』 p.279
27) 碓井隆次 前掲書 p.38
28) 『京城日出小学校百年誌』 pp.146-147
29) 同上 p.241
30) 碓井隆次 前掲書 p.33
31) 『教育時論』 第357号 1895年3月15日 内外雑纂
32) 『京城府史』 第2巻 p.637
33) 『京城日出小学校百年誌』 p.27
34) 同上 p.54
35) 『国家教育』 第50号 1896年5月15日 内外雑纂
36) 『京城府史』 第2巻 p.637

37)『京城日出小学校百年誌』 p.239
38) 同上　p.73
39) 同上　p.177
40) 同上　p.233

第5章　釜山第六小学校

はじめに

　韓国併合から1年半を経た1912年4月，各級学校の官制および規則が公布され，学制整理の一環として併合前から存在していた釜山の各小学校に番号が付けられることになった。釜山尋常小学校は釜山第一尋常小学校，草梁尋常小学校は釜山第三尋常小学校，牧ノ島尋常小学校は釜山第四尋常小学校となったのである。またこの時，釜山尋常高等小学校（第五小）から釜山第二尋常小学校が分離独立している。その後7年を経て新設された釜山第六尋常小学校は，文字どおり6番目設立の，釜山では後発の小学校であった。しかし，やがて第六小学校は，先発の5校を凌いで釜山地区のトップと評価されるようになる。その要因としては従来，文教地区的な校区の性格，すなわち教育環境のよさが指摘されてきた。これも含めて，第六小学校が釜山地区のトップたりえた要因を改めて検証すること――ひと言にしていえば，それが本章の狙いである。

第1節　学校沿革

　釜山第六小学校は，1919年4月1日に開設された。釜山府内の「内地人」小学校としては，1912年4月第二小学校が開設されたのに続く併合後2番目の新設校であるが，第二小学校は，もともとの釜山尋常高等小学校（第五小）の尋常部が部分的に分離独立したものであるから，純然たる新設校とし

ては，第六小学校が併合後最初であったといってよい。いうまでもなく，釜山における内地人児童数の急増（1910年の併合時約2,500名→1919年4,000名超）に対応する措置であった。ちなみに，7学級・390余名をもってスタートした釜山第六小学校は，児童数の増加に伴って校地の拡張と校舎の増改築を重ね，最終的には全校児童1,500名を数える大規模校に成長するが，所在地は終始一貫，釜山府土城町2丁目24番地であった。

釜山第六小学校開校時の教員は，校長飯田勝正，教頭中山準之助，訓導服部守・久米広馬・稲富清三郎・三輪チトセ・川野愛治の7名であった。飯田勝正は，後述するように釜山第一・第四・第五小学校の前身で訓導を務めた経験があり，慶尚南道・亀浦小学校の校長から釜山第六小学校の初代校長となった。中山準之助と稲富清三郎は釜山第五小から，久米広馬は釜山第一小からの異動であったが，服部守・三輪チトセ・川野愛治の前職は明らかでない。このことからして，教員人事の上でも，釜山第六小が特定の既存校と密接な関係にあったとはいえない。

1925年，それまで晋州に置かれていた慶尚南道庁が，釜山第六小学校校区内の釜山府中島町に移された。これがその後の釜山第六小の性格，つまり多くの公務員子女を擁する釜山のいわば「山の手」の学校としての性格を決定づけることになる。参考までに，道庁移転前の1912年の調査でも，「釜山民団区内内地人主要職業別」は官公吏467，小間物及雑貨商274，古物商129，飲食店115……の順となっており[1]，各種商業を合計すれば商業従事者が最も多かったが，官公吏の存在も大きかったのである。

1926年4月，校長が飯田勝正から池田喜六に交替した。しかし，訓導の実質的な異動はほとんどなく，釜山第一商業学校教諭太田実の釜山第六小学校訓導兼任が解かれたほか，辞任した最若手訓導佐藤キミ・橋本タマに代わって瀧本ヒサ・高山房子が補充されただけであった。

1928年，11月10日の御大礼（昭和天皇即位式）を記念して校旗・校歌が制定された。6年男子が捧げ持つ校旗を先頭に全校生が龍頭山まで行進し，龍頭山神社で校旗の入魂式が行なわれた。校歌の歌詞は次のとおりである。

第 5 章　釜山第六小学校

一．潮の花の香も高き
　　　　港釜山の西郊に
　　匂い出でたる桜花
　　　　清き心を誇らまし
二．金波さゆらぐ音を聞きて
　　　　若き心はおどりつゝ
　　学びの海に漕ぎ出づる
　　　　我等が幸ぞ類なき
三．理想は高し青雲に
　　　　翔ける天馬を打ち仰ぎ
　　心気高く身を練りて
　　　　共に尽さん国のため

　釜山第六小のロケーションと昭和初期の国民思想を反映した歌詞であるが，3番は，学校の裏山の名（天馬山）に因んだものである。
　1934年10月，池田喜六に代わって，開校時の教頭であった中山準之助が第3代校長に就任した。同年度末（1935年3月），4名（松林与一・竹内佐忠治・宇田文雄・綾部キクヱ）が転出し3名（落合四郎・山下正義・鶴田エミ子）が着任するという小幅の人事異動が行なわれているが，このうち松林与一は，「社会には県閥というものがあり，慶尚南道では熊本県人が一番出世をするのだ。僕は長崎県人だからなあ……」[2] と嘆きながら金海の長有普通学校に赴任したという。
　中山校長は，就任以来保健教育に力を注ぎ，1936年4月には養護学級を開設した。具体的なクラス編成は，「新一年生約二〇〇名を従来一年生から男女別クラス編成であったのを，男女混合クラスとし，身体虚弱者を一クラス，普通の者を二クラス，身体強健な者を一クラスとし」[3] たのである。この養護学級を1937年度1年間担任した愛川武夫は，「現在の学校給食に先鞭をつけた勝れた経営で，一人ひとりの保健衛生，健康管理を重視した学級経営でした。私が金東国民学校長に転任した後，朝鮮総督府から保健衛生，健康管理，養護学級経営の優秀校として表彰を受けたとの事でした」[4] と記し

ている。

　1938年4月，校長が中山準之助から末永又一に代わるとともに訓導7名（愛川武夫・大亀寿美子・前川角一・上野栄・久保田善子・原田トミ・臼杵貞子）が転出，6名（中江寿登・加藤徳太郎・本山慈樓・高木龍文・古川カネ・千住久子）が新たに就任した。1938年4月は，「第3次朝鮮教育令」が施行され，それまで別々であった内鮮人の学校体系の統一が図られた時期で，それが釜山第六小学校における大幅人事異動の背景になったとも考えられるが，後述するように毀誉褒貶が併存する末永校長の学校運営方針が作用したことも推測される。

　1939年の1月か2月，6年生の教室で小火（ぼや）が発生した。「最初は，その頃学校に仕事に来ていた朝鮮人ではないかと疑ったりしていたが，結局受験勉強のストレスの溜まった六年生の男の子の仕業であった」[5] という。当時の小学校における受験戦争の厳しさ，中でも進学校釜山六小の児童に課されたプレッシャーの大きさを窺わせる事件である。

　1941年4月，釜山第六小学校は釜山第六国民学校と改称された。これは日本内地に倣った措置であったが，修学旅行は，内地に先駆けてこの年から中止された（内地は1943年から）。1940年まで主として福岡・北九州方面に出掛けていた修学旅行に代わって行なわれたのが，お寺を「道場」とする「修練」であった。「修練道場」の状況は次のとおりである。

　　六年生でなんといっても忘れられないのは，修学旅行の代わりといわれて，一週間修練道場に行ったことです。朝五時に太鼓で起床し，祝詞をあげるのです。太鼓の祝詞や，宮城遥拝の祝詞をみんなで読みあげ，礼拝するのです。それに，「浄安鍛練，同胞崇拝」と，今だから書けるのですが，当時は，意味も判らないので，「常磐炭田，石炭泥棒」とよく拝んだものです。……（中略）……道場の躾はきびしく，「畳のへり，敷居を踏む者は，親父の頭を踏むのと同じだ」と言っては叱られたものです。
　　食事は，如何に配給時代とはいえ，朝お粥一杯に梅干し一つ，昼抜き，夜は又，礼拝が終ってから夕食，味噌汁一杯にご飯一杯，梅干し一コ，全くこれには，さすがに降参でした[6]。

1942年4月，釜山第六国民学校に高等科が開設され，初等科を「修了」した（国民学校では「卒業」とはいわなかった）204名のうち62名（30.4％）が進学した。釜山中学校・釜山第一商業学校・釜山高等女学校・三島高等女学校などと並んで，自校の高等科も進学先としてかなりの比重を占めた。

　1943年4月，結果的に最後の校長（第4代）となる長浜常輝が就任した。ただ，この頃になると「朝鮮総督府職員録」にも「奏任官ノ待遇ヲ受クル国民学校訓導」しか登場しないので，平訓導を含めた人事異動の全貌を把握することはできない。

　太平洋戦争の戦況が深刻化するにつれ，釜山第六国民学校も戦時色に覆われるようになった。当時の訓導のひとりは，昭和「18年（1943年―稲葉註）頃であったろうか。関東軍から南下する兵士達のために，南側の校舎は仮兵舎になっていた。校庭は野砲，山砲，速射砲や馬で占領されていた。なぜか六小には重火器部隊が宿泊していたようである」[7]と回想している。しかし，内地と違って米軍機の空襲がなかった釜山では，勤労動員に駆り出された子どもたちにもまだ余裕があった。次の引用は，1945（昭和20）年3月の卒業生と終戦時6年在学生の思い出である。

　　昭和二十年。戦争が激しくなり，青年が出征していなくなると，新聞の配達が難しくなって，小学校にその依頼が来たのだと思われる。小学生達は朝早く起きて学校に行き，新聞を仕分け，各々の配達区域に飛び出して行く。子供達は通常の新聞配達と違って，丁寧だったと思われる。毎朝配達した家人からねぎらいの言葉をかけられていた。時にはお菓子を貰ったこともある[8]。

　　五・六年は，岡山秀樹先生で，悪童達もやや落ち着いた。男の先生が少なくなって，大石先生が副担任としてお世話をいただいた。毎日松根油というエンジンの潤滑油の原料になる枯れ松の枝を伐りに行った。これは毎日が遠足みたいで，なかなか楽しかった。六年では，ハダンというところに，畑を作ったり，ボラを取りに毎日かよった。小禄という沖縄からいらっしゃった先生が，丁寧な言葉で土を掘る方法を示してくれた。従って，五

年・六年は教室ではほとんど勉強をしなかった[9]。

　1945年8月の敗戦とともに日本人学校としての釜山第六国民学校は自然消滅し，その校地・校舎は韓国側の土城国民学校（現・土城初等学校）に受け継がれた。しかし，20世紀の末まで残っていた講堂を最後に建造物はすべて一新された。往時を偲ばせるものは，校庭に屹立する雌雄一対の銀杏の大樹のみである。

第2節　教員の去就

1. 校　長

　初代校長飯田勝正は，釜山居留民団立釜山尋常小学校（釜山第一小の前身）の訓導（1909年5月～1910年3月），牧ノ島尋常小学校（釜山第四小の前身）の訓導（1910年4月～10月），釜山尋常高等小学校～釜山第五小学校の訓導（1910年10月～1916年4月）を務めた後，釜山郊外に出て亀浦小学校の校長（1916～18年度）となった。このように訓導として釜山府内各小学校の状況を知り，3年の校長経験もあったことが，新設釜山第六小の校長人選にあたって考慮されたのであろう。7年間（1919～25年度）の釜山第六小学校長の後釜山普通学校長に任ぜられたが，これは何故か旬日にして辞めている。
　第2代校長池田喜六は，1912年4月に渡航，当初は全羅北道に勤務し，臨陂普通学校長（1912～18年度）や全羅北道視学（1919～21年度）を務めた。その後2年間の消息は不明であるが，釜山府属（1924～25年度）を経て釜山第六小学校長（1926～34年度）となった。全羅北道と釜山府で教育行政に携わったことが，彼を「教育界の重鎮」[10]たらしめたようである。
　第3代校長中山準之助は，広島から朝鮮に渡って釜山第五小訓導（1917年8月～1919年3月）となり，釜山第六小の開校とともに教頭（1919年4月～1921年9月）に着任した。その後釜山第四小学校長（1921年9月～1923年6月）・釜山第七小学校長（1923年6月～1930年3月）・釜山府視学（1930年4月～1934年10月）を経て釜山第六小に戻り，校長（1934年10月～1938年3月）となったの

である。釜山第六小学校長としての在任期間は長い方ではないが，同校の教頭と校長をともに務めたことがあるのは中山だけである。

中山校長が保健教育に熱心であったことは先にも触れたが，1931年4月から1941年8月まで釜山第六小学校〜国民学校の訓導であった村瀬昇は，1974年当時，次のように回想している。

　　中山校長は保健教育には非常に進んだ考えを持ち，又それを着々実践された。四十年たった今の学校をも遙かにしのいでいた。衛生室は治療機がすえられ，歯科校医が交代で治療に当ったし，毎日肝油の服用，月例体重測定，昼食後は全校一斉に歯磨きを励行，立派な歯磨場もつくられ，その為各教室には歯磨用具を整えさせた。甲斐モトエ先生が係で整備状況を度々検査に来られ，一々校長に報告されていた[11]。

釜山第六小学校長離任後の中山準之助の経歴は飛び飛びにしかわからないが，釜山港高等女学校教諭（1938〜39年度，この間慶尚南道視学・釜山高等小学校訓導を兼任）や釜山第二国民学校長（1941〜43年度）を務めている。

第4代校長末永又一は，朝鮮での教職生活のスタートを京城で切り，京城女子高等普通学校訓導（1919〜24年度）・京城師範学校訓導（1925〜28年度）を務めた。続いて釜山に移り，釜山第一小学校訓導（1929年度，慶尚南道視学を兼任）・慶尚南道視学（1930〜33年度，この間1930〜31年度は釜山女子高等普通学校教諭を，1932年度は釜山中学校教諭を兼任）・釜山高等小学校長（1934〜37年度）と，初等教育のみならず中等教育・教育行政と豊富な経験を積んで釜山第六小学校に乗り込んだ。釜山第六小学校〜国民学校の校長（1938〜42年度）は，いわば末永の教職生活の総仕上げであった。

末永又一の人物評は，当時の部下職員や在校生の間でもさまざまである。「きびしい先生だったので先生の真の心がわからず，きらっていた先生方もありましたが，私には思い出の深い今でも尊敬している大校長です」[12] という者もあれば，「研究熱心で常に新しい学習方法を目指し，きびしい研修を部下教員に課す等，個性の強い教育者であり，ワンマンであったように聞いている」[13] という者もある。

第5代校長長浜常輝は，亀浦普通学校長（1934～35年度）・馬山小学校長（1936～38年度）・釜山第二小学校～国民学校長（1939～41年度）と，釜山第六国民学校長（1943～45年度）となる以前に確実なところだけでも3校・8年の校長経験があった。釜山第六国民学校の最後の切り札にふさわしいベテラン校長であったということができる。

　以上みたように釜山第六小学校～国民学校の歴代校長は，同校赴任以前に①釜山府内の他学校に勤務したことがある，②すでに校長であった，③教育行政の経験がある，という3条件の少なくとも2つは満たしていた。それほど同校校長の地位が重視されていたということになろう。

2．訓　　導

　釜山第六小開校時の訓導6名のうち4名（中山準之助・服部守・稲富清三郎・川野愛治）は，後に校長となった。中山準之助については前述のとおりであるが，服部守は，釜山第二小学校訓導（1920年3月～1923年6月）の後，中山準之助の後継者として釜山第四小学校長（1923年6月～1926年3月）を務めた。

　稲富清三郎は，東萊普通学校～東萊第一普通学校の教頭（1923～28年度，1925年に校名変更）を経て沙下普通学校長（1929～33年度）となった。

　川野愛治は，方魚津小学校訓導（1920～21年度）・馬山小学校訓導（1922年度または1922～23年度）から校長に昇任し，少なくとも4校の校長を歴任した。その校名と在任期間は，昌原小学校（1923～24年度または1924年度のみ）・上里普通学校（1925～30年度）・大渚普通学校～大渚小学校（1931～40年度）・金海第一国民学校（1941～43年度，以後不明）である。

　このほか校長となった釜山第六小学校元訓導のその後の経歴は次のとおりである（釜山第六小着任順）。

　　太田　　実　　釜山第六小学校　　　訓導　1920～25年度
　　　　　　　　　釜山第一商業学校　　教諭　1923または24～28年度
　　　　　　　　　馬山小学校　　　　　訓導　1929～32年度
　　　　　　　　　駕洛普通学校　　　　校長　1933～35年度

第 5 章　釜山第六小学校　　　　　　　　　　　149

但馬　利之	釜山第六小学校	訓導	1920 ～ 27 年度	
	釜山鎮普通学校	校長	1927 ～ 29 年度	
	釜山第七小学校	校長	1930 ～ 33 年度	
	三千浦普通学校	校長	1934 ～ 37 年度	
	三千浦日出小学校	校長	1938 ～ 39 年度	
	居昌邑小学校	校長	1940 年度	
	居昌邑国民学校	校長	1941 ～ 43 年度（以後不明）	
半田　一夫	釜山第六小学校	訓導	1920 ～ 36 年度	
	九徳普通学校	校長	1937 年度	
	釜山大新小学校	校長	1938 年度	
	沙下小学校	校長	1939 ～ 40 年度	
	釜山大淵国民学校	校長	1941 ～ 43 年度（以後不明）	
浅川百太郎	釜山第六小学校	訓導	1922 ～ 35 年度	
	龍南小学校	校長	1936 ～ 37 年度	
松林　与一	釜山第六小学校	訓導	1923 ～ 34 年度	
	長有普通学校	校長	1935 ～ 37 年度	
	長有小学校	校長	1938 ～ 40 年度	
	長有国民学校	校長	1941 ～ 45 年度	
宮田　堯友	釜山第六小学校	訓導	1923 または 24 ～ 26 年度	
	大邱鳳山町小学校	訓導	1927 ～ 32 年度	
	大邱女子普通学校	訓導	1933 ～ 34 年度	
	大邱南旭町普通学校	訓導	1935 年度	
	尚州女子普通学校	校長	1936 年度	
	慶尚北道視学		1937 ～ 39 年度	
吉村　喜一	釜山第六小学校	訓導	1923 または 24 ～ 35 年度	
	泗川小学校	校長	1936 ～ 39 年度	
	釜山大新小学校	校長	1940 年度	
井田　学	釜山第六小学校	訓導	1924 ～ 28 年度	
	旧助羅小学校	校長	1929 ～ 34 年度	
	花開普通学校	校長	1935 ～ 37 年度	

	花開小学校	校長	1938年度
	辰浦小学校	校長	1939～40年度
	辰浦国民学校	校長	1941～43年度（以後不明）
石原　忠義	釜山第六小学校	訓導	1925～26年度
	釜山鎮普通学校	訓導	1927～30年度
	北面普通学校	校長	1931～33年度
	晋州第一普通学校	訓導	1934～37年度
	院洞小学校	校長	1938～40年度
	統営第三国民学校	校長	1941～43年度（以後不明）
西久保善次	釜山第六小学校	訓導	1925～30年度
	南旨小学校	校長	1931～34年度
	金東普通学校	校長	1935～37年度
	東萊小学校	校長	1938～40年度
	昆明国民学校	校長	1941～43年度（以後不明）
山口　環	釜山第六小学校	訓導	1927～30年度
	沙上普通学校	校長	1931～37年度
	固州小学校	校長	1938～40年度
	固州国民学校	校長	1941年度
	馬山国民学校	校長	1942～43年度（以後不明）
米持　政治	釜山第六小学校	訓導	1927～32年度
	河東小学校	校長	1933～39年度
	鶴城国民学校	校長	1943年度（以後不明）
竹内佐忠治	釜山第六小学校	訓導	1927～34年度
	弥助小学校	校長	1935～37年度
	成明小学校	校長	1938～39年度（以後不明）
坂倉　賢三	釜山第六小学校	訓導	1928～33年度
	知世浦小学校	校長	1934～38年度
	妙山小学校	校長	1939年度（以後不明）
船岡　通治	釜山第六小学校	訓導	1928～36年度
	西浦普通学校	校長	1937年度

第5章　釜山第六小学校

	西浦小学校	校長	1938～39年度
関　咸一	釜山第六小学校	訓導	1929～36年度
	晋州小学校	訓導	1937～38年度
	休川小学校	校長	1939年度（以後不明）
前川（木本）角一	釜山第六小学校	訓導	1929～37年度
	天加小学校	校長	1938～39年度（以後不明）
柴田　翠一	釜山第六小学校	訓導	1930～35年度
	馬山小学校	訓導	1936～37年度
	青岩小学校	校長	1938年度
藤城　友信	馬山普通学校	訓導	1925～28年度
	二班城普通学校	校長	1929～31年度
	釜山第六小学校	訓導	1932～39年度（以後不明）
愛川　武夫	釜山第六小学校	訓導	1937年度
	金東小学校	校長	1938～40年度
	金東国民学校	校長	1941年度（以後不明）

　『釜山六小会名簿』（1994年6月作成）によれば，釜山第六小学校～国民学校の教員は，延べ118名であった。歴代校長5名を除く113名のうち，管見の限りでも23名が釜山第六小で訓導，他校で校長を務めたことになる。この事実だけをとっても，釜山第六小学校が校長予備軍の梁山泊であったということができるが，なかでも9名（吉村喜一・井田学・西久保善次・米持政治・竹内佐忠治・坂倉賢三・船岡通治・前川角一・愛川武夫）が，釜山第六小の教頭でも教務主任でもないいわゆる平訓導からいきなり他校の校長となったことは，釜山第六小のプレスティージの高さを示す傍証となるであろう。
　次に，上掲リスト中の数名について若干補足しておきたい。
　太田実の釜山第六小学校訓導と釜山第一商業学校教諭の在任期間が一部重複しているが，彼は1923または24年から25年まで，釜山第一商業学校教諭が本務，釜山第六小学校訓導が兼務であった。
　松林与一が，1935年3月，釜山第六小教頭から金海・長有普通学校の校長として転出する際，「慶尚南道では熊本県人が一番出世をするのだ。僕は

長崎県人だからなあ……」と嘆いたことは前述のとおりであるが，これは，内地人教員の認識において，釜山府所在内地人学校の教頭から郡部所在朝鮮人学校の校長への異動は決して栄転ではなかったことを物語っている。また，かつて「長崎県釜山町」といわしめたほどの長崎県人の威勢も，1935年当時はもはや衰退していたことがわかる。

　井田学は，1921年3月に渡航し，1年後の1922年3月，京城師範学校演習科を卒業した。すなわち京城師範学校第1期生で，同校卒業生名簿の最初に登場する。1924年の井田を魁として，以後，釜山第六小学校には京城師範学校出身教師が続々と着任することになるが，これについては後述する。

　石原忠義は，北面普通学校で3年の校長経験がありながら，晋州第一普通学校では教頭を務め，院洞小学校で再び校長に復帰している。釜山移転前の慶尚南道庁があった晋州と周辺部との格の違いであろう。

　米持政治の1940～42年度の経歴は不明である。1940年以降の「朝鮮総督府職員録」には，初等教員は「奏任官ノ待遇ヲ受クル」者のみが掲載されているところから，1940～42年度当時の米持は，まだ奏任官待遇ではなかったものと思われる。

　坂倉賢三は，1933年に同僚の幸田殀と職場結婚し，翌年，相携えて巨済島に赴任した。坂倉賢三と幸田殀は，京城師範学校でも先輩・後輩であった。

　船岡通治は，1984年当時，約半世紀前の釜山六小在勤時代を回顧して，「釜山の十年は今のような暴力事件もなく，民族意識とか組合対策等に悩まされる事もない，良い時代」[14)]であったと述べている。民族意識に悩まされることがなかったということは，釜山六小が，朝鮮にありながら朝鮮人社会とは無縁であったというに他ならない。

　上掲リスト中ひとり藤城友信だけは釜山第六小学校以前のキャリアを示した。二班城普通学校の校長から釜山第六小学校にはNo.9の平訓導として赴任した彼のユニークな経歴を紹介するためである。これは，先にみた松林与一とは逆の意味で釜山第六小のプレスティージを示す実例である。

　次に釜山第六小学校と京城師範学校の関係を改めて見てみよう。京城師範学校卒業生の氏名・卒業年および釜山第六小学校在任期間は次のとおりである。

第5章　釜山第六小学校

井田　学	1922年	1924～28年度
寿崎十四正	1926年	1927～38年度
坂倉　賢三	1928年	1928～33年度
船岡　通治	1927年	1928～36年度
関　咸一	1929年	1929～36年度
清水美喜枝	1929年	1930～33年度
平山　力	1931年	1931年度
二階堂文男	1931年	1931～32年度
幸田　殀	1931年	1931～33年度
甲斐　たつ	1926年	1931～39年度
村瀬　昇	1931年	1931～41年度
久米七五三与	1929年	1932～38年度
藤城　友信	1925年	1932～39年度（以後不明）
臼杵　貞子	1934年	1934～37年度
石村（鶴田）エミ子	1935年	1935～39年度（以後不明）
佐藤　清	1935年	1936～39年度（以後不明）
愛川　武夫	1926年	1937年度
森　常男	1936年	1937～39年度（以後不明）
高木　龍文	1936年	1938～40年度
真砂都留夫	1941年	1941年度（以後不明）
伊瀬礼之介	1936年	1941～45年度

　1924年4月に井田学が着任して以来1945年8月の終焉まで，釜山第六小学校に京城師範学校出身の教員が絶えることはなかった。とくに1931年には，5名（平山力・二階堂文男・幸田殀・甲斐たつ・村瀬昇）が新たに加わり，以前から在任していた5名（寿崎十四正・坂倉賢三・船岡通治・関咸一・清水美喜枝）と合わせて一挙に10名となった。以後1939年までしか詳しい資料はないが，釜山第六小の京城師範出身者は10名前後で推移した。この間，釜山第六小の全教員数は25～27名であったから，京城師範グループは一大閥を成したといってよい。

坂倉賢三と幸田妶が職場結婚したことは前述したが，清水美喜枝も，釜山第六小学校の同僚（在任1928～32年度）であった税田利秋と結婚した。ただし，税田は京城師範学校出ではなく，内地から釜山に赴任した。ある教え子によれば，税田「先生は小学校の先生というよりは真摯な学究肌で，エスペラント語や朝鮮史も研究しておられ，ピアノや声楽にも意欲をもっておられたように思う。私達の卒業後，京城大学に学ばれた後，晋州高普で教鞭をとられた」[15]という。

平山力と二階堂文男の釜山第六小勤務が短かったのは，いずれも短期現役兵として入営したためである。

村瀬昇は，1935年当時の自分を次のように述懐している。少々長いが，釜山第六小のスパルタ教育の一端を窺わせる資料として引用しておこう。

> 当時は，中等学校進学希望者が半数以上もあり，しかも，二倍，三倍という狭き門，受験準備教育が猛烈であったし，合格率の多少で父兄から教師としての価値を評価され，学校を評価されていた時代である。六年担任は少くとも，五年から持ち上がるのが常識であったし，私は全くの未経験であった。しかし，どうにも聞き入れられず遂に受け持つことになった。既に四月も末となり，他のクラスは準備教育のスタートを切っていた。私は夢中であった。夜の八時，九時におよぶこともしばしばあった。教えてはテストする。出来ない者には又説明する。又テストする。それを繰返し繰返しできるまで家に帰さない。心配して父母が迎えにやってくる。それでもなお続ける。子供は泣いている。教師の自分も泣きたくなる。どうしてこれだけ繰返してもできないのかと可愛想(ママ)になる。こんな一年間であったから楽しい思い出は殆んどない[16]。

久米七五三与・森常男・伊瀬礼之介の3名は，京城師範学校演習科卒・釜山第六小学校勤務のほか釜山中学校卒という共通点がある。森と伊瀬は，釜山中でも京城師範でも同期生であった。

高木龍文は，1941（昭和16）年3月26日付で釜山六小から郡部の朝鮮人小学校へ転勤になった。自身が「田舎の学校へ転出させられた」という，その

第5章　釜山第六小学校

経緯は次のとおりである。

　昭和十六年三月末になって,「昭和十六年三月二十六日　晋陽郡寺奉公立尋常小学校勤務ヲ命ズ　慶尚南道」と発令になった。普通は三月三十一日付けで発令されるのに, 二十六日は不思議であった。
　第二次世界大戦の始まる前で, 朝鮮人の日本人化（皇民化）が叫ばれ, 創氏改名が進められ, 徴兵制度が敷かれるので, 田舎の学校に朝鮮人を対象にした青年訓練所が作られることになった。軍隊経験があって, 下士官の資格を持った先生の多くが, その指導者として田舎の学校へ転出させられた。校長に目をつけられていた者は丁度よい機会だと, 転出の候補者にあがったものではないかと思う[17]。

　1941年春, 京城師範学校を卒業して釜山第六国民学校訓導となった真砂都留夫は, 4年男子組を担任し,「生徒達とラグビーボールを追って駈け廻った」[18]。真砂は, 全国中等学校大会3連覇（1931～33年）などラグビーの名門校として全日本に名を馳せた京城師範学校の伝統を,「皮膚病で頭のシラクモが伝染する」「宿題もせず, 疲れ切って寝てしまうがこれで良いのか」[19]という親たちの反対を押し切って釜山第六国民学校に持ち込んだのである。
　伊瀬礼之介は, 釜山第六国民学校に赴任する前, 咸陽普通学校（1936～37年度）・渭城小学校（1938年度）・大同小学校～大同国民学校（1939～41年度）といずれも慶尚南道所在朝鮮人初等学校の訓導を6年間経験していた。この経験に基づく反省を, 戦後40年を経た1986年の時点で次のように吐露している。平和時, 戦時中, 終戦直後につづく釜山の「第四の顔」をめぐる感懐である。

　　第四の顔は残念ながら見たことがない。五百万都市に発展したことなど想像し得べくもなく植民地時代日本人社会では朝鮮人の男をヨボ, 女をオモニと呼んでいた。ヨボシオ（もしもし）オモニー（お母さん）が蔑称に転化していたのである。第六赴任前六ヶ年は普通学校で勤務し, 朝鮮人社会と接する機会の多かった私は, 彼らが日本人のことをウェノム（倭奴）と

いう蔑称で呼んでいたことを知っている。日本人には日本民族のほこりがある。と同時に朝鮮人には朝鮮民族の誇りがあることを邦人は忘れていたのである。日本統治の36年は彼等の民族の誇りを踏みにじっていたのである。私達が釜山，否朝鮮半島から去らざるを得なかった最大の原因は，植民地政策の破綻によるものだと銘記しなければならない。だから私は釜山の第四の顔を見たくもないし，見に行く勇気もない[20]。

　筆者の知る限り，かつての内地人のほとんどにとって今日の韓国・北朝鮮はノスタルジアの対象である。大都市に発展した「釜山の第四の顔を見たくもないし，見に行く勇気もない」とまで断言する人を，伊瀬の他には知らない。

第3節　釜山第六小学校の学校文化

　釜山第六小学校出身者の母校評価は，「わが校は文教区，府内一番の優良校に目されていた」[21] という言葉に集約されるであろう。釜山「府内一番の優良校」は，いわゆる自己評価にとどまるものではなかった。1935年に釜山第三小学校を卒業した片山美代子は，その自叙伝に次のように記している。

　　私の在学中，担任がおっしゃった事ですが，一番愛校心があるのは四小。之は一つの島の中で団結心が強い，との事。反対に一番愛校心のうすいのは三小，との事でした。……（中略）……ちなみに一番出来る子が多いのは六小，との事でした。中等学校入学の人数が多い故です[22]。

　卒業生の進路を示す手持ち資料は「釜山第六公立国民学校昭和十六年度学事状況」が唯一であるが，これによれば1941（昭和16）年度「修了生ノ将来」は次のとおりである。

第5章 釜山第六小学校

	釜山一中	釜山二中	釜山一商	釜山工業	釜山高女	三島高女	商業実践	本校高等科	其ノ他ノ学校	計
男	20	−	30	3	−	−	−	38	6	97
女	−	−	−	−	45	21	10	24	7	107
計	20	−	30	3	45	21	10	62	13	204

　釜山地区男・女中等学校の双璧である釜山一中（1942年4月の釜山第二中学校新設に伴い，釜山中学校は釜山第一中学校と改称）と釜山高女にそれぞれ男子20名，女子45名が進学しているが，これは，1942年度両校入学者（160名，274名）の12.5％，16.4％に当たる。他校と比較できるデータは持ち合わせないが，当時，釜山府内の内地人国民学校だけで10校を数え，釜山周辺にも多くの進学希望者がいたことからすれば，釜山第六国民学校修了生の釜山一中・釜山高女におけるシェアが相当大きなものであったことは疑いない。ちなみに，1940年度卒で「私達第六小学校から釜山中学へ行ったのが二十九人」[23] といわれており，この卒業生の記憶が正しければ，釜山第六小学校は，1941年4月釜山中学校入学者（164名）の17.7％を占めたことになる。

　以上によって釜山「府内一番の優良校」はほぼ証明されたのではないかと思うが，釜山第六小学校のレベルは，内地の大都市の小学校と比較しても高かったようである。次の引用は，1935年に大阪から転校したある転入生の感想である。

　　私が釜山第六小学校に大阪から転校してきたのは，三年の三学期であった。……（中略）……
　　転校して，先ず驚いたのは，全ての教科書が，内地のそれと全く違っていることであった。それよりも，生徒が皆，教育勅語をよく暗唱しており，さらに，歴代天皇のお名前をすらすらと，言えることに，びっくりした。大阪では，教育勅語は旗日の時に校長が恭しく，読みあげるものとばかり思っていたので，大変な学校にかわってきたとおもった[24]。

釜山第六小学校は、「文」において優れていたばかりでなく「武」の面でも釜山地区のトップクラスであった。1931年4月から1941年8月まで10年余にわたって六小訓導を務めた村瀬昇は、「市内の小学校対抗リレーやドッチボール大会には、全教師一丸となって熱心に指導をし、いつも優秀な成績を修めた。いつも張り合うのは、第二小学校であった」[25]（ママ）と回想している。とくに1932年10月に開催された釜山府内小学校陸上競技大会の400mリレーにおいて第六小学校は、完全優勝（各学年男・女チーム全勝）の偉業を達成した。

このように文武両道の第六小であったから、他校区から越境入学する者もいた。1994年発行の『同窓会誌』には、「池田喜六校長先生ともども、優秀校であると、母が越境入学を考え、私を頭に弟、妹三人で、冬は天馬山から吹きおりる北風を顔にまともに受けながらアスファルトの大道を毎日通った」[26]という事例がある。

一方、教師たちにとっても釜山第六小学校勤務は、喜びであり誇りであったようである。1940（昭和15）年4月、広島県から慶尚南道に出向した大下一夫は、釜山第六小着任当時の感懐を次のように述べている。

　十五年四月三日出向命令を手にして釜山に上陸し、道庁出頭の後、釜山六小の教員となることになった。全く夢のような喜びであった。大望を抱いて玄海灘を渡っては来たものの、何もわからない田舎の朝鮮人学校で、（ママ）不自由な生活を余儀なくされるであろうと覚悟はしていた。それなのに釜山六小とは全く意外な幸運であった。……（中略）……先生方は全員師範出身揃いで、内地ではとても考えられない程のすばらしいものであった。校舎、校庭はじめ講堂や教室、衛生室、理科室等立派なものばかりであり、給食室に至っては、内地にはない程進歩的であったのにはびっくりしたものであった[27]。

本節の最後に朝鮮人社会との関係をみておこう。釜山第六小学校が名門校たりえたのは、なんといっても人的・物的環境（慶尚南道庁をはじめとする官公庁の存在、釜山高等女学校との隣接、京城師範学校出を中心とする教師

陣など）に恵まれたからであるが，その人的環境に朝鮮人は含まれなかった。「だいたいどの家庭もお手伝いさんの一人や二人はいた」[28]というが，人間的な交流という意味では，釜山第六小の子どもたちは朝鮮人社会とほとんど無縁であった。敗戦後，命からがら引き揚げる闇船の上で朝鮮人乗組員が「親切に御飯をたいてくれました。しかし私達は食べる気になりません。第一，海の水でたくのです。それについ昨日まで話合うことのなかった韓国人と，一つ釜のめしを食べる等，とんでもないと思ったのです」[29]というエピソードが，それを端的に物語っているであろう。

おわりに

　1921年3月の第1回から1945年3月の第25回まで卒業生約4,300名，敗戦当時の在校生を入れると5,000名以上の同窓生を数える釜山第六小学校には，1994年6月に発行された『同窓会誌』があり，同窓会全国大会のたびにまとめられる『釜山六小会誌』があるほか，『めばえ』『まつしま』『土城会だより』など各卒業回期ごとの同窓会誌もある。その結束力と母校・同窓会関係の情報量は，他の旧釜山内地人小学校の追随を許さない。彼らの結束力は釜山「府内一番の優良校」の誇りに支えられており，その誇りが触媒となって同窓会の隆盛があるのであるが，ここでは，そもそも「釜山第六公立小学校同窓会」結成の媒体となった「釜山六小教師の会」に言及しておきたい。

　1970年代に入って，当時佐賀県・大分県に在住していた関咸一と伊瀬礼之介を中心に，かつて釜山第六小学校に勤務したことのある教師たちの連絡が密になり，1973年，元教師たちの懇親会としての第1回「釜山六小会」が開催された。この会は毎年開かれ，1977年の第5回からは教え子たちも加わるようになった。そして1980年，同窓生による「釜山六小会」が発起され，それまでの「釜山六小会」は「釜山六小教師の会」と改称，その後は立場が逆転して同窓会主催の「釜山六小会」に「釜山六小教師の会」が相乗りする形となったのである。

　関咸一は，1929年に京城師範学校を卒業して釜山第六小学校訓導となり

(1929〜36年度),晋州小学校訓導(1937〜38年度)・休川小学校長(1939年度,以後不明)を務めた。伊瀬礼之介は,先にみたように師範学校卒業後普通学校〜朝鮮人小学校に6年間勤務し,釜山第六国民学校には1942年2月から1945年の応召まで3年3ヵ月在勤した。すなわち,関と伊瀬の釜山六小在任期間は重なっていないが,両人は,京城師範学校の先輩・後輩の縁でつながっていたのである。

　このことからわれわれは,次のような示唆を得ることができる。1921年,朝鮮における初等教員養成の大本山として開設された京城師範学校は,翌年の演習科卒を皮切りに多くの卒業生を出したが,彼らは釜山第六小学校にも配置され,とくに1931年以降は同校教師陣の中核を成した。京城師範出のプライドと結束力を持つ彼らは,釜山第六小学校において文武両道にわたるスパルタ教育を展開し,釜山六小のレベルアップに貢献した。その結果,師弟ともに「釜山随一」の意識を抱くようになったのではないか。戦後,京城師範学校出身の教師を中心に「釜山六小会」が結成されたこと,同会を母胎として生まれた同窓生の「釜山六小会」が旧内地人小学校としては類まれな活動を展開していることは,決して偶然ではないだろう。

［註］
1)　森田福太郎編　『釜山要覧』　釜山商業会議所　1912年　pp.12-13
2)　『釜山第六公立尋常小学校同窓会　同窓会誌』　1994年　p.25
3)　『釜山第六小学校松島会誌　まつしま』　第2号　1974年3月　p.7
4)　『釜山六小同窓会新聞　めばえ』　第1号　1984年12月10日　p.5
5)　『まつしま』　第16号　2001年9月　p.29
6)　『釜山六小二四回生文集』　第1集　1983年　p.5
7)　『釜山六小会誌(釜山第六公立小学校同窓会第3回大会)』　1986年10月　pp.9-10
8)　『釜山第六小学校第25回卒業同窓会会誌　土城会だより』　創刊号　1995年6月　p.4
9)　『同窓会誌』　p.56
10)　『まつしま』　第2号　p.4
11)　同上　p.6
12)　『釜山六小会誌(釜山第六公立小学校同窓会第4回大会)』　1988年6月　p.11
13)　『まつしま』　第10号　1989年12月　p.41
14)　『めばえ』　第1号　p.4
15)　『同窓会誌』　p.16
16)　『まつしま』　第2号　p.6

17) 同上　第 16 号　pp.30-31
18) 19)『めばえ』　第 1 号　p.8
20)『釜山六小会誌（釜山第六公立小学校同窓会第 3 回大会）』　p.10
21)『同窓会誌』　p.20
22) 片山美代子　『花暦――双葉の章――』　私家本　2001 年　pp.84-85
23)『同窓会誌』　p.39
24) 同上　p.32
25)『まつしま』　第 2 号　p.8
26)『同窓会誌』　p.23
27)『まつしま』　第 10 号　p.42
28)『同窓会誌』　p.19
29)『釜山六小二四回生文集』　第 1 集　p.34

第 6 章　京城中学校

はじめに

「朝鮮の学習院」という呼称は，在朝鮮「内地人」学校にとって最大級の賛辞であった。そして，「朝鮮の学習院」として自他ともに許していたのが京城中学校である。ある京城中学校 OB は，このことを誇張して次のように述べている。

　　京中は一千九百万の朝鮮民族に優越する立場の日本人の，いわば，異民族に対する支配階層の子弟教育機関，その意味では，東京の学習院以上に学習院的であった。かの剛骨，瀬木昱太郎先生が昂然と"京中は東京府立一中と学習院をあわせた学校じゃ"と揚言されたところである[1]。

京城中学校は朝鮮最初の「内地人」中学校であるが，単に古いだけではなく，その伝統は拡大再生産されていった。本章の狙いは，そのメカニズムを京城中学校教員・生徒の出入り（インプット・アウトプット）を中心として明らかにするところにある。

　なお京城中学校の正式校名は，京城居留民団立京城中学校〜統監府中学校〜朝鮮総督府中学校〜官立京城中学校〜京城公立中学校と変遷したが，本文中では基本的に京城中学校あるいは京中とする。

第1節　学校沿革

1907年5月21日発行の雑誌『日本教育』は,「韓国居留民中等教育」と題して次のように報じている。

　従来該国に於ける邦人児童の初等教育機関は着々施設の歩を進め今や殆完備の域に達せるも中等教育に至ては未其端緒をも開かず,之が施設は最急務なるより,這回京城居留民団は統監府と協議の末,国庫の補助を受けて京城に居留民団立中学校を該立(ママ)し明年度より開校することとなり,目下敷地選定中なりといふ[2)]。

これによれば京城居留民団立中学校は,「国庫の補助を受けて」1908年度から開設の予定だったことになる。しかし,国庫補助の引き出しがうまくいかなかったためか,敷地選定の遅延のためか,結果的には1年遅れの1909年4月,親日団体一進会の土地・建物を借りての開校となった。その経緯は次のとおりである。

　その頃京城の日本人居留民団で中学を設立するといふ話がだんだん具体化して来て時の民団長熊谷頼太郎氏が非常に熱心に関係方面に折衝して,万難を排してその実現を図られた結果,遂に一新会(ママ)(韓国の末期に於て韓国併合史上最も華々しい活躍をした親日団体)の会長李容九氏並に顧問宋秉畯氏両人の好意によって,一新会の所有だった独立館及国民演説台と敷地三千六百坪を無償で借入れることになり,これを仮校舎として中学を設立することとし……[3)]

こうして「日本国外に出来た日本人中学の嚆矢」[4)]としての京城居留民団立京城中学校は,1909年5月22日,1・2学年の生徒151名を以て正式に開校したのである。
　とはいえ,居留民団立では財政的な不安もあり,当時の韓国社会の情勢か

第6章 京城中学校

らくる不安もあった。創設時からの教員のひとりである日吉守は,「前年には彼の流血の惨事軍隊解散事件があったばかりであり,地方は暴徒横行,盛んに討伐が行はれてゐた状態であつたから宿直の夜など何んとなく無気味で,不安な感じを持つことが多かつた。或時は暴徒が銃器庫を襲ひはせぬかといふ懸念から宿直員は拳銃を用意した」[5]と述べている。したがって,京城中学校の官立化は,日本官民のともに望むところであった。

　1910年3月「統監府中学校官制」が制定され,4月,京城中学校が統監府中学校と改称されるとともに,教員の身分は官吏（専任教諭14人中,校長を含む4人は奏任,10人は判任）となった。学校自体の取扱いは「中学校令」により設置された府県立中学校と同一になったわけであるが,「金筋帽,着剣の厳めしい職員の姿はいたく生徒を悦ばせたものであつた」[6]という。

　統監府移管から4ヵ月後の1910年8月,日韓併合が断行され,韓国統監府の朝鮮総督府への改編（10月1日）に伴って統監府中学校は朝鮮総督府中学校と改称された。そして,11月には慶煕宮址に新校舎が完成し,西大門外の仮校舎から移転した。敢えて朝鮮王朝の王宮（離宮）址に官立の内地人中学校を建設したことは,まさに支配者意識の発露であったとみてよかろう。これに関して,ある卒業生は次のように述懐している。

　　朝鮮半島の王都京城の西北端の慶煕宮あと三万余坪,それはたゞ無味に広いだけでない,宮殿を置いたほどの気品のある起伏に富んだ景勝地,韓国は国旗（大韓王国旗の継承）が示すように筮卜易断の国,宮殿を置くからには吉兆の地であったにちがいない。……（中略）……そもそも宗主国清国からの義州街道の王都の玄関口という事は破格の位置であったろう。そこに京中を置いたのだから,中学の社会評価がのちの高専級,今の大学ほどに高かった当時のことでもあり,総督府が京中にかけた期待と手厚さは,今では想像を越えるものがあった,と考えられる[7]。

　1911年3年,朝鮮総督府中学校に附属臨時小学校教員養成所が設置された。「小学校は移住内地人の増加と共に逐年増設を見ざるなきの状況であったが,教員補充の方法は未だ確立せず従来専ら内地より聘用し来つたが,優

良な教員を得ることは頗る困難なるのみならず，朝鮮に於て教育に従事する者には特殊の教養を与ふる必要があつた」[8] というのがその理由である。同養成所は，中学校卒業者（定員40人）を1年間，官費で教育し，修了生を朝鮮各地の内地人小学校に送り出した。(1921年朝鮮総督府師範学校として独立し，1922年京城師範学校第一部となる。)

1912年6月，寄宿舎が竣工した。寄宿舎は，総督府中学校が朝鮮半島全域の内地人小学校卒業生を受け入れ対象としたところから当然必要とされたのであったが，初代校長隈本有尚がこれを，単なる宿舎ではなく重要な教育機関として定着させたことは後述のとおりである。

1913年3月9日，第1回34名の卒業生が出た。5年制中学校が開校後4年にして卒業生を出したのは，彼らを当初から2年生として募集していたからである。

同年4月，釜山中学校の新設に伴って朝鮮総督府中学校が複数存在することになり，それまでの京城校は官立京城中学校を正式名称とした。中学校の官立時代は，以後1925年の公立（道立）移管まで続くが，官立中学校の意味合いは次のとおりである。

　　朝鮮に於ける総ての学校の中で，中学校が最も重んぜられて居ることは，他の学校が尽く組合立なるに対して，独り中学校のみが総督府立なるを以て之を證することが出来る[9]

朝鮮総督府中学校の官立京城中学校への名称変更と同時（1913年4月）に，京城中学校に附属小学校が開設された。この小学校は，前述した臨時小学校教員養成所の教育実習校で，児童60名の単級学校であった。

1915年4月，京城中学校平壌分教室が設置された。その要員は，塚本卯平・鳥取万三郎・吉岡鹿二郎の3名であった。京城中学校平壌分教室は，翌1916年4月，平壌中学校として独立するが，その教師陣は，校長赤木万二郎と，赤木が赴任にあたって引き連れてきた広島高等師範学校教授時代の教え子鳥飼生駒・須貝清一・河野宗一と，分教室当時の京城中学校教諭3名とで構成された。

平壌分教室に遅れること2年，1917年4月に京城中学校大田分教室が開設された。そもそもは1917年度に大田中学校を新設する計画があったのであるが，同年度予算を審議していた第38帝国議会が解散され，予算不成立という事態となったため，取り敢えず京城中学校大田分教室の形で発足したのである。大田分教室には，本校から関本幸太郎・瀧田和三郎・正井芳樹が派遣され，関本を初代校長として翌1918年4月，大田中学校が誕生した。分教室時代の京城中学校教諭が主導権を握った点は，内地からの新任組が要所を占めた平壌中学校と異なる。

　ところで京城中学校は，大田分教室の生徒50名の募集と並行して本校の入試に，「大田中学に収容せらるゝ事あるも承知であれば入学を許可すると云う条件付き」[10]の56名を合格させていた。実際に入学した彼ら53名は，1917年度いっぱい京城中学校生徒として学び，結局，1918年4月，大田中学校と同時に発足した龍山中学校に収容された。これについて，大田中学校の後身である今日の大田高等学校の校史は，「総督府は臨時措置として京城中学校に2学級の増設を認可し，大田と龍山に1917年4月11日，官立京城中学校の分教室を1学級ずつ設置」[11]したという認識を示している。しかし，結果的に龍山中学校1期生となる53名が京城中学校で養成されたことは事実であるが，「龍山分教室」が公式に存在したことはない。

　1925年4月，総督府の行政改革の一環として中学校が各道に移管され，官立京城中学校は，京畿道管轄の京城公立中学校となった。ただし，教育体制に本質的な変化はない。

　1933年5月27日，京城中学校は，原因不明の出火により全焼した。教職員と生徒は，懸命のバケツリレーで「御真影」を守ったという。

　それからおよそ2年を経た1935年4月21日，新校舎の落成式と京城中学校創立25周年記念式が同時に挙行された。「此の日参列の朝野の名士父兄卒業生等々近頃にない盛大さで誠に教育礼讃のルツボと化した観があった」[12]と報じられている。「近頃にない盛大さ」とは，満州事変後の当時，世相が徐々に厳しさを増しつつあったことを示しているであろう。

　時代はその後日中戦争〜太平洋戦争へと移り，京城中学校は，日本の敗戦とともに自然消滅した。後身は今日のソウル高等学校であるが，ソウル高校

に京城中学校時代の資料は全く残されていない。

第2節　教員の去就

1. 校　長

　初代校長隈本有尚は,「少年時神童と言はれ,長じては久留米藩出身の三才の一人に数へられた程の人」[13]であったが,東京大学を指導教官と衝突して退学したことや,文部官僚として「哲学館事件」を「事件」たらしめたことからすると,「兎に角,圭角のあつた人で容易に自説を曲げない激しい気性の人であつた」[14]という評も的を射ているようである。初代（1885年7月～1889年6月）および第4代（1894年8月～1901年8月）の福岡県立中学修猷館長を務め,その後文部視学官となったが,1902年12月,「哲学館事件」の一方の当事者となり,いわばそのほとぼりをさますために渡英した。帰国後は長崎高等商業学校の初代校長となり,1909年4月,長崎から京城に赴任したのである。隈本が高等商業学校長から中学校長となったことは,京城中学校長の格を高からしめた。「初代校長にはなんと一段上の長崎高等商業学校々長の隈本有尚を招聘したのだ。中学校長に・勅・任・官をひっぱってきた例が全国のどこかにあるだろうか」[15]という誤解さえ生んだほどである（傍点は稲葉）。「統監府中学校官制」によって校長は奏任官たるべきことが定められたのは,その後1910年3月のことであった。

　英国視察の経験があるだけに隈本は,「モデルを英国イートン校にとって国家の指導層後継者養成をめざす校格を据え」[16]たというが,本質は国粋的な教育者だったようである。京城中学校創立3周年当時,次のような談話を残している。

　　一言父兄の注意を喚起し置き度きは,家庭に於て子弟学生に対し,旧慣古例の重んずべきを知らしめられたきこと之れ也……（中略）……祖先の尊宗(ママ)すべきを教へ,以て帝国古来の習慣典例を尚び,美風良俗を重んぜしむるは,軈て国民性の涵養に資する所以なりと信ず,殊に殖民地にありて

は内地の如く眼前の実物教育に費(ママ)すべき史蹟なく，又た旧慣例の式典等行はるゝこと稀にして，従て青年子弟に対し之等国民性の涵養を促すに，四囲より刺戟を与ふる機会に乏しきを遺憾とす，左れば父兄は此点に留意し，家には必ず祖先の位牌を祭る等，其他適当の方法を執られんことを切望に堪へざる也[17]

ちなみに隈本の朝鮮（教育）観は次のとおりである。併合当時の日本における最大公約数的な朝鮮（教育）観を一歩も出るものではない。

　朝鮮併合の結果，今後の朝鮮人教育は従来に比し一層重大事業となるは今更言ふまでも無きことなるが，随つて当事者の責任は極めて重く，且つ教育上の心得に就ても，十分慎重せざるべからざること多かるべし，例へば忠君愛国を教ふるにも，日韓従来の関係より説き，朝鮮の今日あるは全く日本の庇護に由る所以を会得せしめ，以て自ら彼等をして忠愛の念を起さしむるを要す。然も朝鮮人教育は甚だ容易の事業にあらず，全く同化の実を挙げんには，先づ言語の疏通より始めざるべからず，されば今後は全力を小学教育に注ぎ，日語を以て訓育し，漸を追ふて我に風化することを力むるは，根本より併合の実績を挙ぐる所以なるべし[18]。

1913年2月1日，隈本有尚は，京城中学校第1回卒業式を目前にして病気退任し，同月28日，柴崎鉄吉が第2代校長に就任した。柴崎は，岐阜が本籍であるが，第7代修猷館長（1911年9月～1913年2月）から京城中学校長となったという意味で福岡および隈本有尚とも縁が深い。

柴崎はまた，東京高等師範学校同窓会（茗渓会）の縁も大事にした人で，部下を同窓で固める傾向があった。たとえば1916年5月現在，京城中学校の教員は26名であったが，校長柴崎鉄吉・教頭関本幸太郎をはじめ藤井友吉・瀧田和三郎・藤見睦治・吉岡鹿二郎・光安弘と7名が茗渓会員であった。

柴崎の在任は1924年12月まで11年9ヵ月の長きに及び，「二代柴崎鉄吉校長（当時全国屈指の有名校長）は，高邁剛健の校風を確立し，両校長（隈本・柴崎―稲葉註）によって京中のバックボーンが形成された」[19]といわれている。

第3代校長加藤常次郎は，朝鮮渡航直前，隈本有尚の出身地久留米にある福岡県立明善中学校の校長であった。1920年6月京城高等普通学校長として赴任，同校（1921年4月京城第一高等普通学校と改称）から1924年12月，京城中学校に転任した。京城中学校在勤は1929年5月までで，釜山中学校長に転じたが，これは関本幸太郎との交替人事であった。

　加藤常次郎と入れ代わりで釜山中学校長から第4代京城中学校長となった関本幸太郎は，先にみたようにかつて京城中学校の教諭であった。1915年2月，朝鮮でのキャリアを京城中学校教頭としてスタートさせたのである。京城中学校大田分教室主任（1917年度）・大田中学校長（1918～24年度）・釜山中学校長（1925～28年度）を経て，古巣京城中学校に錦を飾ったことになる。京城中学校長は1932年3月まで務め，その後内地に帰った。つまり，朝鮮生活の締め括りもまた京城中学校勤務だったのである。

　関本幸太郎の中国・直隷師範学堂教習時代（1902～11年）の活躍は夙に有名であるが，朝鮮でも高い評価を得ていたようである。『大田高六十年史』は，関本について次のように記している。

　　初代校長関本は奏任高等官であった。彼は立派な服装をして歩いたので，大田面民たちは，大田中学校を非常に格の高い学校とみたようである。校長は，1925年（1917年の誤り―稲葉註）4月から9年もの長い間勤務しつつ，初期の学校建設に多大の力を傾けた。性格は，多情多感でありながらも厳格だったようである。彼の教育方針は「心身の健全な人間を養成」するところにあったので，1週間に1度ずつは全校生を山に登らせ，休講時間にも，補講よりは登山を奨励したという。

　　日本人卒業生たちがこの校長を尊敬し，また称賛したところをみると立派な人だったようであり，多くの感化力を残したようである。創立20周年記念の際は彼の胸像を建立し，日本にいた彼を招請までした。1959年，彼が死に臨んで遺言により角膜を移植し，ひとりの失明者を救ったということから，人格者であったことを改めて感じる[20]。

　関本幸太郎からバトンを受けた京城中学校第5代校長斎藤欽二は，東京高

師の関本の 6 年後輩である。東京高師を 1906 年に卒業して直ちに渡韓し，旧韓国官立漢城師範学校・漢城高等学校の教授を務めた。併合後は，漢城高等学校を改編した京城高等普通学校の教諭に横滑りし (1911 ～ 13 年度)，平壌高等普通学校教諭 (1913 ～ 17 年度) を経て，平壌女子高等普通学校で初めて校長となった (1917 ～ 20 年度)。その後新義州高等普通学校 (1921 ～ 23 年度)・平壌高等普通学校 (1923 ～ 29 年度)・京城第一高等普通学校 (1930 ～ 31 年度) の校長を歴任して，1932 年 3 月 29 日，京城中学校長となった。高等普通学校 (朝鮮人中学校) の最高峰である京城第一高等普通学校の校長から内地人中学校のナンバー 1 である京城中学校の校長に転じた点は，先にみた加藤常次郎と同様である。斎藤欽二はしかし，惜しいかな京城中学校長在職 2 年にして 1934 年 3 月 13 日，病死した。

　斎藤欽二の跡を継いだ第 6 代校長江頭六郎もまた茗渓会員 (東京高師 1915 年卒) であった。出身地は福岡県城島町 (久留米の隣町) である。『朝鮮功労者銘鑑』によれば「京畿視学官として令名のあった人」[21] と評されているが，京畿道視学官以前の教職歴も華やかであった。朝鮮での経歴は京城師範学校教諭 (1922 ～ 23 年度) に始まり，清州高等普通学校 (1924 年度)・公州高等普通学校 (1925 ～ 28 年度)・忠清南道師範学校 (1929 年度)・京城第二高等普通学校 (1930 ～ 31 年度) の各校長を歴任していたのである。京城中学校長在任は，1934 年 4 月～ 1944 年 3 月の 10 年間に及んだ。1944 年 4 月大邱師範学校長となったが，同年 12 月，内地出張中に急死した。

　京城中学校最後の校長 (第 7 代) は高力得雄であった。高力は，1918 年に東京大学を卒業して大邱高等普通学校の教諭となった (1918 ～ 20 年度)。その後全州高等普通学校教諭 (1921 ～ 24 年度) を経て校長となり，途中の 3 年 (1931 年度忠清北道視学官，1932 ～ 33 年度咸鏡南道視学官) を除いて 1945 年 8 月の敗戦までおよそ 17 年間校長を務めた。校長在任校は，晋州高等普通学校 (1925 ～ 29 年度)・海州高等普通学校 (1930 年度)・平壌中学校 (1934 ～ 37 年度)・景福中学校 (1938 ～ 40 年度)・大邱師範学校 (1941 ～ 43 年度) そして京城中学校 (1944 ～ 45 年度) である。高力が大邱師範学校長から京城中学校長となったのは，江頭六郎との入れ替え人事だったわけである。

　以上みたように京城中学校の歴代校長は，教育界のいわゆる大物揃いであっ

た。京城中学校で初めて校長に昇任した者はひとりもおらず、すべて京中赴任以前に中等学校長（隈本有尚は高等商業学校長）として名を成した人々だったのである。この事実こそ、朝鮮教育界における京城中学校の地位を物語るものとみることができる。

彼らにはまた、単なる偶然とは考え難い共通点があった。それは、福岡県と東京高等師範学校である。生来の福岡県人あるいは教員として福岡に縁のあった者は、歴代校長7名のうち隈本有尚・柴崎鉄吉・加藤常次郎・江頭六郎の4名であり、茗渓会員は柴崎鉄吉・関本幸太郎・斎藤欽二・江頭六郎の4名である。

2. 教諭等

京城中学校に勤務した数多くの教諭（嘱託を含む）のうちとくに著名だった人、ユニークな経歴の持ち主などを、京中赴任順に紹介しよう。

小寺甲子二は、渡韓前、福岡県立中学修猷館の第5代館長（1901年8月～1905年9月）や長野中学校長を務めていた。当時、教育県として「東の長野、西の福岡」といわれたものであるが、その長野と福岡で中学校長を歴任した小寺が、京城中学校には教頭格の教諭として就任した。修猷館時代の上司隈本有尚が京城中学校長となったからである。小寺の専門は英語で、「英語の時間にロイヤルプリンスリーダーといふロンドン直輸入の教科書で鍛へられた」[22]という。1913年2月に隈本が辞任し柴崎鉄吉が後任に就くと、小寺は、修猷館長として後輩にあたる柴崎に仕えることを潔しとしなかったのか、ほどなく辞任したようである。1913年7月までの京城中学校在任は確認されるが、その後の「朝鮮総督府職員録」に小寺の名はない。

神谷四郎は、国史専攻の文学士で、第二高等学校教授から1909年4月、京城中学校教諭となった。「内地で高等学校の教授をしていた人が一段格下の京中の教官となった」[23]と評判になったものであるが、在任は小寺よりもさらに短く、1912年までの3年間であった。

湖崎喜三郎に関しては「中学教員として多年の経験を有する湖崎喜三郎君」[24]という簡単なコメントがあるが、それ以上の前歴は不明である。京城中学校における職位が教務嘱託だったことからして長期勤務の心算はもとも

となかったようであり，在勤1年を経た1910年4月，私立京城女子技芸学校および私立京城夜学校の創立者兼校長として独立した。しかし，この両校は，湖崎の一身上の都合によって1915年7月，いったん廃校となった。

日吉守は，1909年3月に東京美術学校を卒業し，直ちに京城へ赴任した。暫くは学生服で授業したため，生徒から「坊っちゃん」の綽名を付けられたという。京城中学校教諭としては1926年度まで勤務し，以後は画家を本業としたが，嘱託としての授業は1945年まで継続したようである。

広田直三郎は，もともと陸軍歩兵中尉で，小寺・神谷・湖崎・日吉らとともに京城中学校の草創期から関与したものと思われるが，在任が確認されるのは「統監府中学校官制」の適用（1910年3月）以降である。1913年4月，釜山中学校の新設に伴い同校初代校長として転出した。

下田礼佐は，1908年に東京高等師範学校を卒業，京城中学校には1910年4月に着任した。教員生活の傍ら受験勉強を続け，1914年9月京都帝国大学に入学，卒業後も研究室に残って地理学者となった。

藤井友吉は，1911年京城中学校教諭となったが，その実は附属臨時小学校教員養成所の要員であった。1918年4月龍山中学校が新設されるや京中から龍中に移り，1920年仁川高等女学校で校長に昇任した。その後群山中学校（1923〜32年度）・大田中学校（1933〜37年度）・釜山中学校（1937〜39年度）と長期にわたって内地人中等学校の校長を務め，朝鮮教育界の重鎮となった。

高木善人は，東京帝大史学科を卒業すると同時に韓国学部に聘せられて編輯官となった（1907〜12年度）。京城中学校教諭は1913〜18年度の6年間で，これをステップとして高木は，以後校長街道を歩むことになる。校長としての勤務校は，全州高等普通学校（1919〜24年度）・大邱中学校（1925〜27年度）・新義州高等普通学校（1927〜29年度）・京城第二高等普通学校（1929年度）・龍山中学校（1932〜39年度）の5校にのぼった。なお1930〜31年度は朝鮮総督府視学官であった。

尾形友助は，京城中学校に1913年から8年間在職，その間京城医学専門学校の助教授（1917年度）・教授（1918年度）も兼務し，朝鮮教育界に確固たる地位を築いた。京城女子高等普通学校教諭（1921〜24年度）を経て京城第

一高等女学校長となり（1925年3月～1930年11月），その後大邱中学校の末期まで長らく同校校長であった。

　朝野菊太郎は，尾形友助と同じく1913年4月京城中学校に赴任し，訓導兼教諭となった。広島高等師範学校附属小学校訓導時代の単級学校経営の専門家としての経歴を買われ，京城中学校附属小学校の訓導，臨時小学校教員養成所担当の教諭となったのである。1919年4月京城三坂小学校が開設されるや，初代校長として転出した。朝野は，「教員養成所では"所長"のような立ち場でしたから三坂赴任に当たっては，朝鮮の各地に散らばっている教え子の中から，二十代の若い，優秀な先生（田辺正素，加藤八十一，鈴木駿太郎ら）五，六人を呼び寄せた」[25]という。その後朝野は，京城桜井小学校の校長も務めている（1924～29年度）。

　西脇豊造は，京城高等女学校の講師（1912年度）・教諭（1913～14年度）を経て京城中学校教諭（1915～21年度）となった。1921年5月元山中学校の開設とともに初代校長となり，続いて1925～26年度は鏡城高等普通学校長兼咸鏡北道師範学校長を務めた。

　高橋浜吉は，「広島高師に学んで大正二年三月業を卒へ，直ちに渡鮮した半島生え抜きの教育家」[26]であった。仁川小学校訓導（1913年度）・仁川商業専修学校教諭（1914年度）の後京城中学校教諭を4年間（1915～18年度）務めた。その後京城工業専門学校助教授（1919年度）～同教授（1920～21年度）・京城高等工業学校教授兼総督府視学官（1922～31年度，この間1926～28年は欧米視察）を経て1932年から中等学校長となった。その校長歴は，京城第二高等普通学校（1932～34年度）・京城女子師範学校（1935～40年度）・京城師範学校（1943～45年度）と通算で12年強である。なお京城女子師範学校の初代校長と京城師範学校の日本時代最後の校長の中間期（1941～42年度），高橋は総督府教学官であった。参考までに，京城第二高等普通学校生の高橋校長評は次のとおりである。

　　高橋校長は，外国に出張もした方で，思考法も一般の日本人とは違って新しく，外貌もスマートであり，在任中の評判はよかった[27]。

高橋先生は，民族差別もなく，どの父兄であれ喜んで迎えて下さり，真の教育者として私の一生の人生観を植え付けて下さった方で，国籍は異なるが，尊敬し崇拝することのできる立派な教育者でした[28]。

近藤鏥四郎は，1917年から20年の長きにわたって京城中学校教諭を務め，1937年4月，全州中学校の新設に伴い同校校長となった。全州中学校は，翌1938年，全州南中学校と改称されたが，近藤は，校長として1942年まで勤続した。

津田信は，1918年7月京城中学校教諭として朝鮮に渡り，1922年4月には東萊高等普通学校長，1925年4月には大田中学校長となった。ちなみに，大田中学校長は関本幸太郎の後任である。1929年6月には新設された平壌師範学校の初代校長に就任し，1938年度末まで長期在任した。

山下伝三郎は，普通学校の校長から京城中学校教諭となった変わり種である。普通学校校長歴は，京畿道江華（1912〜14年度）・同道南陽（1915〜18年度）と7年に及んだ。京城中学校教諭（1918〜20年度）の後は，咸興高等普通学校教諭（1921〜24年度）として再び朝鮮人教育に転じた。

須貝清一の京城中学校教諭は1921〜22年度の2年間のみ，しかも京城師範学校教諭との兼職であった。須貝はその後母校広島高師の教授となり，日本教育学界に名を成した。

高橋務は，1922（大正11）年，東北大学理学部を卒業して京城中学校に赴任した。そのいきさつを彼自身，「卒業の大正一一年当時は大戦後の経済不況で就職は困難だった。借金を返済する程のまとまった収入を得るためには外地に行くほかなかった。幸い京城の叔父の世話で京城中学に奉職することになった」[29]と語っている。京城中学校には教諭として17年勤続，1939年4月，新設された開城中学校の校長となり，そこで敗戦を迎えた。

目黒紫樓は，朝鮮渡航直前，新潟県立村上中学校の校長であった。その目黒が，1923年5月，京城中学校の教諭となったのである。京中には約5年在任し，その後清州高等普通学校長（1928〜34年度）や新義州高等普通学校長（1935〜37年度）を歴任した。清州時代の目黒に関しては次のようなエピソードがある。（引用文中の「6回」は，京城帝国大学予科第6期，1929年入学を

意味する。)

　予科の入学生は、京城第一高普と第二高普が（朝鮮人入学者の一稲葉註）大半を占め、残りは全朝鮮の諸学校から何名かずつ入るのが常例であったが、清州高普が急に頭角を現わした。6回から1名の入学者を出したが、7回2名、8回5名、9回4名、10回6名を記録した。清州高普のこのような頭角は、京城中教頭であった目黒紫樓が校長として赴任してからであった。目黒校長は、受験組と就職組に分け、受験組には毎日1回試験を課すという方法で勉強をさせたという[30]。

　森田安次郎は、京城第一高等普通学校教諭（1921～24年度）を経て京城中学校教諭を5年半務めた。1930年11月1日付で京城第一高等女学校長に昇任し、続いて1936年4月、京城城東中学校長に転任、植民地末期まで勤続した。

　内野健児は、後のプロレタリア詩人「新井徹」その人である。1921年の春に渡航し、大田中学校教諭を経て1925年9月、京城中学校教諭となったが、3年後（1928年7月）、プロレタリア詩人としての活動の故に罷免された。京城中学校教諭として免職～朝鮮追放となった唯一の例である。

　瀬木昱太郎は、「どこかの校長をトシで退職して郷里に戻ったら村長になってくれと頼まれ、まだこのトシで村長などやらされてはたまらん、と村を飛び出して来鮮」[31]したという。京城中学校在任は1930～31年を前後する時期であるが、嘱託であったため「朝鮮総督府職員録」には記載されていない。

　山口正之は、佐賀高校～京城帝国大学の出身である。京城帝大では朝鮮史を修め、1932年、歴史教師として京城中学校に奉職した。1940年当時李王職編修官を兼ねていたところをみると、朝鮮史学者としても嘱望されていたようである。

　佐々亀雄は、京城に生まれ（1900年）育ち、京城中学校～第五高等学校～東京帝国大学を出た。母校京中には、国語教師として1934年から敗戦まで奉職した。京城中学校の同窓生で母校の教師となった者は他にもいたであろうが、今のところ佐々以外に見いだしえていない。

第 6 章 京城中学校

　深川俊男は，1935 年から京城中学校教諭を務めていたが，1943（昭和 18）年 4 月，新設朝鮮人中学校の校長に任命された。この人事について深川は，「昭和十八年四月，私は新設の平安南道江西中学校に出向を命ぜられた。形の上では栄転である。私は教務主任をまだ経験していない。そして私の上にはまだ二，三人の先任教諭がいる。それをいきなり飛び越しての校長任命だから大変な出世である」[32]と述べている。
　以上みたような京城中学校教員の経歴から抽出される最大の特徴は，京中教諭から他校の校長となった，換言すれば京中勤務が昇任のステップとして作用したと考えられるケースが多いということである。京中教諭から直ちに他校校長となった者は，広田直三郎・高木善人・朝野菊太郎・西脇豊造・近藤鎔四郎・津田信・高橋務・森田安次郎・深川俊男であり，また京中教諭の後ワンクッションを置いて他校校長となった者は，藤井友吉・尾形友助・高橋浜吉らである。
　一方，すでに中学校長経験を有する者が京城中学校では教諭となった場合もある。その典型が小寺甲子二と目黒紫樓で，神谷四郎・山下伝三郎・瀬木昱太郎もこれに準じるとみることができる。
　これら校長・教諭関係をめぐる人事例は，京城中学校が当時の朝鮮教育界においていかに高い地位を占めていたかを，また日本内地を含めてもかなりのプレスティージを有していたことを物語るものである。
　前節において歴代京城中学校長に茗溪会員が多いことを指摘したが，いわば当然の帰結として，茗溪会員は教諭の中でも一種の閥を成した。筆者の調査によって茗溪会員であることが判明している者を京中在任時期の順に挙げれば次のとおりである。
　下田礼佐（1910〜14 年度）・平井寛暢（1910〜14 年度）・藤井友吉（1911〜17 年度）・瀧田和三郎（1913〜17 年度）・秋山鉄太郎（1914 年度）・吉岡鹿二郎（1914〜15 年度）・光安弘（1915〜16 年度）・藤見睦治（1915〜18 年度）・西脇豊造（1915〜20 年度）・岩切晴二（1917〜20 年度）・山下伝三郎（1918〜20 年度）・津田信（1918〜21 年度）・野村繁（1919 年度）・稲垣藤二（1919〜24 年度）・徳岡億次郎（1923 年度）
　手持ち資料の関係で大正期までに限られるが，それでも茗溪会員は 15 名

を数える。これに対して，東京高師のライバルであった広島高師卒の尚志会員は，1938（昭和13）年までの『広島高等師範学校一覧』によっても次の14名である。京城中学校長がひとりもいなかったことからしても，尚志会が相対的に劣勢であったといわざるをえない。

　正井芳樹（1912～17年度）・小菅昌三（1912～19年度）・朝野菊太郎（1913～18年度）・尾形友助（1913～20年度）・阿部丁蔵（1914～22年度）・高橋浜吉（1915～18年度）・寺本直喜（1919年度）・梅森浩（1919年度）・内田亀次（1920～21年度）・須貝清一（1921～22年度）・加藤晴秀（1921～32年度）・内野健児（1925～28年度）・森田安次郎（1925～30年度）・八束周吉（1931～32年度）

第3節　学校生活の諸相

1．入学・卒業

　1906年2月の『教育時論』に，京城小学校の「卒業生の情況は，昨年度の如きは，過半数は中学校に入り，他は専ら実業に従事す」[33]とある。当時京城中学校はまだ存在しなかったから，京城小学校卒業生の過半数は日本内地の中学校に進学していたことになり，京城における中学校設立の要求が強かったことが窺われる。

　1909年5月の京城中学校開校にあたり「入学希望者は二百名以上に達せしも校舎の都合上，百六十名丈収容せり」[34]といわれているが，実際には151名，しかも1・2学年の同時募集であった。中には小学校を卒業していきなり中学2年生となった者もあり，「二年に這入つた生徒達は，当時の日本人発展の社会状態の現はれともいふべきか潑溂たるもので，それに年齢など不揃ひで，相当年輩の者もゐて，なかなか乱暴でした。上級生はをらず学校の先輩なるものがゐないので，随分無鉄砲なところがあつた」[35]という。

　1912年7月の『朝鮮総督府月報』によれば同年4月の京城中学校の募集定員は143名，入学志願者は355名，入学者は，「内地ノ学校ヲ経タルモノ」が34名，「朝鮮ノ学校ヲ経タルモノ」が118名，計152名（実質競争率2.3倍）であった。当時の内地人の流入を反映して，入学者中34名（22.4％）が

「内地ノ学校ヲ経タルモノ」であったことに注目すべきである。また，入学者152名の出身地は39道府県にまたがっていたが，九州（38名）・山口（15名）が主流であり，その他では東京（14名）が目立つ程度であった。京城中学校入学者におけるこのような傾向は，以後もほぼ一貫したものと思われる。

京城府内小学校卒業生志望概況（1933年3月）

	東大門	桜井	日出	南山	鍾路	西大門	南大門	三坂	元町	龍山	計
京師	8	10	2	3	9	14	4	7	2	10	69
京中	22	32	34	21	31	24	20	11	1	13	209
龍中	22	20	20	15	20	35	25	75	35	89	356
京商	15	29	15	13	20	52	12	11	5	25	197
道商	5	7	1	1	28	21	4	5	2	34	108
善隣	2	6	2	14	4	3	12	7	9	30	89
京農	5	—	—	—	9	2	1	—	—	3	20
高等小学	21	24	12	19	8	14	32	35	48	32	255

　時期は下って1933年3月，京城府内の公立小学校は10校に増えていたが，その卒業生の進学志望概況（男子の部）は上のとおりである[36]。これによれば龍山中学校志望者が断然多かったが，これは京城中学校の不人気を意味するものでは全くない。小学6年の担任を中心に，京中志望者を龍中に振り向ける調整が行なわれていたからである。「お前の成績ではだめ！竜中にせよ」[37]と宣告された者も少なくなかったのである。逆に，次のような京中志望者がいたことも事実である。

　　父と相談の上，京中を志望した。その後父が学校に呼ばれ，竜中に変更しませんか，京中には定樹君は保証出来ませんが，竜中なら太鼓判を押します，と言われた。私の父は，我が子ながらおはずかしいが，同じ受けても失敗するなら京中を受けて落ちた方がよいから，受験しなさいと考えた

のでしょう[38]。

　各小学校別にみると，京城中学校入学者が最も多く輩出したのは京城日出小学校（前身は京城小学校・京城第一小学校）であった。小・中学校が続々と増設される中にあって，日出小→京中は，常に朝鮮随一の名門コースであり続けたのである。
　入学試験について本稿では詳述しないが，1913年に釜山中学校が，1916年に平壌中学校が開設されても，京城中学校の入試は釜山・平壌に10日ほど先んじて実施されていたことを指摘しておきたい。京中入試に落ちても，釜山中・平壌中を受けることができたのである。朝鮮の中学校入試が全校一斉に行なわれるようになったのは1919年（1920年度入試）以降である。
　次に京城中学校からのアウトプットについて見てみよう。京城中学校の卒業式は，京城における大イベントのひとつであった。それは，総督をはじめとする朝鮮総督府高官が臨席するのが常だったからである。他校の場合，公・私立はいうまでもなく官立であっても，政務総監や学務局長などが総督告辞を代読するのが普通で，総督自ら参席することは稀であった。
　1913年卒の第1回生以来，京城中学校の卒業生がエリートコースに乗ろうとすれば，内地の高校に進学するしかなかった。それが，1924年に京城帝国大学予科が開設されて様変わりする。学校別では京城帝大予科が最大の進学先となったのである。しかし，京城中学校卒業（あるいは4年修了）生の内地志向が減退したわけではなく，内地留学は家計その他の事情が許さないので，やむなく京城帝大予科に進学したという類の証言は数多く残されている。次は，その一例である。

　　朝鮮で生まれ育った私は高等学校は内地でと思っていた。しかし，父の病気はすでに重く一人息子の私を京城から離すことは耐えがたいように思えた。私は八高の受験を断念して昭和七年に京城帝大予科に入った[39]。

　1924年3月，京城帝大の第1回予科入試が行なわれ，170名が合格，実際には169名が入学し，うち140名が2年後に修了したが，この中で京城中学

校卒業生は大きな比重を占めていた。すなわち文科A（法文学部において法学を修むる者）41名中13名，文科B（法文学部において文学を修むる者）36名中6名，理科（医学部進学者）63名中9名が京中出身だったのである。第1回修了生全体で5人にひとり（140名中28名），最も比率が高い文科Aではほぼ3人にひとりの割合であった。

　その後，他中学校や高等普通学校の台頭とともに京城帝大予科における京城中学校の占有率は低下するが，学校別トップの座は堅持された。1932年当時も，「京中出身者は多かったので予科の中で京城中学出身者は仲々ハブリがよかった」[40]といわれている。

　1933年3月の調査によれば，京城中学校の卒業見込者は165名，上級学校進学希望者は152名であった。この進学希望者の数からして，彼らの進学先が京城帝大予科のみならず多岐にわたったことはいうまでもない。現に「欧文社発行の『受験旬報』臨時増刊読者版（一一月特輯号）に発表された，昭和一二年度官公立上級学校入学者出身中学別一覧表に依ると京中は全国の中学の中で第一二位であった」[41]という。この順位が何を基準としたのかは不明であるが，京城中学校が日本有数の進学校であったことは事実である。

　4,000余名にのぼる卒業生の社会進出については，京城中学校の最初から最後まで教鞭を執った日吉守が，1945年の時点で次のように記している。京城中学校は，かつて朝鮮総督府中学校であっただけに，その卒業生は植民地行政に積極的に関与したということができる。

　　卒業者の主なものを記してみると，先づ官界では児島李王職次官を筆頭に，碓井黄海，信原平北両知事，御厨南洋司政長官，小田本府勅任書記官，中島，櫛田満洲国省次長等勅任級が相当にある。課長級に至つては枚挙に遑ない。実業界では小宮興銀理事，青木品川白煉瓦社長をはじめ，重役級の人物も可成ある。学者方面では新明正道東北大学教授，航空学の権威佐藤博九大教授など異色ある方で，医学界は殊に多士斉々で一寸記述に困難である。唯軍人方面は未だ将官級を出してゐないやうに思ふ。これは過古に於て軍人志望が大変少なかった為であらう[42]。

2. 京城中学校の学校文化

　京城中学校のシンボルは，校庭の桜並木であった。桜は，植民地支配者としての日本，やまとおのこを意識させるものであった。そして，京中生の植民者意識は，半島を超えて満州へも拡大された。満州への関心を深める直接的な契機となったのは，4年生時に行なわれた満州修学旅行である。中には個人的に満州旅行をする者もあり，卒業後満州・関東州などの学校へ進学する者もいた。「折角朝鮮まで出て来たのだから，今又学校に行く為に，内地に引き返すなどとは意気地がなさすぎる，すべからく満蒙を志すべきだ」[43]というのであった。

　しかし，京城中学校の校風が軍国主義的であったというわけではない。先の日吉守の記述に「過古に於て軍人志望が大変少なかった」とあるが，1935年から1943年3月まで京城中学校教諭であった深川俊男も次のように述べている。

　　戦局がようやく不利に傾き始めると，どの学校でも，配属将校を初めとして，中学生に軍人志望をすすめる先生がふえたようだ。これは自然のなりゆきであるが，京城中学校では外の学校に比べると，その空気はあまり濃厚ではなかったと思う[44]。

　京城中学校の真面目は，朝鮮随一の進学校というところにあった。そもそも入学者の質も高かったが，さらに切磋琢磨を促すため成績順に教室での座席が決められ（成績の悪い順に前から並ぶ），高学年の補習授業にも力が入れられた。補習については1931年当時の5年生が，「頭の涼しいうちにというので，正規の授業時間より一時間朝早く英語の課外授業，夏も冬も毎朝鍛えられた。このお陰で京城帝国大学予科理乙（医学コース）にスムースに合格できた」[45]と述懐している。ちなみに京城中学校の校歌は，メロディーを第一高等学校の「あゝ玉杯に花うけて」から借用したものであった。生徒たちは，それだけ一高に憧れ，一高受験を射程に入れていたとみることができよう。

京中教育の特色はまた，寄宿舎における全人教育にもあった。初代校長隈本有尚がモデルを英国のイートン校，すなわち寄宿制パブリックスクールにとったことは前述のとおりであるが，彼は「寄宿舎に於ける訓育の要旨」として次のように述べている。

寄宿舎は生徒訓育上重要なる地位を占むるものなれば，之が事に当るものは，本校教育の旨趣に従ひ身を以つて範を示し其目的を貫徹するに努むるは勿論，特に左の諸項の施設に意を用ゆるを要す。
一．談話会　　時々談話会を開き本校職員又は校外知名の士を寄宿舎に招待して其の講話を聴かしむ，又是等の機会に関連して接遇訪問等の礼法に慣れしむ。
二．遠足及登山　　時々休暇を利用して適当なる場所に遠足又は登山せしめ心神(ママ)の鍛錬に資せしむ。
三．図書室　　に就き内外古今偉人の伝記又は言行録等を閲覧せしめ以つて理想を養ふの助と為さしむ。
四．花園　　盆栽等を栽培せしめ以つて美的情操及趣味を涵養するの機会を与ふ。
五．武術及遊技　　撃剣，柔術，水泳，野球，庭球，蹴球，器械体操，徒歩等を奨励して以つて体力の増進を計らしむ。
六．身体の鍛錬　　冷水浴，冷水摩擦，呼吸運動等に慣れしめ以つて寒暑気候の変に堪ふる気力を蓄へしむ。
七．心力の修養　　心力修養の方法は最も基礎的にして且最も本質的なるものを選び之を実習せしむることゝす其要目凡そ次の如し。
　　イ自覚の練習，ロ注意の練習，ハ智覚の練習，ニ副意識の涵養[46]

寄宿舎に入らず下宿をする者や遠距離通学をする者も少なからずいた。中でも有名だったのは，仁川から片道40kmを汽車で通学した「仁川組」であった。彼ら京城外の生徒は，ほとんどが出身小学校のトップクラスであり，京城中学校入学後の成績もよかったようである。1923年4月5日付の『京城日報』には次のような記述がある。

京城中学などの統計を見ると概して京城の児童は好成績でパスし，田舎の児童はどうしても入学成績は劣等の様であるがサテ，二年三年と上級に進むに従って田舎の児童は漸次好成績を挙げ京城の児童漸次成績が悪くなるという傾向があるが，これは何に基因(ママ)するかと言えば即ち前記の試験勉強の激しい結果に外ならぬのである。

3．朝鮮社会との関連

京城中学校は，初代校長隈本有尚のアイディアによって発足当時から「第一部・第二部」制を採用した。1910年6月当時の資料によれば，その内容は次のとおりである。

> 此の中学校が本邦一般の中学と少しく毛色を異にして居るのは第一部，第二部の制を設けて，第一部は普通の中学，第二部は特殊の中学即ち実業教育に力を入れることだ。
> 例へば第二部の方では四五の両学年に於て地理の如き，博物の如き，語学の如き，物理化学の如き，凡て或は産業，或は農業，或は商業等実業向の智識を養成するのであるが，這は現今本邦随分八釜しい問題となつて居る彼の学制改正の先鞭を着けて，本校ではサッサと隈本君の理想通り実行して居るものと思はれる[47]。

1910年6月の時点ではまだ京城中学校4・5学年は存在していないが，それはともかく，上の引用中の「語学」は朝鮮語を意味し，第二部における実業教育は，中学校卒業後朝鮮で就職することを前提としていた。

その後このシステムは，朝鮮の後発中学校に，しかも3学年から適用される形で広まったようである。幣原坦は，1919年発行の『朝鮮教育論』に次のように記している。

> 内地の中学校と異る点は，第三学年以上が二股に分岐してゐることである。其の第一部は，内地の中学校と全然同じであるが，第二部に至ては，頗る実科的の傾向を帯びて，朝鮮語をも課することになってゐる（釜山中

学校では今之を課してゐないが)。即ち主として朝鮮で事業を営まんとする者の為に,考案せられたものと見える。……(中略)……而して朝鮮の中学校第一部の生徒及び其の卒業者は,他の学校に入学・転学等の関係上,普通の中学校生徒及び其の卒業者と同一の取扱ひを受けるけれども,第二部の生徒及び卒業者は此の限りでない。故に上級学校に進入して,やがて朝鮮の官吏にでもならうとするには却て不適当であるけれども,直ちに朝鮮に定住して,此処に生涯の事業を開拓せんとする者の為には,第二部の設置が大に便益を与へる[48]。

　ここで幣原が,わざわざ「釜山中学校では今之を課してゐないが」と断っていることは,1919年当時3年生以上を有した釜山以外の中学校(京城・平壌・龍山・大田)には第二部があり,そこで朝鮮語も課されていたということになる。
　しかし,先にみたように1933年3月の京城中学校卒業見込者は165名,うち152名が進学希望であった。したがって,このころ京城中学校の第二部は,すでに消滅していたか,制度はあっても有名無実化していたということができよう。
　次に京城中学校の朝鮮人生徒についてみておこう。そもそも内地人学校である中学校に朝鮮人が入学することは極めて稀であったが,「第2次朝鮮教育令」によって「国語ヲ常用スル」朝鮮人の入学が公認され,同令が施行された1922年,中学校7校には計74名(2.4%)の朝鮮人生徒がいた。その比率は年とともに漸増し,1937年(基本的に内鮮人の学校系統が別であった最後の年)には約6%となった。この全体的な傾向に比して,京城中学校の朝鮮人在籍率は低い。総督府の『朝鮮諸学校一覧』によれば,1922年から1943年にかけて京城中学校には1学年平均4～6名,比率にして2～3%ほどの朝鮮人生徒が在籍していた。彼らにとって京城中学校は,他の中学校以上に狭き門だったのである。1927年入学のある京中OBは,朝鮮人クラスメイトについて次のように述べている。

　　京城中学は日本人も朝鮮人も機会均等に受験することができた。だから

私のクラス・メイトには幾人もの朝鮮人がいる。機会均等といっても日本の国語，歴史等は朝鮮人には甚だむづかしい。出題も意地悪く古文調のものが多く日本人にさえ難解だった。よほど優秀な朝鮮人でなければ合格できなかった。従って入学してきた朝鮮人は特別の人材であり頭脳も家庭もよく，経済的に恵まれた人ばかりであった[49]。

1927年当時「日本人も朝鮮人も機会均等に受験することができた」というのはたてまえ論であるが，京城中学校に「入学してきた朝鮮人は特別の人材であり頭脳も家庭もよく，経済的に恵まれた人ばかりであった」というのは事実である。朝鮮人生徒の特殊な背景の一例として，京城中学校を卒業して京城帝大予科3期（1926年）生となった崔淳文と鄭用信は，母親が日本人であった。「崔淳文の父親崔鎮は，若かりしころ，開化党を領導していた金玉均・朴泳孝らに従って日本に亡命中，そこで日本女性と結婚し」[50] たのである。

朝鮮人生徒が在学したとはいえ，その数は僅かであり，京城中学校と朝鮮人社会との縁は薄かった。というより，同じ学校段階である朝鮮人の高等普通学校とは対立関係さえあったのである。「京中の喧嘩相手であった培材高普」[51] とか「京城中学校などは，朝鮮人町にあり，近くにはスポーツも強く甲子園に出場したことのある徽文高等普通学校もあって，かなり対立もあったようにきいている」[52] という証言が残されている。

おわりに

京城中学校の第31回（1943年）卒業生である詩人村松武司は，「わたしの京城中学」を総括して次のように記している。

人々は例外なく，むかしの学舎をなつかしむだろう。わたしも素直に，いまは廃校となった「京城中学」を思う，と言おう。それは朝鮮近代史の真只中にあった植民者養成所であった。いま養成所は消え去ったが，植民者たちが消えたわけではない[53]。

在朝鮮「内地人」学校はすべて，広い意味での「植民者養成所」であったろうが，なかんずくその中核にあったのが京城中学校であった。その京城中学校のプレスティージや機能をとくに教員人事の面から実証したのが本章の最大の特色である。京城中学校の歴代校長は，例外なく当代朝鮮中等教育界のリーダーであったし，京城中学校教諭の多くは，他校の校長予備軍であった。そして，そのような校長・教諭によって植民者2世・3世たちが養成されていったのである。

　とはいえ京城中学校は，教諭の中から前述した内野健児を，生徒の中から「京城帝国大学反帝同盟事件」関係者を出した。この事件は，1931年9月27日，日本軍の満州侵略に反対する「反帝同盟」が摘発され，京城帝国大学生ら22名（内地人3名，朝鮮人19名）が起訴されたもので，この中のひとりが京城中学校出身の平野而吉（当時京城帝大法学科1年）だったのである。内野健児や平野而吉は，いうまでもなく当時の日本にとっては異端者であったが，このような異端者を育む余地が京城中学校にはあったとみることもできそうである。

[註]（※はハングル文献）
1)『京中卒業五十周年記念誌　仁旺ヶ丘』　京喜会　1982年　p.356
2)『日本教育』　第48号　1907年5月21日　雑報
3) 和田八千穂・藤原喜蔵編『朝鮮の回顧』近沢書店　1945年　pp.254-255
4) 同上　p.255
5) 同上　p.368
6) 同上　p.369
7)『京中卒業五十周年記念誌』p.357
8)『京城府史』第2巻　京城府　1936年　p.337
9) 幣原坦『朝鮮教育論』六盟館　1919年　p.294
10)『龍山公立中学校創立七十周年記念誌』龍山公立中学校同窓会　1988年　p.8
11) ※『大田高六十年史』大田高等学校　1977年　p.53
12)『文教の朝鮮』1935年6月　p.139
13) 和田・藤原編　前掲書　p.367
14) 同上　p.368
15)『京中卒業五十周年記念誌』p.356
16) 同上　pp.356-357
17)『教育時論』第976号　1912年5月25日　地方教育月報

18)『朝鮮』 第31号 1910年9月20日 名士と朝鮮観
19)『京中卒業五十周年記念誌』 p.357
20) ※『大田高六十年史』 p.61
21) 阿部薫編 『朝鮮功労者銘鑑』 民衆時論社 1935年 p.701
22) 和田・藤原編 前掲書 p.260
23)『京中卒業五十周年記念誌』 p.19
24)『朝鮮』 第3巻4号 1909年6月 雑纂
25)『京城三坂小学校記念文集 鉄石と千草』 三坂会事務局 1983年 p.38
26) 阿部薫編 前掲書 p.697
27) ※『景福五十五年史』 景福同窓会 1976年 p.97
28) 同上 p.131
29)『京中卒業五十周年記念誌』 pp.455-456
30) ※李忠雨 『京城帝国大学』 多楽園 1980年 p.203
31)『京中卒業五十周年記念誌』 p.358
32)『慶熙』 第25号 京城公立中学校同窓会 1994年12月 p.1
33)『教育時論』 第750号 1906年2月15日 内外雑纂
34)『朝鮮』 第3巻4号 1909年6月 雑纂
35) 和田・藤原編 前掲書 pp.260-261
36)『文教の朝鮮』 1933年3月 p.153
37)『京城日出小学校百年誌 わが赤煉瓦の学び舎』 京城日出小学校同窓会 1989年 p.121
38)『京中卒業五十周年記念誌』 p.307
39) 40) 同上 p.20
41) 同上 p.279
42) 和田・藤原編 前掲書 p.370
43)『京中卒業五十周年記念誌』 pp.251-252
44)『慶熙』 第25号 p.10
45)『京中卒業五十周年記念誌』 p.465
46)『朝鮮及満洲』 第57号 1912年8月15日 p.3
47)『朝鮮』 第28号 1910年6月1日 雑纂
48) 幣原坦 前掲書 pp.294-295
49)『京中卒業五十周年記念誌』 p.18
50) ※李忠雨 前掲書 p.123
51)『東大門』 第4号 京城東大門小学校昭和8年卒業生 1973年 p.4
52) 碓井隆次 『京城四十年』 生活社 1980年 p.70
53)『季刊三千里』 第21号 1980年2月 p.73

第7章　釜山中学校

はじめに

　釜山は，鎖国体制をとっていた朝鮮王朝が外国に対して初めて門戸を開いた貿易港であり，地理的に日本に最も近い港町である。したがって，旧韓国〜植民地朝鮮を通じて往来・定住する日本人が多く，いろいろな面で日本化が最も進んだ地域であった。

　釜山中学校は，その釜山における最高学府であった。京城には帝国大学も専門学校もあったが，釜山にはそれらの高等教育機関がなかったからである（1941年に釜山高等水産学校が設立され，1944年釜山水産専門学校となったが，太平洋戦争中のことで，実質的な成果はほとんどなかったとみてよい）。釜山の最高学府は，三南地方（忠清・全羅・慶尚道）の最高学府でもあった。1913年の釜山中学校に続いて1918年大田，1921年大邱に中学校が開設されたが，「大田中や大邱中と比べると，釜山中に入るには四倍ぐらいの努力がいる」[1]といわれたものである。

　本章は，そのような釜山中学校の実像に，教員・生徒の動向を中心として接近しようとするものである。筆者はかつて，「旧韓国〜朝鮮教育界の山口県人」を研究した結果，「釜山中学校には，1917年から1938年にかけてほぼ間断なく山口県人教諭がおり，とくに1929〜1930年は広兼弘毅・徳政亀一・吉本豊・福本市太郎の4名が同時在職していた。釜山中学校の教員数は，1929年25名，1930年27名であったから，当時，山口県人はかなりの閥を成していたといってよい」[2]と記した。『幻の名門校〈釜山中学回想記〉』な

どその後入手した資料によってこの事実を改めて検証し，さらに学歴・出身地からみた釜山中学校教員の人脈を追究すること，これが個人的には最大の関心事である。

第1節　学校沿革

釜山中学校は，朝鮮総督府の直轄学校として1913（大正2）年4月に開設された。公立の中等教育機関である釜山高等女学校・釜山商業学校に遅れること7年であった。『釜山教育五十年史』は，釜山中学校の創立経緯を次のように伝えている。

> 中学校の設立は府民の驍望して止まぬ所であつた。既に女子の為に高等女学校，男子実業教育の商業学校は，遠く七年の昔に設けられたにも係はらず，男子に高等普通教育を施す中学校の設置なき為，小学校卒業生中希望者の多数は，遠く本籍地に或は親族故旧をたより，或は朝鮮唯一の京城中学に志願する外はなかつたのである。内地人在住者二万五千を有する釜山として，又南鮮の代表都市として洵に遺憾とする所であつたが，大正二年に至つて府民の切望が達せられ愈々官立中学校が設立せらるゝことになつたのである[3]。

1913年4月当時，釜山中学校の校舎はなく，釜山尋常高等小学校に間借りしての開校であった。本来の校舎が落成し，これに移転したのは同年11月末のことである。

1915年末に至って寄宿舎が竣工した。それまでは民間の旅館を借り上げ，仮宿舎として使用したのであるが，この仮宿舎は，寄宿舎本体の定員超過に備えてその後も留保された。寄宿舎は，初代広田直三郎校長時代の夏休みには，受験勉強のための「強制合宿」に利用されたこともあった。

1923年9月1日，関東大震災が発生した。その結果釜山中学校は，東京にいた教師（数納兵治・西山清一）や朝鮮人生徒の一種の避難所となった。当時のある在校生は，「流言飛語に惑わされて悲劇が続出，特に朝鮮人で虐

殺される者多数あったと聞かされました。その結果，東京留学中の朝鮮人学生が多数わがクラスにも転校してきました」[4] と述べている。

同じく 1923 年には，釜山中学校校歌が制定された。第五高等学校教授八波則吉の作になる歌詞は次のとおりである。

　一．日本海に日は出でて
　　　朝日たださす亀峰山
　　　その亀峰山背に負いて
　　　屹り立ちたる我が校舎
　　　世界を担ぐアトラスの
　　　雄々しき姿に似たらずや
　二．世界の地図を胸に秘め
　　　釜山の位置を想うとき
　　　陸路遥かに雲迷い
　　　波路かすかに風騒ぐ
　　　我等起たずば東洋の
　　　永遠の平和を如何にせん
　三．東亜の安危双肩に
　　　かゝれる身よや諸共に
　　　知徳を磨き体を錬り
　　　質実剛健気を奮い
　　　いざ起たん哉半千の
　　　亀峰山下の健男児

この 3 番にある「質実剛健」が，釜山中学校の終始一貫したモットーであった。ところが，同じく 3 番の「半千」が実態に合わなくなる。1925 年 4 月，官立釜山中学校が慶尚南道管轄の釜山公立中学校になると同時に入学定員増が認められたのである。すなわち，2 学級 100 名（5 学年で 500 ＝半千名）から 3 学級 150 名への増加である。これを受けて，後の青柳泰雄校長時代（1932 年），校歌の 3 番は次のように改められた。ちなみに，作詞者八波教授と青柳校長は東京帝大の同窓生である。

三．東亜の安危双肩に
　　かゝれる身よや諸共に
　　知徳を磨き体を錬り
　　図南の翼成らんとき
　　いざ気を負いて起たんかな
　　亀峰山下の健男児

　1925年は，釜山中学校が甲子園の全国中等学校優勝野球大会に朝鮮代表として駒を進めた年でもあった。次いで1927年には，剣道部が全国大会に出場した。釜山中学校運動部の戦績としては，これが双璧である。したがって，スポーツ面での釜山中学校は，結果的に大正末〜昭和初期がピークであったということができる。

　1931年9月18日，満州事変が勃発した。これに対応して釜山中学校は，10月，4・5年生を大邱第80連隊に3日間体験入隊させるという措置をとった。以後，これが常例化するとともに，釜山中学校における非常時色は次第に強まっていった。

　その一環として，開校直後から続けられてきた4年生の満州修学旅行が，1936年から内地旅行に変更された。その期間も，2週間からやがて1週間に短縮され，1942年にはついに中止となるが，その詳しい経過については後述する。

　1940年11月，日本ではあまり知られていないが韓国では有名ないわゆる「乃台事件」が起こった。全国中等学校野球大会（甲子園大会）の地区予選が日中戦争のため中止になり，代わって1939年から「慶南学徒戦力増強国防競技大会」が開催されるようになった。出場校は，内地人系の釜山中学校・釜山第一商業学校と朝鮮人系の東莱中学校（東莱高等普通学校の後身）・釜山第二商業学校の4校，審判団は4校の配属将校であったが，第2回（1940年）大会審判長の釜山中学校配属将校乃台謙治大佐が，朝鮮側には内地人依怙贔屓とみられる判定によって釜山中学校を優勝校とした。「第1回大会で東莱中学が優勝した関係で，今回は必ず日人系学校が優勝しなければならないというのが彼らの心情であった」[5] とみられている。このため朝鮮人生徒

が怒り，反日的なシュプレヒコールを挙げたのみならず，閉会後，乃台大佐の官舎に押しかけて投石した。この結果，約150名が検挙され，最終的に首謀者格の朝鮮人生徒11名が懲役8ヵ月の実刑を受けたのである。事件を目撃した釜山中学校生のひとりは，「朝鮮の独立運動は，このように中学生にも深く浸透していた」[6] ことを認めている。

　1942年4月，釜山第二中学校が創設された。釜山第二中学校は，釜山中学校教頭であった山手順一郎を初代校長に迎えたのをはじめ，釜山中学校にいた数名の教諭を中核として発足した。この意味では，釜山中学校の「子生み現象」である。ここで興味深いのは本家の校名で，釜山中学校は，正式には「釜山第一中学校」となったが，この正式校名はほとんど定着しなかった。1942年7月1日現在および1943年7月1日現在の朝鮮総督府職員録でも「釜山中学校」のままである。それほど釜山中学校（釜中）の名が大事にされたとみてよかろう。ちなみに，釜山第二中学校は内鮮共学で，金泳三韓国元大統領はその第2期生である。

　1945年3月，5年生と4年生が同時に，釜山中学校最後となる第28回生として卒業した。4月の新学期には，兵学校予科や予科練などへ進む者が多く，新4年生は2学級編成となった。

　終戦の翌8月16日，釜山中学校の全校生は校庭に集合した。当日は，竹槍訓練のための登校日とされていたからである。結果的にこの集会が，釜山中学校の解散式となった。近藤鎔四郎校長は，「戦い敗れても，指示の如く竹槍もって登校したこの釜中魂を忘れずに日本を復興しよう。今日この心が必ず祖国を復興する」[7] と訓示したという。

　釜山中学校の跡は，今日の釜山高等学校である。

第2節　教員の去就

1．校　　長

　初代校長広田直三郎は，正確な着任時期は不明であるが遅くとも京城中学校が「統監府中学校」となった1910年3月には同校教諭であった。1913年

4月，釜山中学校の新設に伴い京城から釜山へ異動したのである。当時の官報等には，中学校教諭のほか「陸軍歩兵中尉　正七　勲六」の肩書が付いている。このほかの経歴は明らかでないが，軍隊経験者であるだけに「スパルタ教育」の「猛烈校長」で鳴らしたようである。「それだけにワンマン的なところは免かれず，そのやり方を心よしとせず，着任早々で去って行く惜しい教師もいた」[8]という。

第2代校長平山正は，1917年8月30日，石川県立金沢第一中学校長から釜山中学校長となった。部下としては岩村俊雄と堀内朋を信頼していたとみえ，1921年4月，京城第二高等普通学校が新設されその校長として転出する際，この両名を帯同した。参考までに彼らの最終学歴は，平山が東京帝国大学，岩村が東京高等師範学校，堀内が広島高等師範学校であり，京城第二高等普通学校において岩村は教頭格，堀内は教務主任格として平山校長を補佐した。

釜山中学校長としての平山正に関する資料は持ち合わせていないが，京城第二高等普通学校の後身である景福高校の『景福五十五年史』によれば，「平山校長の人物評」は次のとおりである。

> 丸い童顔にやさしい性格であり，重厚で，日本人の偏狭・固陋な欠陥があまり見えなかった。3・1運動後，朝鮮人学校の責任者の任命というのは，その人の性格もおおいに考慮されたという点も計算に入れなければなるまい。入学式で父兄に，「皆さんの子弟を……」と慶尚道訛の韓国語で挨拶をしたので，皆，意外に思った。
> 　在任中，生徒や父兄に尊敬され，1929年（昭和4年）5月大邱師範学校長として転出したので満8年勤務したことになるが，その間，草創期の運営をよくリードし，また発展の基盤を充分に築いた[9]。

第3代校長井上庄次については，前職が福岡県立小倉中学校長であったこと，釜山中学校長在任が1921年6月から1925年3月までであったこと以外，今のところ知りえていない。

第4代校長関本幸太郎は，京城中学校教諭（1914～17年度，1917年度は京

城中学校大田分教室主任)・大田中学校長 (1918～24年度) を経て釜山中学校長となり (1925～28年度), その後京城中学校長を務めた (1929～31年度)。

余談ながら関本幸太郎の息子至は,「大田中学校に入学して間もなく釜山中学校に転校, さらに四年生のはじめ, 京城中学校に転校し」[10], 3中学校においていずれも「校長の坊っちゃん」であった。釜山中学校では, 関本至と同じクラスに教諭尾添祐三郎・桜井弁治の息子もいた。内地人社会の狭さをうかがわせる一例である。

第5代校長加藤常次郎は, 福岡県立中学明善校の校長 (1918年4月～1920年6月) から朝鮮に渡って京城高等普通学校 (1921年4月以後は京城第一高等普通学校) の校長となった。渡航の経緯について, 日本側の『明善校九十年史』(明善高等学校　1970年) は一言も触れていないが, 韓国側の『京畿七十年史』は,「もともと彼は, 第一高普の校長として赴任する前, 日本での長い校長生活から引退するつもりであったが, 日本文部当局から, 韓国に渡って韓国の優秀な子弟たちを教育してくれという強い要請を受け, 韓国にやって来た」[11] としている。

京城第一高等普通学校長のあと加藤常次郎は, 1924年12月京城中学校長, 1929年5月釜山中学校長となった。すなわち, 先代の関本幸太郎と入れ代わったわけである。釜山中学校長在任は1932年3月までで, その後内地に帰った。

加藤校長に対しては毀誉褒貶の幅が大きい。釜山中学校第15期生 (1932年卒) のひとりは, 加藤を次のように評している。

　(前略) その偉い寺村中佐よりもまだ豪い人がいた。私が最も尊敬する加藤常次郎校長であった。

　教練の閲兵分列行進の訓練で配属将校の指導で行進が始まる。閲兵を受けるのは朝礼台の学校長。「頭―右ッ」すると加藤校長両手を大きく振って「止めろ!」の大声。行進が停ると校長,「お前達の行進はなっとらん。列がゆがんでしまってまるで弓である。寺村中佐やり直せッ!」 これには驚いた。満州事変直後の現役陸軍中佐殿に対して,「これはたいした学校長だ!」と恐れ入った。さすが, 三高時代, 浜口雄幸総理, 湯浅朝鮮政

務総監と同級で,よく京都の街頭で演説したという肝っ玉校長だけのことはある[12]。

一方,釜山中学校教諭であった深川俊男の加藤評は次のとおりである。

　昭和四年春,関本先生は京城中学の校長として去って行かれた。別れの日があまりにも早く来たことが悲しかった。代りに京中からK氏が後任として着任された。この方も世の常の校長としては普通の人であったろうが,関本先生と比較すると人物の違いが目立ったので我らは失望した。……(中略)……
　私はどうしてもこのK校長と合わず,その年の十一月,大田中学に去った[13]。

なお,先の引用文中に「三高時代」とあるところから加藤常次郎が第三高等学校を出たことがわかるが,その後の学歴は確かめえない。

第6代校長青柳泰雄は,小倉生まれの福岡県人で,第五高等学校〜東京帝国大学卒である。岡山県立津山高等女学校において校長を経験し(1927年度),岡山県視学を経て1930年11月,京畿道視学官となった。釜山中学校長に任ぜられたのは1932年3月である。以来1937年6月まで,在任期間5年3ヵ月は歴代釜山中学校長中最も長い。1937年7月,京都府立第一中学校の校長として転出し,1943年,京都女子専門学校長在職中に死去した。

『朝鮮功労者銘鑑』における青柳評は次のとおりである。

　氏は深く蔵して語らず不言実行を以てモットウとして教育の実際に当り釜山中学着任以来は質実剛健を以て校風とし滔々浮薄たる現代の思潮を排除して皇国日本本来の精神涵養に努め着々として実績を収めつゝあり,青柳校長着任後の同校は面目全く一新して中等学生育英の府としては最も理想的のものとして,父兄間より絶大の讃辞を受けて居る[14]

『朝鮮功労者銘鑑』の性格からして当然のことながら評価は高いが,「青柳

校長着任後の同校は面目全く一新して」というその具体的内容は明らかでない。少なくとも「釜山中学着任以来は質実剛健を以て校風とし」は誤りである。質実剛健は，青柳の着任以前から釜山中学校の校風だったからである。

　生徒の間には青柳校長をリベラリストとする評価があったが，在任末期には，次のように見方が変わっている。

　　校長は査閲の過去の成績は普通でしたがレベルアップを図るため大邱連隊より野田中佐を配属将校に迎え，みっちり軍事教練を仕込まれたが，これまでは「リベラリスト」だと思っておりましたので，少なからず理解に苦しみました[15]。

　第7代校長藤井友吉は，京城中学校教諭（1911～17年度）・龍山中学校教諭（1918～19年度）・仁川高等女学校教諭（1919年度）を経て校長に昇任，仁川高等女学校長（1920～22年度）・群山中学校長（1923～32年度）・大田中学校長（1933～37年度）を歴任した後1937年7月，釜山中学校長に就任した。大田中学校長→釜山中学校長の人事は，東京高師の先輩関本幸太郎と同じコースである。釜山中学校長就任時満55歳であった藤井友吉は，ここで教職歴の掉尾を飾りたかったものと思われるが，惜しくも1940年4月10日病没した。「勅任官ヲ以テ待遇セラル」の辞令が4月4日に出たばかりであった。

　釜山における藤井校長（生徒が付けた渾名はムジナ）に関しては次のようなエピソードがある。1939年当時の野球部員の回想である。

　　藤井友吉校長（ムジナ）が，ボールとかミット，ストライクなど英語のものはいかんとか，ラグビー，バレー，テニス，バスケットなど横文字の外来スポーツを嫌い，柔，剣道，弓道，乗馬などをやるべしという頑固なことをいい出した。
　　時あたかも，"皇紀二千六百年"とやらで，国威宣揚，国体明徴が盛んに宣伝される臨戦体制下にあった。そしてとうとう，階段教室の下の野球部室にみんなを集め，野球部を解散するという宣告を下された。
　　これは，てっきり政府の強制指示かと思った。ところが，さに非ず，藤

井校長の時局を慮かる独断専行であったらしい。その証拠に，釜山一商や東萊高普は解散せずに存続していた。

　目上の人を悪くいうのは良くないと思うが，徒らに時局に迎合し，当局や軍におもねる風潮が，日本の歩む道を誤らしめたと，いまでも確信している[16]。

　藤井友吉の死去によって急遽釜山中学校第8代校長（1940年5月1日付）に任命された七田文一郎は，大邱中学校教諭（1922〜36年度）・咸興高等女学校長（1937〜38年度）を経て慶尚南道視学官を務めていた。藤井とほぼ同時（1940年3月30日）に勅任官待遇となっていたから，官吏として両人は同格だったわけである。しかし，七田も，在任2年にも満たない1942年4月，新学期を迎えたばかりの職員会議の席上で斃れた。

　七田文一郎の頓死に伴って，1942年5月，第9代校長となった近藤鎬四郎は，20年の長きにわたって京城中学校教諭（1917〜36年度）を務め，1937年4月から全州中学校〜全州南中学校（1938年に校名変更）の校長であった。1945年8月，釜山中学校の最期を看取り，外務省への学籍簿提出など廃校後の事務処理を全うした。

　以上みてきた釜山中学校歴代校長の経歴で最も注目されるのは，釜山着任以前の校長歴である。初代の広田直三郎を除く8名はすべて，内地，あるいは朝鮮の内地人学校において校長経験を積んでから釜山中学校長となったのである。

　また，第5代加藤常次郎以降の5名にとっては，釜山中学校が生涯の，あるいは朝鮮での最終勤務校であった。

　学歴が明らかなのは6名で，その内訳は，東京帝国大学が平山正と青柳泰雄，東京高等師範学校が関本幸太郎と藤井友吉，広島高等師範学校が七田文一郎である。また加藤常次郎は，第三高等学校からいずれかの帝国大学であろう（ちなみに，註12の引用にある浜口雄幸と湯浅倉平は，いずれも東京帝大）。

　地域としては福岡県との関連が目に付く。井上庄次は福岡県立中学の校長を辞して朝鮮に渡っており，加藤常次郎・青柳泰雄・藤井友吉は福岡県の生まれ育ちであった。

2. 教 諭

　釜山中学校開校時，広田直三郎校長配下の教諭は次田潤・岩橋繁雄・都築鶴吉・鈴木太郎の4名であった。前述したような広田校長のワンマン的な性格が災いしてか，彼らの在任期間はいずれも短く，次田が4年，岩橋が3年，都築と鈴木が2年に過ぎなかった。

　関東大震災のため一時避難的に釜山中学校教諭となった数納兵治と西山清一の在任は，ともに1925～26年度の2年間であった。

　また，深川俊男が加藤常次郎と反りが合わずに大田中学校へ転出したように，加藤校長時代の教諭古関吉雄・横山丈夫・吉岡道夫の釜山中学校勤務は1931年度のみであった。

　このように短期間で異動した者もいたが，一方，長期在任者はかなり多数にのぼり，釜山中学校では長期在任がむしろ常態であったことがうかがわれる。8年以上の勤続者は次の29名である。

尾添祐三郎	1916～30年度
吉弘　鎮整	1917～45年度
大城　震一	1920～33年度
栗田　台吉	1921～30年度
桜井　弁治	1921～30年度
高田貞四郎	1922～30年度
広兼　弘毅	1923～30年度
藤田　秀松	1924～32年度
松西　金吾	1925～32年度
斎藤伊三郎	1925～35年度
成沢　嘉雄	1925～36年度
上大迫豊次	1926～33年度
児玉　三鶴	1927～35年度
吉本（千々松）豊	1927～38年度
佐藤　立一	1927～38年度

三栖　幸一	1928 〜 35 年度
中村権次郎	1928 〜 37 年度
白石　槌夫	1928 〜 39 年度
高橋　喜好	1928 〜 45 年度
脇山　恬	1930 〜 39 年度
中沢栄次郎	1930 〜 45 年度
戸谷　正造	1931 〜 38 年度
大畠 (山下) 盛歳	1931 〜 39 年度
小柳　鎌蔵	1931 〜 39 年度 (以後不明)
真木　直孝	1932 〜 39 年度
山手順一郎	1934 〜 41 年度
神　克行	1934 〜 41 年度
久保喜代三	1934 〜 43 年度 (以後不明)
叶井　理助	1934 〜 45 年度

　彼らの経歴について若干補足すると，吉弘鎮整は，福岡県柳川出身の教練教官（退役陸軍中尉）で，釜山中学校には開校4年目から最後まで勤務した。いわば釜山中学校の生き字引的な存在であった。その容貌から鯱のニックネームを奉られたが，温厚な性格で生徒に親しまれたようである。釜山中学校に配属将校が配置された1926年ごろの在校生は次のように回想している。

　　先生の中では，教練のシャチこと吉弘鎮整先生の印象が強い。とても人柄のよい先生で，大変可愛がっていただいた。生徒の人望も厚かった。ところが，そのうち配属将校なるものがやって来て，某々大尉？が，我が敬愛するシャチ先生を呼び捨てにして顎で使うには，大いに憤慨したものだった[17]。

　桜井弁治は，1931年3月に教諭を退職したものの，1936年1月から事務官，1939年9月から終戦まで講師として釜山中学校に勤めた。したがって，トータルの釜山中学校勤務は19年に及ぶ。

広兼弘毅は，釜山中学校教諭の後，東萊高等普通学校教諭（1931～37年度）を経て順天中学校長（1938～42年度）・京畿道視学官（1943年度～）となった。山口県人で広島高等師範学校卒である。

　松西金吾は，釜山中学校が初任校で，釜山高等女学校教諭（1933～43年度）を経て鎮南浦高等女学校教頭から応召した。

　斎藤伊三郎は，初任の釜山中学校に11年勤めた後，晋州高等普通学校〜晋州中学校の校長（1936～38年度）となった。

　児玉三鶴は，釜山中学校の平教諭から，1936年4月に開設された馬山中学校の教頭となった。1943年当時も教頭であったが，その後は不明である。

　吉本（千々松）豊は，釜山中学校第5回卒業生（1922年卒）である。その後山口高等商業学校を出て母校釜山中学校で教鞭を執ったが，1938年度をもって病気退職した。

　白石槌夫は，教員間の人間関係の縺れから教諭をいったん退職したが，暫く後に講師として復帰した。

　高橋喜好は，1942年から釜山中学校最後の教頭で，ラグビー部の部長でもあった。一高〜東大出のリベラリストであったという。

　中沢栄次郎は，東京物理学校卒業後終戦までの経歴を自ら次のように語っている。

　　私も，学校を出て門司にあった鉄道養成所（中学）に職を奉じた。ここは設備も良く，待遇も悪くなかったが，やはり大陸へ雄飛してみたいという潜在願望から海を渡って釜中へ移った。
　　ところが，大陸の玄関口の釜山に居ついたまま終戦まで留まってしまった。それだけ，居心地の良い所だったということになろうか[18]。

　戸谷正造は，釜山中学校教諭から1939年4月，京城鉱山専門学校教授となった。

　真木直孝は，吉本（千々松）豊の後輩の釜山中学校第10期生（1927年卒）で，広島高等師範学校を経て母校に奉職した。釜山中学校の生徒たちは，先輩への親愛を込めて，「真木先生」ではなく「マキさん」と呼んだという。

しかし，真木は1940年4月，追われるようにして順天中学校に異動した。その理由について，中沢栄次郎は次のように述べている。

　青柳泰雄校長のあと藤井友吉校長が赴任してこられ，その後しばらくして真木先生とソリが合わなくなった。理由は，青柳校長に可愛がられた真木先生を排除しようとしたとか，東京高師・広島高師の対立とかいろいろ云われた。ただ，真木先生は釜中の卒業生であるため生徒にも兄貴のような人気があり，生え抜きの意識が強かったこともあったと思う[19]。

　このように真の理由は明らかでないが，「東京高師・広島高師の対立」説の傍証となるのは，真木直孝の異動先の順天中学校は広兼弘毅が校長であり，教諭として大石俊之もいたことである。広島高師において広兼は真木の先輩，大石は後輩にあたる。また釜山中学校の校長は，先にみたように1940年5月，東京高師卒の藤井友吉から広島高師卒の七田文一郎に交替した。
　山手順一郎は，釜山中学校勤務の末期2年間（1940～41年度）は教頭であり，1942年4月，釜山第二中学校の新設に伴って同校初代校長に任命された。山手のほか三谷重夫・脇山恬なども釜山中から釜山二中に移っており，教員人事の上から釜山二中は釜山中の「子生み現象」といってよかった。
　上にみた広兼弘毅・斎藤伊三郎・山手順一郎のように，釜山中学校教諭から直ちに，あるいはワンクッションをおいて他校の校長となったのは岩村俊雄・堀内朋・長根禅提・江副作二・阿部吉助・深川俊男・福本市太郎・及川民次郎・原長則・末永又一・森亨らである。
　岩村俊雄は，釜山中学校教諭（1914～21年度）から京城第二高等普通学校教諭（1921～28年度）となった。前述したように，平山正校長の転勤に同道したのである。岩村は，その後行政畑に移って総督府編修官・忠清南道視学官・総督府視学官などを歴任し，再び学校に戻って京畿中学校長（1938年10月～44年4月）を務めた。
　堀内朋も，岩村俊雄とともに釜山中学校（1918～21年度）から京城第二高等普通学校（1921～25年度）に移った。京城第一高等女学校教諭（1925～32年度）を経て校長に昇任し，江景商業学校長（1933～34年度）・平安南道視学

官（1935～37年度）・釜山第一商業学校長（1937～38年度）・大田中学校長（1939～40年度）・景福中学校長（1941～44年度）を歴任した。教諭としての堀内は高く評価されているが，校長としては「日帝横暴の末期，第2次大戦の日本敗戦期の校長らしい人であった」[20] というのが朝鮮側の見方である。

長根禅提は，釜山中学校教諭（1918～21年度）の後総督府編修書記・編修官（1922～24年度）と京城第一高等女学校教諭（1925～28年度）を経て新義州高等女学校長（1929～39年度）となった。1935年の時点で，「殊に女子教育方面に於ては一方の権威として，知られ」[21] ていた。

江副作二は，釜山中学校教諭（1923～26年度）から直ちに釜山女子高等普通学校長（1927～31年度）となった。

阿部吉助は，慶尚南道視学兼釜山中学校教諭（1926～28年度）から鎮海高等女学校長（1929～31年度）となり，続いて清津高等女学校長を10年以上（1932～43年度，以後不明）務めた。

深川俊男は，釜山中学校教諭（1926～29年度）・大田中学校教諭（1929～34年度）・京城中学校教諭（1935～42年度）を経て平安南道立江西中学校の校長（1943～45年度）となった。

福本市太郎は，慶尚南道視学兼釜山中学校教諭（1929～31年度）から校長となったが，校長としての勤務校は鎮海高等女学校（1932～35年度）・馬山高等女学校（1936～40年度）・釜山港高等女学校（1941～43年度，以後不明）と，いずれも女学校であった。

及川民次郎は，釜山中学校教諭（1931～34年度）の後釜山女子高等普通学校教諭を1年（1935年度）のみ務めて校長となり，鎮海高等女学校長（1936～38年度）・晋州高等女学校長（1939～40年度）・春川中学校長（1941～43年度，以後不明）を歴任した。

原長則は，釜山中学校の平教諭（1931～34年度）から馬山高等女学校の教頭（1935～39年度）となり，さらに江陵高等女学校の校長（1940～43年度，以後不明）となった。

末永又一は，慶尚南道視学兼釜山中学校教諭（1932年度）の後，兼務なしの慶尚南道視学（1933年度）を経て小学校長となり，釜山高等小学校長（1934～37年度）・釜山第六小学校長（1938～42年度）を務めた。

森亨は，釜山中学校の平教諭（1935年度）・教頭（1936～39年度）を経て校長に昇任し，兼二浦高等女学校長（1940～41年度）・鎮南浦高等女学校長（1942～43年度，以後不明）を歴任した。

以上みてきたような教員経歴から，教諭たちにとって釜山中学校勤務が，その後のキャリアのステップ・ストーンとなったことが明らかである。この意味で釜山中学校は，半島南部の中等教育界における中核校であった。しかし，その威信は，あくまでも京城中学校には及ばない。それは，釜山中学校で4年（1918～21年度）にわたって教頭を務めた佐々木憲護が，転任先の京城中学校では平教諭として遇されたことが端的に示している。

次に釜山中学校教諭の学歴をみると，学歴が明らかな者は多くはないが，その中で最も目立つのは広島高等師範学校である。広島高師出身者の氏名・卒業年・釜山中学校在任年度は次のとおりである。

岩橋　繁雄	1907年	1913～15年度
安岡源太郎	1908年	1916～21年度
江副　作二	1908年	1923～26年度
林　　真英	1909年	1914～16年度
斎藤伊三郎	1909年	1925～35年度
鈴木　太郎	1911年	1913～14年度
井口　末吉	1911年	1915～19年度
堀内　　朋	1915年	1918～21年度
岩井　　勇	1916年	1916～17年度
阿部　吉助	1919年	1926～28年度
広兼　弘毅	1922年	1923～30年度
原　　長則	1922年	1931～34年度
福本市太郎	1923年	1929～31年度
山手順一郎	1925年	1934～41年度
小柳　鎌蔵	1929年	1931～39年度（以後不明）
河野　可成	1931年	1943年度（以後不明）
真木　直孝	1932年	1932～39年度

平野佐之吉　　1938年　　1940〜45年度

　このリストではわかりにくいが，広島高師卒の尚志会員がいなかったのは1922年度の1年のみである。換言すれば，釜山中学校には，1913年の開校以来ほぼ絶えることなく尚志会員が在勤したのである。とくに1916年度および1931〜35年度は4名を数えた。釜山中学校の全教員数は1916年が15名，1931〜35年が27名であったから，尚志会はかなりの勢力であったということができる。ただし，先にみたように校長は，第8代七田文一郎のみである。

　尚志会員の間では人事上の連携プレーもみられた。たとえば，阿部吉助は，「大正十二年七月七日先輩より勧められるまゝに渡鮮」[22]したという。1936〜39年度の馬山高等女学校の校長・教頭は，福本市太郎・原長則の尚志会コンビであった。また，真木直孝は1940年4月，先輩広兼弘毅が校長であった順天中学校に転出し，釜山中学校の真木の跡は，後輩の平野佐之吉が埋めた。

　尚志会員の18名に次いで多かったのが茗渓会員である。茗渓会員であることが確かな者の氏名・東京高等師範学校卒業年・釜山中学校在任年度は次のとおりである。

　　牧島金三郎　　？　　　　1914年度
　　都築　鶴吉　　1909年　　1913〜14年度
　　岩村　俊雄　　1910年　　1914〜21年度
　　森　　亨　　　1922年　　1935〜39年度
　　徳政　亀一　　1924年　　1926〜30年度
　　及川民次郎　　1924年　　1931〜34年度
　　林　　徳次　　1927年　　1933〜36年度

　茗渓会については昭和期の資料が乏しく，断定的なことはいえないが，少なくとも彼らが，ふたりの校長（第4代関本幸太郎・第7代藤井友吉）を戴いたにもかかわらず釜山中学校教員間で閥を成した形跡はない。

帝国大学卒の教諭は，判明しているだけで 7 名を数え，これも釜山中学校の威信を高からしめる一因であった。その内訳は京都帝大が 4 名（安岡源太郎・深川俊男・三光迪・池田併治），東京帝大が 3 名（次田潤・高橋喜好・叶井理助）である。

　安岡源太郎は，先に広島高師（尚志会）関係者としても触れたが，最終学歴は京都帝大卒である。深川俊男は，現在の北九州市に生まれ，小倉中～五高～京都帝大を出た。三光迪の釜山中学校在任は 1932 ～ 37 年度であるが，実は 1936 ～ 37 年度は，慶尚南道視学が本務で，釜山中学校教諭は兼務であった。そこで，いわば釜山中における三光の穴を埋める形で 1936 年 5 月に赴任したのが，京都帝大の直系（国文科）の後輩池田（後に大坪と改姓）併治だったのである。「大学で国語学を専攻し，大学院の研究テーマに国語史を選んだわたしは，古代日本語の研究には，朝鮮語の知識が必要と考えていたので，この機会に，五年ばかり朝鮮に行って，朝鮮語を身に付けたいと思った」[23]というのが池田の渡航目的であったことを附言しておく。

　次田潤は釜山中学校開校時の，高橋喜好は閉校時の教頭であった。奇しくも釜山中学校の最初と最後の教頭は，いずれも東京帝大出だったのである。

　このほか最終学歴が明らかなのは，露崎厚と神克行が東京外国語学校，中沢栄次郎と久保喜代三が東京物理学校，脇山恬が早稲田大学，吉本豊が山口高等商業学校，三巻洋一が山口高校大学予科，白石槌夫が中等教員検定である。これからしても釜山中学校の教師陣は，多士済々の観があった。

　教諭の出身（本籍）地についてみると，西日本各県を中心に全国にまたがっていたようであるが，中でも多かったのは，釜山に最も近い山口県と福岡県である。

　山口県人であることが確実なのは三巻洋一・広兼弘毅・徳政亀一・児玉三鶴・吉本豊・福本市太郎・末永又一の 7 名である。広兼は広島高師，徳政は東京高師の出身であるが，ふたりは親友であったという。校長（藤井友吉）と教諭（真木直孝）の間には東京高師と広島高師の対立があったことを先にみたが，教諭同士の間では，同郷の誼が出身校の違いを上回ったようである。吉本豊は，釜山生まれの釜山育ちであるが，本籍が山口県である。

　福岡県人としては井口末吉・岩井勇・守秀夫・吉弘鎮整・深川俊男・小柳

鎌蔵・河野可成・谷口松雄の8名が判明している。これは『広島高等師範学校一覧』や『幻の名門校〈釜山中学回想記〉』などから知られる限りであるので，実際には当然もっと多かったであろう。

第3節　釜山中学校の学校文化

　釜山中学校の生徒・教師にとって釜山の地は，大陸への玄関口として強く印象づけられていたようである。第1期生のひとりは，「校庭より釜山港の大部分を一眸(ママ)の内に見下し，朝夕出入りの連絡船に内地の想いを馳り，帝国（当時は帝国でありました）の大陸政策の雄大さに少年の血潮をわかせたものである」[24]と述懐している。教諭中沢栄次郎が「大陸へ雄飛してみたいという潜在願望から海を渡って釜中へ移った」のも前述のとおりである。
　したがって，釜山中学校の満州修学旅行は，とりわけ重要なものであった。生徒の中には，次の引用にあるように「満州のトリコ」になった者もいたのである。

　　あの赤い夕陽の満州，涯てしない荒野，見たことのない一種異様な大陸風俗。これらが感受性の強い僕を満州の虜にしてしまった。……（中略）……
　　横浜の学窓を巣立った時，「満州以外へは就職しません」という僕の申入れを聞き入れてくれたのか，学校側は当時満州ではピカ一の国策会社・満州電信電話（郵便放送事業も）へ行けという。前野順一先生が僕のことを広瀬電々総裁に頼んでくれたのだった。かくして僕は無試験で十四年四月，あこがれの満州へ，そして新京大同広場に偉容を誇る本社ビルの門を潜ったのだった。思えば修学旅行での興奮が僕を満州に走らせ，充実した日々に満足していた[25]

　しかし，1931年に満州事変が勃発し，修学旅行先は，1936年以降内地に変更された。これについては，「軍閥の満州国に見る価値はない。満州旅行をやめて内地修学旅行にする」[26]という青柳泰雄校長の意思決定があったというが，現実問題として満州旅行は困難になっていた。すでに1934年，「沿

線の治安不順のため、ハルピンは取りやめて、吉林どまり。デッキに満警の警乗、窓のブラインドをみな降ろした夜行列車」[27]という状況だったのである。

「聖地参拝修業鍛錬旅行」の名目で始まった内地旅行は、必ずしも生徒たちを満足させたわけではない。4年生の第1回内地修学旅行は、「内地なんていつでも行けると云う思いと満州に行けなかったことへの腹癒せもありました。だから、バスに乗るとガイド嬢を揶揄ったりガヤガヤ騒ぐといった道中」[28]だったという。

この内地修学旅行も、1942年には中止に至る。その経緯は次のとおりである。

　　四年に進級した昭和十七年春、突然、講堂に集合するよう指示があり、何事かと不審に思いながら講堂に集まったところ、近藤諦四郎（ママ）校長から厳かに「時局ますます重大、軍の輸送に協力するため修学旅行は中止する」という話がありました。既にこの年の修学旅行は内地行と決定し、出発間際であっただけに、正に青天の霹靂、愕然として耳を疑いました。国のためといわれれば一言もなかった時代でしたが、静かな講堂が落胆と憤りのため一瞬ざわめいたことを記憶しています。
　　因みに、修学旅行を中止したのは中学のみで、第一商業も女学校も予定通り出発しました。近藤校長は人格高潔、愛国心の強い人でした。修学旅行の中止も、国を愛するが故の苦しい決断であったように思われます。しかし、当時の私達にとっては、指折り数えて待っていた最も楽しい青春の行事を抹殺される残酷な決定でした。私は今でも、修学旅行の季節になると当時を回想し、大切な青春の一ページを失ったような気持ちに襲われることがあります[29]。

次に進学校としての釜山中学校をみると、1929年5月、加藤常次郎が第5代校長に就任してから受験準備教育に拍車がかけられたようである。加藤は、京城中学校長から転任してきただけに、朝鮮随一の進学校京城中学校と新任校釜山中学校との落差を実感したものと思われる。1930（昭和5）年3

月の卒業生は，加藤校長の思い出を次のように述べている。

　着任早々通観するところ，当校の上級校合格率は遺憾ながら，誠にお粗末である。諸君は，よろしく奮起して，来るべき機会に備えられたい!!と檄を飛ばされた。早速その対策として，模擬試験制度を採用，四年生以上は必ずこれに応ずべしとされ，各学期一回位の実施となり，全受験者の成績表が校長室横の廊下に張り出された。これは実に釜中健児覚醒の金的となり，翌昭和五年三月には効果覿面の好結果を得て前年に数倍する合格率（特に官立校）を挙げ，お互いに面目を施すことが出来て校長以下諸先生にも喜こんで貰えた[30]。

　釜山中学校は，その後進学校としての地歩を確固たるものとし，1940年度の上級学校合格率は，京城中学校を抜いて朝鮮トップだったといわれている。ただし，その上級学校の内訳が明らかでないので，京城中学校との厳密な比較は困難である。
　進学先としての軍関係学校については，釜山中学校は1942年3月当時まで，「進学率が高かったのに，陸士・海兵・予科練に行く者が極く少なかった」[31]という。しかし，戦局は，釜山中学校をひとりそのような状況に置くことを許さなかった。1942年度以降は，「陸士，海兵への入校率も高く，軍国主義の鑑のような校風になっていた」[32]のである。軍国主義に基づく進路指導の一例は次のとおりである。

　三年の時（昭和十九年）戦局は正に苛烈，われに非で，学校も予科兵学校や予科練等，軍関係学校の志願を薦めた。K先生が「既に受験する者は帰ってよし。これから検討しようという者には資料を渡す。受けない者は手を上げよ――」と言われて不用意に手を上げたら数人しかいない。「よし，お前達は校長室の廊下に立っていろ」と言われて「しまった」と思ったがもう遅い。校長室の前なんて言われるとロクな事はない。案の定，往復ビンタを取られて「そこへ座れ，正座して時局を考えよ」と宣告された[33]。

釜山中学校と朝鮮人社会との縁は、他の内地人学校にも増して希薄であった。1926年入学の唯一の朝鮮人金允中は、「中学も五〇名ずつ三クラスあったが、韓国人としては小生一人だった。その翌年からは……（中略）……中学は一クラス一人ずつ計三名を入学させた」[34]と語っている。このように釜山中学校の朝鮮人生徒は、いわば稀少価値があり、卒業生は、正確にはわからないが約40名とされている。

　彼ら朝鮮人生徒は、朝鮮人社会の上流階層に属した（ちなみに月謝は、内地人の2倍を自担した）が、内地人学校である釜山中学校ではマイノリティーの悲哀を味わうことになった。卒業後40年以上を経てなお、「静かに考えて見ると釜中五ヵ年間は楽しいこともありましたが、私はどうしたことか悲観、失望、葛藤の連続でした」[35]という思いをひきずる者もいたのである。

　一方、朝鮮人生徒の中には、日本が掲げる「五族協和」「一視同仁」「内鮮一体」などのスローガンに胡散臭さを感じ取り、日本の将来を見通していた者もいた。次は、釜山中学校第19期生（1931年入学）で、九州帝国大学を出て「解放」後韓国の外務部長官・駐日大使などを歴任した金東祚の満州修学旅行をめぐる感懐である。

　　その頃は、満州国が成立し、新京（長春）がその首都になったばかりの時機(ママ)だった。日本の大陸侵攻の初期に、日本の植民地下にいた朝鮮人学生たる私は、修学旅行団の中で唯一人の非内地人として「五族協和」を唱える新天地満州の空気は何かとお門違いの感を覚えたのでした。

　　旅行中に大連、旅順、奉天、ハルピン等の中国人、満州人、白系ロシア人といった異人種に戸惑いする気持ちはそのとき旅行した同級生の何人かが感じたでしょうか。「一視同仁、内鮮一体」と唱えた日本人諸君は、果たして日本国家目標の行方をワカラズじまいに終戦を迎えたと思います[36]。

おわりに

　本章において筆者が強調したいことを改めて整理して結語に代えたい。
　釜山中学校が朝鮮三南地方の中核校であったことは、教員人事政策によっ

て裏打ちされていた。すなわち，歴代校長は，初代の広田直三郎を除いて内地，あるいは朝鮮の内地人学校において校長経験を積んでから釜山中学校長となった。第7代藤井友吉が在任中に，第8代七田文一郎が就任直前に勅任官待遇となったように，釜山中学校長の官等は，中等学校教員として最高の部類に属した。また彼らの学歴は，第2代平山正と第6代青柳泰雄が（そして恐らく第5代加藤常次郎も）東京帝国大学卒であった。このことは，対外的に釜山中学校のプレスティージを高からしめたばかりでなく，対内的に校長と，広島高等師範学校出身者がかなりの勢力をなした教諭陣との対立を避けるという意味でも有効であったと思われる。東京高等師範学校出身の藤井友吉校長時代，校長と教諭の間に「東京高師・広島高師の対立」とみられる現象があったからである。

　教諭については，そもそも釜山中学校に勤務した教諭が通算で何名であったのかさえ明らかでなく，学歴のわかる者は一部に過ぎないが，判明分を挙げると，広島高等師範学校が18名，東京高等師範学校が7名，京都帝国大学が4名，東京帝国大学が3名，東京外国語学校と東京物理学校が各2名，早稲田大学・山口高等商業学校・山口高校大学予科が各1名などである。多士済々，バラエティーにも富んでいた。そして彼らの多くは，釜山中学校から転出した後，他校の校長や各道視学官として活躍した。換言すれば，釜山中学校は，朝鮮教育界の梁山泊のひとつだったのである。1921年京城第二高等普通学校が，1942年釜山第二中学校が，釜山中学校から異動した教師陣を中心スタッフとして開校したことは，釜山中学校梁山泊説を裏付ける典型例である。

　釜山中学校教員の出身（本籍）地や朝鮮渡航直前の任地をみると，とくに校長において福岡県との縁が際立っていた。加藤常次郎・青柳泰雄・藤井友吉は，第5・6・7代と3代続けて福岡県人であり，第3代井上庄次は，前職が福岡県立小倉中学校長であった。「はじめに」で紹介した拙著中の山口県人関係記述は，この限りにおいては正しいが，福岡県人と比較した場合，山口県人より福岡県人のプレゼンスのほうが大きかったとみるべきである。

[註]（※はハングル文献）
1) 亀峰会編　『幻の名門校〈釜山中学回想記〉』　リベラル社　1988年　p.82
2) 拙著　『旧韓国〜朝鮮の日本人教員』　九州大学出版会　2001年　p.33
3) 『釜山教育五十年史』　釜山府・釜山教育会　1927年　p.41
4) 『釜山中学回想記』　p.61
5) ※孫仁銖　『韓国近代教育史』　延世大学校出版部　1971年　p.268
6) 『釜山中学回想記』　p.441
7) 同上　p.526
8) 同上　pp.21-22
9) ※『景福五十五年史』　景福同窓会　1976年　p.49
10) 『釜山中学回想記』　p.99
11) ※『京畿七十年史』　京畿高等学校同窓会　1970年　p.108
12) 『釜山中学回想記』　p.122
13) 同上　p.45
14) 阿部薫編　『朝鮮功労者銘鑑』　民衆時論社　1935年　p.529
15) 『釜山中学回想記』　p.355
16) 同上　pp.395-396
17) 同上　p.63
18) 真木洛東編　『光芒七十七年』　リベラル社　1987年　pp.216-217
19) 同上　p.216
20) ※『景福五十五年史』　p.55
21) 阿部薫編　前掲書　p.702
22) 同上　p.521
23) 『釜山中学回想記』　pp.502-503
24) 同上　p.18
25) 同上　pp.196-197
26) 同上　p.315
27) 同上　p.252
28) 同上　p.338
29) 同上　pp.490-491
30) 同上　p.106
31) 真木洛東編　前掲書　p.190
32) 『釜山中学回想記』　p.548
33) 同上　p.588
34) 同上　p.110
35) 同上　p.434
36) 同上　pp.214-215

第8章　龍山中学校

はじめに

　龍山中学校は，1909年の京城中学校，1913年の釜山中学校，1915年の平壌中学校に次いで1918年に開設された。在朝鮮「内地人」中学校としては4番目（大田中学校と同時創立）の伝統校であるが，京城中学校の「居候」的な存在として誕生し，独立後も常に京城中学校と競合関係にあっただけに，龍山中学校は，いわば出来のよい兄をもった弟の悲哀を長く味わうことになった。しかし，第2代の高木校長時代（1932年3月～1940年3月）には，「その差を十年近くかゝって縮め，京中と肩を並べるに至った」[1]といわれている。本章の最大の狙いは，龍山中学校が対京中コンプレックスを克服し「京中と肩を並べるに至った」プロセスを追跡することである。
　龍山中学校の大きな特色のひとつは，その存続期間の大部分（1918年4月～1944年3月）が僅か3人の校長によって担われたところにあった。彼らの平均在任期間は8年8ヵ月に及び，龍山中学校の教育体制が非常に安定していたことを窺わせる。そこに見られる学校経営や教員人事の特徴を明らかにすることもまた本章の目的である。

第1節　学校沿革

　1917年3月，京城中学校の1917年度入試が行なわれ，本来の京城中学校入学者153名のほか，将来「大田中学校」に収容されることも承知であれば

入学を許可するという条件付きの合格者 56 名（成績は 154 番以下）が発表された。この 56 名が，後の龍山中学校第 1 期生である。彼らについて『龍山公立中学校創立七十周年記念誌』は次のように記している。

　「京城中学校」を受験したのに「大田中学」に収容されることが承知ならば入学を許可するとの合格通知を貰い，「大田中学」が出来る迄は京城中学に一時的に通学をと言われ，その「大田中学要員」は別に大田で募集，就学していると聞かされた「新設校要員」としての新入生五十余名の心裡は如何であったであろうか。日を逐うにつれて不安は増大し，更には「他所者」視され「居候然たる立場」からも一刻も早く脱却したい気持で一杯であったことと思われる[2]。

　1917 年夏，朝鮮総督府学務局は，京城府内に新設する第 2 中学として龍山中学校を決定し，校長の人選，校舎予定地の確保など開校準備に着手した。福島亦八の令息龍郎（龍中第 8 期生）の回想によれば，1917 年 8 月に福島亦八が龍山中学校長就任の要請を受け，早くも 9 月には受諾している[3]。しかし，それは 1918 年度予算の成立を前提とした内々の動きであって，福島が校長就任を公式に承諾したのは 1918 年 2 月末のことである。

　同年 3 月 9 日，京城中学校は 1918 年度入試の合格者を発表した。前年と違って今回は，第 1・第 2 志望と成績とを勘案しての査定であった。その結果，「受験者四百九十三名中合格者は三百八名。其中百五十八名は新設中学校に収容されることになったが，京城中学の方は最高点は九十二点最低が七十五点，新設中学は最高点が八十五点で最低が六十二点であった」[4]。

　同年 3 月 30 日，「朝鮮総督府中学校官制」が改正され，朝鮮総督府立龍山中学校が創立された。4 月 16 日，京城中学校預かりとなっていた 2 年生 42 名と新入生 154 名を迎えて，かつて臨時土地調査局であった貞洞の仮校舎で開校式が挙行された。

　翌 1919 年 6 月，龍山の練兵場跡に新築中であった校舎が竣工，これに移転し，名実ともに龍山中学校となった。

　1921 年 3 月，第 1 期生 37 名が 4 年次を修了，うち 4 名が内地の高校に進

学した。いわゆる4修での上級学校進学者は，この後暫く1桁で推移したが，1935年以降2桁となった。

　続いて1922年3月8日，28名が，晴れの第1回卒業式を迎えた。28名は，京城中学校預かりとなった56名のちょうど半数である。卒業式には，総督の代理として柴田学務局長が参席した。ちなみに，その後も龍山中学校の卒業式に総督自身が参列した記録は見出されず，総督が直々に訓示を垂れることが多かった京城中学校とは格の違いが感じられる。

　1922年度から入学定員が50名増員されて200名となり，4学級編成となった。ここから，後述するようなエリートクラス「4組」の問題も派生することになる。

　1925年4月，龍山中学校は朝鮮総督府から京畿道に移管され，龍山公立中学校と改称された。

　1931年11月13日，深夜の出火によって龍山中学校は烏有に帰した。結果的には，火災保険の全額支払いを受け，スチーム暖房装置を備えた最新式鉄筋コンクリート校舎が再建され，いわゆる焼け太りの評も聞かれたが，龍山中学校は，引責辞任によって初代校長福島亦八を失うことになった。新校舎は1933年6月に完成，そこでの授業は9月の新学期から開始された。

　満州事変・日中戦争・太平洋戦争の勃発を契機に戦時色はエスカレートし，1944年になると，学徒勤労動員によって中学校の授業は潰れることが多くなった。そして1945年4月，陸軍が龍山中学校校舎を接収したため，龍山中学校は，再び京城中学校に居候する身となった。しかし，それはあくまでも形式で，龍中生の授業が京中の教室で行なわれたことはほとんどなかったという。勤労動員に明け暮れていたからである。

　8月15日の終戦に続いて9月9日，米軍がソウル（京城の改称）に進駐した。これに先立って龍山中学校は，日本軍に代わって米軍の兵舎に供されることになり，このときまで残留していた教師と生徒は，明け渡しのための整理を命じられた。整理作業の後の「解散式」の模様を当時の在校生のひとりは次のように描いている。

　　全員校庭に集合し，最後の解散式が行われた。校長訓示のあと，全員直

立不動の中を奉安殿から御真影と勅語が宇多川教頭によって厳そかに運んで来られ，朝礼台横の火炎の中に両手高く捧げられた。宇多川先生の純白の手袋が耐えられる限り支えられていたが，遂にガラガラと焰の中に消えて行った光景を思い出す。その後最上級生の旗手が捧げた校旗に残り火が移り，金モールの房から忽ちメラメラと立ち昇る焰が涙を通し霞んで瞼に入った[5]。

第2節　教員の去就

1．校　　長

　初代校長福島亦八は，千葉・福島・岩手県立師範学校教諭などを19年間務めた後京都帝国大学に入学，文学部哲学科（教育学専攻）を卒業した篤学の士である。朝鮮総督府の招請を受けた当時は京都の名門立命館中学校の校長であったが，山形高等学校教授への異動が内定していたことからも教育者として高く評価されていたことがわかる。

　龍山中学校長在任は，1918年4月から1932年3月までの14年に及んだ。1931年11月の校舎火災の責任をとって依願退職したことは前述のとおりである。退官後も朝鮮を去ることなく京城鷺梁津に隠居，敗戦とともに埼玉県の故郷へ帰った。

　教育の基本方針について福島は，龍山中学校開校式における学校長式辞の中で次のように述べている。朝鮮総督府立龍山中学校の初代校長であるだけに，総督府の朝鮮統治方針に忠実な福島の姿勢が窺われる。

　　朝鮮ハ我帝国ノ重要ナル地域タルノミナラス対外ノ関係上極メテ大切ナル位置ヲ占ムルヲ以テ此地ニ於ケル中学校ハ在住ノ内鮮人壱千七百万ノ中堅トナリテ帝国内外ノ発展ニ貢献スヘキ人物ノ基礎教育ヲ施シ以テ曩ニ下賜セラレタル日韓併合ニ関スル詔書ノ精神ヲ貫徹センコトニ努メントス[6]

　福島校長時代の龍中生にとって卒業後も忘れられないのは「4組」と「半

ズボン」であった。「4組」とは，前述したように1922年に入学定員200名，1学年4クラス編成となってからの優等生クラスで，学力面で京城中学校に一日も早く追いつくための方便であったが，1～3組の生徒との間に違和感も生んだ。これに関して福島自身，退職後，「私の教育信念は間違っていた」「人間学問丈でない，人情味のある人間を作らねばならない」[7]と語ったという。

制服の半ズボンは，1923年の2学期から採用された。「私も白線二本の帽子に半ズボンの誇り高き竜中に入学できた」[8]という向きもあるにはあるが，京中生が「サルマタと罵倒した」[9]こともあって，多くの龍中生には不評であった。したがって半ズボンは，福島校長の引退とともに長ズボンに変わった。

第2代校長高木善人は，1907年に東京帝国大学文科大学史学科を卒業し，直ちに韓国学部編輯局に入って教科書編纂に従事した。その後，1913年京城中学校教諭，1919年全州高等普通学校長，1925年大邱中学校長，1927年新義州高等普通学校長，1929年京城第二高等普通学校長となり，総督府視学官(1930～31年度)を経て1932年3月，龍山中学校長に就任した。

高木校長の理想は，龍山中学校を「全国中学校の第一位」にすることであった。校長就任辞に次のようなくだりがある。

　　私は元来平凡で何等取柄のない男であるが，たゞ終始一片耿々の赤誠を以て我が職務に当り粉骨砕身責任を全うし，君国の御恩に報い奉るといふ点だけは何誰様にもひけをとらない決心でゐます。で学校長及び校友会長としても此の決心を以て努力することゝし，目下全鮮中学校の第一位たらんとしてゐる本校を近き将来に於て確かに第一位であると自他共に認める所まで到らしめ，更に躍いで全国中学校の第一位たるの位置まで進めたいと願ってゐるので，私としては之を本校全員の理想としてどんどん進んで実現したいと思ふのであります[10]。

「全国中学校の第一位」はさておき，龍山中学校は，高木校長の在任中(1940年3月まで)に京城中学校とほぼ肩を並べるに至ったとみることができ

る。

　第3代校長河野宗一は，広島高等師範学校を卒業して1916年，平壌中学校教諭となり，続いて京城師範学校教諭（1922～33年度）・咸鏡南道視学官（1934～35年度）・忠清南道視学官（1936～37年度）を歴任，新義州東中学校（新義州高等普通学校の後身）で初めて校長を務めた（1938～39年度）。龍山中学校は，校長として2番目の勤務校である（在任1940年3月～44年3月）。

　河野校長の常套語は「熱鉄丸を呑下せよ」であった。当時の龍中在校生によれば，「鼻下に立派な髭を蓄え，いつも苦虫をかみつぶしたような，いかつい顔をして，熱鉄丸を呑下せよ，をスローガンにかかげた，ヒットラーばりの人物の印象であ」[11]ったという。朝鮮での最後の勤務校であった慶北中学校（大邱高等普通学校の後身）における河野評は，次のように一層シビアである。

　　1944年3月31日龍山中学校から来たという河野宗一は，徹底して皇国臣民を叫び，典型的な大政翼賛（その当時，日本の戦争遂行のためこのようなスローガンを掲げた）型であった。彼は，ひたすら日本天皇に対する忠誠心のみ強調した。学園も，面倒を見てやるべき生徒も，全く眼中にない校長であった[12]。

　第4代校長白井和市郎は，元山中学校長（1939～43年度）から1944年3月，龍山中学校長となったことが『朝鮮総督府官報』によって確認される。しかし，太平洋戦争の末期でまともな教育が行なわれていなかったためか印象が薄かったとみえ，『龍山公立中学校創立七十周年記念誌』にはその名が登場しない。

2．教　　諭

　龍山中学校開校時の教諭陣は，藤井友吉・上遠野多吉・小田原勇・正井芳樹・幕谷四郎・板倉邦介・金久正儀・佐藤薫之助・藤井善枝の9名であった。このうち藤井友吉・小田原勇は京城中学校，正井芳樹は京城中学校大田分教室からの異動，幕谷四郎は京城女子高等普通学校教諭が本務で龍山中学校教

諭は兼務であり，残り5名が福島校長の意向で内地から集められたスタッフであった。とくに上遠野と佐藤は，福島と旧知の間柄であったという。

ところで，「福島先生は永い教員生活の経験に基き，教員が派閥をつくって争うことのないように，教員の出身学校別の配分については，特別に心を用いられた」[13] という。ちなみに上記9名の最終学歴は，藤井友吉が東京高等師範学校，上遠野多吉が東京物理学校，小田原勇が早稲田大学高等師範部，正井芳樹と板倉邦介が広島高等師範学校，金久正儀が東京外国語学校，佐藤薫之助が日本体育会体操学校，藤井善枝が東洋大学である（幕谷四郎は不明）。

藤井友吉は，龍山中学校開設に際して，「幸に教頭候補者を先方に居る人から得たので余程好都合であつた」[14] と福島校長から感謝されていたが，僅か1年8ヵ月で龍山を離れた。1919年12月仁川高等女学校の教諭となり，校長事務取扱（1920年度）を経て校長に昇任した。藤井友吉は以後，多くの学校の校長を歴任，朝鮮中等教育界の大物となった。校長としての在任校および期間は，仁川高等女学校（1921〜22年度）・群山中学校（1923〜32年度）・大田中学校（1933〜37年度）・釜山中学校（1937〜39年度）であった。

上遠野多吉は，龍山中学校に1918〜27年度の10年間在職し，数学を担当するとともに，1925年からは教頭も務めた。1928年，咸興高等普通学校の校長に転任した。

小田原勇は，1917年4月，宮崎中学校から海を渡って京城中学校へ赴任，龍山中学校第1期生と5年間をともにして1922年6月，内地に帰った。だが，1期生と小田原の交歓は，小田原の内地帰還後も，そして戦後も長く続いた。龍山中学校第1回卒業式当日の模様は次のとおりである。

> 我々の第一回の卒業式となった。式後柔道場に一期生全員小田原先生を囲み僅かばかりの菓子とサイダーであったが卒業進学の喜びと明日散り散りに別れゆく悲喜交々の昂奮が夜を徹して沸騰した。先生も既に龍中を，朝鮮を離れゆく臍を固めている。「君たちの存在しない学校に残って何の意義があろう。たとえ別離のあとであっても喜びあれば我々にも頒ち喜ばしめよ，悲しみに遭ひたるとき知らしめて共に泣かしめよ」と繰返し繰返し言われた[15]。

板倉邦介は，1918年4月から1924年度途中まで龍山中学校に在職したが，1935年発行の『朝鮮功労者銘鑑』はこの事実に触れていない。板倉が「朝鮮功労者」に列せられたのは鎮南浦商工学校長としてである。彼は，鎮南浦商工学校長（1935～39年度）の後，大邱商業学校長（1940～41年度）・京城商業学校長（1942～？）も務めている。

　佐藤薫之助の龍山中学校在任は，1939年度まで22年に及んだ。その間，「柔剣道以外の部は佐藤先生がすべてリーダーだった」[16]といわれており，自他ともに許す「スポーツ龍中」の育ての親であった。

　藤井善枝も，1935年度まで18年間在職した後，京城女子実業学校に転出した。龍山中学校在任時の漢文および生活指導は冷酷なほどだったといわれるが，それは「新設の龍中が，京中に負けないようとの一念であった」[17]という。

　第2代校長高木善人は，総督府視学官から龍山中学校長に就任したので部下を引き連れての赴任ということはなかったが，第3代校長河野宗一は，新義州東中学校時代の部下赤星丈夫と小山田昌康を龍山に呼んでいる。このほか河野が龍山中学校長となった1940年度に木須好男・朝岡寛一郎・須藤猶一・阿部寿一・岩崎五郎・平川吉一・松田銀治が龍山中学校教諭となっており，ここにも河野の意向が働いた可能性が高い。ちなみに，小山田昌康と平川吉一は，広島高師の河野の後輩である。

　先に，開校時からの教諭であった上遠野多吉・佐藤薫之助・藤井善枝の龍山中学校在任がそれぞれ10・22・18年に及んだことをみたが，龍山中学校は校長の交替があまりなかったからか，教諭の在任期間も長くなる傾向があった。たとえば，1926年3月に龍山中学校を卒業した淵上雄道が，京城帝国大学を卒業して1931年4月母校龍中に奉職したとき，3年生の「他の三クラスの担任が何れも恩師」[18]だったという。便宜上勤続8年以上を長期在任者としてその氏名・在任期間を改めて列挙すると次のとおりである。

　上遠野多吉（1918～27年度）・藤井善枝（1918～35年度）・佐藤薫之助（1918～39年度）・原武雄（1920～27年度）・松永将闍（1920～42年度）・武田豊太郎（1921～40年度）・湯沢豊彦（1922～33年度）・仁田梶長（1923～39年度，以後不明）・長坂真頼（1924～31年度）・清水節（1924～38年度）・大迫静二（1925

～32年度)・古賀徳義 (1925～36年度)・真玉菊雄 (1925～39年度)・和田進作 (1925～39年度，以後不明)・鈴木留八 (1926～33年度)・島幸治 (1926～39年度)・鈴木駿太郎 (1926～39年度，以後不明)・渡辺桂造 (1926～43年度，以後不明)・河田信雄 (1927～43年度，以後不明)・萩原佐平 (1927～45年度)・満下静造 (1928～40年度)・石黒義保 (1929～39年度，以後不明)・翁長俊郎 (1929～43年度，以後不明)・宇多川寛道 (1929～45年度)・原仙作 (1931～39年度，以後不明)・林原操 (1931～39年度，以後不明)・淵上雄道 (1931～44年度)・寒河江直 (1932～39年度，以後不明)・荒木左右 (1933～41年度)

　上に「以後不明」とあるのは，1940年以降の「朝鮮総督府職員録」には幹部職員のみの記載しかないからである。したがって，該当者の在任期間はもっと長かった可能性があり，上記29名以外にも龍山中学校8年以上在任者は当然存在したと考えられる。ともあれ，『龍山公立中学校創立七十周年記念誌』の「教職員一覧」にある歴代専任教諭は95名であるから，長期在任者の比率は極めて高い。

　龍山中学校教員の特色のひとつとして京城中学校との関係をみると，ひと口で言って京城中学校との縁は薄い。前述したように藤井友吉・小田原勇・正井芳樹が開校時に京城中学校から異動したが，藤井は1919年12月仁川高等女学校へ，小田原は1922年6月静岡県立見付中学校へ転出し，正井は1920年3月，教職を辞して朝鮮銀行員となった。

　龍山中学校第2代校長高木善人は，教員生活を京城中学校教諭 (1913～18年度) から始めているが，彼の経歴において龍中・京中間に直接の関連はない。

　富山民蔵は，1925～26年度の2年間龍山中学校教諭を務め，8年後の1935年京城中学校教諭となった。富山の京中赴任を可能にしたのは，その前の京城帝国大学助手 (1927～29年度) や大連出向などのキャリアであったろう。

　武田豊太郎は，1921年龍山中学校の教諭となり，1937～40年度は教頭であった。しかし，その後勤めた京城中学校には，武田を教頭として受け入れる余地はなかった。ここに龍中→京中の人事異動がほとんどなかった理由を見いだすことができる。

次に，既述した藤井友吉・上遠野多吉・板倉邦介を除く龍山中学校教諭のその後の校長歴を見てみよう。

西村晃一は，1919年5月，内地から龍山中学校に赴任し，藤井友吉の仁川転出に伴って同年12月，教頭となった。1925年4月，元山中学校長に昇任したが，僅か2ヵ月後，列車から転落死した。

斎藤文治は，龍山中学校教諭（1921〜24年度）の後，釜山女子高等普通学校教諭などを経て1936年，羅南女子高等普通学校長となり，1938年に同校が東羅南高等女学校と改名されてからも勤続した（1944年以後は不明）。

一瀬克巳は，龍山中学校教諭（1924〜25年度）・京城第二高等普通学校教諭（1925〜34年度）の後暫くの経歴が不明であるが，1940年に海州東中学校長，1942年には新義州師範学校長となった。

不破正は，1938年度，全羅北道の朝鮮人学校である全州北中学校（全州高等普通学校の後身）の教頭であったが，龍山中学校には平教諭として着任した。2年を経て1941年，龍山中学校教頭となり，翌1942年，元山高等女学校長となった。

吉崎文三郎は，龍山中学校教諭（1925〜27年度）・京城第一高等普通学校教諭（1929〜34年度）に続いて仁川中学校で長らく教頭を務め（1935〜42年度），1943年馬山中学校長となった。

松永将闇は，23年にわたる龍山中学校勤務（1920〜42年度）の最後の年に教頭となり，1943年，清州第一高等女学校長として転出した。

以上のような龍山中学校教員の経歴をみると，龍山中学校教諭（教頭）→他校の校長というルートがなかったわけではないが，京城中学校教員には比すべくもない。

第3節　龍山中学校の学校文化

そもそも龍山中学校のエネルギーは，「京中が何だ。伝統が何だ。今にみろ。熱鉄一丸となり追付き追越してやるから見てろ」[19]という京城中学校への対抗心に発した。京中コンプレックスの裏返しとみてもよい。

1918年4月，2年生を最上級生として発足した龍山中学校は，1921年3

月,4修で4名の高校進学者を出し,1922年3月卒の第1回卒業生も,家庭の事情で断念した1名を除き全員が希望校に進学した。したがって龍中生の学力レベルは,当初からかなり高かったということができる。しかし,京城中学校との比較では分が悪く,1930年ごろまで次のような怨嗟の声が聞かれた。

　小生(1924年京城日出小学校卒業生―稲葉註)は京城中学受験を申告したところ,「お前の成績ではだめ!竜中にせよ。」といわれ,むかっとして「どこへ行こうと勝手でしょう。」といい返した[20]。

　(1925年当時―稲葉註)父と相談の上,京中を志望した。その後父が学校に呼ばれ,竜中に変更しませんか,京中には定樹君は保証出来ませんが,竜中なら太鼓判を押します,と言われた[21]。

　今回(1930年―稲葉註)新に,第一回同窓会会報を発行し,会員各位に名簿及会則を配布する運とまでなりました。
　形だけは整つた,建築工事で言ふならば,やつと基礎工事が終つたといふ程度で,最も重要な時期に際して居ます,本校創立のスタートに於て京城の二等級扱ひにされた我々は,その辛酸を忘れぬのみか,未だに受験に際しても,京中,龍中の振分けをされてゐる,悲しむべき事実に対しても,我々の使命は永久性であります[22]

　ちなみに,1926年の京城帝国大学予科第1回修了生140名のうち京城中学校出身者は28名,これに対して龍山中学校出身者は5名に過ぎなかった。ところが,1929年入学の京城帝大予科第6回生のトップは龍中卒の市川朝彦であった。市川は,「いつ勉強をするのか,学校の成績は常に1等であった。2等とは大差の1等であった」[23]という。市川朝彦の存在は,龍中の学業面での京中追い上げを象徴していたであろう。1931(昭和6)年ごろの龍中と京中の関係は次のように描かれている。

福島先生のたゆまざるご努力は，遂に立派な実を結び，龍山中学校第十回の卒業生（昭和六年卒）の出る頃には，龍中は，一学年四クラス，全校生徒千人に近い，すぐれた中学校となり，上級学校進学に於ても，体育運動の競技に於ても，龍中と京中は優劣なく，京中は龍中を，龍中は京中を，互によき競争の相手と考えるようになったのである[24]。

この引用は初代校長福島亦八追悼文の一節であるから，運動競技面はともかく，上級学校進学面においては多少の割引が必要で，より正確には，第2代高木校長時代に京中に接近したとみるのが妥当であろう。その指標のひとつが4修である。龍山中学校4年修了で上級学校に進学した者は，1934年までは1桁であったが，1935年に初めて2桁に乗り，12名・12名・13名・13名・16名と年を追って漸増したのである（この間，学年定員は一貫して200名）。

学業成績の向上には龍山中学校なりの手立てがあった。それが，いわゆる「4組」と補習科である。エリートクラスとしての「4組」は4・5年生に適用されたから，入学定員が200名に増員された1922年の新入生が4年生になった1925年から組織されたことになる。『龍山公立中学校創立七十周年記念誌』には，「この四年四組は所謂受験組であって，始業時前と放課後に毎日一時間ずつ補習授業をした」[25]，「四年のとき，四年から高等学校の入学試験すると意志表示をした者，十人には満たなかったと思いますが，これらを一般の四年生とは別の編成にして，自習室を当てがって下さり，入学試験に関係のない学科は，授業を受けないで自習室で自習することを許可して下さいました」[26]といった記述がある。

「4組」は，受験準備には効果を上げたであろうが，その反動としての問題も生んだ。「恐らく竜中始まって以来の悪い組だった」という1926年度4年3組の行状は次のとおりである。

　　授業中飯を食べたり，椅子の足はストーブで燃やしたり，授業を妨害するため砲丸投げの鉄塊をころがしたり，先生が授業を始めると足を鳴らして先生に発言させなかったり，遂には掃除箱からバケツを持って来て打つ

様なこともした。照屋先生の如き洋服を新調してくると万年筆のインクを背中にかけたりした[27]。

また，1932年の4年生の慶州修学旅行では「4組」生に対するリンチ事件が発生した。その原因を，ある「4組」生は次のように語っている。

　四年生のときの修学旅行で慶州に行ったとき，四組の生徒は先生方の宿泊していられる棟に泊り，他の組は別館に分かれていました。恐らく平常から何かと「四組」は特別扱いされていたようで，他の組の期友からは不愉快に思われていたのが，この宿泊の差別で爆発したのではなかったかと推察するが，我々の組の何人かに指名して，別館に呼び出されるというハプニングがありました[28]。

過年度生（受験浪人）の収容学級である補習科は，1934年，京城中学校と龍山中学校に1クラスずつ設置された。淵上雄道は，龍山中学校補習科の担任当時を次のように回想している。前述したように淵上は龍中OBで京城帝大卒であり，このような人事配置からも，龍中には充実した補習科指導体制があったことが窺われる。

　授業中一番私が気を使ったのは，いかにして皆の注意力を集中するかということであった。それには好奇心や緊張した気持を適宜与えることが大切であって，常に身体のコンディションをいつも好調にしなければならない。例えば補習科の担任をやった時には，弁当を持ってこさせて午後はマイペースで一汗かくこと。跣足，上体裸，パンツが条件であったが，風邪をひく者は一人も無かった[29]。

次に「スポーツ龍中」の一端を見てみよう。龍山中学校が運動競技に力を入れたのには，文武両道で鳴らした先発の京城中学校の向こうを張るために必要であったこと，後発校の士気を鼓舞するには運動競技が手っ取り早いこと，後述するようにそもそも龍山地区には尚武の気風があったことなどさま

ざまな要因が作用したであろう。

「スポーツ龍中」の名を，まず全朝鮮レベルで轟かせたのは水泳部であった。彼らが全朝鮮中等学校水上競技大会などで連覇（1938年まで11連覇）を重ねることができたのは，熱心な顧問教諭（大迫静二・萩原佐平）と自校プールがあったからである。次の引用は，1930年当時の水泳部員の龍中プールに関する思い出である。

　あれは二年生のときでなかったかと思いますが，夜，大迫先生と萩原先生が父を訪ねて来られた事を覚えています。用件は父が土木会社に勤めている技術屋だったので，如何に安くプールを造るかを相談に来られたのでした。その結果が，夏休み中の我等の勤労奉仕となったのでした。掘って，南山から石を運んで底にしいて固めるまで，すべて生徒が手でやって，後は専門の人がコンクリートを打ったのでした。当時学校でプールがあるのは城大だけだったと思います。水泳部が強かったのは自分達学友が作ってくれたプールを持っていたからではなかったでしょうか[30]。

朝鮮にとどまらず初めて日本全国に龍山中学校の存在を知らしめたのは，陸上競技中・長距離の中村清（後の早稲田大学教授，マラソンの瀬古利彦選手らを育てた）である。とくに1931年の活躍は目覚ましく，全国中等学校陸上競技選手権の800m，全国中等学校東西対抗の1500mにいずれも日本中等学校新記録で優勝した。当時の追憶を中村は次のように記している。中村の活躍の陰には学友や教師（真玉菊雄）の温かい励ましがあったのである。

　土屋さんの指導を受けた私は翌年には朝鮮でトップになり，五年生の夏には東京で開かれるインターミドル（全国大会）の出場権を得た。だが，費用は一銭もない。見かねた真玉先生が五円となんぼかを出してくれた。あとは帽子の中に五銭，十銭と級友たちが貧しい小遣いをカンパしてくれ，やっとの思いで四十円近くの遠征費がまとまった。炊事婦をしている母の血のにじむような金もあった。
　私が陸上競技に一生をかけ，陸上を通じ，これらの人たちに恩返ししよ

うと決心したのは，昭和六年の暑い夏の日，京城駅から東京へ向かった一人旅の車中であった。

東京への旅立ちの日，京城駅には四，五百人もの校友が見送りに集まり声を限りに校歌を歌い，私の遠征を励ましてくれた。一人ひとりが忘れ得ぬ人たちである。

私は直立不動の姿勢でデッキに立ち尽くし我に返ったのは列車が発車してから十分以上も過ぎた時だったが，あの京城駅での校歌は，半世紀後のいまもなお私の耳の奥で聞こえている。心にしみわたり勇気を奮い起こしてくれる校歌であった[31]。

このほか，バレーボール部は1936年，全日本中等学校排球選手権大会で優勝し，野球部は1937年，朝鮮代表として甲子園大会に出場した。このように龍山中学校は，こと運動競技に関しては京城中学校を完全に凌駕し，在朝鮮「内地人」中学校の王座にあったということができる。

龍山中学校の「学校文化」に関してもうひとつ欠かせないのは龍山の環境である。龍山には朝鮮軍司令部と第20師団の師団司令部が置かれ，歩兵・野砲・工兵の各連隊が駐屯していた。龍中生は，軍靴の響きを聞きながら育ったといっても過言ではない。このため，上級学校進学においてもいつしか「陸士・海兵に強い竜中」[32]という定評ができていった。そして，太平洋戦争が敗勢に転じた1943年には，「陸士に進んだ先輩が来て，後輩たちに決起をうながす演説をした。そうして現に，予科練などへの応募がすすめられ，仲間たちがつぎつぎ学窓を去っていた」[33]という。

第4節　朝鮮社会との関連

『龍山公立中学校創立七十周年記念誌』の発刊辞には，「日韓両民族の子弟があの龍山の地で同じ学舎に於て机を並べて共に学び共に語らったあの日」云々という一節がある。龍山中学校は内鮮共学だったというのである。しかし，その実，龍山中学校に在籍した朝鮮人生徒はごく少数であった。手元の『朝鮮諸学校一覧』から1922〜43年の龍山中学校と京城中学校の朝鮮人生

年	'22	'26	'29	'31	'32	'33	'34	'36	'37	'38	'40	'41	'42	'43
龍中	9	12	19	31	20	19	15	10	13	13	13	26	32	31
京中	26	39	32	32	31	24	31	22	24	20	22	22	25	22

徒数を拾うと上の表のとおりである。ちなみに、この間両校の生徒総数は、いずれも1,000名内外であった。

　ここには興味ある現象が見いだされる。京城中学校が20～30名台で横這いであるのに対して、龍山中学校は、1940年までは京城中学校より少なかったものの、41年以降逆転しているのである。ただし、その原因は不明である。

　龍山中学校には、講師や嘱託としても朝鮮人教師はいなかった。これは、正式な朝鮮語教育が行なわれなかったことを意味する。初代校長福島亦八も、「内地人にして何等鮮語を解せざる者も直接鮮人と交渉なき者は大なる不便を感ぜざるを以て内地人が鮮語を学習することは自ら盛なるに至らず在留数年にして殆ど一語をも解せざる者も少からざるものゝ如し。其筋にては大に鮮語の習熟を奨励せられ居る模様なるも職務上の必要なき限りは余程の篤志家以外に之を学習し熟得せる者稀なりといふ」[34]と、評論家風の「朝鮮教育雑感」を記している。田舎育ちの生徒の中には朝鮮語のできる者もいた。しかし、それはあくまでも例外であった。ある龍中OBは、「中学で水原や安養から通ってきていた同級生は、昔はおれも朝鮮語がペラペラだったといっていましたが、中学時代になると、全然しゃべれなくなっていました」[35]と回想している。

　龍山中学校5年生の修学旅行先は、1期生が5年生となった1921年から満州事変が起きる1931年まで満州であった。彼らは、当時の日本人一般と同じく満州を「日本の生命線」と認識し、「よその国を勝手に取り込んで、自分のものらしく振舞う失礼さも、その時は気付かなかった」[36]という。換言すれば、朝鮮は当然日本そのものだと思っていたわけで、植民地朝鮮の特殊性を意識する余地はないことになる。1944年10月、予科練入隊で初めて内地の土を踏んだある龍中生（当時2年在学）は、「農夫が日本人であること

（全く変な話だが教科書等で日本の農業，日本の農家を観念的には知っていたつもりでも現実には朝鮮人，中国人の農夫しか見たことのなかった私には奇異に思ったことは事実である）等々すべてが驚きの連続であった」[37]と語っている。朝鮮で生まれ育った内地人中学生の朝鮮観を示すエピソードのひとつとして印象的である。

おわりに

「はじめに」で設定した課題への答えをもって結語に代えたい。龍中が「京中と肩を並べるに至った」というのは，こと上級学校への進学に関しては必ずしも正確でない。草創期には自他ともに認める格差があったものの，徐々にその差を縮め，1930年代の半ばには京城中学校にかなり接近したとみるべきであろう。ただ，龍山中学校には，陸士・海兵に強いという京城中学校にはない特徴があり，高等学校や大学予科のほかに陸軍士官学校・海軍兵学校を加味すると両校の差は微妙になる。

一方，運動競技面においては，全日本・全朝鮮レベルでの活躍からみて龍山中学校は明確に京城中学校を凌駕した。それは，学業面で京中に一籌を輸した分を埋め合わせたであろう。したがって，文・武両面を総合すると，龍中は「京中と肩を並べるに至った」ということができそうである。

龍山中学校教員の最大の特色は，その在任期間が長かったことである。初代校長福島亦八が14年，第2代校長高木善人が8年であったほか，歴代専任教諭のうち少なくとも29名は8年以上勤続したのである。彼らは，京中に追いつき追い越せを合言葉に龍中生の指導にあたった。龍山中学校が最終的に京城中学校と並び称せられるに至ったのは，彼らの文武両道にわたる指導の賜物である。なお，彼らの間に閥というべきものは見当たらず，龍山中学校教諭をステップとして他校の校長へというケースも数例はあったが，京城中学校の場合ほど多くはない。

［註］（※はハングル文献）
　1)『龍山公立中学校創立七十周年記念誌』龍山公立中学校同窓会　1988年　p.185

2) 同上　p.9
3) 同上　p.175
4) 『京城日報』　1918年3月9日
5) 『龍山公立中学校創立七十周年記念誌』　p.295
6) 同上　p.18
7) 同上　p.188
8) 『京城三坂小学校記念文集　鉄石と千草』　三坂会事務局　1983年　p.178
9) 『京中卒業五十周年記念誌　仁旺ヶ丘』　京喜会　1982年　p.572
10) 『龍山公立中学校創立七十周年記念誌』　p.40
11) 同上　p.200
12) ※『慶北中高等学校六十年史』　慶北中高等学校同窓会・慶北高等学校　1976年　pp.275-276
13) 『龍山公立中学校創立七十周年記念誌』　p.177
14) 同上　p.15
15) 同上　p.213
16) 同上　p.101
17) 同上　p.181
18) 同上　p.167
19) 同上　p.211
20) 『京城日出小学校百年誌　わが赤煉瓦の学び舎』　京城日出小学校同窓会　1989年　p.121
21) 『京中卒業五十周年記念誌』　p.307
22) 『龍山公立中学校創立七十周年記念誌』　p.53
23) ※李忠雨　『京城帝国大学』　多楽園　1980年　p.182
24) 『龍山公立中学校創立七十周年記念誌』　p.177
25) 同上　p.167
26) 同上　p.241
27) 梅本英夫　『徒然なるままに』　私家本　1984年　p.12
28) 『龍山公立中学校創立七十周年記念誌』　p.240
29) 同上　p.167
30) 同上　p.240
31) 同上　p.183
32) 『京城三坂小学校記念文集』　p.254
33) 『龍山公立中学校創立七十周年記念誌』　p.288
34) 『帝国教育』　第433号　1918年8月
35) 田中明　『常識的朝鮮論のすすめ』　朝日新聞社　1981年　p.243
36) 『龍山公立中学校創立七十周年記念誌』　p.230
37) 同上　p.295

第9章　大田中学校

は じ め に

　大田中学校は，京城中学校大田分教室を母体として1918年4月に開設された「内地人」学校であった。その大田中学校の後身である今日の大田高等学校には，1967年刊の『五十年誌』と，それをさらに補充した1977年刊の『大田高六十年史』がある。管見の限り，かつての「内地人」学校時代の歴史をこの両書ほど詳しく描いたハングル版学校史（誌）は他にない。それは，大田中学校が，1937年4月から1945年8月まで各学年内地人2学級，朝鮮人1学級（1学級は原則50名）という構成だったからである。すなわち大田中学校は，南総督の「内鮮一体」政策開始以前から存在した「内地人」中学校の中では朝鮮人生徒の比率が最も高かったのである。

　大田中学校のユニークさはこれにとどまらない。拙著『旧韓国〜朝鮮の日本人教員』（九州大学出版会，2001年）をまとめる過程で，大田中学校は，教員人事において東京高等師範学校（茗渓会）および福岡県と浅からぬ縁があることが明らかになった。東京高等師範学校の後身である筑波大学にかつて勤務し（1975〜92年度），現在は福岡に在勤する筆者としては，この点に個人的な興味を覚えたものである。

　本章は，このような筆者の関心に基づき，大田高等学校発行の『五十年誌』『大田高六十年史』を基礎資料として，1945年8月までの大田中学校の歴史を改めて整理しようとするものである。

第1節　学校沿革

　日本の京釜鉄道株式会社によって1901年8月に着工された京釜線は、日露戦争の勃発とともに工事が速成され、1905年5月に完成した。それまで人影まばらな寒村に過ぎなかった大田は、京釜線大田駅の建設に伴って日本人の集住するところとなった。1905年11月には大田居留民会が創立され、早くも翌1906年4月には居留民会立大田尋常小学校が開設されている。
　1914年、行政区の再編によって大田面が新設され、内地人が面長（村長）に任命された。換言すれば大田は、内地人の「指定面」となったのである。ちなみに1917年6月現在の統計によれば、大田の人口は6,827人、うち内地人が4,964人、朝鮮人が1,800人、外国人が63人と内地人が圧倒的多数（72.7％）を占めていた。
　1915年4月、第37帝国議会において朝鮮軍2個師団増設案が通過し、朝鮮各地に軍隊駐留地の争奪戦が起こった。大田も1個連隊の誘致をめぐって猛烈な運動を展開したが、結局、大邱との競り合いに敗れた。しかし、教育史的にみて重要なことは、日本軍部隊の誘致に失敗したエネルギーが、ターゲットを代えて中学校設立運動へ向かったとみられることである。その推測は、連隊誘致運動と大田中学校設置運動の主要メンバーが大部分重複していた[1]ことによって裏付けられる。
　1916年1月、大田面長渡辺寛治を代表とする「大田中学校設立推進委員会」が総督府に請願書を提出、同年末までに中学校の敷地・仮校舎・寄宿舎を献納する手続きを整えた。こうして大田中学校の設立準備は総督府・大田側ともに進捗していたのであるが、1917年1月、寺内内閣不信任を契機として第38帝国議会が解散され、1917年度予算は不成立となった。このため大田中学校は、同年3月、独立の中学校ではなく、取り敢えず京城中学校大田分教室として発足することになった。大田側の受け入れ態勢が整っていたので、総督府としては、京城中学校教諭3名（関本幸太郎・瀧田和三郎・正井芳樹）を派遣するだけでよかったわけである。
　1917年4月10日、大田分教室は、1学年の生徒51名を迎えて入学式を

挙げた。校舎は，大田尋常小学校の一部を借用した。

　1918年4月，大田分教室が大田中学校として京城中学校から分離独立した。1909年の京城，1913年の釜山，1916年の平壌に次ぐ朝鮮第4の中学校（龍山と同時開校）である。

　1919年4月，自前の校舎が部分的に竣工，大田尋常小学校での宿借り生活を脱した。これを受けて翌1920年から入学定員が増員され，2学級100名となった。

　本館が落成し，大田中学校の諸施設が完成したのは，第1期生が卒業した1922年春のことであるが，この1922年は，大田中学校の教育体制上大きなエポックであった。「武道」科が新設されて柔道または剣道が必修選択となり，また同時に，「教練」も必修として課されるようになったからである。このことについては後に詳述する。

　1925年4月，それまで朝鮮総督府直轄の官立学校であった大田中学校は，忠清南道に移管され，大田公立中学校となった。他の中学校と同様の措置である。

　先にみたように大田は，1914年，行政単位としての面となったが，1931年4月に邑，1935年10月には府に昇格した。日本式にいえば村→町→市となったのである。人口は，1931年末の時点で20,374人（内地人4,149人，朝鮮人16,138人）であった。1917年6月当時と比べると，内地人が800人以上減少しているのに対して，朝鮮人は9倍に増加していた。また，1935年2月から約2年間，忠清南道知事は朝鮮人李範益であった。これらが，大田中学校学級増設運動の伏線である。

　1937年3月に定員増（1学年2学級100名から3学級150名へ）が認められるまでの経緯を大田高等学校『五十年誌』は次のように記している。

　　大田府には中学校がひとつしかない上に韓国人生徒の募集が制限されていたので，大田府に公立高等普通学校を設立することを当局に建議したが，これは，中学校があるという理由で黙殺されてしまった。そこで方法を改めて，大田中学校の韓国人募集人員を増やしてくれるよう当局に建議することになった。

このような募集人員の増加に関する運動が，正確に何年から起こったかはわからないが，大概，李範益が忠清南道知事として在職した一九三五年前後の時期だったようである。李範益は，韓国人知事で，非常に剛直で迫力ある人物として知られた人である。日本人に対しても正正堂堂たる態度で自身の信念を堅持した。したがって，韓国人の教育問題についても非常に同情的で理解ある態度で総督府当局と交渉をし，ついに大田中学校に韓国人のための五学級を増設して毎学年一学級五〇名の韓国人を募集するよう認可を得，一九三七年四月一日からこれが実施された。これによって，大田府のみならぬ忠清南道の韓国人の望みが達成されたのである。これは専ら，大田府の，韓国人の教育に燃えるたゆみない努力と，これを受けて積極的に周旋した李範益の努力によるものということができる。当時，他の日本人中学校にはこのような例がなかったことをみると，知事李範益の果敢な推進力には，ただ感服するばかりである[2]。

　1937年は大田中学校の創立20周年に当たり，10月20日，盛大な記念行事が行なわれた。展覧会・体育大会のほか，初代校長関本幸太郎の胸像除幕式や永年勤続教員市原真治の表彰式もあった。なお，25周年記念行事は太平洋戦争のため自粛され，30周年は迎えることがなかった。

　戦争末期，大田中学校には日本軍部隊が駐屯し，8・15以後は，京城にあった朝鮮軍司令部が移駐した。したがって大田の治安は，依然日本人によって維持されており，「2学期が始まっても多数の日本人生徒と教職員たちが登校していた」[3]というが，実際には無期休校状態であった。こうして，日本人学校としての大田中学校は消滅したのである。

　1922年3月の第1回から1945年3月に4年で繰り上げ卒業した第25回まで，卒業生は1,871名（内地人1,563名，朝鮮人308名）であった。

第2節　教員の去就

1．校　　長

　大田中学校初代校長関本幸太郎は，そもそも中国・直隷師範学堂の日本人教習（事実上の総教習＝教頭）として名を挙げた。1899年に高等師範学校（後の東京高等師範学校）を卒業した関本は，1902年，高師校長嘉納治五郎の勧めで直隷師範学堂教習として渡清し，9年間同学堂に在職したのである。帰国後は東京高等師範学校附属中学理事などをしていたが，1915年2月，朝鮮に渡って京城中学校教頭に就任した。京城中学校在任は1918年3月までで，最後の1年間（1917年度）は京城中学校大田分教室主任を務め，大田中学校の創設とともに初代校長となったのである。それは，関本にとって初の校長経験であった。

　『大田高六十年史』における，つまり1977年当時の韓国人による関本評は次のとおりである。

　　初代校長関本は奏任高等官であった。彼は立派な服装をして歩いたので，大田面民たちは，大田中学校を非常に格の高い学校とみたようである。校長は，1925年（1917年の誤り―稲葉註）4月から9年もの長い間勤務しつつ，初期の学校建設に多大の力を傾けた。性格は，多情多感でありながらも厳格だったようである。彼の教育方針は「心身の健全な人間を養成」するところにあったので，1週間に1度ずつは全校生を山に登らせ，休講時間にも，補講よりは登山を奨励したという。
　　日本人卒業生たちがこの校長を尊敬し，また称賛したところをみると立派な人だったようであり，多くの感化力を残したようである。創立20周年記念の際は彼の胸像を建立し，日本にいた彼を招請までした。1959年，彼が死に臨んで遺言により角膜を移植し，ひとりの失明者を救ったということから，人格者であったことを改めて感じる[4]。

関本幸太郎は，1925年4月まで7年間大田中学校長を務めた。7年は結果的に，日本人学校としての大田中学校の歴代校長の最長任期であった。その後は釜山中学校長（1925～28年度）・京城中学校長（1929～31年度）を歴任，中国では中国人教育に従事した関本であったが，朝鮮では一貫して「内地人」中学校の教員であった。

第2代校長津田信は，1904年3月の東京高師卒である。すなわち関本幸太郎の5年後輩にあたり，朝鮮での教職歴を京城中学校教諭としてスタートさせたことも関本と同じである。ただし津田は，大田中学校で初めて校長となった関本と違い，京城中学校教諭（1918～21年度）の後東萊高等普通学校長（1922～24年度）を経て大田中学校長となった。

1926年末，大正から昭和への改元があり，これを機として津田は，大田中学校の教育方針と校訓を改めて成文化し，これを公表した。1927年4月7日付の『京城日報』に掲載されたその内容は次のとおりである。

教育方針
　本校生徒教養の方針は教育勅語の大旨を奉体し中学校規定(ママ)の示す所に従ひ以て善良有為の国民たらしめん事を期し特に質実剛健の気風を養ふにあり，本校生徒は克く此の趣旨を服膺し校訓及生徒心得の実現に努むべし

校　訓
　△誠実　常に忠良の臣民たらん事を期し責任を自覚し終始一貫以て誠実事に従ふべし
　△剛健　遠く国家の将来を慮り心身を鍛錬し堅忍不抜以て剛健の気を養ふべし
　△規律　深く共同生活の本義を体し校規を恪守し克己節制以て規律の厳正を期すべし
　△勤労　広く社会の進展に鑑み学業に精励し実践躬行以て勤労の風を揚ぐべし

津田信は，大田中学校長として5年目に入ったばかりの1929年5月，新

設された平壌師範学校の初代校長に補され，1938年度まで約10年間勤続した。『朝鮮功労者銘鑑』は，「新興大田の青年教育に努力して更に令聞を高めてゐた」[5]ことが平壌師範初代校長抜擢につながったという書き方である。

第3代校長藤谷宗順は，1914年広島高等師範学校の卒業である。大田中学校長のポストは，ここで初めて茗渓会から尚志会に移ったわけである（ただ藤谷は，広島高師に続いて京都帝国大学も出ている）。

藤谷の朝鮮での職歴は京城女子高等普通学校教諭（1921〜24年度）に始まり，次いで朝鮮総督府編修官（1925〜26年度）となったが，この間，京城医学専門学校教授・京城高等商業学校講師・京城師範学校講師などを兼任した。1927年東莱高等普通学校の校長となり，1929年5月，津田信の後継として大田中学校長に就任した。東莱高等普通学校長→大田中学校長のルートも津田と同じである。しかし，藤谷の大田中学校長は，僅か1年半の短期であった。1930年11月，藤谷は慶尚北道視学官に任ぜられ（〜1931年度），その後も朝鮮総督府視学官（1932〜34年度）・京城第二高等普通学校長（1935〜37年度）・平壌第一中学校長（1938〜43年度，以後不明）と，行政職・教職のポストを異動している。

京城第二高等普通学校長としての藤谷宗順の評価は，次のように『朝鮮功労者銘鑑』と『景福五十五年史』とで大きな落差がある。前者は戦前の日本人，後者は戦後の韓国人による藤谷評である。

　　氏は実際教育家として，又は教育行政家として半島教育界に貢献尽瘁した人で，人格あり蘊蓄は深く，行政官として練達した腕の人でもある。温厚篤実情誼に厚く，常に教へ子に接して愛の教育を体現せんとする人である。思想界は混乱して動ともすれば邪道に導き入れられんとする者の多い今日，青年の師父として氏は適任適所といふべきであらう[6]。

　　5代藤谷氏は，校務には無関心だということを標榜したのみならず，校長室を離れていることも多かった。豪傑をもって任ずるような人品で，学校にとっては，大きく資するところもなく大きな損害もなかった[7]。

大田中学校第4代校長風早実馬は，咸興高等普通学校教諭（1920〜21年度）を経て校長となり，公州高等普通学校長兼忠清南道師範学校長（1922〜24年度）・大邱高等普通学校長（1925〜29年度）・晋州高等普通学校長（1930年）と8年半の高等普通学校長経験を積んで1930年11月，大田中学校に赴任した。在任は1932年3月までの1年5ヵ月であった。なお風早は，1905年の東京高師卒である。

　第5代校長長房丈作は，京城第一高等普通学校教諭（1925〜31年度，29年度以降は教頭）から大田中学校で初めて校長となった。しかし，その在任は1932年度の僅か1年で，大田中学校長の後の群山中学校長も1933年度1年のみであった。これ以上の消息は，今のところ知りえていない。

　第6代校長藤井友吉は，東京高等師範学校の本科を1909年，研究科を1911年に卒業した。福岡県の出身である。東京高師研究科を出るや直ちに京城中学校教諭となり，1918年4月，龍山中学校の新設に伴い同校教頭として転任した。しかし，龍山在任はごく短期間で，1919年12月には仁川高等女学校に異動，教諭（1919年度）・校長事務取扱（1920年度）・校長（1921〜22年度）を務めた。次いで群山中学校長として10年（1923〜32年度）勤続し，1933年4月，大田中学校長となったのである。藤井が大田在任中の1935年10月，大田邑は大田府に昇格，「府制施行と共に躍進する大田中学の校長として学校教育以外にも氏が及ぼす所は広きに渉らざるを得ぬ」[8]といわれたものである。1937年7月，釜山中学校長に転じたが，大田中学校長在任4年3ヵ月は，初代関本幸太郎に次ぐ長さであった。

　第7代校長は，先代の藤井友吉に続いて東京高師卒（1910年）・福岡県出身の宇都宮益治であった。宇都宮の前任校は釜山第一商業学校で，釜山第一商業学校長は11年余（1926年3月〜37年7月）にわたったが，大田中学校長在任は僅か1年8ヵ月（1937年7月〜39年3月）であった。

　第8代校長堀内朋の朝鮮における勤務先・職位・在任年度は次のとおりである。

　　釜山中学校　　　　　　　教諭　　　1918〜21年度
　　京城第二高等普通学校　　教諭　　　1921〜25年度

京城第一高等女学校	教諭	1925〜32年度
江景商業学校	校長	1933〜34年度
平安南道	視学官	1935〜37年度
釜山第一商業学校	校長	1937〜38年度
大田中学校	校長	1939〜40年度
景福中学校	校長	1941〜44年度

すなわち堀内朋は,釜山第一商業学校における宇都宮益治の後継校長であり,このバトンリレーが大田中学校でも再現されたのである。ただ,堀内は広島高師卒(1915年)・岡山出身であり,宇都宮との学縁・地縁はない。

堀内は,教諭として京城第二高等普通学校に,同校の後身の景福中学校に校長として勤務した。『景福五十五年史』によれば,教諭堀内は,「堀内朋:担当科目は英語。中等学校の教師として実力があり,円満な性格で,生徒を扱うベテランであった」「とくに英語の堀内教諭の熟練した教授法と数学の山川教諭の誠意に満ちた教授によって,生徒の実力は日々増進した」[9)]と高く評価されている。ところが,校長堀内に対する評価は,これとは対照的である。景福中学校時代の朝鮮人教師は次のように述懐している。

　　7代堀内氏は,日帝横暴の末期,第2次大戦の日本敗戦期の校長らしい人であった。高力校長の事々件々感服すべき人格の発露に接した後,堀内氏とともに仕事をしようとすると,その卑屈さ・野卑さ・短見などがいちいち現われ,唾棄すべき行動と仕打ちは,実に堪え難かった[10)]。

第9代亀谷敬三は,第6代藤井友吉・第7代宇都宮益治に続く東京高師卒(1921年)・福岡県出身の大田中学校長である。朝鮮での前職は,京城師範学校教諭(1938年度)・咸鏡南道視学官(1939〜40年度)であった。すなわち,大田赴任以前に校長歴はない。大田中学校長は2年(1941〜42年度)務め,海州師範学校長として転出した。

第10代校長筒井誠は,1943年4月に就任し,45年8月,日本人学校としての大田中学校の最期を看取った。前任校は新義州中学校で,同校には平教

諭（1926～27年度）・教頭（1928～37年度）・校長（1938～42年度）として通算17年の長きにわたり勤続した。なお，筒井は広島高師卒（1924年）であるが，先代大田中学校長の亀谷とは福岡県人という共通項がある。

　以上みたように，大田中学校歴代校長の属性として最も顕著なのは，東京高等師範学校卒業者が多かったことである。そのシェアは10名中6名（初代関本・2代津田・4代風早・6代藤井・7代宇都宮・9代亀谷），在任期間からいけば，日本人学校としての大田中学校の存続期間の75％（27年4ヵ月中20年6ヵ月）を占める。後述する教諭の分と合わせて，大田中学校の教員陣においては完全に茗渓閥が形成されていたということができる。

　茗渓閥に次いだのは，福岡県人会の人脈である。広島高等師範学校卒（尚志会）の大田中学校長も3名（3代藤谷・8代堀内・10代筒井）を数えたが，福岡県人はこれを上回る4名（6代藤井・7代宇都宮・9代亀谷・10代筒井）であった。上述したように，第9代から第10代への校長交替は茗渓→尚志のバトンタッチであったが，亀谷・筒井はいずれも福岡県人であったことが，尚志閥よりも福岡閥の方が強かったという意味で象徴的である。

　大田中学校の歴代校長に関してもうひとつ指摘しておきたいことは，10名中3名（初代関本・5代長房・9代亀谷）が大田中学校で初めて校長に昇任したという事実である。名門京城中学校ではこのようなことは考えられず，大田中学校と同時に開設された龍山中学校でも，歴代校長はすべて，他校において校長の経験を積んだ人々であった。京城所在の京城・龍山中学校と忠清南道所在の大田中学校とのプレスティージの違いを示すものであろう。

2．教　　諭

　大田中学校に勤務した教諭（校長を除く）は延べ125名であるが，このうち茗渓会員であることが確かな者の氏名・東京高師卒業年・大田中在任年度は次のとおりである。

瀧田和三郎	1911年	1918～19年度
吉川　俊清	1915年	1918年度
安藤　文郎	1908年	1918～20年度

堤　　政助	1913 年	1918 〜 30 年度	
遠藤　久広	1915 年	1919 〜 20 年度	
渡部　邦蔵	1900 年	1919 〜 21 年度	
上野伊兵衛	1904 年	1920 年度	
伊南　世燈	1915 年	1920 〜 21 年度	
宮崎　静二	1908 年	1921 〜 23 年度	
古沢肥後男	1912 年	1922 〜 23 年度	
古沢　住伊	1916 年	1922 〜 30 年度	
森　　亨	1922 年	1923 年度	
亀山　利平	1920 年	1932 〜 34 年度	
肥田　米作	1921 年	1934 〜 39 年度	
染野　台二	1939 年	1939 〜 41 年度	
吉沢　吉司	1924 年	1939 〜 43 年度 (以後不明)	

　このように茗渓会員教諭は，大田中学校の草創期から末期までほぼとだえることなく在職し，6代にわたる校長とともに茗渓会大田中学校支部ともいうべきものを形成した。

　京城中学校〜京城中学校大田分教室〜大田中学校と，5年にわたって関本幸太郎と行動をともにしたのが瀧田和三郎である。大田における瀧田は，専門の体操のほか国語や漢文も担当した。

　安藤文郎は，平壌女子高等普通学校教諭（1914 〜 15 年度）・京城女子高等普通学校教諭（1916 〜 17 年度）を経て大田中学校教諭となり，1921 年 4 月，釜山高等女学校の校長として転出した。大田中教諭→他校校長の最初のケースである。

　堤政助は，1918 年，大田中学校の創立にあたって京都師範学校教諭から出向を命ぜられ，1930（昭和 5）年 10 月まで在任した。『朝鮮功労者銘鑑』は，大田時代の堤を次のように評している。

　　爾来昭和五年に至る十有三年間数学教師として又一面創立の校務から寄
　　宿舎生徒の訓陶に当つたもので，氏が他と異なる所は単に数学教師として

又は物理研究家としてのみでなく寧ろこれ等の殻から脱却した教育家としての信念から人格第一主義の教育を強調し自ら実践之に当ってゐる事である。大田中学出身の者が今尚ほ氏を慈父の如く慕ふてゐるのはその現れである[11]。

堤政助は，大田中学校教諭から海州高等普通学校長となり（1930～34年度），続いて公州高等普通学校長（1934～37年度）・公州中学校長（1938～39年度）・晋州師範学校長（1940～43年度，以後不明）を歴任した。

宮崎静二は，京城高等普通学校教諭（1920年度）から大田中学校教頭となった。当時，大田中学校朝鮮人生徒グループ（鮮友会）の行動が問題となったが，「幸いに教頭の理解ある寛容な措置によって処罰は免れた」[12]という。

森亨は，大田中学校教諭の後3年間の経歴を確かめえないが，1927年以後は，京城法学専門学校助教授（1927～31年度）・釜山高等女学校教諭（1932～34年度）・釜山中学校教諭（1935～39年度）・兼二浦高等女学校長（1940～41年度）・鎮南浦高等女学校長（1942～43年度，以後不明）を歴任している。

亀山利平は，大邱尋常小学校訓導（1920年度）・大邱中学校教諭（1921年度）・京城第二高等普通学校教諭（1922～26年度）・春川高等普通学校教諭（1926～32年度）と多彩な経歴を経て大田中学校教諭となり，その後校長に昇任した。校長としての勤務校は，江景商業学校（1935～37年度）・釜山第二商業学校（1938～40年度）・鏡城中学校（1941～43年度，以後不明）である。

次に尚志会員教諭の氏名・広島高等師範学校卒業年・大田中学校在任年度をみると以下のとおりである。

内野　健児	1920年	1921～25年度
徳田　清克	1917年	1929～32年度
中村　捨松	1928年	1929～34年度
北島　一枝	1929年	1932～34年度
田村　登	1931年	1932～38年度
園田　正敏	1937年	1937～45年度
松村　慶成	1927年	1940～41年度

中村　貞吉　　1927 年　　1942 ～ 45 年度
池上　三郎　　1930 年　　 ？ ～ 45 年度
三井　武夫　　1933 年　　 ？ ～ 45 年度

　このように，大田中学校における尚志会員教諭は延べ 10 名で，茗渓会に絶対数で劣っている。ただ，尚志会員校長との連関がみられることは興味あるところである。すなわち，第 3 代校長藤谷宗順が就任した 1929 年に徳田清克と中村捨松が着任しており，第 8 代校長堀内朋・第 10 代校長筒井誠と尚志色が強くなった植民地末期に尚志会員教諭も増加し，園田正敏・中村貞吉・池上三郎・三井武夫は，筒井誠とともに大田中学校の終焉を迎えている。

　尚志会員教諭について若干補足すると，徳田清克は，大田中学校教諭の後晋州高等普通学校～晋州中学校の教頭（1933 ～ 38 年度）を経て校長となり，鉄原高等女学校長（1939 ～ 42 年度）・新義州東中学校長（1943 年度，以後不明）を務めた。

　池上三郎は，全州高等普通学校とその後身である全州北中学校の教諭を 1930 年から 1939 年まで務めたことは確かであるが，大田中学校赴任の時期が明らかでない。

　三井武夫も，1937 ～ 39 年度は大邱高等普通学校～慶北中学校の教諭であったが，大邱から大田に移った時期は定かでない。

　大田中学校歴代校長 10 名のうち 4 名が福岡県人であったことは前述したとおりであるが，福岡県人教諭も，歴代教諭 125 名中 15 名を数えた。その氏名と在任年度は次のとおりである。

安藤　文郎　　　1918 ～ 20 年度
波多野尊虎　　　1922 ～ 25 年度
鷹尾司能衞　　　1922 ～ 31 年度
青柳　辰彦　　　1925 ～ 28 年度
深川　俊男　　　1930 ～ 34 年度
北島　一枝　　　1932 ～ 34 年度
明城祐次郎　　　1932 ～ 45 年度

鴛海　政彦　　1932 ～ 45 年度
妹尾　緑郎　　1937 ～ ？ 年度
田鍋　友雄　　1939 ～ ？ 年度
園田　成雄　　1939 ～ 45 年度
松村　慶成　　1940 ～ 41 年度
池上　三郎　　　？ ～ 45 年度
隈部　久男　　　？ ～ 45 年度
平田　常義　　　？ ～ 45 年度

　福岡県人校長が第 6・7・9・10 代と後半に集中していただけに，福岡県人教諭も，第 6 代の藤井校長時代（1933 年 4 月～）以降の在任が多い。終戦時の大田中学校教員は 26 名であったが，このうち校長および教諭 6 名は福岡県人だったのである。

　このほか大田中学校教諭の特色として平均在任期間が短かったことが挙げられる。これは，27 年余の間に 10 名の校長が交替したことと無関係ではなかろう。8 年以上の勤続者は，延べ 125 名の教諭中僅かに次の 10 名のみである。

堤　　政助　　　1918 ～ 30 年度
伊勢　寛一　　　1920 ～ 30 年度
東明小兵二　　　1920 ～ 31 年度
吉田　源吉　　　1921 ～ 31 年度
市原　真治　　　1921 ～ 31 年度
古沢　住伊　　　1922 ～ 30 年度
鷹尾司能衛　　　1922 ～ 31 年度
鴛海　政彦　　　1932 ～ 45 年度
明城祐次郎　　　1932 ～ 45 年度
園田　正敏　　　1937 ～ 45 年度

　大田中学校教諭の特色をもうひとつ挙げるとすれば，大田中学校教諭から

直ちに他校の校長となった者が少ないということである。該当者としては，既述の安藤文郎・堤政助・亀山利平（いずれも茗渓会員）のほか亀田喜三郎がいるだけである。亀田喜三郎は，大田中学校教頭（1935～37年度）の後校長に昇任し，会寧高等女学校長（1938～39年度）・羅南高等女学校長（1940～42年度）・清州第一中学校長（1943年度，以後不明）を歴任した。

第3節　大田中学校の学校文化

　大田中学校の「学校文化」に関して特筆すべきはスパルタ式あるいは軍国主義的な教育で，いずれも初代関本校長によって方向づけられたものである。

　大田中学校では，校長の裁量によって初期から「体操」科に柔道と剣道が含まれていたが，1922年度からは「武道」を必修科目として新設し，柔道か剣道を全学年1週2時間ずつ履修させた。また冬季には，朝6時から柔道と剣道の寒稽古を課した。これらの賜物であろうか，柔道部は，1924年の全朝鮮中等学校柔道大会で優勝した。（ただし，全朝鮮レベルの大会での優勝は，全競技を通じてこれが唯一である。）

　1週2時間の「教練」も，1922年度から正科とされた。「朝鮮に於て初めて陸軍現役将校の配属を受けて学校教練を実施したのは大正十五年度（内地に在りては大正十四年度）であって，該年度に於ては京城師範学校・公立中学校十校及び内地人のみを収容する実業学校三校合計十四校に」[13]実施したのであるが，大田中学校では，他校の大正15（1926）年より4年も早く教練を必修化していたのである。ただ，「陸軍現役将校の配属を受けて」という意味では，大田中学校も1926年からである。配属将校といえば，大田中学校では1934年から4年間，申泰英少佐が教練の指導にあたった。朝鮮人将校が「内地人」学校に配属された例は，寡聞にして他に知らない。

　正科ではなかったが，「特科」と称して毎週木曜日の午後，教職員と全校生が大田近郊の山に登るのが習わしであった。「強健な肉体の鍛錬とともに浩然の気を養うのが目的であった」[14]という。

　また，全校朝会が毎朝行なわれ，1週間に1度（大抵は月曜日）は軍隊式の査閲と分列式が実施された。

大田中学校の草創期からあった軍国主義的な雰囲気は，太平洋戦争期に至ると，陸軍士官学校や海軍兵学校などへの進学奨励という形をとった。これに関して大田高等学校『五十年誌』の記すところは次のとおりである。

　太平洋戦争が起こると，学校当局は，日本人生徒たちに軍部系統の学校への進学を強要するようになった。彼らは，将来への希望を失い，死だけが予見される前途を選択するにあたって，彼らとは立場が異なる韓国人生徒を羨ましがる一方，むしろ憎悪するに至り，感情的な態度で韓国人生徒に対するようになった[15]。

スパルタ式教育や軍国主義教育の煽りか，大田中学校では「音楽」が課されることはなかった。韓国側では，「これは随意科目であったから，日本人中学校で除外されたのはおかしなことではない」としながらも，「これを等閑視したということは，それだけスパルタ式教育に重きを置き，情緒教育を軽視したということに他ならない。このような理由で軍国主義教育にあまりにも偏った結果，生徒たちの情緒醇化を度外視したようである」[16]と評されている。

次に朝鮮人生徒について見てみよう。分教室時代を含めて大田中学校には，少数ではあるが朝鮮人生徒が毎年入学した。1922年7月，当時の在籍朝鮮人生徒18名中17名が集まって大田中学校「鮮友会」を組織した。民族的な色彩を帯びた団体であるだけに，当然，学校側の承認は得ておらず，1926年には宮崎靜二教頭の知るところとなって「鮮友会」は解散させられた。しかし，解散は形式に過ぎず，「鮮友会」は「朝鮮人学生会」と名を変えて，曲がりなりにも1945年8月の民族解放時まで存続した。

大田中学校の朝鮮人入学者は，開校以来ひと桁のことが多かったが，1930年代に入って編入生の受け入れも盛んになり，各学年平均10名ほどの朝鮮人生徒が在籍するようになっていった。そして，1937年の朝鮮人学級増設を迎えたのである。では，大田中学校生の3分の1を占めるようになった朝鮮人生徒に，それなりの活躍の場が与えられたであろうか。答は否である。たとえば部活動の場合，「一九三七年から学級増加に伴って校友会には，前

期に比して球技（排球），弓道，相撲および登山の四部が増設され……十五部があったが，各部の部長と理事には韓国人生徒はひとりもおらず，部員も8名に過ぎないのをみると，校友会は日本人生徒中心に運営がなされた」[17]のである。ましてや，朝鮮人生徒が民族運動を展開する余地はほとんどなかった。とくに1929年11月の光州学生事件以後は，警察・学校当局そして内地人生徒の監視が厳しく，朝鮮人生徒は，事実上身動きがとれなかったのである。

とはいえ，大田中学校の朝鮮人生徒に関して重要なことは，「鮮友会」「朝鮮人学生会」が，非公式にではあれ存続できたことである。親睦と相互扶助に限るという制約はあったものの，その会合は彼らにとって心の拠り所となったであろう。

おわりに

大田中学校と東京高等師範学校（茗溪会）・福岡県とが密接な関係にあったことは，教員の経歴を追跡することによって明らかになったが，なぜそうなったかについては確証がない。ただ，福岡県との関係についてヒントになるのは，1916年3月末現在（京城中学校大田分教室開設1年前）の調査による「大田在住内地人府県別表」である。これによれば，大田在住内地人4,360名の出身府県別内訳は，①福岡506名，②山口274名，②広島274名，④長崎221名，⑤熊本180名，⑥大分176名…の順となっており，福岡県が断然トップである[18]。朝鮮全体では終始山口県がトップで福岡県が2位であったから，大田における福岡県人のプレゼンスは際立っていたというべきである。

最後に，在朝鮮「内地人」中学校16校の中における大田中学校の位置づけをみておきたい。大田高等学校『五十年誌』は，1937年から「学級が増設されて毎学年三学級，全一五学級に膨張し，名実ともに韓半島の第四中学校へと発展した」[19]という認識を示している。確かに大田中学校は，京城・釜山・平壌に次ぐ朝鮮4番目の中学校であった。しかし，規模からいっても，上級学校への進学状況からしても，「名実ともに韓半島の第四中学校」であったとはいえない。規模についてみれば，大田中学校の1年生のみが3学級

（全11学級）となった1937年，すでに京城・龍山は20学級，釜山・平壌は15学級体制であった。一方，進学成績については資料が乏しいが，一例として1926年の京城帝国大学予科第1回修了生140名の出身中学校をみると，京城28名，平壌9名，龍山5名，釜山3名であったのに対し，大田は0であった。

[註]（※はハングル文献）
1) 田中市之助編・発行 『朝鮮大田発展誌』 1917年 p.127, 136
2) ※大田高等学校 『五十年誌』 大田高等学校 1967年 p.68
3) ※『大田高六十年史』 大田高等学校 1977年 p.92
4) 同上 p.61
5) 阿部薫編 『朝鮮功労者銘鑑』 民衆時論社 1935年 p.779
6) 同上 p.587
7) ※『景福五十五年史』 景福同窓会 1976年 p.179
8) 『朝鮮功労者銘鑑』 p.754
9) ※『景福五十五年史』 p.49, 55
10) 同上 p.179
11) 『朝鮮功労者銘鑑』 pp.694-695
12) ※『大田高六十年史』 p.76
13) 『施政二十五年史』 朝鮮総督府 1935年 p.901
14) ※大田高等学校 『五十年誌』 p.38
15) 同上 p.74
16) 同上 pp.42-43
17) 同上 p.72
18) 『朝鮮大田発展誌』 pp.10-11
19) ※大田高等学校 『五十年誌』 p.13

第 10 章　平壤高等女学校

はじめに

　朝鮮における日本人高等女学校の第 1 号は，1906 年 4 月開校の釜山高等女学校，第 2 号は，1908 年 4 月開校の京城高等女学校（1922 年 5 月，京城第一高等女学校と改称）である。したがって，事例研究の対象としては釜山高女か京城第一高女を取り上げるのが順当であろうが，残念ながらこの両校に関してはまとまった資料がない。

　平壤高等女学校は，1913 年 4 月，釜山・京城に次ぐ 3 番目の，日本人が「内地人」となってからは最初の高等女学校として開設された（仁川と同時）。幸いにして，平壤高女同窓会誌『楽浪』が 1955 年から復刊されており，復刊第 3 号以降の各巻末には，不充分ながら旧職員・卒業生の名簿が付されている。また，平川武士によって『平壤高女の思い出』が編まれ（楽浪同窓会 1968 年），そこには多くの旧職員・卒業生の教育活動や学校生活に関する情報が盛られている。これらの資料が，平壤高等女学校の事例研究を可能にしたのである。

　ところで，1916 年 4 月開設の平壤中学校について，「平中は当時大陸側の日本最北端の中学でしたので，特色のある充実した学校に仕上げたいというのが当時の意気込みでもあったのでしょう」[1] といわれている。この伝でいけば，平壤中学校に 3 年先立って「当時大陸側の日本最北端の」高等女学校として設立された平壤高等女学校も，「特色のある充実した学校」であることが目指された筈である。本章の狙いは，平壤高等女学校が「特色のある充

実した学校」であったかどうか，あったとすればその内実はどのようなものか，を究明することである。

第1節　学校沿革

　1913年4月，平壤公立尋常小学校（1922年以降平壤山手小学校）内において，すなわち同小学校に間借りする形で平壤高等女学校が呱々の声をあげた。学校組合による公立学校で，校長事務取扱は，時の平壤府尹本田常吉であった。開校当初の教員は上野直記・藤木フクら4名，生徒は36名（1学年16名，2学年20名）であった。1914年当時の平壤尋常小学校在校生は，「平壤高女はまだ三年までしかなく，そこに間借りしていて式の時は一つ教室に全部おさまって君が代などうたっていた」[2]と回想している。

　1915年12月，若松町に自前の新校舎が完成したのでここに移転，翌1916年の3月には第1回卒業式が挙行された。4年制の平壤高女が開校3年にして第1回卒業生を出したのは，いうまでもなく開校時に2年生20名がいたからである。

　大正末期に学級増設が相次ぎ校舎が手狭になったため，1927年秋，校舎1棟増築，寄宿舎新築（それまでは仮寄宿舎），運動場拡張の工事に着手，1年後に竣工した。これによって平壤高等女学校は，赤煉瓦の校舎で有名になり，それまでほぼテニスだけだったスポーツ活動も，バレー・バスケット・陸上競技など幅広く展開されるようになった。

　1928年にはまた，各学年の1組・2組・3組が月組・雪組・花組と呼ばれるようになった。（後に星組追加）

　1929年，セーラー服にスカートの制服が制定された。自由服から認定服〜制服への変化を体験した1927年度入学生によれば，「私達が入学した時，紺サージの胸当てに二本の白い線の入った認定服（後三年になってセーラーの制服となる）が出来て，一応みんな揃ったけれど，強制的ではなく，まだまだ上級生には和服の人がかなり居た。我が校のシンボルである黒線を，衿やスカートの裾につけて，ちょっと私も誇らしい気分になったものだ」[3]という。ただし，「服装についても非常に厳しく物差しでネクタイや上着丈を

測られたり校庭に跪いてスカート丈を調べて下さいました。三年生以上は髪を長くしておさげにする決まりでした。なかなか好みがあり統一するために先生方のお骨折りは並たいていではございませんでしたでしょう」[4],「黒いリボンのセーラー服,黒線の入ったスカートが制服だった。スカートの丈がきまっており,時々服装検査が行なわれ,廊下に膝をついて並ばされたことが印象に残っている」[5] という証言もある。

「青柳は楽浪の江に」で始まる校歌も,1929年ごろに制定されたようである。というのは,作詞者白水千里の平壌高等女学校在任は1925年からであるが,作曲者川合(彼末)愛子(括弧内は旧姓,以下同じ)の在任が1929年以降だからである。

いずれにせよ校舎・運動場の拡張やクラス名の改称,制服・校歌の制定などが行なわれた昭和初期は,平壌高等女学校にとっていろいろな意味で節目の時期であった。

1931年9月18日,満州事変が勃発した。林銑十郎司令官の独断によって朝鮮軍が満州へ越境出動することになり,平壌高等女学校の生徒たちは,平壌駅頭での見送りに駆り出された。当時の平壌中学校長鳥飼生駒の娘しづは,次のように回想している。

　　私達は,恰度女学校二年の時であったなァ——。急遽授業中止。近くの平壌駅までかけつけ出動する兵士達を見送ったのだった。「急の出動であり見送ったのは女学校だけであった」と鹿島校長の御自慢話が度々出た事であった。あれから幾度駅で旗を振った事か。朝早く,又夜更けにも[6]。

1937年日中戦争〜1941年太平洋戦争へと戦線が拡大するにつれ,その影響は否応なく平壌高等女学校にも及んだ。夏休みをはじめとする随時の勤労動員,1941年5月を最後に内地への修学旅行の中止,1942年からの服装改編(スカートからモンペへ),1942年2学期から教科としての英語の廃止,などがそれである。ただ,英語は,「希望者だけ大井校長先生に教えて頂いた」[7] という。もともと広島高等師範学校英語部卒の英語教師であった大井利明の面目をここに見ることができる。しかし,この英語教育は進学を前提

としたものではなかった。後述するように太平洋戦争中の大井校長は，平壌高女卒業生の上級学校進学には否定的だったからである。

1945年8月，平壌高等女学校は，北朝鮮にあったがゆえの大混乱のうちに終焉を迎えた。最後の職員のひとりは，敗戦前後の状況を次のように伝えている。

　当時学校には満洲軍の家族や，北鮮からの疎開者で寄宿舎から校舎はゴッタがえしていた。その中に正午のラジオ，終戦，頭の中では判断に苦しんだ。学徒通信士として軍隊に行っていた生徒達も泣きながら帰って来た。寄宿舎では軍家族の人が自決する人も出たと聞いた。翌日も翌々日も残務整理に学校に出かけた。帰りに正門を入ってくるソ連兵を見た。何とも大きくおそろしい顔。身ぶるいしながら裏門へ廻った。それ以来学校には行かなかった[8]。

第2節　教員の去就

1．校　　長

初代校長上野直記は，1905年に東京高等師範学校を卒業し，沼津中学校教諭などを経て1913年，朝鮮に渡った。新設平壌高等女学校の教諭としての渡航であったが，上述したように開校時の校長事務取扱は平壌府尹本田常吉であったので，上野は，当初から校長要員として招聘されたものと思われる。1年後の1914年4月，校長事務取扱に任じられ，1916年9月，正式に初代校長となった。その後1921年2月，鎮南浦高等女学校長に転じ，さらに元山高等女学校長（1929～30年度）・鏡城高等普通学校長（1931～34年度）を歴任して引退した。このように朝鮮における上野の教職歴は高等女学校が中心であり，『朝鮮功労者銘鑑』も，次のようにその点を評価している。

　上野氏は実に多年教育界殊に女性教育に衝りて半島各地に幾多の女性を又母性を作り出して世に送つて居る。その行や精進，その功や顕著，以て

四方に拡がり散じて行つた幾多の愛弟子たちは今や社会各方面に又それぞれの家庭に於て婦人としての活躍，使命を果しつゝ恩師上野校長の朝夕の教訓を思ひ出してゐることであらう。上野氏以て悔ひる所なくして可なるべきである。氏は実に教育者として有終の美を済せる人格的教育者である。半島教育史上の功労者である[9]。

　第2代校長白神寿吉は，1919年5月鎮南浦高等女学校長として渡航し，1921年2月平壌高等女学校長となった。つまり，上野直記と平壌高女・鎮南浦高女の校長職を入れ代わったのである。平壌高等女学校長（1924年4月まで）の後，京城師範学校教諭兼朝鮮総督府編修官（1924～25年度）となったが，再び校長に戻り，大邱女子高等普通学校（1926～37年度）～慶北高等女学校（大邱女子高等普通学校の後身，1938～42年度）・明倫専門学校（1943～45年度）の校長を務めた。広島高等師範学校教育科以来，専門は本来植物学であるが，余技としての考古学研究でも名を成した。『朝鮮功労者銘鑑』の記述は次のとおりである。

　　氏は教育界に貢献する所多かつたのみならず，考古学の為めにも有益な研究を遂げて学界を益する所多かつた。平壌高女時代には余暇を利用して楽浪文化の研究に当り大邱転任後は新羅文化の研究に没頭して専門学者を驚かした。其の研究は骨董趣味から来たものでなく，純然たる考古学の立場から科学的態度をとつて進んでゐる。故に其の研究が学界を益する所多かつたことはいふ迄もなからう[10]。

　第3代校長広瀬憲二は，広島高等師範学校の白神寿吉の後輩にあたり，鎮南浦高等女学校と平壌高等女学校において白神校長に仕えた。すなわち広瀬の朝鮮渡航後の経歴は，平壌高等女学校教諭（1917～19年度）・鎮南浦高等女学校教諭（1920～22年度）・平壌高等女学校教諭（1923年～　　）であるが，鎮南浦での1年（1920年度）と平壌に戻っての1年（1923年度）は，いずれも白神校長の側近（教頭格）だったのである。1924年6月，白神の後継者として平壌高等女学校第3代校長となり，1928年4月まで在任した。歴代校長

7名のうち，2度にわたって平壌高女に勤めたのも，平壌高女の教頭と校長を務めたのも広瀬だけである。

第4代校長鹿島清治は，1928年6月に平壌高等女学校長となる前，日本内地において32年に及ぶ教職歴を有した。『朝鮮教育大観』における鹿島の略歴は次のとおりである。

　　鹿島清治氏は宮城県師範学校卒業，試験検定により教育科並に法制経済科の中等教員免許状を受く。宮城県師範学校訓導たること二年，同県小学校長たること七年，広島高等師範学校訓導たること三年半，徳島県及び千葉県の視学たること六年余，青森県師範学校附属小学校主事たること四年，長崎県の高等女学校長たること九年，昭和三年六月本校長拝命[11]。

前任3代の校長と違って高等師範学校卒ではないが，視学や主事の経験があり，何よりも高等女学校長をすでに9年も務めていたことが，平壌招聘の要因として作用したであろう。

鹿島が平壌高等女学校長となった1928年から数年間は，まだ満州事変前の平和な時代であり，平壌高等女学校にとっても，各種の改革が行なわれた節目の時期であった。したがって，制服や校歌の制定も鹿島の主導のもとで推進されたものと思われるが，「鹿島校長の改革」として生徒たちに最も印象深かったのは，次の引用にあるような野菜作りだったようである。なお文中の「私達」は，1927年4月入学，1931年3月卒業の第16回生である。

　　鹿島校長の改革の一ツとして戦争中より一歩先んじて，私達に農耕の尊さを教えられる為か，グラウンド以外の空地は，全て畑と化した。庭の隅々にはウズ高く堆肥が作られ，又下肥も溜められて，私達は休み時間や放課後スカートに飛び散らぬ様にキャアキャア云い乍ら，石油缶に汲み入れた肥を，天びん棒で担ぎ乍ら畑にまいた。みのりの秋がやって来るとホクホクの馬鈴薯やら，大きく巻いた白菜等が，クラス毎に出品され，講堂で品評会を開き，収穫の出来ばえを競ったものだった[12]。

第 10 章　平壌高等女学校

　第 5 代校長栗原助作は，1908 年に東京高等師範学校を卒業した後約 15 年間内地で中等教育に従事し，1923 年 5 月，釜山高等女学校教諭として渡航した。しかし，釜山在勤 1 年にして平壌に移り，平壌高等普通学校教諭（1924〜33 年度）を経て平壌高等女学校長（1934〜37 年度）となった。釜山高等女学校時代に一時校長事務取扱に任じたことがあったが，正式の校長は平壌高等女学校が初めてであった。このためか，平壌高等女学校における存在感は薄かったようで，『朝鮮功労者銘鑑』が「平壌高等女学校長栗原助作氏は女子中等教育に奮闘努力しつゝある教育家中の教育家である」[13] と高く評価しているにも拘らず，『平壌高女の思い出』や『楽浪』誌に栗原校長はほとんど登場しない。

　第 6 代校長大井利明は，広島高等師範学校を 1908 年 3 月に卒業して教諭となり，鹿児島・長崎・福岡県の 4 中学校に勤務した後 1921 年 6 月に渡航したが，朝鮮においても平壌中学校教諭（1921〜25 年度）・新義州中学校長（1926〜31 年度）・晋州高等普通学校長（1932〜33 年度）・群山中学校長（1934〜37 年度）と引き続き男子中等教育に従事した。そして，長い教職生活の掉尾にして初めての女学校教員が平壌高等女学校長（1938〜43 年度）だったのである。大井の校長歴は 18 年に及び，「大井校長は，令名かくれなき名校長」[14] と評する向きもある一方，「恐るべきファッショ」と批判する人もいた。次の引用は，1943 年 4 月，京城中学校教諭から平安南道・江西中学校の校長となった深川俊男の大井評である。

　　私が平南に転出した時，私の娘は第一高女の四年生になったばかりであった。京城に置きたかったが，それはできなかった。そこで平壌高女に転校を頼んだ。その時大井という校長に会ってお願いして許可された。それから間もなく，校長は四年の生徒（つまり卒業予定者）に「君達は卒業したらどうする」と聞いたところ，皆は「軍需工場で働きます」と答えたので校長は喜んだ。娘は深く考えもせずに，「もう一つ上の学校に行きたいです」と答えた。すると校長は激怒した。「お前は時局をわきまえぬにも程がある。大体お前のおやじの思想が悪いものだから，お前までもそんなことを言う」と言って，校長室に夕方まで立たされたという。

これは娘の口から直接聞いたのだから間違いはない。大井校長の目から見れば，上級学校に行くということそれ自体が不逞の非国民的思想ということになる。実は，もうその頃は朝鮮と内地との往来は，アメリカの潜水艦の活動のため実質的に不可能になっていたから，たとえ許可されたとしても内地での勉強は夢でしかなかったのだ。しかしそういう希望を持ったということだけで罰するなんて，恐るべきファッショではあるまいか[15]。

最後の第7代校長平春真一郎は，先代の大井利明とは対照的に，全羅北道師範学校教諭(1924～30年度)の後は一貫して高等女学校の校長であった。その勤務校および在任時期は，清津高等女学校(1931年度)・羅南高等女学校(1932～38年度)・裡里高等女学校(1939～40年度)・全北高等女学校(1941～43年度)・平壌高等女学校(1944～45年度)である。高等女学校長としての在任は15年余に及び，その任地も，咸鏡北道清津から全羅北道全州まで半島の南北にわたっている。平春は，たまたま敗戦時の平壌高等女学校長であったため，ソ連軍によって刑務所に拘置されるなど内地では考えられない辛酸を嘗めることになった。

以上みてきた歴代校長の経歴を概括すると，次のようなことがいえそうである。第1は，平壌高等女学校で初めて校長を経験した栗原助作や，長い中学校長歴の末に初めて女学校長となった大井利明はむしろ例外で，他の5名はいずれも女学校のベテラン校長であった。とくに上野直記・広瀬憲二・平春真一郎は，女子中等教育の専門家といっても過言ではなかろう。

第2は，東京高等師範学校(茗渓会)と広島高等師範学校(尚志会)のバランスである。第4代の鹿島が宮城師範～検定で，第7代平春の学歴は知りえないが，その他の5名の内訳は茗渓2，尚志3である。しかも，初代茗渓～2・3代尚志～5代茗渓～6代尚志の順となっている。偶然にしては出来過ぎの感がある。

2．教　　諭

平壌高等女学校の教師たちについて，「平壌高女は内地からのえりぬきの先生ばかりをおむかえした伝統のある一流校」[16] といわれ，しかも教師間の

学閥がなかったといわれる。学閥に関して平川武士（平壌高等女学校在任1939〜43年度）は、「女学校には学閥などがあって，不愉快な点があるかも知れぬと心を決めて赴任した私であったが，平高女には，それらしい暗い影もなく，毎日が楽しく平和であった」[17]と述懐している。この平川発言にヒントを得て，筆者も平壌高等女学校教員たちの学歴を調べてみたが，結果的に知りえたのはごく一部であった。その限られた範囲内ではあれ，やや顕著な傾向として指摘できるのは，高等師範学校4校のうち男子では広島高師，女子では東京女高師が優勢であったこと，平壌高等女学校の卒業生で母校に勤めた者が16名にのぼったことである。

広島高師出身の平壌高女教諭は隈部至徳（1916〜19年度）・板倉邦介（1924〜33年度）・藤本静夫（1927年度）・篠原雅雄（1927〜28年度）の4名である。板倉邦介は，龍山中学校教諭（1918〜24年度）を経て平壌高等女学校の教頭となり，広瀬校長の辞任から鹿島校長就任までの間（1928年4〜6月）校長代理を務めた。平壌高女の後は平壌高等普通学校教諭（1934年度）・鎮南浦商工学校長（1935〜39年度）・大邱商業学校長（1940〜41年度）・京城商業学校長（1942〜43年度，以後不明）を務めた朝鮮教育界の有力者であった。

東京女高師出身の平壌高女教諭は藤木フク（1913〜20年度）・山口（牛島）シヅ（1915〜17年度）・堀井（大村）峯（1916〜21年度）・三村（藤原）タカノ（1917〜20年度）・荒木（野尻）教（1921〜25年度）・山根（岡田）サヨ（1926〜28年度）の6名である。藤木フクは，1908年韓国政府によって設立された漢城高等女学校に1910年に招聘され，日韓併合後同校が京城女子高等普通学校となっても勤続していた。そして1913年4月，開校要員として平壌高等女学校に招かれ，1921年3月まで在任した。

広島高師の4名，東京女高師の6名に対して東京高師・奈良女高師出身の平壌高女教諭は，藤見睦治（1918〜20年度）と三浦（阿部）筆子（1928〜38年度）・三吉（木下）伸世（1936〜40年度）だけである。木下伸世の平壌赴任をめぐっては次のようなエピソードが残されている。

　　学校卒業の前から「平壌高女へ」との交渉が始まりましたが，折からの大不況のもと，平安南道も経費節減をはかり「月給をまけよ」との事，し

かし母校（奈良女高師）では「まけられぬ」と押問答があったようですが，結局は，京城生れの私が「一ぺん朝鮮に行って見たいので」と担任教授に申し出て急いで出発しました[18]。

平壌高女の卒業生で母校に勤務した者の氏名・卒業年・在任期間は次のとおりである。空欄が多いのは，手元の「朝鮮総督府職員録」が1940年以降，校長・教頭など幹部職員の記載しかないからである。

氏名	卒業年	在任期間
福島（本田）静女	1919年	1924～27年度
三浦（阿部）筆子	1923年	1928～38年度
江口（藤原）千寿子	1926年	1930～33年度
原田（植松）きわ子	1929年	1933～34年度
松崎（児玉）百合子	1930年	
石川（川浪）静	1931年	1935～39年度（以後不明）
近藤 小容子	1933年	
岸川（林）美恵子	1934年	1937～39年度（以後不明）
中原（大森）きん	1934年	
篠原（宗光）登代子	1937年	
国安（山根）久子	1939年	1942～45年度
福間（水谷）正子	1939年	
永島 乙女	1940年	
古元 千鶴子	1940年	
杉崎 芳子	1941年	
森谷（野島）清見	1942年	

このように母校出身の教諭が割合に多かったのは，後に見るように平壌高等女学校では，少なくとも1927年以降，教員志望の卒業生に対して検定試験に向けた特別指導をしていたこと，現実問題として「大東亜戦争勃発以来戦争が日々苛烈となり之れがため男の先生方は次々と応召され終戦間際には校長先生以外二，三名で他は女の先生だけで御座いました」[19]という状況が

あったこと，などによる。国安（山根）久子は，「女専を繰上げ卒業して一年近くたった頃，大井校長先生より勤めてみないかとお話しがあり恐る恐るお引受けしたのが（昭和―稲葉註）十七年の十一月末だった」[20]と述べている。

これと関連して，平壌高等女学校の卒業生ではないが，堤（牧野）カノが「下関の梅光から同志社英文科にすすめられて御両親の膝下より平高女にお勤めになった」[21]こと，国分（久保）礼子が，「私の父が山手小船橋小大同郡刀浦小校長と勤務し，私も四年間お世話になった平高女を去り，父の学校へ勤務しました」[22]と述べていること，山口（松本）芳子が「京城第一高女，淑明女専卒の公州生れ，京城，大邱，釜山，清津，平壌で育った朝鮮っ子」[23]であったことなどから窺われるように，平壌高等女学校の卒業生であると否とにかかわらず平壌高等女学校女教員の多くは，朝鮮に家族とともにいたことを附言しておく。

このほか平壌高等女学校の教員人事に関して指摘しておきたいことは，平壌の外港にあたる鎮南浦に1917年4月に開設された鎮南浦高等女学校との関係である。1921年2月，上野直記と白神寿吉が校長を交替したことは前述したが，教諭の間でも両校間の人事交流が2度行なわれている。亀山乾太郎（平壌高女1926～29年度→鎮南浦高女1930～39年度）と後藤武夫（鎮南浦高女1927～29年度→平壌高女1930～37年度），小林建次郎（平壌高女1922～39年度→鎮南浦高女1940年度）と吉竹文野（鎮南浦高女1939年度→平壌高女1940～42年度）の入れ代わりがそれである。同じ平安南道内の高等女学校として両校の間ではスポーツ交流が盛んに行なわれたが，都合3組の教員交替もあったのである。

本節の終わりに平壌高等女学校における職場結婚に触れておこう。ひと組目は，江口敬四郎・千寿子夫妻である。江口敬四郎は，1933年平壌高等女学校に赴任したが，そこに1930年以来勤続中の藤原千寿子がいた。両人はほどなく結婚，千寿子は1933年度いっぱいで退職した。敬四郎は，平壌高女に1935年度まで在任，1936年に京城女子師範学校教諭として転出した。千寿子は，母校に奉職したばかりでなく，そこで生涯の伴侶も得たわけである。

ふた組目は，竹藤峰政・とし子夫妻である。竹藤峰政が1929年から勤め

ていた平壌高女に，1931年，品川とし子が赴任した。ふたりは，同僚として過ごすこと6年，1937年に結婚し，とし子は寿退職した。峰政は，1938年平壌第二中学校に異動，ここで敗戦を迎えた。

狭い内地人社会のことゆえ，内地人教員同士の婚姻は他にも多々あったであろうが，平壌高等女学校での純粋な職場結婚はこの2組である。ちなみにこの両夫婦は，引き揚げ後，平壌高等女学校同窓会にとって掛け替えのない存在となった。

第3節　平壌高等女学校の学校文化

1930年発行の『朝鮮教育大観』に収録された平壌高等女学校の「施設経営之大要」は次のとおりである。以下，これを補足する形で論を進めていきたい。

　教育方針　本校の教授訓練及教育上の施設の大要左の如し，**教授上**，教授法研究会，教授法の巧拙は直に生徒の学力に多大の影響あるを以て互に授業参観をなし批評研究をなす，**上級生徒の補習教育**，進んで上級学校に入学するもの又は家事に従事するものにも毎日放課後日曜休日は午前中数学，英語，国語，物理，化学の学科の補習授業をなす，**農業実習**，園芸趣味の養成と勤労の習慣とを得しめんがために蔬菜（約一段五畝）花卉（約五畝）を栽培せしむ，**卒業生の指導**，卒業生にして教員希望者には修身教育の特別授業をなし受験せしむ（昭和二年には第二種に合格者三名佳良証明を得たるもの三名，昭和三年には同合格者六名同佳良証明書を得たるもの九名なり）　**訓育上**，朝会，全校教育の統一を図るため毎日始業前十分間朝会を行ふ。御真影遥拝，校長訓話，生徒校訓暗誦（教育に関する勅語の聖旨を奉戴し忠良なる国民たらんことを期すべし，女子の本分を弁へ常に婦徳を修め特に貞淑敬愛勤倹の徳を養ふべし，学業に精励し研究の習慣を養ひ時勢に鑑み常識と識見とを具ふべし，心身の強健を図り現在の修学及将来の生活に資することあるべし，校規を遵守し師長を尊敬し学友を信頼し能く修学の目的を達し以て父母及学校の所期に副はんことを努むべし）

日誌，生徒には毎日日誌を呈出せしめ家と学校との連絡をはかり兼て生徒の訓育に資す。学級会，毎学期一回以上学級会を開き学芸会をなし生徒の親睦をはかり兼て成績向上をはかるを目的とす，**体育上**，全校職員生徒一同一定時体操及運動をなし心身の鍛錬をなすと同時に協同一致の精神を養ふ，生徒全員をして，陸上競技部，庭球部，籠球部，排球部，卓球部，弓道部，スケート部，の何れか一を選ばしめ一部の独占をさけ全体運動を主とし放課後下校時課外運動をなす，寄宿舎生徒には放課後農園の実習に当らしめて心身を錬り半搗米食励行し良結果を得つゝあり[24]。

平壌高等女学校の初期10年間（1915〜24年度）の卒業生状況を調査した結果[25]によれば，卒業生総数は369名，このうち家事従事者が320名（86.7%），官公署銀行会社等就職者（現職のみならず，就職したことがある者を含む）55名（14.9%），上級学校入学者30名（官立7名，私立23名 8.1%）であった。このように卒業生の大部分が家事に従事する傾向は，基本的にその後も維持されるが，年とともにその比率は小さくなり，その分，就職者・進学者の比重が増した。1930年3月の卒業者は113名，うち家事従事者83名（73.5%），就職者14名（12.4%），上級学校入学者16名（官立2名，私立14名 14.2%），1936年3月の卒業者は141名，うち家事従事者92名（65.2%），就職者28名（19.9%），上級学校入学者16名（官立3名，私立13名 11.3%）であった[26]。これら「上級学校に入学するもの又は家事に従事するもの」に対して「毎日放課後日曜休日は午前中」補習授業が行なわれたのである。ある卒業生は，「学業もきびしく鍛錬もきびしかったことを覚えております」[27]と述べている。

農業実習は，先にみたように第4代鹿島清治校長（在任1928年6月〜34年3月）の施策であった。したがって，鹿島校長退任後は暫く中断したようであるが，太平洋戦争の末期，食料増産のために復活する。「戦雲急をつげると，安閑とテニスなどはまかりならぬということになって，折角の楽しみの一つであった庭球も中止，コートは掘って各学級に割り当て，野菜畑とすること，「大根を蒔け」ということで，これまた勤労作業が続いて重松先生の御苦心のコートは無惨にも掘りかえされた」[28]という。

卒業生の指導に関しては，先に母校出身女教諭のくだりで少々触れたが，具体的には，1928（昭和3）年卒業生の次のような証言がある。

　　私は昭和三年三月に卒業して諸先生方の温情で寺洞の尋常小学校に嘱託教員として勤めていた。正式な資格をあたえてやろうとの先生方の御励ましから夏休中を利用して講習会が開かれることになった。そのときは鹿島校長の時で板倉先生と御二人で教育学，倫理，論理，教育史，教授法とか教育管理とか心理学，児童心理学とかねむくなる様な勉強を教えてもらい，八月に施行される試験をうけるために，一生懸命だった[29]。

　訓育に関して，良妻賢母の育成を目標としたことは戦前の高等女学校一般の例に漏れないが，平壌高等女学校の特色は，とくに生徒の日誌を活用したことである。しかもこの日誌は，「その頃（1928年—稲葉註），女学校では，全校生徒が罫紙に毛筆で日記を書き毎日受持の先生に提出して見て頂く事になって居りました」[30]とあるように，毛筆で書かれたのである。
　訓育と直接の関係はないが，この毛筆習字重視の方針はその後も継続され，1939年5月から43年11月まで在任した平川武士は，まさに平壌高等女学校の書道教育要員であったといっても過言ではない。なお平川は，全羅北道益山の皇華普通学校〜皇華小学校（1938年4月校名変更）の校長を4年間（1935〜38年度）務めた後平壌高等女学校の平教諭に転じたユニークな経歴の持主である。次は，平川武士記すところの1942（昭和17）年頃の書道教育の状況である。

　　平壌高女在職中に，特別に筆と墨とを作って頂いた。筆も墨も平壌高女指定としてその名を「青柳」とつけた。……（中略）……何せ全校八百余名が習字は必修であったし熱心な方や，天分，素質に恵まれた方が多かったので，私も努力せざるを得なかった。
　　昭和十七年頃に「修練」という科目ができて，希望者を募ったら「書道」の組が五クラスも出来てしまった。二時間連続のこの科目を処理するには私一人では骨が折れ，無理であることは明瞭であった。岡崎先生にお願い

して「到底成績を挙げることは困難だから，学級数を減ずるか，時間をずらして頂きたい」と申し出たが「生徒の希望は尊重したい」ということで私の申し出は退けられた。……（中略）……二階五教室を一人で駈けずり廻ったのも若く元気に満ちていたから出来たことだ[31]。

学芸会は，当初，学校の講堂で行なわれていたが，やがて平壌府公会堂を借り切って大々的に行なわれるようになった。「公会堂での学芸発表会は毎年平壌での大きな呼びもの」[32]であったという。しかし，「施設経営之大要」にある学芸会の趣旨（生徒の親睦をはかり兼て成績向上をはかる）は，日中戦争の拡大とともに変質する。「音楽会にしましても演劇会にしましても皆戦傷兵方の慰安の為のもの」[33]となったのである。

平壌高等女学校には陸上競技部・庭球部・籠球部・排球部・卓球部・弓道部・スケート部などがあり，生徒全員いずれかの部に属することになっていた。しかし，対外的にはあまり強くなく，朝鮮人の平壌女子高等普通学校（1938年度以降平壌西門高等女学校）の後塵を拝するのが普通で，テニスやバレーボールでたまに勝つ程度であった。1933（昭和8）年5月，排球部は，当時の顧問品川とし子教諭の指導宜しきを得て，平壌女高普打倒に初めて成功した。その時の感激は次のように伝えられている。

　　女高普打倒を目標に毎日々々々猛練習の連続であった。昭和八年五月二十日，山手の校庭で西鮮女子オリンピックのバレーの試合が行われ，熱戦の末，やっとやっと宿敵女高普を破ったとき，感きわまって先生を中心に，校庭の隅のゴザの上で抱き合って皆で大泣きに泣いた事，今もありありと思い出される[34]。

太平洋戦争期になると通常の体育活動は制限され，代わって軍事訓練や「忍苦鍛錬」のための「行軍」が実施されるようになった。軍事訓練の一環として，女学生ながら練兵場で実弾射撃もした。行軍には，40kmを歩き通す「十里行軍」や冬期の「雪中行軍」があった。「十里行軍」の様相は次のとおりである。

秋の遠足，私達の頃は遠足というものではなく，行軍とかで楽しみのおやつもなく，水とおにぎり，ただ歩け歩けです。一年一度の四十粁行軍は早朝星がまだ光っている頃，家を出，リュックサックには砂袋を入れての行軍，国策にそっての今でいう根性づくりというのでしょうか，辛いものでした[35]。

　「施設経営之大要」には言及がないが，修学旅行と朝鮮人生徒についても触れておきたい。平壌高女同窓会誌『楽浪』には，4年生時の修学旅行の思い出がしばしば登場する。これを見ると，1934年までの行先は満州で，いうまでもなく単なる物見遊山ではなく，203高地など日露戦争の戦跡めぐりも行程に含まれていた。その後，行先は内地となり，1941年まで続けられた。この最後の内地修学旅行を引率した平川武士は，出発までの経緯を次のように記している。すでに1941（昭和16）年春の時点で，総督府は修学旅行自体を差し止めるつもりであったこと，そのため内地への「勤労奉仕団」という苦肉の策がとられたことがわかる。

　前年度（二十六回生）は総督府の許可も容易にとれ，平壌を出発して釜山―下関，門司と渡り，九州入りをして阿蘇，別府を廻って大阪入り，東京―日光―京都を経ての大旅行は二週間でありました。
　昭和十六年は四月中旬に入っても許可なく，音沙汰なし，いよいよ生徒は浮腰立って学級担任，引率教員に矢の催促であります。「修学旅行まかりならぬ」の厳達が届いた時，泣いた生徒が多勢いました。それをなだめすかし，道庁学務課や総督府に連絡懇願これつとめたものでありました。
　東奔西走の甲斐があって，修学旅行の許可の公文書が届いたのは四月二十日過ぎでした。……（中略）……
　旅行の名目も「勤労奉仕団」ということで許可があったので「橿原神宮」と「宮城前」の二ヶ所の清掃作業が予定され，往復十日間，釜山の学校でも，新義州でもおしなべて十日間なら許可という不平等さをかこちながらも，不満の生徒に「我慢しなさい」の校長先生の一言に諦めて，あこがれの修学旅行は実施の運びとなりました[36]。

総督府の『朝鮮諸学校一覧』によれば，平壌高等女学校には，大正から昭和初期にかけて各学年1～4名の朝鮮人生徒がいた。その後徐々に増加し，「内鮮一体」が総督府の3大スローガンのひとつとして強調されだした1938年には全校生徒830名中27名（各学年5～9名，3.3％）にのぼった。1940年以降，朝鮮人生徒の比率は5％前後で推移した。このように生徒の民族構成上の内鮮一体化は着実に進んだが，学校文化の内鮮一体化は，裏を返せば朝鮮色の排除に他ならなかった。校歌の作曲者でもある川合（彼末）愛子は，1938年度末の思い出を次のように語っている。

　朴鎮妹さんという声のよい方がありました。卒業生を送る送別会か何かの時アリランをあちらの言葉で歌って貰い私が伴奏しました。翌日当時の教頭様富沢先生から講堂のステージで生徒にアリランを歌わせ先生が伴奏するのは一寸面白くないから考えてほしいと申され，ははあそうだったかなと思いハイと引込んだ事でした[37]。

　内地人学校である平壌高等女学校に学んだ朝鮮人生徒は，日本に同化した朝鮮人，端的にいえば親日派と見られるのが常であった。また，現実に，内地人学校に子女を通わせた朝鮮人は，ほぼ例外なく資産家階級に属した。したがって，日本の敗戦とともに北朝鮮が共産化されるや，平壌高女の朝鮮人関係者は，親日派と資産家階級という二重の意味で迫害の対象となり，日本人引き揚げの人込みに紛れて南へ逃れた人も少なくない。

おわりに

　平壌高等女学校は平壌学校組合の設立であったが，開校時の校長事務取扱が平壌府尹本田常吉であったこと，第1期生20名の中に初代平安南道長官松永武吉の娘がいたことに象徴されるように，平安南道・平壌府の官民挙げての支援体制があった。このため人的・物的条件整備が進み，北部朝鮮における中核的高等女学校として発展したのである。施設・設備については，1938年6月に広島県福山から赴任した森原伝が，次のようなコメントを残

着任早々私が田舎の福山から来たことですし、あれこれ感じたことがあります。その一、二は先ず校舎がレンガ造りであったこと、それに窓が二重になっていたこと、レンガ造りとは立派な学校だなと喫驚した。もう一つ教室の入口に二抱えもするルーカスと称する暖房器のあるのに更に一驚……（中略）……また内地では珍らしいプールあり[38]。

　平壌高等女学校のプレスティージの高さを示すものとしては、前述した「公会堂での学芸発表会は毎年平壌での大きな呼びもの」だったことと生徒の通学区域の広さを指摘したい。『楽浪』には、道境を越えた黄海道兼二浦から「通学列車にゆられて何時間だったでしょうか。兎に角、長い時間、私達は殆んど汽車の中で試験勉強も充分出来たことを記憶しています」[39]という例がある。いうまでもなく、寄宿舎にいた寮生の出身地は、さらに広範に及んだであろう。このように、平壌高等女学校に広い地域から生徒が集まったのは、平壌の周囲に高等女学校がなかったからではない。「当時黄海道の沙里院という町に住んでいたが、ここにも、公立の高女があり、殆んどこの学校に入ったが、私は惹かれる様に平壌に入学した」[40]という証言がそれを裏付けている。

　以上述べたところによって、平壌高女が朝鮮関西地方の中心として「特色のある充実した学校」であったことが証明されようが、同様なことは恐らく、京畿・嶺南・湖南地方における京城（第一）高女・釜山高女・光州（大和）高女についても当て嵌まる。敢えて平壌高女独自の特色といえるのは、1928年以来最後まで、宝塚少女歌劇団ばりに月・雪・花・星組体制をとったことと、1942年2学期から英語教育が公式的には中止されたものの、希望者は大井校長から非公式に学ぶことができたこと、の2点であろう。宝塚風のクラス編成は、とくに戦時中の殺伐とした雰囲気を多少とも和らげ、大井校長の英語補習は、「敵性用語」教育の完全中断を一時的にせよ遅らせたと評価される。

[註]
1) 全平壌楽浪会編 『想い出の平壌』 暁教育図書 1977年 p.22
2) 平壌高女同窓会誌 『楽浪』 復刊第2号 1956年 p.15
3) 平川武士編 『平壌高女の思い出』 楽浪同窓会 1968年 p.195
4) 同上 p.95
5) 同上 p.173
6) 『楽浪』 復刊第19号 1974年 p.58
7) 『平壌高女の思い出』 p.187
8) 同上 p.134
9) 阿部薫編 『朝鮮功労者銘鑑』 民衆時論社 1935年 p.146
10) 同上 p.693
11) 西村緑也編 『朝鮮教育大観』 朝鮮教育大観社 1930年 平安南道 p.3
12) 『平壌高女の思い出』 p.197
13) 『朝鮮功労者銘鑑』 p.523
14) 『楽浪』 復刊第7号 1961年 p.20
15) 『慶熙』 第25号 京城公立中学校同窓会 1994年 pp.7-8
16) 『平壌高女の思い出』 p.100
17) 同上 p.157
18) 『想い出の平壌』 p.151
19) 『楽浪』 復刊第3号 1957年 p.10
20) 『平壌高女の思い出』 p.37
21) 『楽浪』 復刊第16号 1971年 p.38
22) 『平壌高女の思い出』 p.40
23) 『楽浪』 復刊第18号 1973年 p.129
24) 11)に同じ
25) 『平壌全誌』 平壌商業会議所 1927年 pp.148-149
26) 『平安南道の教育と宗教』 平安南道教育会 1932年版 p.87, 1937年版 p.118
27) 『平壌高女の思い出』 p.100
28) 同上 p.222
29) 『楽浪』 復刊第13号 1968年 p.43
30) 『平壌高女の思い出』 p.199
31) 同上 pp.215-216
32) 同上 p.30
33) 同上 p.52
34) 『楽浪』 復刊第13号 p.78
35) 『平壌高女の思い出』 p.180
36) 同上 pp.232-233
37) 『楽浪』 復刊第10号 1965年 p.32
38) 『平壌高女の思い出』 p.32

39)『楽浪』 復刊第17号　1972年　p.79
40)『平壌高女の思い出』　p.89

第11章　釜山第一商業学校

はじめに

　1906年4月1日，釜山居留民会立「釜山商業学校」(後の慶尚南道立「釜山第一公立商業学校」)が開設された。釜山高等女学校と同時，京城中学校に先立つこと3年であった。したがって釜山第一商業学校(以下，適宜「釜山一商」あるいは「釜一商」と略する場合がある)は，「半島最古の記念すべき中等学校」「日本が海外飛躍時代の最古の海外の商業学校」「外地に於ける日本最初の中等教育機関」[1]などと称される。だがこの学校は，単に古いだけではなく「朝鮮商業教育のメッカ」[2]として知られていた。1922年4月に官立京城高等商業学校が創設されてからは，「朝鮮商業教育のメッカ」は京城高商に移ったとみるべきであるが，中等レベルの商業学校としては，依然として釜山一商が朝鮮随一であった。

　本章の狙いをひと言にしていうならば，釜山一商が「朝鮮商業教育のメッカ」であったその所以を実証することである。とくに教員の人事や生徒の進学・就職状況からこれにアプローチしてみたい。

　資料としては，釜山第一商業学校同窓会(九徳会)の会誌・会報にほぼ全面的に依拠する。したがって，手前味噌的な内容もあろうと思われるが，その点を常に意識しつつ叙述を進めたい。

第1節　学校沿革

　釜山には1892(明治25)年5月から暫くの間「釜山共立商業学校」という学校が存在したようであるが，詳細は不明である。釜山商業会議所発行の『釜山要覧』にも，「嘗て釜山商法会議所は本港商家子弟の為め商業教育施設の必要を認め二十五年五月釜山共立商業学校を開設せしことありしも後遂に廃絶」[3]とあるに過ぎない。

　1902年，商業学校の先行形態として釜山公立小学校に補習科を設置することになり(10月開設)，同校校長国井泉が，教員傭聘などの用務を帯びて一時帰国した。この時国井は，韓国居留民子弟に対する商業教育の必要性を次のように述べている。

　　日本人は，劣等なる韓国人にまで，商業家としては，支那人とも同一視されないと云ふ憐れな様で居る，日本の居留地は到る処に草が生へ，虫が泣(ママ)いて居ると云ふ有様であって，折角軍人が汗を流して拡張した所の居留地と云ふものも，日本の商人の意気地のない為に，ヤッと得た所の商業上の権利とか信用とか云ふものも，年所を経ると共に段々退消縮(ママ)少して行く姿を見るのは，実に慨嘆に堪へぬ次第であります。
　　そこで之を矯正する手段は如何，是に対して何うするかと云ふことは，是れ実に目下急中の急なる問題である，而かも国家は之を憂へず，国民は之を顧みない，殆ど韓国将来の前後策(ママ)に就て何う斯うと云ふ考を有たないと云ふやうな現下の形勢を見ては実に堪らないのです，さう云ふ点を思ふて見れば，先づ以て今日より以後其社会に立つて事を成さうと云ふ子弟の頭悩(ママ)にだけでも，総て外国人に対する商業の仕方，海外に於ける国民の本分と云ふやうな大主意だけでも過らぬやうにせしめるのを，今の教育に待つより外はない，今度釜山に商業の中学程度の学校を施設すると云ふのも，詰り大に内外の人の助力と同意を得て立派な結果を結びたいといふやうな考からなのである[4]。

国井泉の見解が，国家を意識したおとなのものであるとすれば，当時の子どもの目には，日本の商業学校や釜山公立小学校補習科は次のように映っていた。

　　夏休みが来ると内地の中学や商業に遊学中の連中が釜山に帰省して，白線や黄線を巻いた「中」や「商」文字の徽章をつけた帽子をかぶり，袴をはいて往来を闊歩し，或は南浜に泳ぎに来るのを見かけると子供心にとって羨しかったものである。
　　然し漸く居留民の数もふえて来て，釜山にも中等学校が無ければ女子（ママ）の教育に不便であるとの機運が熟して来たが，未だ海外では例のない事ではあり，早急の実現は困難だったので，先づ商業都市の釜山のこと故，男子の教育は商業学校に改組出来る様に商業補習科を，又女子には高女の前身として女子補習科を，それぞれ小学校高等科の上に開設されたのが明治三十七（35の誤り―稲葉註）年で，私が高等二年の時であった。それでも未だ真実の中等学校の資格はなかったので，入学する者は少く，内地への進学をせきとめる程ではなかった[5]。

「内地への進学をせきとめる程ではなかった」状況を打開するため，日本国内では「朝鮮に中学校を設く可し」という世論が高まってきた。「朝鮮に中学校又は中学程度の実業学校を設くるは目下の急務にして政府は此設立に相当の便宜を与ふるは勿論内地の中学校と同様の取扱を為すに於ては居留民の幸福此上ある可からず朝鮮の地に生れて朝鮮の地に成長し朝鮮の地に於て一通りの教育を受くるを得るに至りてこそ始めて我殖民事業も完備したりと云ふを得べし」[6]というのである。日露戦争中の1905年春の時点で「我殖民事業」が云々されていることが注目される。
　このような国内の教育世論に後押しされてか，1905年6月，韓国各地居留民会の代表は京城で会議を開き，「実業教育国庫補助法及教育基金令を韓国居留地へも実施ある様其筋へ請願する事」「韓国居留地に官立中学校官立実業学校を設立ある様其筋へ請願する事」[7]などを決議した。しかし，これらの請願は認められず，釜山居留民会は同年8月に至って，居留民会立とし

て商業学校を創立することを決めた。「釜山商業学校」が西山下町仮校舎において開校したのが，翌1906年4月のことである。

　これに先立つ同年2月の『教育実験界』は，「全国に於ける実業専門学校側にては既に釜山居留地商業学校に今春四月より補助実施の手続を了したりと云ふ」[8] と報じている。ここでいう「補助」とは，後述するような教員派遣を指すものと思われる。このような国内教育界の協力があって，釜山商業学校の開校が可能になったのである。

　同じく1906年の11月「居留民団法」が施行され，従来の民会は民団に改編された。したがって校名も，「釜山居留民団立釜山商業学校」となった。

　1907年中の変化は，1月，「在外指定学校職員退隠料及遺族扶助法」の適用によりいわゆる「在外指定学校」となったことと，7月に宝水町の新校舎へ移転したことであった。

　1912年4月，総督府の「朝鮮公立商業専修学校規則」が制定され，同規則に則って釜山商業学校は「釜山公立商業専修学校」と改称された。続いて5月，宝水町から九徳山下（大新町）の新築校舎に移った。この地が同校の「終の住み処」であり，同窓会の名も九徳山に由来する。

　1914年4月，経営母体が釜山居留民団から釜山学校組合に変わった。釜山商業専修学校の校名に変化はない。

　1915年1月，寄宿舎（樹徳舎）が竣工した。公的財源がなかったので，校友会の事業として借財をもって建設されたものである。教諭村田長太郎が専任舎監として家族とともに常住し，舎生と起居をともにした。（ただし，1924年5月に村田が辞任した後は，複数教諭による舎監輪番制となった。）

　1921年8月，兵庫県西宮の鳴尾球場（当時，甲子園球場はまだない）で開催された第7回全国中等学校野球選手権大会に初めての朝鮮代表として出場，3回戦まで進んだが，同大会優勝の和歌山中学に惜敗した。釜山商業専修学校野球部は，1910年代後半も，エース谷口五郎を擁して朝鮮屈指の強豪チームであったが，1920年の第6回大会まで朝鮮の学校には全国大会出場権がなかったのである。

　1922年2月，「朝鮮教育令」の改正を契機として釜山商業専修学校は「釜山商業学校」と改称されることになった。しかし，そこには厄介な問題があっ

た。1896年3月，日語教育を主目的とする私立「開成学校」として開校され，1909年4月，韓国政府に献納されて公立の「釜山実業学校」となり，1911年11月，第1次「朝鮮教育令」の施行とともに「釜山商業学校」を名乗っていた朝鮮人学校があったからである。時の勢いとして結局，朝鮮人側の釜山商業学校は「釜山鎮商業学校」への校名変更を余儀なくされた（1922年4月）。これに対して「父兄・同窓生らは，約1年間，是正を要求する陳情などによって校名還元に努力したが，なんら成果を得ることができなかったので，ついに在校生たちは，本校創立以来初めて同盟休校に突入した」[9)]のである。しかし，ストライキの目的が達せられる筈はなかった。

続いて1923年3月，釜山商業学校はまたもや「釜山第一商業学校」と改称された。今回の校名変更は，釜山学校組合から慶尚南道への移管に伴うものである。これに連動して，同じく慶尚南道が管轄する釜山鎮商業学校も校名変更され，「釜山第二商業学校」となった。内地人学校を「第一」，朝鮮人学校を「第二」としたのは，商業学校としては「日本人学校が先に開校したという理由から」[10)] であったが，内地人優先政策の反映であったことはいうまでもない。

釜山第一商業学校が慶尚南道立となったことは，学校に対する道の監督権が強化されたことを意味した。そして，それは早速，内地修学旅行の差し止めという形で現われた。1923年の5年生の内地（関東〜関西）修学旅行は，関東大震災直後の「時局に鑑み，此の際は鮮内に小旅行されたし」[11)] という慶尚南道内務部長名の通達によって中止されたのである。

1928年の5月と10月，大倉記念講堂と本館・講堂が相次いで落成した。第4代校長宇都宮益治が就任（1926年2月）第一着手として施設の充実に力を入れた，その成果であった。これについて宇都宮自身，次のように記している。

　　父兄有志などの力により当局を動かし煉瓦建の本館と二，三教室が出来，又釜山議員諸君の奔走を促がし並々ならぬ努力で大倉喜八郎男爵に講堂を建てゝ貰つた。男爵としては縁もゆかりも無い学校に寄附したという事になれば直ぐ新聞に出るし，それでなくとも全国各地から色々の寄附金の強

要に困り抜いて居るとの固辞であつたが様々な名目をつけ辛うじて大講堂が出来上つた[12]。

また本館に関しては，1996年11月の「第2回ニュー釜山会里帰りの旅」のひとコマとして次のようなエピソードが残されている。

　釜山一商では，学校を取り巻く自慢の桜並木は跡形もなくなっていましたが，堂々たる本館は昔のままの姿を誇っており，校内に一歩足を踏み入れた瞬間時が消え，大人になりかけの五年間がマザマザと脳裏を忙しく駆け巡りました。……（中略）……
　九十歳になった同行の母親が，「あんたが在学中には，商売が忙しくて一度も来たことがなかったが，こんな立派な学校に通っていたんやネェ」と感嘆する言葉を耳にして，ジーンと全身に感動が駆け巡りました[13]。

1931年9月満州事変が勃発，これを受けて釜山第一商業学校4・5年生の兵営宿泊が開始された。以後，行先は年によって龍山の歩兵第79連隊だったり大邱の歩兵第80連隊だったりしたが，毎年10月か11月に実施された。

1936年度中に校歌が変わった。この時の在校生によれば，旧校歌の「歌詩(ママ)が時代にそぐわない，のが理由であると仄聞した。多分外部の圧力によるものであったであろう」[14]という。新旧校歌の歌詞は下記のとおりで，新校歌の3番にある「士魂商才」が，釜山一商の伝統的スローガンであった。

　　　　　　（旧）　　　　　　　　　　　（新）
1．八道の上旭かげ　　　　　　　1．縹渺と玄海の涛
　　　朝鮮やかに照らすとき　　　　　　洋々と洛東の水
　　忍ぶ市場のしるき跡　　　　　　　偉大なる自然を亨けて
　　　釜山の港商工の　　　　　　　　　栄え行く釜山一商
　　栄日に増す庭にして　　　　　　　一商　一商　一商
　　　普天に富を求むべき　　　　　　　わが一商
　　道を教えん基なりぬ

2．祖国あなたに玄海の
　　　怒涛をへだて大陸の
　　山河遥かに開く門
　　　釜山の港人文の
　　光日に増す庭にして
　　　率土に富を分つべき
　　技を授けん基なりぬ

2．誠実に航路を照らし
　　　勤労に荊棘を拓き
　　全校を一つ親族と
　　　睦み合う釜山一商
　　一商　一商　一商
　　　わが一商

3．進まむか世界の市場
　　　護らむか皇国の富を
　　商才と士魂磨きて
　　　いざ起たむ釜山一商
　　一商　一商　一商
　　　わが一商

　1941年12月太平洋戦争の火蓋が切られるや，その半月後（12月23日）には第34回生の繰り上げ卒業式が行なわれている。以後，釜山一商も他校と同様戦時色に覆われ，やがて1945年8月15日を迎えるのである。
　居留民会立釜山商業学校開設以来の修業年限および入学資格を図示すれば次のとおりである。

	1906	08	11	15	21	45
修業年限	4年	3年	4年 (予科1年，本科3年)	5年 (予科2年，本科3年)	5年	
入学資格	高等小学校1年卒	高等小学校2年卒	高等小学校1年卒	尋常小学校卒		

　また収容生徒の総定員は，当初120名であったが，1907年200名，1911年300名，1915年450名，1917年500名，1923年550名，1941年600名，1942年650名，1943年700名と増加し，ピークは1944年の800名であった。卒業生は，第1回（1908年）から39回（1945年）まで計2,685名である。中退

者がかなりの数に上ったことになる。

第2節　教員の去就

1．校　　長

　初代校長橋本基一は，島根県立商業学校校長在任中の1906年2月，釜山商業学校創立事務取扱を命ぜられ，4月，校長に任命された。在任3年にして1909年6月，熊本県立商業学校の校長に転任した。

　第2代校長田崎要は，市立甲府商業学校校長から異動，韓国併合を挟んで3年弱勤続し，1912年3月，依願退職した。

　第3代校長伊香賀矢六は，1869年，山口町（現・山口市）近郊に士族の長男として生まれた。1895年東京帝大法科を卒業し，大蔵省に入省，大阪高等商業学校助教授〜教授（1899年〜）を経て1906年6月，滋賀県立八幡商業学校の校長に就任した。八幡商業学校は，1886年に日本初の県立商業学校として創立された由緒ある学校である。伊香賀は，校長就任の翌年（1907年），詞を土井晩翠に依頼して校歌を制定し，同年11月1日の校歌発表式で次のような式辞を述べている。校歌に対する伊香賀の熱い思いを窺うことができる。

　　我校の校舎之は我校の骸骨たるに過ぎないのであります。活ける我校の存在は校旗と校歌とによつて初めて之を認むることが出来るのであります。斯く一は我校を有形的に表示し，一は我校を精神的に表示するものとすれば，校旗は国旗に準じ，校歌は国歌に準じ之を尊敬しなければならぬことゝ思ひます。故に今後校旗と校歌との前では必ず姿勢を正し，脱帽するを以て礼と致し此掟に背くものは我商業学校を侮蔑するものと認めます[15]。

　1912年3月，伊香賀は八幡商業学校長から釜山商業専修学校長となった。この後，八幡商業学校と釜山商業専修学校（〜釜山第一商業学校）の間には姉妹校的な関係が生じる。その要因は，校歌と教員人事である。釜山商業専

修学校の校歌は，伊香賀が就任直後に制定したもので，作詞者は，八幡商業学校校歌と同じく土井晩翠であった。教員人事は，伊香賀矢六をはじめ，後述する北川勝次郎・松原俊夫らの経歴にみるとおりである。

伊香賀は，釜山商業専修学校〜釜山商業学校〜釜山第一商業学校と推移する中で13年間勤続し，1925年3月，依願退職した。釜山在勤中の1922年4月，官立京城高等商業学校が開設され，伊香賀がその初代校長に擬せられたが，釜山の地元有志の慰留にあい，辞退したという。

植木好きの伊香賀校長は，学校の周囲に数百本の桜を植えさせ，一帯はやがて，花見の名所に数えられるようになった。1929年の桜を見て間もなく（6月25日），伊香賀は釜山で歿した。

伊香賀矢六が第3代校長を辞した後，後任には，1913年4月以来教頭として伊香賀校長とコンビを組んできた北川勝次郎が昇任するものとみられていた。しかし，慶尚南道当局は，北川を校長事務取扱にとどめ，しかも約1年間（1925年3月28日〜1926年2月18日）据え置いた上，内地から新校長を招聘したのである。この人事について，当時の教諭松原俊夫は次のように批判している。なお，この発言は，戦後も40年を経た1985年9月のものである。

　　伊香賀先生は大正十四年に退官されましたが，そのあとには当然北川先生の校長昇格が常識でありました。所が道は北川先生に校長事務取扱というけちくさい職を与え，一年間その儘にしておきました。私達は北川先生が校長になられるのを期待して職員生徒こぞってその昇格を道に申し立てましたが，当時朝鮮の事情は官僚万能，教育も行政も官吏が独断専行の時代でした。当時の知事は私達運動員に対し「お前等には過ぎる程の立派な校長を内地から入れるから安心して勉強せよ」という挨拶で追い返されました。果して過ぎる様な立派な校長であったかどうか。北川先生の様な立派な先生を排してまで，他の校長を迎えなければならぬ理由が何処にあるかということを，今更ながら糾明したいと思うのであります[16]。

1926年2月18日，第4代校長宇都宮益治が就任した。宇都宮は，福岡県

築上郡の生まれ，東京高等師範学校1910年卒である。熊本・石川・大分の県立中学教諭，門司高等小学校長，大分・愛媛県視学などを務めた後，市立豊橋商業学校長を経て釜山第一商業学校長となった。彼自身によれば，釜山渡航までのいきさつは次のとおりである。慶尚南道当局による独断専行という批判があったことは上述のとおりであるが，宇都宮本人の主観では，あくまでも総督府と慶尚南道知事の「懇請」「再三の要望」に基づく人事であったという点がポイントである。

　　実は大正十二年大震災の年二月，愛知県豊橋市に一千人の大きな商業学校を新設につき，其校長を文部省に懇請せられ永年本省在官中の自分に望まれて豊橋市に出て満三年の時，総督府から釜山一商校長に懇請せられ慶南知事より再三の要望もあり，豊橋市に相談の結果，せめて第一回卒業生の出る迄留って欲しいとの事であったが，文部省が中に入り，自分の信ずる後任校長を責任を以て推薦するという事で纏り，釜山への実現が成立った[17]。

　宇都宮は，釜山第一商業学校長として1937年7月まで11年5ヵ月間在任し，大田中学校長に転じた（～1939年3月）。その後満州に行ったようであるが，詳細は不明である。再び釜山に戻って，「益治先生は大新里に六千六百坪の土地を買って，私立学校経営という遠大なご計画あった矢先，終戦」[18]となった。

　釜山第一商業学校における宇都宮の業績については，「伊香賀，北川両氏を失った釜山一商はその後どうなったか。両先生が釜山着任以来苦節十年，築き上げられた校風は崩れ去って学園は全き変貌を遂げた」[19] という辛辣な見方がある一方，次のような肯定的な見方もある。

　　永年に渉る伊香賀校長さんの後を受け継がれて，先生には人知れぬ苦心が数々あったことでありましょうが，先生は一商の為めに此の点を改善し，設備の内容を充実して下さった方であります。九徳創刊号にある様に，一商の新校舎，大倉講堂，寄宿舎，中島記念館並に校庭校門の新築整備と其

の施設は先生の御在任中に完成し，見違へる程立派なものになりました。
　若くして大校長になられ，道庁当局との各種の接渉がお上手で，予算の獲得のご手腕は実に見事なものがありました。又御在任中には創立二十五周年記念事業や，三十周年記念事業等も盛大に取り行われたことは，卒業生諸君の記憶にも鮮なことでありましょう。更に時代の先見性にも富んでおられ，自動車部を新設されたり，女子事務員を置くこと等も考へておられました。今日では何でもないことでありますが，当時自動車を置かれたり，女子禁制の一商に女子事務員と随分時代の先きを見通しておられた様であります[20]。

　このように宇都宮校長の評価は毀誉褒貶が併存しているが，ここに掲げた辛辣批判が，八幡商業学校の縁で伊香賀・北川のシンパであった松原俊夫によるもの，肯定的見方が宇都宮への弔辞の一節であることを勘案すれば，両方ともバイアスがかかっているとみるべきであろう。
　第5代堀内朋の校長人事は，宇都宮（東京高師）から堀内（広島高師）への，すなわち高等師範学校間のバトンタッチであったこと，釜山第一商業学校としては初の朝鮮内でのリクルートであったこと，が注目される。堀内の経歴は，釜山中学校教諭（1918～21年度）・京城第二高等普通学校教諭（1921～25年度）・京城第一高等女学校教諭（1925～32年度）・江景商業学校長（1933～34年度）・平安南道視学官（1935～37年度）・釜山第一商業学校長（1937～38年度）・大田中学校長（1939～40年度）である。釜山一商のみならず大田中でも，宇都宮益治の後継校長であった。
　第6代校長兼安麟太郎は，山口県出身で東京帝国大学法学部卒，つまり第3代校長伊香賀矢六と出身地も最終学歴も同じである。1922年4月，官立京城高等商業学校が開設されるや同校教授に任命され，1939年3月まで17年の長きにわたって勤続した。次いで釜山第一商業学校長となり（1939～42年度），その後勅任官として元勤務校に栄転，京城高等商業学校～京城経済専門学校（1944年4月に校名変更）の校長を務めた（1943～45年度）。兼安の人柄については，中村嘉一（経歴は後述）が次のように評している。

高商の教授から，商業学校長となられた方は五名程あるが，名校長としての令名は兼安先生が最も高かったことは，教育界に終始した私が一番よく知って居ることである。お人柄が温厚典雅で親しみ易く気負うところなく無理をしない学校経営が，職員にも生徒にも，心の安らぎを与えて居たものと思う。宜なる哉，先生は高商の校長として再び京城に還られたのである[21]。

　第7代校長高田邦彦は，第5代校長堀内朋と広島高等師範学校の同期生である（1915年卒，高田は国語漢文部，堀内は英語部）。ただ高田は，さらに京都帝国大学に進学して経済学を修め，次のような多彩な経歴をたどって最終的に釜一商校長となり，敗戦を迎えた。
　朝鮮総督府学務局編修書記（1918〜19年度）・京城女子高等普通学校教諭（1920年度）・京城師範学校嘱託（1921〜25年度）・京城高等商業学校教授（1926〜27年度）・元山商業学校長（1928〜30年度）・忠清南道視学官（1931〜32年度）・全羅南道視学官（1933〜34年度）・釜山第二商業学校長（1934〜38年度）・京畿道視学官（1938年度）・平壌師範学校長（1939〜42年度）・釜山第一商業学校長（1943〜45年度）
　高田は，前述したように広島高師で堀内朋と同期であり，僅か2年間ではあるが京城高商で兼安麟太郎と同僚であった。これらの要因が，高田の釜山一商校長人事にあたって作用した可能性は否定できない。
　高田は，すでに釜山二商校長時代，「1937年に中日戦争が勃発してから，国策に呼応したのか軍事教錬（ママ）に重きを置くようになり，いわゆる皇国臣民化運動に積極参与する特殊な教育に転換した」[22]というが，釜山一商にあっては，時局柄ますます戦闘性を強めたようである。当時の部下職員と在校生は，それぞれ次のように回顧している。

　兼安先生は，惜しまれつゝ京城高等商業学校長として栄転，後任に，唯我独尊居士の高田校長来任，一商最後の校長であつた。先生は，感情家で，職員は時々かみつかれた[23]。

第11章　釜山第一商業学校　　　　　　　　　　　　　　　　281

　温和な人格者兼安校長先生が突如転任され，高田邦彦校長時代に入った。元京城師範校長だったとかで（平壌師範学校長の誤り—稲葉註），教育には非常にうるさく，又我々に「私を陸軍大佐だと思え」と「神州不滅」を看板に，我々の軍人教育を尚一層厳しいものにした[24]。

　以上，歴代校長の経歴をみてきたが，第4代校長宇都宮益治は，自分の後任たちを評して次のように述べている。

　自分の後任には全鮮中特別大物ばかりで，視学官，高商教授，師範学校長などから採用せられ，中には一商校長から高商校長に栄進した者さへある。釜山一商が如何に総督府に於て重視せられたかゞ判る[25]。

　「全鮮中特別大物ばかり」とは，宇都宮の次の堀内朋から，内地からの招聘ではなく朝鮮内での校長人事となったこと，具体的には堀内が平安南道視学官，兼安麟太郎が京城高等商業学校教授，高田邦彦が平壌師範学校長から採用されたことを指している。「一商校長から高商校長に栄進した者」は兼安である。
　「特別大物」であったかどうかは別にして，歴代校長のすべてが，商業学校長あるいは高等商業学校教授を経験した後に釜山（第一）商業学校長となっている。商業教育のベテランしか校長になれなかったということは，釜山一商の格を裏付けるものである。また，歴代校長の学歴も高く，伊香賀矢六と兼安麟太郎は東京帝大卒，宇都宮益治は東京高師卒，堀内朋は広島高師卒，高田邦彦は広島高師〜京都帝大卒であった。

2．教　　諭

　釜山第一商業学校元教諭らの大きな特徴のひとつは，同校に勤務した後他校の校長となった者が多いということである。これに関する宇都宮益治と中村嘉一の発言は次のとおりである。

　自分の在任中及び釜山を去つた後も自分の配下にあつた職員で中学校長，

女学校長，商業学校長等六人，視学官一人を出して居る。全鮮中等学校長の卵は釜山一商から生まれた感があり全鮮で地方の学校から校長を出したのは極めて稀で，概ね京城府内の中等学校から出て居り，それにしても一商の如く多人数を出して居る学校は全く無い[26]。

　当時の釜山一商は，優秀な生徒諸君が多かったが，先生方も立派な方が多かった。このことは，私が他の学校に転任して，痛切に感じたことである。従って後ほど校長となられた方が実に多い。伊香賀校長さんが採用された方の中からは，北川，村田，曽良，守分，松原，岡本，間宮の諸先生と私とであって，宇都宮校長さんが採用された方の中からは，岡本，望月（視学官），加藤，樋口の諸先生であって，合せて十二名の多きに達し，京城中学，京城高普，京城師範と肩を並べるものである[27]。

　宇都宮が「一商の如く多人数を出して居る学校は全く無い」といっているのは誇張に過ぎるし，中村のいう「十二名」の中には内地に帰ってから校長となった者も含んでいる。そこで以下，他校校長に昇任した釜山一商元教諭の経歴を改めて整理してみよう（釜山一商着任順）。

　村田長太郎は，釜山商業専修学校から釜山第一商業学校にかけて11年8ヵ月（1912年9月～1924年5月）在任し，1915年1月以降は寄宿舎（樹徳舎）の専任舎監であった。1924年5月，神戸・須佐商工学校の校長として内地帰還し，以後1949年まで兵庫県および京都府の商工・商業学校長を歴任した。

　北川勝次郎は，1901年7月に東京高等商業学校を卒業し，母校・八幡商業学校の教諭となった。この八幡商業に1906年6月，伊香賀矢六が校長として来任し，1912年3月，釜山商業専修学校長として転出したのである。伊香賀の息子達夫によれば，伊香賀は，「北川先生とは八幡以来の仲よしであって，北川前衛，伊香賀後衛のテニスは鳴らしたものとうそぶいていた」[28]という。北川は，伊香賀に1年遅れて1913年4月，釜山商業専修学校に赴任，教頭として伊香賀校長を補佐した。爾来12年，1925年3月に伊香賀が辞任するや後任校長と目されたが，結局は校長事務取扱に甘んじるこ

とになり，1926年2月，宇都宮新校長を迎えた。宇都宮の着任式における北川を偲んで，中村嘉一は次のように述べている。

　宇都宮校長さんが着任され，私達職員一同が其の前に立った時，先生は一同を代表され，十年も年下の新校長さんに，一同結束して教育に専念しますと挨拶されましたので，私は胸が詰って思わず涙が零れました。このことは私が元山で三ヶ年間，年若い校長さんに仕えた時のよい教訓となりました。因に当時北川先生は高等官四等，宇都宮校長さんは五等でありました[29]。

　1926年2月，釜山第一商業学校校長事務取扱を辞すると同時に北川は，馬山商業学校の校長に任ぜられた。しかし，釜山一商は当時すでに5年制であったので，「三年制度の馬山の校長とは誰が考えても甚しい左遷と思われ」[30]たものであった。その故か北川は，1年後の1927年3月，母校であり旧勤務校でもある八幡商業学校に戻り，同年10月1日付で校長事務取扱，翌年1月31日付で校長に就任した。以後，同校第16代校長（ちなみに伊香賀矢六は第12代）としての在任は，1941年3月まで13年余に及んだ。

　佐伯為蔵は，釜山商業専修学校教諭を1915年6月から1920年9月まで務め，山口県立長府高等女学校の校長として転出した。

　守分伊佐美は，釜山商業専修学校から釜山商業学校にかけて約7年（1916年5月～1923年3月）在任し，釜山高等女学校教諭（1923～25年度）・慶尚南道師範学校教諭（1926～30年度）・晋州高等普通学校教諭（1931～35年度）を経て校長となった。校長在職校は馬山商業学校（1936～38年度）と晋州中学校（1939～42年度）で，馬山商業では，後述する曽良義一の後任校長であった。

　曽良義一は，「東大を出て実業界——転んじて教職のコースを辿られた丈けにサバケタ先生だった」[31]といわれている。釜山第一商業学校教諭（1920年3月～1927年9月）から馬山商業学校長（1927～35年度）となった。その後10年の消息は不明であるが，「引揚当時，釜山で私立商業学校建設経営にお骨折りだった」[32]という。

中村嘉一は，京城高等普通学校附設臨時教員養成所を卒業して密陽普通学校訓導（1916年3月～1919年3月）となったが，これに飽き足らず東洋協会京城専門学校に入学，その後身たる京城高等商業学校を1922年3月に卒業した。（ちなみに同校は，東洋協会植民専門学校京城分校～東洋協会京城専門学校を経て1920年5月，私立京城高等商業学校となり，1922年4月，官立化された。）

京城高商を卒業した年の11月，伊香賀校長の知遇を得て釜山第一商業学校教諭に任用され，1935年6月まで12年半にわたって勤続した。その後，大邱商業学校教諭（1935年6月～1938年5月）・元山商業学校教頭（1938年5月～1944年3月）を経て，1944年4月から敗戦まで兼二浦高等女学校長を務めた。

岡本茂は，1923年に山口高等商業学校を卒業して直ちに釜山第一商業学校教諭となり，1938年度まで16年間勤続した。その後1939年から43年まで江景商業学校教頭を務めていたこと，敗戦時は清津女子商業学校長であったことは確かであるが，教頭から校長への転換点がいつであったかは不明である。

松原俊夫は，八幡商業学校～山口高等商業学校を出て1922年，いったん朝鮮銀行に入行したが，2年後の1924年，釜山第一商業学校教諭となった。当時は，伊香賀校長・北川教頭という八幡商業以来の名コンビの最末期にあたる。1926年2月宇都宮益治が校長に就任，これから内地に帰還する1933年3月まで，松原にとっては苦難の時期だったようである。「当時の釜一商は，高等師範出のＵ校長の時代で，先生は商業教育に理解のなかった同校長との確執で悶々とされておられた」[33]という。

1933年3月に防府商業学校が新設され，松原は，「やっと念願叶って山口県に転出」[34]した。以後も宇部商業学校教諭（1937年～）・岩国商業学校長（1941年～）・下松女子商業学校長（1944年～）と引き続き山口県内の商業学校に在任したが，1945年の応召とともに教育界を去った。

間宮文雄は，1922年3月に山口高商を卒業して1924年4月釜山一商教諭となり，1945年3月まで実に21年間勤続した。スキー・ジャンプ流にいえば，釜山一商教諭の「最長不倒距離」保持者である。最後の2年は教頭を務

め，1945年4月，開城高等女学校長に転じた。教え子の間宮評には，「開城高女校長で終戦を迎えられ，半年足らずの御在職であったが，現地父兄生徒から三回も送別会を開いて呉れた，と述懐して居られた。先生のご人徳である」[35] とある。開城高等女学校は，1942年4月に開校された内鮮共学校であるが，朝鮮人生徒が圧倒的に多かった。したがって，「現地父兄生徒」はほぼ朝鮮人を指すものと思われ，彼らが3回も送別会を開いてくれたことは，まさに間宮の人徳の賜とみるべきである。

岡本均一は，釜山第一商業学校教諭（1926年9月～1931年2月）から在中国日本人学校のひとつである上海商業の校長に転任した。上海への転出に先立って，当時江景商業学校にいた熊本・鹿本中学時代の同級生竹原国雄に，自分の後釜として釜一商に来るよう勧めている。それは，朝鮮で一時期羽振りのよかった熊本県人同士の連携プレーの一例であった。

樋口光暎は，釜山一商に1931年7月から約10年在任，1938年1月からの3年3ヵ月は教頭であったが，その3年3ヵ月の間に3人の校長（宇都宮・堀内・兼安）に仕えることになった。1941年4月，鉄原中学校が新設され，初代にして結果的に唯一の同校校長となった。

加藤円三郎は，樋口光暎より1ヵ月遅れて釜山第一商業学校教諭となったが，教頭は樋口に先んじ（1935～36年度），したがって校長昇任も早かった。校長としての勤務校は，清津商業学校（1937～40年度）と木浦商業学校（1941～45年度）であった。

以上みたように，元釜山一商教諭の校長経験者は管見の限り12名で，中村嘉一が挙げたリストでは佐伯為蔵が抜けている。この12名のうち朝鮮で校長となった者は8名である。

中村が校長級として挙げた望月恒雅は，釜一商教頭（1931年8月～1935年4月）の後慶尚北道視学官（1935～37年度）を務めた。

九州地区九徳会発行の同窓会誌『九徳』創刊号の「恩師並に職員」名簿には159名の名がある。これから歴代校長と朝鮮人職員を差し引いた145名が日本人元教諭だったとすると，そのうち校長経験者の比率は8.3％（望月を入れれば9.0％）となる。地方所在の学校にしては高率といえるであろう。

このほか，校長ではないが，佐々木邦（釜山商業学校在任1907年4月～1909

年8月)が,帰国後ユーモア小説家として名を成す一方,第六高等学校・慶応義塾大学・明治学院大学などの教授を務めたこと,大島徳四郎(釜山商業専修学校在任1913年12月～1919年9月)が母校米沢高等工業学校の教授に栄転したこと,若山尚が釜山第一商業学校教諭(1930～37年度)・京城女子師範学校教諭(1938～45年度)を経て,戦後,愛知大学教授となったことを附言しておく。

次に,判明している範囲で釜一商教諭となる前の最終出身校を示すと以下のとおりである(括弧内は釜一商着任年)。

　　山口高商：熊井郡次(1922)・岡本　茂(1923)・松原俊夫(1924)・間宮文雄
　　　　　　(1924)
　　東京高師：広瀬又一(1909)・佐伯為蔵(1915)・守分伊佐美(1916)・岡本均
　　　　　　一(1926)
　　広島高師：樋口光暎(1931)・須山幸夫(1933)・高山義盛(1938)
　　東京外語：大久保貞吉(1917)・高橋政義(1918)・瀧田慎吉(1934)
　　東京高商：飯田松太郎(1911)・北川勝次郎(1913)
　　東京高商附設教員養成所：北山喜一(1906)・村田長太郎(1912)
　　京城高商：中村嘉一(1922)・中山幸三郎(1923)
　　青山学院：西川正郎(1919)・村瀬舜吉(1933)

出身者が1名のケースは,明治学院：佐々木邦(1907),神戸高商：木原小平(1911),久留米商：松村茂(1912),米沢高工：大島徳四郎(1913),ミシガン大：河田吉雄(1915),大分師範：古原八郎(1916),同志社：河野潤三郎(1919),東京帝大：曽良義一(1920),京城高普附設教員養成所：瀬古茂(1923),岩国中：福坂操(1923),神宮皇学館：山田文治(1935),長崎高商：中原繁治(1938),福井師範：秋野乗高(1940)である。

資料に限りがあるため,学歴が明らかな者は上の35名に過ぎず,ここに一定の傾向は認められない。釜山第一商業学校教諭の出身校については,大正末期(1926年2月)に宇都宮校長が就任するや「爾後商業科教員を下部組織に並べ,上位に高等師範出身者で占めるに至った」[36]とか,昭和期を通じて「商業科の担任は,大方山口か大分の高商出身」[37]だったという情報があるが,これを実証することはできない。

第11章 釜山第一商業学校

本節の終わりに教員人事をめぐるコネの例をふたつ紹介しておこう。先に岡本均一と竹原国雄の連携プレーについては少々触れたが，1930年の春に岡本から釜山転勤の誘いを受けた竹原は，早速，「家内の叔父の友人でもあり同県阿蘇の出身でもある慶尚南道知事渡辺豊日子さんに依頼状を出した」[38]。渡辺慶尚南道知事の在任当時（1930年12月～1933年8月），「社会には県閥というものがあり，慶尚南道では熊本県人が一番出世をするのだ」[39]といわれた。竹原の人事にはこのような背景があったのである。

秋野乗高の清津商業学校から釜山第一商業学校への異動は，福井師範時代のクラスメートで1940年当時釜山一商の教頭であった樋口光暎の助力によって実現した。秋野は，「私が北鮮の清津商業から釜商に希望転勤の際には，全君が教頭で，当時の兼安校長先生に特にお願いしてくれました。級友の厚き友情を肌に痛感したことです」[40]と語っている。このように個人的な人脈に基づく人事は，このほかにも多々行なわれたであろうことが容易に想像される。

第3節　釜山第一商業学校の学校文化

生徒の入学に関しては，1934年の「入学者は釜山小学校出身者が殆どで，当初より，はしゃいで暴れていた。私は田舎者で友達もなく，片隅で小さくなっていた。釜山市には，第一より第八小学校まであり，その中より百名余りが選抜されて入学した」[41]という記録が，手元にある唯一の資料である。1934年の入学者は127名であったから，釜山府内から100余名が入学したとすれば，その他からは20数名だったことになる。1995年9月1日現在の『九徳会会員名簿』に「出身小学校名」欄があるが，すでにこの時点では生存者も少なく，出身小学校がわかるのは，第1～39回の全卒業生2,685名中645名（24.0％）に過ぎない。したがって，この645名を統計的に扱うには無理があるが，筆者の印象としては，釜山出身者が圧倒的に多いことは事実であれ，釜一商は慶尚・全羅道一帯から広く生徒を集めていた感が強い。

1912年に卒業したあるOBは，初期の釜山商業学校の校風について，「その頃の学校教育はドコ共ソウですが，厳格なスパルタ式で，特に外地にある

学校として不撓不屈の精神を涵養するという点では一段と厳しかつたようです」[42]と述べている。ここにある「不撓不屈」や新校歌の一節「士魂商才」が，釜山商業～商業専修～第一商業学校を一貫するスローガンであった。

この学校の教育内容上の特色として挙げることができるのは，タイプライターと「自動車科」であろう。タイプライターは昭和初期に導入され，「人文の普天に富を求むべき技を教えんと，当時新しき欧文和文タイプライター二台を設備し，自由に放課後も練習せしめ」[43]たという。ちなみに「普天に富を求むべき」は，旧校歌の歌詞である。

教科（随意科）としての「自動車科」は，1931年2学期から開設された。内地にもまだ2～3校しかないという時期のことである。生徒にも好評で，宇都宮校長のもとには，「支那事変後戦地から卒業生より在校中自動車修練が非常に助けとなり軍部にても特別重用せられて居るとの感謝状が幾本も来た」[44]という。

スポーツも盛んで，とくに野球は，一時期朝鮮中等教育界に覇を唱え，1921年の第7回全国中等学校野球選手権大会に初の朝鮮代表として出場したことは前述のとおりである。釜山地区中等学校（釜山中学校・釜山第一商業学校・東莱高等普通学校・釜山第二商業学校）野球リーグ戦の釜山中学との対戦は「釜山の早慶戦」ともいわれ，「中学に対しては一番敵愾心が強くな」[45]ったという。

「ライバル意識」ならぬ「敵愾心」があまりに嵩じたためか，1922～23年頃，テニスと柔道の釜山中学・釜山一商戦は行なわれなくなった。当時の釜山中学柔道部員は次のように回顧している。

　寒稽古の終末には必ず武道大会があり，幹部級は釜山商業校と顔合せする事なく，相手は常に憲兵か警察官であった。学校同士の対戦を避けたのは軋轢摩擦をおこさないためである[46]。

修学旅行は，初期の頃は専ら内地旅行（卒業の前々年に九州，前年に関東～関西が相場）だったようである。一行の引率にあたった村田長太郎（在任1912年9月～1924年5月）は，「計画・交渉から遂行まで自分一人でやったの

であるから可なり骨が折れた」[47] と語っている。しかし，村田の転任後は，生徒の「自治精神」に任せられたようである。1926年の卒業生によれば，「勿論この旅行は一切が生徒自身の企画から旅館の交渉，見学場所の選定，汽車汽船の運賃の交渉その支払等々迄自治精神でやった」[48] という。

釜山第一商業学校同窓会の会誌・会報に満州修学旅行の記録は見出されないが，卒業生とのインタビューの結果，満州国建国（1932年3月）後，満州への修学旅行も行なわれたことが明らかになった。満州旅行は，単に「修学」にとどまらず将来の満州進出への布石であることが，生徒たちにも自覚されていたようである。すでに多くのOBが満鉄などに就職しており，後輩たちの旅行に便宜が図られたことはいうまでもない。

修学旅行をめぐっては，釜山一商の生徒や学校当局の，権力に対する反骨精神が垣間見られる。たとえば1923年，関東大震災を理由に慶尚南道内務部長が内地修学旅行の中止を命じた際は，生徒は同盟休校をもって対抗した。実際には教諭中村嘉一をして，「多くの諸君は勝手に旅行をされその間授業は完全には出来ませんでした」[49] といわしめている。また，1942年には釜山中学が，時局柄内地修学旅行を自粛したが，「修学旅行を中止したのは中学のみで，第一商業も女学校も予定通り出発し」[50] た。

次に，卒業生の進学・就職についてみてみよう。進学と就職の比率については，1924年3月63名が卒業したが，「上級校合格率極めて低調であったその頃，一挙にして二十名近くの合格者を出して，なる程よくやったと入学以来始めておほめの言葉にあづか」[51] ったという。しかし，63名中20名近く，つまり約30％の進学率は空前絶後だったようで，平均すれば10％台の進学率とみるのが妥当なようである。とはいえ，1923年当時，「甲組は主として進学希望者の組，乙組は就職希望者の組」[52] というクラス編成がなされていたことから，そもそも釜山一商には進学も奨励する姿勢があったということができる。

主たる進学先は，東京・神戸・長崎・山口・大分・京城の高等商業学校で，とくに山口高商への進学は，間宮文雄をはじめとする同校出身教諭の勧めるところであった。また，朝鮮唯一の高商として京城高商の人気は創立以来高かったが，兼安麟太郎校長が1943年3月，釜山一商から京城高商に転任す

るや,「その徳を慕って,多数の先輩が京城高商に進学した」[53] という。高等商業学校からさらに大学へと進んだ者も少なくない。1945年3月,それまで進学の門が閉ざされていた釜山水産専門学校に7名が合格,「理系の専門学校への進学に先鞭をつけた」[54] ものの,ほどなく敗戦〜引き揚げとなった。

就職先の内訳は,1935年卒業生の分のみ明らかである。彼ら86名の進路は,「進学十一名,自営十四名,金融機関十四名,商社二十七名,運輸交通十七名,官庁三名であった」[55]。1939年卒業生に関しては次のような記述がある。

　　成績の好い人達は三菱三井など一流商社に推薦された。朝鮮鉄道釜山管理部への就職希望者が多く,四十名以上は就職したように思う。父兄が鉄道に勤務していた関係があったようである。私も夏休みの終り頃,鶴端先生よりの連絡で履歴書を書いて至急帰るよう指示を受けた。早速釜山に帰った。先生は朝鮮銀行の釜山支店に推薦する。同級生は,故佐藤稔己君,今西通雄君,加們栄君の四人であった。……(中略)……幸にも全員が採用と後日決定の通知が学校にあった。私等如きがよく採用されたことに不思議であったが,以前に入行した諸先輩達のお蔭と感謝したことでした[56]。

これらの資料から推測すると,釜山一商卒業生の3大就職先は商社・鉄道・金融機関であった。鉄道は朝鮮鉄道と南満州鉄道,金融機関は朝鮮・朝鮮殖産・朝鮮貯蓄など朝鮮内の銀行,第一・百三十など都市銀行の朝鮮支店,それに半島各地の金融組合が主であった。

主要就職先のひとつとして満鉄があったように,釜山一商卒業生の進出は満州,さらには遠くモンゴルにも及んだ。それこそが国威発揚の一端と受け止められていたのである。1940(昭和15)年,満州を経て北京に出張した樋口光暎は次のように述懐している。

　　兼安校長時代,昭和十五年冬卒業生訪問並に学級増加の募金をかね,北京迄出張を命ぜられました。冬休中約二週間,清津経由牡丹江,ハルピン,

奉天，北京とかけ足で廻りましたが，日本の勢力の最大に伸びた時で，万事愉快でした。いたる所で卒業生から歓待をうけ，募金も予想以上多く集り面目をほどこしました。

　一商健児は仲々よく勉強をしましたので就職は一頭地を抜き，一流会社に続々採用され，又遠く満蒙にも進出したものです[57]。

　最後に朝鮮との関わりをみておこう。釜山第一商業学校に1931年4月から1945年7月まで在任した竹原国雄は，釜一商の朝鮮人生徒について，「朝鮮人の子弟は選抜試験に合格した最優秀の者だけ，一学年に一人や二人あるやなしであった」[58]と述べている。朝鮮総督府の各年度版『朝鮮諸学校一覧』によれば，第3次「朝鮮教育令」が施行され「内鮮共学」が謳われて以降（1938年4月〜）各学年1人か2人は在学するようになったが，それでも「釜一商の朝鮮人同窓は，通算三十名足らず」[59]であった。すなわち釜山第一商業学校は，九分九厘内地人学校に徹したといってよいが，これは，すぐ近くに1895年以来の伝統をもつ朝鮮人学校（釜山第二商業学校）が存在したことと関係があるであろう。

　朝鮮語教育については，第21期生（1923年4月入学）の次のような証言がある。

　当時は英語のほか選択外国語として，支那語と朝鮮語があった。満蒙への飛躍を心に秘めて支那語を選ぶ者も多かったが，私は朝鮮語を選んだ。たゞ身近かな韓国人と親しく話が出来ればよいという単純なものであった。……（中略）……たしか呉先生といわれたが，物やさしい方だったと記憶する。私を含めて悪童共は，やさしい事をいゝことにして，余り勉強をしなかった。お陰で，ハングル文字は読めても，意味もわからない。まして会話に至っては，全く苦手である。方言の悪口などを若干覚えておるのが，不思議である。今から思えば惜しいことをしたものであった[60]。

朝鮮語が選択「外国語」だったというのはおかしな話であるが，ともあれ朝鮮人の講師（呉瀅植）による正式な朝鮮語教育体制があったこと，しかし，

生徒たちは必ずしも真剣には学ばなかったことがわかる。朝鮮語はその後，教えられなくなったという。その時期ははっきりしないが，少なくとも 1934 年 10 月に就任した講師金相洪が辞任して以降，恐らくは日中戦争勃発（1937 年 7 月）後，中国語の需要が高まるとともに朝鮮内ではいわゆる「国語常用」が叫ばれだしてからのことであったろう。

ついでながら，太平洋戦争も末期の 1944 年，「当時英語の授業は敵国語と言う事で，多くの学校では廃止していた様だが，我が一商では時間割に英語授業があった」[61] ことを付け加えておく。

お わ り に

釜山第一商業学校が「朝鮮商業教育のメッカ」であったことは，歴代校長がいずれも商業教育のベテランで，多くは教育界の大物と目される人物であったこと，同校教諭から他校の校長となった者が，地方所在学校にしては多かったこと，によって証明される。生徒の進学・就職に関する数値データは乏しいが，総体的な自己評価として，1926 年の「創立二十周年記念式典をさかいに，一商の名声は，鮮内は勿論，本州，満蒙にも及んでいた。就職は希望者全員採用され，上級校え（ママ）の入学率も他校を圧し，優秀校として羨望の的であった」[62] という。すなわち，関係者の主観では，生徒の進学・就職においてまさに「朝鮮商業教育のメッカ」だったのである。

1945 年 9 月，米軍政庁慶尚南道当局から釜山第一商業学校など 3 校の事務引き継ぎを任された姜三栄は，次のような回顧談を残している。

　私は，釜山一商の高田邦彦校長に事務引き継ぎを要求した。彼は，解放前，釜山二商の第 5 代校長として在職したこともある政治的な手腕を持った教育者であったが，わが方の引き継ぎ要請に対しては，米軍政が日本人学校だといって全財産を没収してしまい，校舎も米軍が使用しているので，引き継ぎに応じる必要がないと主張した。ところで，解放当時，釜山一商の韓人在学生は 13 名だけであったが，親日派と見られるのが怖くてみんな逃避し，ひとりしか残っていなかった。

第 11 章　釜山第一商業学校　　　　　　　　　　　　　　　　293

　当時，米軍政は，実業系学校は既存私立学校である草梁商業，立正商業の２校を廃校し，釜山全域を両分して南部方面の通学生は新設の慶南商業学校に，北部方面の通学生は釜山二商に編入するよう決定した[63]。

　ここにある慶南商業学校の校地・校舎が釜山第一商業学校のそれであり，現在は慶南商業高等学校となっている。しかし，慶南商業学校は，あくまでも韓国側の新設校であって，釜山第一商業学校の後身ではない。「朝鮮では『僕は釜山一商の生徒だ』『俺は釜山一商の卒業だ』と凡てが誇りとし，凡てが認めていた程の」[64] 釜山一商は，日本の敗戦とともに終焉を迎えたのである。毎年人々の目を楽しませた校庭の桜も，今はもうない。
　ちなみに釜山第二商業学校は，1946 年 1 月 1 日，かつての釜山商業学校の名を取り戻した。『釜商八十年史』は，「二商という屈辱的な校名からの感激的な還元であった」[65] としている。

[註]（※はハングル文献）
1) 釜山第一公立商業学校同窓会誌　『九徳』　創刊号　九州地区九徳会　1964 年　p.41, 42, 43
2) 『九徳会報』　第 18 号　1971 年 9 月　p.9　（九徳会報の題号も「九徳」〈第 4 号までは「近畿九徳」〉であるが，上掲『九徳』との混同を避けるため本章では『九徳会報』とする。）
3) 森田福太郎編　『釜山要覧』　釜山商業会議所　1912 年　p.54
4) 『教育実験界』　第 10 巻第 2 号　1902 年 7 月 25 日　交詢界
5) 『九徳会報』　第 14 号　1969 年 5 月　p.2
6) 『教育時論』　第 719 号　1905 年 4 月 5 日　時事彙報
7) 同上　第 729 号　1905 年 7 月 15 日　時事彙報
8) 『教育実験界』　第 17 巻第 3 号　1906 年 2 月 10 日　彙報界
9) ※『釜商八十年史』　釜山商業高等学校　1975 年　p.77
10) 同上　p.79
11) 『九徳会報』　第 25 号　1975 年 1 月　p.11
12) 『九徳』　創刊号　p.40
13) ニュー釜山会会報　『龍頭山』　第 7 号（釜山里帰り特集号）　1997 年 1 月　p.11
14) 『九徳会報』　第 53 号　1989 年 1 月　p.12
15) 『八幡商業五十五年史』　滋賀県立八幡商業学校　1941 年　p.357
16) 『九徳会報』　第 47 号　1986 年 1 月　p.4
17) 『九徳』　創刊号　p.39

18)『九徳会報』第16号　1970年7月　p.12
19) 同上　第18号　1971年9月　p.9
20)『近畿九徳会報』第7号　1966年10月　p.9
21)『九徳会報』第24号　1974年8月　p.15
22) ※『釜商八十年史』p.124
23)『近畿九徳会報』第5号　1966年1月　p.4
24)『九徳会報』第22号　1973年10月　p.10
25)『九徳』創刊号　p.41
26) 同上　pp.40-41
27)『九徳会報』第33号　1979年1月　p.2
28)『近畿九徳会報』第3号　1965年5月　p.6
29)『九徳会報』第18号　p.14
30) 同上，同上
31) 同上　第60号　1992年7月　p.3
32) 同上　第17号　1971年1月　p.8
33) 同上　第62号　1993年7月　p.10
34) 同上　p.11
35) 同上　第35号　1980年1月　p.4
36) 同上　第47号　p.4
37)『九徳』創刊号　p.44
38)『九徳会報』第17号　p.2
39)『釜山第六公立尋常小学校同窓会　同窓会誌』1994年　p.25
40)『近畿九徳会報』第4号　1965年9月　p.9
41)『九徳会報』第73号　1999年1月　p.3
42)『近畿九徳会報』第3号　p.8
43)『九徳会報』第11号　1968年2月　p.5
44)『九徳』創刊号　p.41
45)『近畿九徳会報』第3号　p.15
46) 亀峰会編『幻の名門校〈釜山中学回想記〉』リベラル社　1988年　pp.41-42
47)『近畿九徳会報』第1号　1964年9月　p.3
48)『九徳会報』第34号　1979年7月　p.5
49)『近畿九徳会報』第4号　p.2
50) 亀峰会編　前掲書　p.491
51)『近畿九徳会報』第1号　p.14
52)『九徳会報』第11号　p.11
53) 同上　第68号　1996年7月　p.18
54) 同上　第70号　1997年7月　p.2
55) 同上　第52号　1988年7月　p.14
56) 同上　第74号　1999年7月　p.2

57)『九徳』 創刊号 p.45
58) 同上 pp.43-44
59)『近畿九徳会報』 第6号 1966年6月 p.4
60)『九徳会報』 第52号 pp.4-5
61) 同上 第74号 p.6
62) 同上 第17号 p.6
63) ※『釜商八十年史』 p.204
64)『九徳』 創刊号 p.217
65) ※『釜商八十年史』 p.204

第12章　京城師範学校

　　　　　はじめに

　朝鮮総督府は，1911年11月，「第1次朝鮮教育令」を施行すると同時に，旧韓国時代からあった漢城師範学校を解体した。代わって高等普通学校・中学校などに師範科・教員速成科・臨時教員養成所を置き，普通学校・小学校の教員を養成するとともに，不足分は，内地から招聘した内地人教員で補った。

　やがて，このような体制では教員需要に応じられなくなり，正規の師範学校が要求されるようになった。こうして，植民地朝鮮における最初の師範学校として誕生したのが京城師範学校である。官立京城師範学校に次いで1922年4月に忠清南道公立師範学校が，続いて1923年4月，残る12道に公立師範学校が開設された。しかし，「1官立・13公立」時代は長くは続かず，1929年以降，公立師範学校は廃止され，大邱・平壌・全州・咸興・光州など主要都市に官立師範学校が順次設立されていった。

　このように朝鮮における師範教育制度は大きく変化したが，京城師範学校は，終始一貫その頂点に位置した。そして，官立・公立を問わず朝鮮のすべての師範学校の中で「内地人学校」の色彩が最も強かったのが京城師範学校であった。本章は，その京城師範学校の歴史を素描するものであるが，その際とくに，校長・教諭の出身校・勤務校を中心とする人間関係，生徒のリクルートをめぐる内地と朝鮮の関係，朝鮮師範学校体系の頂点なるが故に徹底的であったろう皇民化教育のあり方，などに留意しつつ叙述を進めたい。

第1節　学校沿革

　京城師範学校には3つのルーツがある。朝鮮総督府中学校（後の京城中学校）附属臨時小学校教員養成所と京城高等普通学校附設臨時教員養成所と京城女子高等普通学校附設臨時女子教員養成所である。

　朝鮮総督府中学校附属臨時小学校教員養成所は，1911年4月に開設された（1913年4月以後京城中学校附属）。「従来小学校教員は多く内地小学校教員中相当資格を有する者を選抜採用せりと雖，朝鮮に於て小学教育に従事すべきものには，自ら特殊の知識を要するものあるを以て」[1] というのがその設置理由であった。修業年限1年，定員40名と，まさに臨時的な短期・小規模の教員養成機関であったが，生徒全員の寄宿舎居住を原則とし，在学中は学資が支給され，卒業後は2年間の服務義務が課されるなど日本内地の師範学校教育体制に則っていた。

　京城高等普通学校附設臨時教員養成所は，併合前の韓国官立漢城師範学校が，1911年11月，「朝鮮教育令」の施行とともに改編されたものである。したがって，改編当時は，普通学校朝鮮人教員の養成機関であったが，1913年4月，第一部・第二部体制となり，第一部（3年制）において従来どおり普通学校朝鮮人教員を，第二部（1年制）において新たに普通学校内地人教員を養成することになった。1914年には朝鮮人生徒の募集を中止し，1913年に入学した第一部生が卒業した1916年4月以降は内地人生徒のみとなった（第一部・第二部の区別も消滅）。

　京城女子高等普通学校附設臨時女子教員養成所は，1919年4月，普通学校の内地人女子教員の養成を目的として設置された。これが，1922年4月，京城女子高等普通学校演習科となり，さらに1925年4月，京城師範学校に移管されて京城師範学校女子演習科となった。

　朝鮮総督府直轄の官立師範学校を創立する計画は1919年からあった。当時，内地人小学校が漸増していたが，第1次世界大戦後の好景気により，内地から優秀な教員を招聘することが困難になったからである。しかし，帝国議会の承認を得るのに時間を要し，「朝鮮総督府師範学校官制」に基づく京

城師範学校が発足したのは1921年4月のことであった。京城中学校附属臨時小学校教員養成所を演習科に編入し，5年制の普通科と合わせた通算6年制の師範学校として開設されたのである。またこの時，京城第一高等普通学校（1921年4月，京城高等普通学校が校名変更）附設臨時教員養成所が京城師範学校に吸収され，京城中学校附設単級小学校が京城師範学校附属単級小学校として移管された。

京城師範学校の授業は京城中学校の教室を間借りして開始されたが，半年後の9月末に至って通称「訓練院」に新築校舎が竣工し，ここに移転した。

1922年3月25日，演習科の第1回卒業式が挙行され，斎藤総督が親しく臨場して卒業生に訓示した。以後，京城師範学校卒業式への朝鮮総督の参席は，ほぼ慣例となった。

同年4月，京城師範学校は「第2次朝鮮教育令」に基づく官立師範学校となり，同時に京城第一高等普通学校附属普通学校を京城師範学校附属普通学校として移管するとともに，上述の単級小学校とは別に附属小学校を開設した。校長赤木萬二郎はこの改編を，「創設の時は内地の師範学校令に依つて建てたもので，主として朝鮮に於ける内地人の教師の中で小学校の教育に従事する者を養成すると云ふことになつて居つたのであるが，今回の朝鮮教育令に依つて朝鮮に於ける小学校及び普通学校の教員となるべき者を養成する所となり，従つて純然たる内鮮人共学の学校となつたのである」[2]と評している。また赤木は，「此の際に此の研究科を特設して，中等教員補充の途を講ずると云ふことは，朝鮮教育界に於ける一大急務であると思ふのみならず，真に朝鮮を理解し同情する中等教員を教育界に向ける所以にもなる次第である」[3]と新設研究科の意義を強調しているが，京城師範学校の研究科は結局，ほとんど有名無実に終わった。

1925年4月，それまで官立であった中学校・高等普通学校・女子高等普通学校が公立（各道の管轄）化された。これに伴って京城女子高等普通学校附設の女子演習科・師範科は廃止され，京城師範学校女子演習科となった。京城師範学校に男・女の演習科が併存することになったのである。当時としては，官立中等学校における男女共学は内地・外地を通じて稀有なことであった。女子演習科とともに，京城女子高等普通学校附属女子普通学校も京城師

範学校に移管された。

　一方，それまで京城第一・平壌・大邱・咸興高等普通学校および平壌女子高等普通学校に置かれていた師範科は，講習科と名を改め，京城師範学校の分教室として運営されることになった（京城第一高等普通学校師範科は京城師範学校に吸収）。ただし，これは過渡的な措置で，1年後にはすべての分教室が京城師範学校に統合された。

　1926年4月，男子演習科が（甲）（乙）の2課程体制となった。演習科（甲）は，京城師範学校普通科修了者，中学校・高等普通学校卒業者，専門学校入学者検定試験合格者を対象とし，（乙）は，実業学校卒業者およびこれと同等以上の学力を有する者を対象とするものである。ちなみに，1930年前後の演習科（甲）（乙）それぞれの状況は次のとおりである。（甲）（乙）の差異がいかに大きかったかが窺われる。

　　演習科というのは基本学力を終って教生（教育実習）を主体とするので演習科と名づけ，教育学，教授法，心理学，理科実験，音楽等指導面に関係する教科が主であるが普通教科もかなり多く毎日八時間授業の上に寮の規則として夜は必ず自習時間が設定され，終って舎監の各室巡視による終礼が行われた。外出は必ず制服制帽，洋服に下駄ばきは絶対禁止，寮の門限は厳しく，中学時代と大分雰囲気が異り，なる程人の師表と仰がれる教育者となるためにはこのようにあるものかとわれながら感心した[4]。

　　総員四十五人，自己紹介で二度ビックリ，最高年令の堀田勝蔵君が三十才，陸軍少尉，軍曹，伍長，会社員等々異色の学生集団，それが演乙と称した我々であった。各都道府県から一名ずつ選抜されて来ただけに，いずれもひとかどの武士がそろっていた。学校当局が演乙のみを本校寮から隔離したのも当然であったかもしれない。門限なしの出入自由，一パイ飲んで赤い顔の依田舎監が，思い出したように各室点呼，「オイ皆おるかヨシヨシ」それでおしまい[5]。

　1929年は，朝鮮の教員養成制度にとって画期的な年であった。1923年以

第 12 章 京城師範学校

来各道に開設されていた 13 の公立師範学校が順次官立化されることになり，1929 年 6 月，慶尚北道師範学校が大邱師範学校に，平安南道師範学校が平壌師範学校に改編されたのである。換言すれば，2〜3 年制の特科から 5 年制尋常科への転換であった。しかし，京城師範学校の 5 年制普通科とこれに続く演習科という体制に変化はなかった。

　京城師範学校の修業年限が変わったのは 1933 年である。すなわち，演習科の 1 年から 2 年への延長である。1932 年当時の師範学校卒業までの修業年限を比較すると，内地では尋常小学校 6 年，高等小学校 2 年，予科 1 年，本科 4 年（計 13 年）であったのに対し，京城師範学校は，尋常小学校（普通学校）6 年，普通科 5 年，演習科 1 年（計 12 年）であった。したがって，演習科を 2 年に延長することによって内地の師範学校と肩を並べたのである。

　1935（昭和 10）年 3 月，官立京城女子師範学校が新設された。『京城師範学校史　大愛至醇』によれば，その経緯は次のとおりである。

　　昭和十年三月二十六日勅令第二十八号ヲ以テ朝鮮総督府諸学校官制中改正ヲ加ヘラレ官立京城女子師範学校ノ新設ヲ見ル。乃チ是ヨリ先京城師範学校ニ於テ総テノ開校準備ヲナシ生徒ノ募集ヲナセリ。校舎ハ元京城師範学校附属女子普通学校舎ヲ改造シテ之ニ宛ツ。開校発令後京城師範学校女子演習科並ニ附属女子普通学校ヲ新設京城女子師範学校ニ移管シ新ニ募集セル女子演習科講習科尋常科生徒モ同時ニ同校ヘ移ス。又四月一日附ヲ以テ京城師範学校教諭岡毅外十三名ノ職員ハ何レモ女子師範学校ニ転任シ四月九日授業ヲ開始セリ[6]。

　ここにあるように京城女子師範学校は，人的にも物的にも京城師範学校を母体として誕生したのである。

　1940 年 4 月，京城師範学校をはじめとする男子師範学校に特設講習科が設置された。特設講習科は，「第 2 次朝鮮人初等教育普及拡充計画」に要する教員の不足を補うための応急措置であった。これに対する朝鮮総督府の公式見解は次のとおりである。

鮮内の初等学校教員不足緩和策については総督府学務局において各種の方策を講じ遺憾なきを期して来たが，今回さらに鮮内各男子師範学校に特設講習科を開設，高等小学卒業程度の学力ある者凡そ一千三百名を募集教育し修業の上は小学校教員第三種試験合格者と同等の待遇を与へる新制度を創設する……（中略）……特設講習科の修業年限は一箇年である，これまで中等教育を受けない者で，独学で将来教員たらんとする者にとつては大いなる前途がひらけた訳である[7]。

　1943年3月，京城師範学校は専門学校に昇格した。国民学校高等科→予科（甲）2年，あるいは国民学校初等科→予科（乙）4年の上に3年制の本科さらに研究科を置くという体制であった。従来の普通科生は予科に，演習科生は本科に編入された。1943年3月の或る演習科卒業生は，自らの体験を次のように語っている。

　　1943年3月に2年の課程を卒業したが，名目上だけ卒業証書をもらい，その年学制改編によって専門学校課程となった本科の3学年に全員強制編入され……（中略）……本科3学年生として修学することになったが，戦時中のこととて専門学校以上の修業年限を6ヶ月短縮したため，本科3学年1学期を終えて2学期の9月末に幸い（?）にも卒業できた。発令を受けてそれぞれ赴任したが，6ヶ月間先輩たちよりも余計に勉強したというので専門学校卒業として待遇され，5年上の先輩たちと席次を同じくする幸運の卒業生でもあった[8]。

　このように専門学校に昇格はしたものの，内地の専門学校・大学と同じく1943年9月には6ヵ月の繰り上げ卒業，1944年からは修業年限の1年短縮が断行され，昇格の実はほとんどなかった。在学生も，次の手記にあるように「教育動員」に駆り出され，落ち着いて勉強する暇はなかったのである。

　　思えば昭和十八年，京城師範学校が専門学校に昇格したときの第一回入学生である。当時の戦況は熾烈を極め，遂に大東亜戦争へと突入した年で

ある。

　在学中は，十九年九月教育動員で三坂公立国民学校に出動，二十年一月朝鮮総督府第一軍務予備訓練所教官補として出動，又二十年六月教育動員で京城師範学校附属第二国民学校に出動，第二附属で勤務中召集をうけて入隊したのである[9]。

　1945年8月，日本人学校としての京城師範学校は終焉を迎え，9月30日，高橋濱吉校長以下数名の教員と生徒・卒業生数十名によって閉校集会が持たれた。翌10月1日，京城師範学校と京城女子師範学校を統合して京城師範大学が発足，1946年8月にソウル大学校の一分科大学（学部）に編入されて今日に至っている。ソウル大学校の韓国における威信は，東京大学の日本におけるそれよりも高いが，その韓国社会にあってかつての京城師範学校の卒業生たちは，「わが母校がソウル大学校師範大学の前身なのではなく，今日のソウル大師大がわが母校の後身である」[10]と認識している。

第2節　教員の去就

1．校　　長

　赤木萬二郎が広島高等師範学校教授を辞して朝鮮に渡ったのは，1916年4月，平壌中学校の初代校長としてであった。そして5年後の1921年4月，京城師範学校の初代校長となったのである。このように，赤木が植民地朝鮮の代表的な官立中等学校の初代校長を歴任したことは，総督府が彼を高く評価していたことを窺わせる。事実，赤木は，3等2級の奏任官でありながら，京城師範学校長着任後ほどなくして「勅任待遇」となっている。生徒の目に赤木校長は次のように映っていた。

　創立以来昭和五年迄九年間，京城師範学校長として朝鮮教育界に君臨され，大愛至醇の校訓のもとに熱情を燃やされた赤木萬二郎先生は，全国の師範学校長としては最初に勅任待遇となられ，登下校にも運転手付でエセッ

クスに搭乗されていて，朝礼の時，新入の演習科生が指揮をとり「校長に敬礼。頭中。」とやって，校長に敬称を付けぬようでは，教育者となる者として不心得千万ということで停学を命ぜられたりした。まことに威厳に満ちていて部下の先生も校長室に入る時は入口でも一礼して入室される様子で，先生・生徒間にも畏敬の念が甚だ厚かった[11]。

　赤木萬二郎は，1891年東京高等師範学校文科の卒業である。朝鮮渡航直前は広島高等師範学校に在職（1902〜15年度）したが，性は根っからの「茗溪人」であった。京城師範学校の表徴や寄宿舎（桐花寮）の名に東京高等師範学校の校章である桐を用いたり，東京高師の学生歌「桐の葉」の替え歌を京城師範学校の応援歌としたのがその現われである。また，後継校長や部下職員に「茗溪色」が濃かったのも後述するとおりである。

　1930年1月8日，年度途中であったが赤木は，本官並びに兼官（1925〜29年度，朝鮮総督府視学官を兼任）を依願免となった。これに先立って京城師範学校同窓会（醇和会）は，一丸となって留任運動を展開したが，結局不首尾に終わった。赤木は，退官後東京に隠居，1931年12月病没した。

　第2代校長渡辺信治は，1905年に東京高等師範学校を卒業して地方の中等学校で教鞭を執り，広島・福山・新潟の各師範学校長を歴任した後，1930年1月，京城師範学校長として渡航した。『朝鮮功労者銘鑑』は，「氏は半生を師範教育に捧げてゐる人，其の貴重な体験を抱いて赴任したのである」[12]と評している。初代校長赤木萬二郎と第2代校長渡辺信治は東京高師の先輩・後輩にあたり，両者は，少なくとも1924年5月以降は相知る仲であった。それは，広島師範学校から京城師範学校に転任することになった武田誓蔵が，当時の思い出を次のように語っていることから明らかである。

　　その夜京城師範学校の赤木先生から，英語の主任教諭に来任する様強く要望されたが，広島師範の渡辺校長は卒業生の転任には賛成だが，君の転出は承認出来ないと拒否されたが，その後両校長間で交渉が続けられ渡辺校長の譲歩により転任問題は解決した[13]。

渡辺の京城師範学校長在任は 10 年余に及び，1940 年 3 月末，辞任した。当時京城師範学校教諭であった松沢寿一はその経緯を，「其の頃には今次の大戦となる気配が濃厚となり，世は次第に戦時色が進み，為に温厚な渡辺校長は科学館長なる閑職に転ぜしめられ，其の後任には総督府視学官の岩下雄三氏が来られた」[14] とみている。すなわち，渡辺は，温厚な性格の故に左遷され，戦時にふさわしい校長として岩下雄三が来任したというのである。ただし，「この岩下校長と意見を異にした為に，私としてはいつまでも勤めたいと思っていた京師を去って，京城法学専門学校の教授に転ぜざるを得なかった」[15] という松沢寿一の発言であるから，多少のバイアスは避けられない。

京城師範学校長を辞した渡辺信治は，総督府科学館の館長を経て 1941 年 4 月，恵化専門学校（今日の東国大学校）の校長となった。

第 3 代校長岩下雄三は，慶尚南道視学官（1931 ～ 33 年度）・総督府視学官（1934 ～ 35 年度）・総督府編輯課長兼視学官（1936 ～ 39 年度）と教育行政畑を歩いた後，1940 年 4 月京城師範学校長に就任し，1943 年 4 月辞任した。それ以降の消息は不明である。なお，岩下雄三も東京高等師範学校卒（1913 年）であり，京城師範学校長在任中の 1941 年 6 月，東京高師教授花井重次が来訪した折には校長室で「茗溪会員集合して懇談する」[16] など茗溪会志向が強かった。

第 4 代校長高橋濱吉は，1913 年 3 月に広島高等師範学校を卒業し「直ちに渡鮮した半島生え抜きの教育家」[17] であった。その職種は，訓導・教諭・教授・視学官・校長・教学官など多岐にわたった。すなわち京城師範学校長就任までの経歴は，京城鍾路小学校～仁川小学校訓導（1913 年度）・仁川商業専修学校教諭（1914 年度）・京城中学校教諭（1915 ～ 18 年度）・総督府属兼京城工業専門学校助教授（1919 年度）・同教授（1920 ～ 21 年度）・総督府視学官兼京城高等工業学校教授（1922 ～ 31 年度）・京城第二高等普通学校長（1932 ～ 34 年度）・京城女子師範学校長（1935 ～ 40 年度）・総督府教学官（1941 ～ 42 年度）である。

1943 年 3 月，京城師範学校は専門学校に昇格した。「その初代校長の座をめぐって，東京高師系と広島高師系との間にかなり熾烈な暗闘があったらし

く，結果的には歴代の東京系にかわって広島系の高橋濱吉先生が総督府の督学官から就任された」[18] という。東京高師系と広島高師系の「熾烈な暗闘」の内実は不明であるが，歴代の東京高師系に代わって広島高師出身の高橋が第4代京城師範学校長に任命されたのは，上述した高橋の経歴，なかんずく京城女子師範学校初代校長としての6年間の実績が買われたものとみることができる。高橋は，結果的に最後の校長となり，1945年9月末，京城師範学校の幕を引いた。

2. 教諭（教授）

次に京城師範学校教諭（専門学校になってからは教授）の動きを追ってみよう。（附属学校の訓導については，教諭との兼任以外ここでは触れない。）

京城師範学校開校時の教諭は，学校長兼任の赤木萬二郎を除いて，小林致哲・福富一郎・佐々木清之丞・白井規一・須貝清一・向井虎吉・矢野八百蔵・幕谷四郎・上田槌五郎・寺田常治・中村幸一・梅沢慶三郎の12名であった。このうち上田槌五郎は，京城中学校訓導兼教諭（1919～20年度）からの転任であり，向井虎吉・矢野八百蔵・中村幸一は，1921年度に限り京城第一高等普通学校教諭との兼任であった。つまりこの4名は，京城師範学校のルーツである京城中学校附属臨時小学校教員養成所と京城（第一）高等普通学校附設臨時教員養成所から合流したのである。また，須貝清一は，1916～20年度，平壌中学校教諭すなわち赤木校長の部下であったし，梅沢慶三郎は，1917～20年度，平壌尋常小学校訓導であった。須貝と梅沢は，赤木萬二郎とともに平壌から赴任したのである。このほか，小林致哲・福富一郎・白井規一・須貝清一は，後述するように広島高等師範学校の出身で，広島高師教授であった赤木と師弟の関係にあった。京城師範学校の発足を教員人事からみると，以上のようなことが指摘できる。

逆に京城師範学校から教員が大挙転出したのは，1935年の京城女子師範学校創立時である。この時「岡毅外十三名ノ職員」が京城女子師範学校に移ったことは前述のとおりであるが，13名中教諭は岡毅・西川辰治郎・草野勲夫・行徳八郎・安藤芳亮・曺在浩・長花えいの7名，あとの6名は附属学校の訓導であった。彼らは，数的に京城女子師範学校教諭の半分を占めたばか

りでなく，教頭（岡）・教務主任格（西川）など教師陣の中核を成した。

ところで，1922年から35年まで釜山第一商業学校教諭であった中村嘉一は，朝鮮の中等学校の校長について次のように述べている。

　当時の釜山一商は，優秀な生徒諸君が多かったが，先生方も立派な方が多かった。このことは，私が他の学校に転任して，痛切に感じたことである。従って後ほど校長となられた方が実に多い。……（中略）……合せて十二名の多きに達し，京城中学，京城高普，京城師範と肩を並べるものである[19]。

すなわち京城師範学校は，京城中学校・京城（第一）高等普通学校・釜山第一商業学校と並んで多くの校長を出したというのである。「朝鮮総督府職員録」などによって，京城師範学校教諭の後他校の校長となった人々の経歴を整理すると次のとおりである（京城師範学校着任順）。

佐々木清之丞	京城師範学校	教諭	1921～22年度
	黄海道師範学校	校長	1928～29年度
白井　規一	京城師範学校	教諭	1921～24年度
	光州高等普通学校	校長	1924～29年度
	元山中学校	校長	1930～38年度
小林　致哲	京城師範学校	教諭	1921～25年度
	元山中学校	校長	1925～29年度
	光州高等普通学校	校長	1930～34年度
	大邱高等普通学校	校長	1934～36年度
	全州師範学校	校長	1936～39年度
福富　一郎	京城師範学校	教諭	1921～23年度
	京城帝国大学予科教授兼京城師範学校教諭		1924～29年度
	京城帝国大学予科	教授	1930～39年度
	新京師道訓練所	所長	1940年度（以後不明）

下川作次郎	京城師範学校	教諭	1922 年度
	咸鏡北道師範学校	教諭	1923 ～ 27 年度
	咸鏡北道師範学校	校長	1928 ～ 30 年度
江頭　六郎	京城師範学校	教諭	1922 ～ 23 年度
	清州高等普通学校	校長	1924 年度
	公州高等普通学校	校長	1925 ～ 28 年度
	忠清南道師範学校	校長	1929 年度
	京城第二高等普通学校	校長	1930 ～ 31 年度
	京畿道	視学官	1932 ～ 33 年度
	京城中学校	校長	1934 ～ 43 年度
	大邱師範学校	校長	1944 年度
三宅　右祐	京城師範学校	教諭	1922 ～ 24 年度
	元山中学校	校長	1925 ～ 30 年度
	東萊高等普通学校	校長	1931 ～ 35 年度
	海州高等普通学校	校長	1936 ～ 37 年度
	海州東中学校	校長	1938 ～ 39 年度
	公州中学校	校長	1940 年度
	咸南中学校	校長	1941 ～ 43 年度（以後不明）
河野　宗一	京城師範学校	教諭	1922 ～ 33 年度
	咸鏡南道	視学官	1934 ～ 35 年度
	忠清南道	視学官	1936 ～ 37 年度
	新義州東中学校	校長	1938 ～ 39 年度
	龍山中学校	校長	1940 ～ 43 年度
	慶北中学校	校長	1944 ～ 45 年度
山野井喜重	京城師範学校	教諭	1923 ～ 27 年度
	東萊高等普通学校	教諭	1928 ～ 34 年度
	咸興高等普通学校	教諭	1935 年度
	咸興中学校	校長	1936 ～ 39 年度
白神　寿吉	京城師範学校	教諭	1924 ～ 25 年度
	大邱女子高等普通学校	校長	1926 ～ 37 年度

	慶北高等女学校	校長	1938〜42年度
	明倫専門学校	副校長	1943〜45年度
宮原　真太	京城師範学校	教諭	1924〜37年度
	金泉高等女学校	校長	1938〜40年度
	京城女子実業学校	校長	1941〜43年度（以後不明）
福田　豊吉	京城師範学校	教諭	1924〜38年度
	沙里院高等女学校	校長	1939〜40年度
	公州高等女学校	校長	1941〜43年度（以後不明）
武田　誓蔵	京城師範学校	教諭	1925年度
	大邱女子高等普通学校	教諭	1926〜34年度
	金泉高等女学校	校長	1935〜37年度
	平安南道	視学官	1937〜39年度
	京城第二高等女学校	校長	1940〜43年度（以後不明）
鎌塚　扶	京城師範学校	教諭	1925〜27年度
	水原高等農林学校	講師	1927年度
	京城帝国大学	助手	1928〜30年度
	朝鮮総督府	編修官	1931〜35年度
	朝鮮総督府編修官兼京城高等商業学校教授		1936〜40年度
	清州師範学校	校長	1941〜43年度（以後不明）
安岡源太郎	京城師範学校	教諭	1926〜30年度
	咸鏡南道	視学官	1931年度
	平安南道	視学官	1932〜33年度
	京畿道	視学官	1934〜36年度
	朝鮮総督府	視学官	1937〜40年度
	京城女子師範学校	校長	1941〜43年度（以後不明）
岡　毅	京城師範学校	教諭	1926〜34年度
	京城女子師範学校	教諭	1935〜38年度
	忠清南道	視学官	1939〜41年度
	全州北中学校	校長	1942〜43年度（以後不明）

久保　次助	京城師範学校	教諭	1926〜42年度
	新義州中学校	校長	1943年度（以後不明）
市村　秀志	京城師範学校	教諭	1928〜35年度
	羅南中学校	校長	1936年度
	全羅南道	視学官	1937〜38年度
	大邱師範学校	校長	1939〜40年度
	朝鮮総督府	視学官	1941〜42年度
	京城工業学校	校長	1943年度（以後不明）
八束　周吉	京城師範学校	教諭	1929〜30年度
	京畿道視学兼京城中学校	教諭	1931〜32年度
	京畿道	視学	1933〜34年度
	京城東大門小学校	校長	1934〜35年度
	忠清南道	視学	1936〜37年度
	公州女子師範学校	教諭	1938〜41年度
	木浦中学校	校長	1942〜43年度（以後不明）
久保庭藤三樹	京城師範学校	教諭	1931〜37年度
	大邱農林学校	教諭	1937〜45年度
	安城農業学校	校長	1945年度
亀谷　敬三	京城師範学校	教諭	1938年度
	咸鏡南道	視学官	1939〜40年度
	大田中学校	校長	1941〜42年度
	海州師範学校	校長	1943年度（以後不明）

　以上のように，京城師範学校教諭を経て校長となった者は，管見の限りでも21名を数える。中には師範学校長を務めた者も少なくなく，この面からも，京城師範学校が朝鮮における師範教育の牽引車であったことが証明される。続いて，上記リスト中の数名について若干補足しておきたい。
　小林致哲は，日本側と韓国側で毀誉褒貶の差が大きい。すなわち，日本側の『朝鮮功労者銘鑑』では，「氏は広島高師に於て研鑽十三年，学は蘊奥を極め，教育教授に関する造詣も甚だ深く，更に京城師範に於てこれを実際化

した半島教育界稀に見る人材である。誠実真摯其の蘊蓄する所を着々として実行に移すは氏の独壇場と称すべく，氏が行く所施設といひ，校風といひ，すべての方面に着実真摯の美風を移すもこれが為めといふべきであらう」[20]と高く評価されているが，大邱高等普通学校長時代の小林に対する『慶北中高等学校六十年史』の評価は次のとおりである。

　　小林校長は，非常に外華偏向の人物であり，生徒の制服をサージに替えようとしたが，当局の反対にあって挫折した。生徒たちに白い体育服を着させたばかりでなく，靴まで白いものを履かせた。果ては，かばん・ノート・ランニングシャツなどは勿論，筆入れにまで三本線を入れさせるなど，常に贅沢なものを強調した。そして生徒たちに，良家の子弟とか貴族的とかいった言辞を好んで用いた[21]。

　福富一郎が所長を務めた新京師道訓練所は，満州国の首都新京にあったものである。同様に，前述した梅沢慶三郎も，満州で師範（師道）学校長を務めたようである。「昭和十二年秋，東萊で病床に見舞って頂いたのが最後のお別れとなった。先生はまもなく満洲に渡られ，後には満洲の師範学校長になられたが，終戦で引揚げられ」[22]たという教え子の証言があるが，詳細は審らかでない。
　下川作次郎は，1922年，京城第一高等普通学校教諭兼訓導から京城師範学校教諭となった。また，河野宗一は1922年，山野井喜重は1923年に，平壌中学校教諭から京城師範学校教諭となった。このように，京城師範学校のルーツのひとつである京城第一高等普通学校や赤木校長の前任校である平壌中学校からの転入は，京城師範学校の開校時のみならず，その翌年も翌々年も続いたのである。河野宗一は，「京師創立当時，初代校長赤木萬二郎先生に乞われて，舎監長，事務部長として赴任した」[23]といわれている。
　白神寿吉は，京城師範学校教諭となる前すでに鎮南浦高等女学校長（1919～20年度）と平壌高等女学校長（1920～23年度）を務めていた。この間，同郷（岡山県）の誼もあって赤木萬二郎と親交を結び，赤木の息子英夫を養子としている。赤木と白神の個人的な縁はともかく，2つの高等女学校で校長

歴5年のキャリアを持つ白神を校内順位4位の教諭として迎えるところに，京城師範学校の格を窺うことができる。白神寿吉の京城師範学校における職務は，4つの附属学校（小学校・単級小学校・普通学校・女子普通学校）の主事であった。

上のリストにはないが西川辰治郎も，京城師範学校教諭（1928～34年度）となる前に仁川高等女学校長を務めたことがあった（1923～25年度）。西川の京城師範学校における地位は一貫して第7位で，これまた京城師範学校の格を物語る教員人事であった。

鎌塚扶は，ペスタロッチ研究者として有名であった。ある教え子は，卒業後半世紀以上を経て次のように回想している。

　　師範学校といえば教育精神，教育精神といえばペスタロッチの教育愛。京師六年はペスタロッチに明け，ペスタロッチに暮れた。二月の生誕の日が近づくと必ずペスタロッチの研究会や講演会がもたれた。あの鎌塚先生の全身で，血を吐くように熱と愛を説く尊い姿，永山卓見君が熱烈に訴えた愛の教育の弁論，未だ鮮やかに心底に残る[24]。

次に，把握できる範囲で京城師範学校元教諭の学歴を見てみよう。前述したように，歴代校長の内訳は東京高師卒3名，広島高師卒1名と，圧倒的に東京高師が優勢であったが，教諭にあっては，逆に広島高師のほうがやや優勢だったようである。尚志会員20名の氏名・広島高師卒業年・京城師範学校在任期間は以下のとおりである。

　　須貝　清一　　1909年　　1921～22年度
　　白井　規一　　1907年　　1921～24年度
　　小林　致哲　　1908年　　1921～25年度
　　福富　一郎　　1914年　　1921～29年度
　　三宅　右祐　　1912年　　1922～24年度
　　河野　宗一　　1914年　　1922～33年度
　　山野井喜重　　1915年　　1923～27年度

鈴木　文夫　　1920 年　　1923 〜 29 年度
白神　寿吉　　1917 年　　1924 〜 25 年度
武田　誓蔵　　1921 年　　1925 年度
鎌塚　　扶　　1925 年　　1925 〜 27 年度
松本隆太郎　　1925 年　　1925 〜 31 年度
安岡源太郎　　1908 年　　1926 〜 30 年度
岡　　　毅　　1923 年　　1926 〜 34 年度
市村　秀志　　1925 年　　1928 〜 35 年度
八束　周吉　　1926 年　　1929 〜 30 年度
田中　浩造　　1928 年　　1932 〜 45 年度
斎藤　信康　　1930 年　　1936 〜 39 年度（以後不明）
高橋　信彦　　1927 年　　1942 〜 45 年度
島崎　孫二　　1931 年　　1943 年度

　尚志会員の勤務先に関する主要資料である『広島高等師範学校一覧』を 1938 年版までしか入手しえていないので，上掲リストのような限られた情報しか持ち合わせないが，それでも，尚志会員が京城師範学校の開校から終焉まで跡切れることなく在職したことは証明される。とくに 1925 年度は 9 名を数え，同年の京城師範学校全教諭（32 名）の 4 分の 1 強を占めた。また，尚志会員間の連携人事が見られたことも特筆すべき事実である。光州高等普通学校長が白井規一から小林致哲へ（1930 年），元山中学校長が小林致哲から白井規一へ（1930 年），金泉高等女学校長が武田誓蔵から宮原真太へ（1938 年）リレーされたことなどがその例である。
　一方，茗溪会員の場合は，昭和期の「茗溪会客員会員名簿」が散発的にしか収集できていないので，京城師範学校教諭であったことが確認されるのは 15 名だけである。彼らの氏名・東京高師卒業年・京城師範学校在任期間は次のとおりである（鈴木文夫は，1920 年広島高師文科卒，1923 年東京高師専攻科卒）。

江頭　六郎　　1915 年　　1922 〜 23 年度

河津彦四郎	1909 年	1922 ～ 25 年度
鈴木　文夫	1923 年	1923 ～ 29 年度
福田　豊吉	1922 年	1924 ～ 38 年度
日笠　　護	1925 年	1925 ～ 40 年度
曺　　在浩	1926 年	1926 ～ 35 年度
西川辰治郎	1908 年	1928 ～ 34 年度
園部　　暢	1928 年	1930 ～ 32 年度
吉岡　三郎	1933 年	1933 ～ 39 年度
塩崎　光蔵	1929 年	1933 ～ 43 年度（以後不明）
亀谷　敬三	1921 年	1938 年度
高田哲太郎	1931 年	1942 ～ 43 年度（以後不明）
犬丸　勝良	1927 年	1943 年度（以後不明）
児玉　東一	1921 年	1943 年度（以後不明）
清水　　啓	1934 年	不　明

　上のリストによれば，京城師範学校開校時に在任した茗溪会員教諭はいない。これは恐らく，開校時の教諭陣の主流が赤木萬二郎校長の広島高等師範学校教授時代の教え子，つまり尚志会員によって占められたためであろう。しかし，2 年目（1922 年）から茗溪会員は次第にその数を増し，尚志会に拮抗するようになった。ただ，上記茗溪会員の場合，尚志会員間に見られたような他校でのポストの引き継ぎは見出されない。

　尚志会・茗溪会に次ぐ第 3 の勢力だったのが醇和会，すなわち京城師範学校卒業生である。母校に奉職した彼らの氏名および京城師範学校卒業年・在任期間は次のとおりで，この限りでは相互の連関や一定の傾向はない。

桜井　朝治	1922 年	1926 ～ 29 年度
上田　常一	1924 年	1928 ～ 45 年度
塩飽　訓治	1922 年	1930 ～ 41 年度
平山　孝志	1932 年	1938 ～ 43 年度（以後不明）
武富　佑泰	1937 年	?　～ 45 年度

第3節　京城師範学校の学校文化

　京城師範学校の教育方針について初代校長赤木萬二郎は,「当校の教育方針は固より内地に於けるのと違ふ所はないけれども,特に朝鮮に在つては国家興隆の理想に基き,一視同仁の大御心を奉戴し,朝鮮統治の方針に則つて専心国家の教育に従事し,世界的文化の建設に貢献せしむるやうに其の教育の方針の実現を期して居る次第である」[25] と述べている。この赤木の方針を要約したものが,次の「師道三箇条」である。

一．師道を顕彰し大愛至醇の校風を樹立し感恩奉仕の精神を発揚せんことに努むべし。
二．教員心得の要旨を体現し忠勇にして孝順なる臣民を育成せんことに努むべし。
三．品行を尚くし世界の公道を重んじ大国民の襟度を抱懐する人士を育成せんことに努むべし。

　「師道三箇条」は,京城師範学校の基本理念として生き続けた。その後1929年に制定された「実践道（努力三道樹立七目）」や1934年の「京城師範学校教育綱領」は,いずれも「師道三箇条」を具体化したものである。要するに朝鮮総督府による師範教育は,「皇民化のための前衛隊を養成する」[26] ところに目的があり,京城師範学校はその大本山だったのである。
　「皇民化のための前衛隊」養成の第一歩として京城師範学校では,入学式の際,生徒をして宣誓自署せしめ「御民われ」の歌を合唱せしめた。「誓書」および男子演習科用「御民われ」（他に女子演習科用・普通科用もある）の内容は次のとおりである[27]。

誓　　　書

　某等茲ニ入学ヲ許サル而今一層志ヲ堅クシ心ヲ誠ニシテ　聖旨ヲ奉体シ　聖訓ニ恪遵シ智徳ノ修養ニ努メ成業ノ上ハ専心国家ノ教育ニ従事シ実践躬

行師道ノ発揚ニ努メテ　皇恩ノ万一ニ酬イ奉ランコトヲ誓フ
　昭和　年　月　日　　　　氏名

御民われ

　今ぞ知らゝゝ　御民われ
　　われは同胞　同胞の　儀範となるみ身ぞ
　天皇の　聖旨のまゝに　いそしみて
　　真心こめて　世に出でて
　教の子等を　おほしたて
　　公民の鑑と　仰がれむ　国民の鑑と　仰がれむ

1924年5月から毎週1回（月曜日）の朝会が定例化された。朝会次第の柱は，「朝会宣言」の復唱，御真影奉安所・朝鮮神宮遥拝，「勧学の歌」合唱，体操などであった。「朝会宣言」に関しては次のような追憶が語られている。

　昭和五年頃までに入学した古い卒業生にとって忘れ得ないものの一つに「朝会宣言」がある。冒頭の「生ヲ此ノ世ニ亨ケ（ママ），聖代ノ恵沢ニ浴シ…」と末尾の「…活溌溌地ニ現前センコトヲ。」の文句は今でもすぐ口に浮かぶ。年々何か事がある度に挿入文が殖えていって長くなり，冬の寒風吹き荒ぶ校庭での朝会に，最上級生の級生長の宣言朗読に身も凍え，漸く末尾に至るとホッとしたものである[28]。

「勧学の歌」は長らく，実質的な校歌として歌い継がれた。漸く1944年6月に至って制定された「新校歌」の歌詞は次のとおりである。

一．日毎我が進む教への道に　光と仰ぐ大みことのり
　　　八紘一宇　明けゆく東亜　率ゐて起つべき尊き使命
　　　悠久豊けき漢江と　その清けさを磨かむ師道
二．御民わが生ける矜りも高く　力と翳す大愛の旆
　　　修文練武　至醇の園に　いそしみ励むは不滅の理想

第 12 章　京城師範学校

永劫聳ゆる北嶽と　その雄々しさを競はむ師魂

　次に，上述のような戦前師範学校の典型的な雰囲気の中で「皇民化のための前衛隊」として養成された彼らの具体像に，インプット・アウトプット・学校生活などの側面から接近してみよう。

　「京城師範学校は日本人学生のための初等学校教師養成機関であったといっても過言ではない」[29]　という韓国人研究者の指摘がある。男子演習科は，内地人約 100 名（あるいは 150 名，200 名）に対して朝鮮人若干名という募集方式が一般的であったし，民族別の枠が公式には設けられていなかった普通科でも，1937 年までは定員の 2 割，「内鮮一体」が強調された 1938 年以降も定員の 3 割という暗黙のリミットがあったから，この指摘は概ね妥当である。朝鮮人生徒の実質的募集枠が限られていただけに，彼らの入試競争率は 100 倍に垂んとすることもあり，合格者は，それこそ全朝鮮から選りすぐりの秀才ぞろいであった。したがって，内地人生徒との間に深刻な葛藤や差別（たとえば，生徒による選挙で朝鮮人が級長に選ばれても，学校側には認められなかった）も生じたが，朝鮮人生徒の問題は本稿の主題から逸れるので，以下，内地人生徒に絞って論を進める。

　京城師範学校の発足が本決まりとなり，最初の入学試験が 1921（大正 10）年初頭，日本全国で行なわれた。当時群馬師範学校の 4 年生であった桜井朝治は，次のように回顧している。

　　入学試験は翌，大正十年の一月末か二月の初旬であった。試験場は，出願生徒の在学校を当てたらしく，群馬師範では寄宿舎の畳の部屋，娯楽室が試験場であった。試験官として来られたのは，京城第一高等普通学校長加藤常次郎先生で，試験は口頭試問であった[30]。

　京城（第一）高等普通学校には，前述したように臨時教員養成所が附設されており，その関係で同校校長加藤常次郎まで京城師範学校の入試要員として動員されたのである。入試が内地でも行なわれる体制は，その後も長く維持された。1939 年から敗戦まで在任した早川義貫は，「京城師範では，毎年

生徒募集のため，学校長始め，教員が分担して，内地（本土）へ出張する。私も希望して，中部地方へ来て，学科試験や面接をした」[31]と述べている。このような入試の結果，京城師範学校において内地人生徒のうち内地学校出身者がどれほどの比率を占めたかをみると，たとえば1929年までの男子演習科のみの卒業生の場合，91.1％（912名中831名），普通科～演習科の卒業生の場合，20.1％（209名中42名）が内地学校の出身者であった[32]。京城師範学校は，いうまでもなく朝鮮の小学校・普通学校教員を養成する朝鮮総督府の直轄学校であったが，普通科入学者にも内地学校出身者が多数含まれていたし，普通科を経ず演習科に直接入学する者は，大部分が内地中等学校の出身者だったのである。

内地学校出身者の中には，経済的理由から京城師範学校に進学した者も少なくなかった。次の引用は，1928年演習科入学生の告白である。

　昭和の初めといえば世はまさに不景気のまっ只中，大学は出たが職はなしという時代であった。……（中略）……

　長男の私は家庭経済のことも或程度分る頃なので，今迄胸ふくらませて希望に燃えていた自分の進路にも，敢えて固執する勇気は段々に薄らぎ，中学卒業の近づいた頃からは，最も手っとり早く堅実に就職出来る道を真剣に考えざるを得なかった。随分考え悩んだ揚句，ぎりぎりで京師演習科への道を選んだのが真実である。それも，願書締切間際に推せん入学の手続きをとって貰い，幸運にも入学許可を得たようなことで，お恥ずかしいが，半島教育の崇高な使命に献身的情熱を燃やしての出発では到底なかった。

　この年演習科二組へ入学した者は全国各地の中学から計四十一名，事情は夫々違っても，皆青雲の希望をもって中学時代を送り，時勢その他で志半ばにして堅実型に方向転換を余儀なくされた者が多かった時代ではなかったろうか[33]。

動機は扨置き，普通科からのエスカレーター組を除く外部から京城師範学校演習科への入学は，決して容易ではなかった。まず書類選考で大半が篩い

落とされ，受験を許可されても最高 22.2 倍（1927 年演習科甲）という厳しい競争があった。1924 年，京城師範学校（訓練院）に程近い清涼里の一角に京城帝国大学予科が開設され，中卒の進学先の双璧ということで両者はよく比較されたが，「清涼里より訓練院のほうが難しい」というのが通説であった。

一方，普通科内地人生徒の入試競争率は平均 5 〜 6 倍であったが，これも決して低い障壁ではなかった。それを物語るのが普通科入学者の学歴である。たとえば，1929 年 7 月現在の普通科内地人生徒 397 名のうち尋常小学校卒は 183 名（46.1 ％），すなわちストレート入学者は半数に足りず，高等小学校 1 年修了が 133 名（33.5 ％），高等小学校卒が 74 名（18.6 ％）いたのである。

入試の狭き門を突破した彼らは，全寮制と官費支給を原則とする環境の中で徹底した師範教育を受けた。年とともに通学生・私費生の比率が増大したが，通学はあくまでも特例として許可が必要であったし，私費生といえども授業料は免除されていたのである。そして卒業後は，総督府の人事計画に従って朝鮮各道の小学校・普通学校に配置され，普通科〜演習科の卒業か演習科のみの卒業か，官費生か私費生か，に応じて定められた服務義務をまず果たした。初任時の待遇は，1927 年当時，「本俸五十二円加俸六割宿舎料等で月給九十余円……（中略）……下宿が六畳間で三食付金十円也という時代であった」[34]という。京城師範学校受験に際して，「朝鮮での給料は日本内地の二倍だという。貧乏生活からの脱出は朝鮮に渡るに限ると考えた」[35]その目論見を満たすに充分の待遇であったといえよう。ただ彼らは，同じ学歴・職務でも内地人並の加俸（本俸の 6 割の外地手当，僻地手当 1 割，舎宅手当 1 割など）を受けられなかった朝鮮人教員が給料日のたびに味わう屈辱や悲哀を知ることはなかったろう。

京城師範学校の学校文化を語るにあたって欠かすことができないのは部活動である。なかんずく特筆大書すべきは，ラグビー部（正式にはラグビー蹴球部）の活躍であった。ラグビー部は，1928 年 10 月に創設され，翌年度（1930 年 1 月）には早くも朝鮮代表として全国大会に出場，続いて 1930・31・32 年度と 3 連覇を達成したのである。京城師範学校ラグビー部の全国中等

学校ラグビー蹴球大会3連覇は，部長園部暢の熱血指導の賜物でもあったが，朝鮮人選手を抜きにしてはありえないものであった。しかし，この偉業は，大韓健児の心意気を示そうとした朝鮮人選手の民族意識とは裏腹に「内鮮一体」の現われとして美化された。次の引用は，初優勝時に園部が新聞に寄稿した手記の末尾である。

　　この栄えある優勝は全く偶然のものでない。京師学風のしからしめるものと思う。京師のメンバー中に七名の朝鮮人がおり，主将もまたそうである。しかもこれら十五人のものゝ団結振りを見て下さい。将来朝鮮教育に従事せんとする彼ら真に内鮮一体の第一線に立ち，しかもこれを理解少い内地の人々に朝鮮のいかなるものかを紹介し，内鮮人間の将来に光明をあたえたことは京師ラグビーフィフティーンの功労でなくて何んであろう[36]。

　1933年秋，同年度予選の開始を目前にして出場選手の年齢制限が打ち出された。時の部長塩崎光蔵は，「それは明らかに当時六年制の異色校である京師が，あっという間に三連覇を成し遂げたことに対する羨望，嫉視，不満が重なったものと思われます。地区を同じくする鮮満の各校からのこうした要望はいちおう無理からぬことではありますが，予選直前に通達を出したことは明らかにラグビー協会朝鮮支部の常軌を逸した仕打といわねばなりません」[37]と語っている。結果的に，年長の朝鮮人選手が多かった京城師範学校ラグビー部は，主力を失うことになった。これ以後，全国大会優勝はない。蛇足ながら，1941年春，野球部が解散させられ，同年夏の甲子園大会も中止となったが，ラグビー部は1944年秋まで存続した。それは，ラグビーが海軍の「軍技」だったからである。

　その他の運動部としては，1932年，アイスホッケー部とバレーボール部が全国中等学校大会で，1935年，柔道部が全国師範学校大会で優勝した。忘れてならないのは，この時のアイスホッケー部と柔道部の主力は朝鮮人選手であり，バレー（9人制）のレギュラーにも2名の朝鮮人選手が含まれていたことである。内地人のみで全国規模の大会に優勝したのは，1937・40・44年の師範学校大会を制した水泳部ぐらいのものである。

文化部としては朝鮮語研究部に触れておきたい。朝鮮語研究部の正確な存続期間は明らかでないが，1930年代の初めから1942年10月の「朝鮮語学会事件」前後までと推測される。この部自体は，朝鮮人主体で規模も小さかったが，重要なことは，李熙昇・趙潤済教諭を指導者に戴いたことである。「解放」後韓国学界の泰斗となった李熙昇と趙潤済は，ともに京城帝国大学の出身で，1930年代当時から朝鮮語文研究のリーダーであった。そして，京城師範学校の内地人生徒も，彼らの朝鮮語の授業を受けたのである。ある卒業生は，「卒業後各地に赴任し，特に普通学校に勤務して痛切に感じたのは，朝鮮語を必修したことだ。児童は勿論，その父兄母姉たちと意志の疎通（ママ）ができたことは，教育上いかに大きな効果があったか計り知れないものがある」[38]と述懐している。

おわりに

旧官立京城師範学校普通科出身会誌『清溪』第1号の編集後記は次のように書き出されている。

> 私が京城師範を出たというと，ソウル師範の前身かと問い，普通科に通ったというと，大邱や平壌にあった師範学校の尋常科と同じだと思っている。
> 当時の学制を知る人が今やほとんどなく，全く違うということを知らないのでもどかしくもあり，ソウル師範や他の師範学校の尋常科と同じだと思っている人に会うと，何か侮辱されたような恨めしさを感じる。これは，官立京城師範学校普通科に通ったという私の矜持を傷付けるからである。私の生涯の誇りがそれであり，今も私の子孫に遺してやる唯一の誇りが，京師普通科出身だということである[39]。

京城師範学校のみに開設されていた普通科（5年制）は，演習科の前段階としてあり，普通科修了者はエスカレーター式に演習科に進み，卒業すれば小学校・普通学校の正訓導となった。したがって，大邱・平壌など同じく官立師範学校に設置され修業年限も同じ5年であったが演習科進学を前提とし

ない尋常科や,まして修業年限2〜3年の各道公立師範学校特科とは格が違ったのである。京城師範学校普通科出身者(ということは即,演習科卒業者)のプライドの淵源はここにあった。彼らは,自らの母校を,恰も他に師範学校なきが如く単に「師範」と称し,朝鮮人生徒は(そして一部の内地人生徒も),これを朝鮮語式に「サボン」と発音した。植民地朝鮮の師範教育界におけるエリート意識は,内地人・朝鮮人を問わず京城師範学校関係者の共有するところだったのである。

しかし,内地人と朝鮮人の間には,やはり溝があった。それが在学中に顕在化することはあまりなかったが,卒業後の差別待遇が,「内鮮一体」の虚構を否応なく知らしめたのであった。このため,戦後,日本人・韓国人となった彼らが,かつての蟠りを越えて真の同窓生となるには歳月を要したようである。たとえば1936年卒業生の同期会は,昭和「十一」年に因んで「土筆会」と称していたが,1974(昭和49)年,韓国側の要請によって「三六同窓会」と改称し,初めてソウルで日韓合同の集会を持った。その思い出の記に次のような一節がある。

　　圧巻だったのは,昭和四十九年八月二日に,ソウルで持たれた韓国の同期生と旧懐を温めた「三六同窓会」だ。この実現は,日本における当番幹事の堀江君や田中三男君らの企画に,韓国の沈泰鎮君らが応じて成ったものである。……(中略)……

　　「我々被圧迫民族の真情を君達が理解しうるのは,日本が大東亜戦争に負けた時だ」と,かつて私は朝鮮の親友から聞いたことがあるが,三六同窓会の別れの宴で,兪景老君はいみじくも言い切った。

　　「同床異夢のつき合いだった過去を清算し,一九七四年八月三日を以て,我々の真の友情は始まる——」

[註](※はハングル文献)
1)『朝鮮彙報』 1915年9月 p.61
2)『朝鮮』 1922年3月 pp.100-101
3) 同上 p.103
4) 斎藤鎌二郎 『風霜の碑文』 私家本 1996年 p.33

5）『京城師範学校史　大愛至醇』　醇和会　1987年　p.374
 6）同上　pp.13-14
 7）『朝鮮』1940年4月　p.98
 8）※『清溪（旧官立京城師範学校普通科出身会誌）』第1号　清溪会　1993年　p.38
 9）『京城師範学校史』p.529
10）※『清溪』第1号　編集後記
11）『京城師範学校史』p.343
12）阿部薫編　『朝鮮功労者銘鑑』　民衆時論社　1935年　p.410
13）『京城師範学校史』p.157
14）15）同上　p.166
16）同上　p.154
17）阿部薫編　前掲書　p.697
18）『京城師範学校史』p.170
19）『九徳会報』第33号　1979年1月　p.2
20）阿部薫編　前掲書　p.699
21）※『慶北中高等学校六十年史』　慶北中高等学校同窓会・慶北高等学校　1976年　p.199
22）『京城師範学校史』p.376
23）同上　p.461
24）同上　p.206
25）『朝鮮』1922年3月　p.104
26）※韓基彦ほか　『日帝の文化侵奪史』　玄音社　1982年　p.94
27）『京城師範学校総覧』1929年　p.48
28）『京城師範学校史』p.280
29）※金英宇　『韓国近代教員教育史（Ⅰ）　初等学校教員養成教育史』　正民社　1987年　p.323
30）『京城師範学校史』p.547
31）同上　p.204
32）1929（昭和4）年版『京城師範学校総覧』所収の「本校卒業者・修了者氏名」（pp.369-397）から抽出
33）『京城師範学校史』p.331
34）同上　p.308
35）同上　p.547
36）同上　pp.198-199
37）同上　p.167
38）同上　p.307
39）※『清溪』第1号　編集後記

第13章　京城高等商業学校

はじめに

　京城高等商業学校は，植民地朝鮮に存在した官立専門学校7校（1943〜44年に専門学校に昇格した師範学校を除く）中唯一の商業学校であった。また，官公私立全20校を通じて唯一，内地人学校として開設された専門学校であった。「官立で商業系統では最高学府であったために，私はこの学校を出たことに対して誇りを感じています」[1]というのが，卒業生の共通の感懐である。

　本章は，このような京城高等商業学校のティーチング・スタッフ（専任教授や非常勤講師など）がどのように構成されたのか，「商業系の最高学府」と中学校・商業学校など中等学校とは教員の交流や生徒の進学をめぐって具体的にどのような関係にあったのか，学校文化の特色は何か，などの問題に焦点を合わせつつ，この学校の38年（1907年10月〜1945年8月）の歴史を描いたものである。

　ただ，資料としては『京城高等商業学校創立70周年記念文集　一粒の麦』にほぼ全面的に依拠せざるをえず，その意味でのバイアスは避け難いことを予め断わっておく。

第1節　学校沿革

　京城高等商業学校の淵源は，韓国併合に10年先立つ1900年の6月，台湾

協会によって東京に開設された「台湾協会学校」に遡る。同校校長は，台湾協会会頭桂太郎であった。

台湾協会学校は，1904年4月，「専門学校令」に基づく「台湾協会専門学校」となり，さらに1907年2月，台湾協会の東洋協会への改編に伴って「東洋協会専門学校」と改称された。ちなみに協会の名称変更について桂太郎は，「畢竟三十七，八年役（日露戦争—稲葉註）の結果，韓国は我保護国となり，遼東半島は我租借地となれり。其政治上の関係に於ては素より台湾に異なれりと雖，協会の趣旨目的を推拡するに於て何等異なる所なし。是を以て名称を変更し，従来の趣旨目的を韓満に及ぼすことも為せしなり」[2]（ママ）と述べている。

1907年春，東洋協会会頭兼東洋協会専門学校校長桂太郎は，韓国統監伊藤博文と謀って協会学校分校を京城に設けることにした。次の引用は，同年10月1日の分校開校式における東洋協会側の経過報告の一節である。

　　私共が段々実験を積み，又た卒業生の就職地を視察いたしたる結果として，中学卒業以後只三年の修業は聊か不足に感ぜらるる処もあり，ヨシ三年の修業は修業とした所で，台湾にしろ，清国にしろ，将た韓国にしろ，其各地専門の語学と知識を完からしむるのは甚だ不足を感じたからして……（中略）……一年の研究科を設けて卒業生の志望により更らに修業せしむることを企てました。所が時勢の進運は急転直下して学校が目的とせる各地の中，台湾よりも満洲よりも，真先きに当韓国に研究科を設くるの急務を感ずるに至りましたからして，即ち此分校を開くことに致した次第であります。尤も本年は已に卒業生も各方面に就職した後のことで残り少くなって参りますから，臨機の処断として主に本校三年生の一部三十八名を此に収容して，外に研究科生五名を入れて明二日より授業を開始します[3]。

こうして京城大和町（現ソウル特別市中区筆洞）に「東洋協会専門学校京城分校」が開かれたが，上の引用からわれわれは，最初の分校の設置先が台湾でも満州でもなく韓国であったこと，その分校はそもそも研究科のためのものであったことを知ることができる。しかし，実態として学生の中心は「本

校三年生の一部」であり，これに少数の研究科生が加わった。この体制は，分校時代の最後（1918年3月）まで続くことになる。

1915年8月，本校である東洋協会専門学校が東洋協会植民専門学校[4]となり，学則に「植民ニ関スル学術……ヲ教授ス」ることが明記された。自動的に分校の名称も，「東洋協会植民専門学校京城分校」となった。

1916年11月，分校開設以来責任者の職位として東洋協会役員河合弘民や朝鮮総督府総務局長児玉秀雄が就いてきた「幹事」が廃され，当時官立京城専修学校の校長であった吾孫子勝が「分校長」を兼任することになった。

1918年4月，東洋協会植民専門学校が「大学令」の適用を受けて拓殖大学に昇格，京城分校は「東洋協会京城専門学校」として独立した（校長吾孫子勝）。両校は，それまでの本校・分校関係から姉妹校となったのである。当時の新聞報道によれば，6月6日の「開校式は長谷川総督，山縣政務総監，各部長官，各局長，松永京畿道長官等所属官署長並に民間有力者多数列席の上，盛大に挙行され，長谷川総督から"鮮満支方面に活躍すべき有能な人材が要請急なる今日，京城専門学校の開設は誠に時宜を得たものであり，教職員，生徒諸君は尚一層奮励努力して本校設立の目的を達成することを期待する"旨の訓示がなされた」[5]という。朝鮮総督が，政務総監以下の総督府高官を引き連れて参列し，自ら訓示を垂れたことが注目される。

1918年4月に入学した1年生が，京城高等商業学校の歴史上第1回生とされている。彼らは，最初の入学生（それまではすべて東京本校からの派遣生）であったばかりでなく，「官立移管，校名改称（京城高商）に最大限の努力を続けた。また，校章，校歌，応援歌の作成など多忙を極めた」[6]ことも留意さるべきである。校章は，後に同窓会「崇陵会」の初代会長となる山岸謙助が考案した。「商業系の学校のシンボルマークは，普通マーキュリーの羽根と，蛇を組み合わせたものが多いが，京城高商の場合は，鶏林十三道にちなんで，鶏の羽根をデザインし，枚数も十三枚にした」[7]という。校歌も，同じく第1回生の真鍋則之が作詞し，作曲は，当時京城高等普通学校教諭であった小出雷吉に依頼した。校歌の歌詞は次のとおりである。

一．新政潤う半島に　　寄する文化の大波は

古きを清め新しき　　　理想を宿す我校舎
　二．仰げば嶮はし北漢山　　　望めば長し漢江を
　　　行手の暗示と眺めつつ　　いそしむ我等覚悟あり
　三．栄ある使命を担う身に　　不屈不撓の気を満し
　　　独立不羈の心もて　　　　集える我等抱負あり

　第1回生が学校の官立移管を目指したのは，当時の社会に官尊民卑の風潮が強かったからである。3年の学業を終えて1921年4月，朝鮮銀行に就職した前田秋千代は，「私の鮮銀初任給は，高商出でありながら私立であったため，官立の山口，長崎，それに市立の大阪高商よりスタートにおいて本俸十五円のハンディーがつけられた。……（中略）……二年目に一円の昇給の時代に，此の格差では前途が思いやられた」[8]と証言している。

　1919年3月，旧制東洋協会植民専門学校第3学年修了者の卒業式が行なわれ，これを以て，東京から派遣された学生はいなくなった。

　同じく1919年の4月，京城府崇二洞（通称「崇二ヶ丘」）に赤煉瓦の新築校舎が落成，5月に移転した。「崇陵会」の名は，この地に因むものである。

　1920年5月，朝鮮総督府・朝鮮銀行・南満州鉄道株式会社（満鉄）の共同出資で財団法人が組織され，東洋協会京城専門学校は，この財団法人による「私立京城高等商業学校」に改組された。この時の教員は32名であったが，校長の吾孫子勝からして京城専修学校長との兼任で専任教員は少なく，多くは総督府や朝鮮銀行などから派遣された非常勤講師であった。

　1921年4月，3年前に独立した東洋協会京城専門学校に入学した第1回生の卒業式が挙行された。京城高等商業学校の卒業期のカウントは，この時に始まる。

　同年6月，専任校長としては初代，通算では2代目の校長に鈴木孫彦が就任した。この鈴木校長のもとで官立移管の準備が進められ，1922年3月公布の「朝鮮総督府諸学校官制」において官立専門学校（京城法学専門学校・京城医学専門学校・京城高等工業学校・水原高等農林学校）の列に京城高等商業学校が加えられたのである。

　1922年4月，「官立京城高等商業学校」が開校，6月に開校記念式が行な

われた。その際，斎藤総督は欠席し柴田学務局長が総督告辞を代読したが，「本校の為め遙々来鮮せられたる東京商科大学長佐野法学（商学の誤り—稲葉註）博士の祝辞朗読」[9] があった。佐野善作の参席は，東京高等商業学校〜東京商科大学（現・一橋大学）と京城高等商業学校との密接な関係を窺わせる。

　その後暫く平穏な時期が続いたが，満州事変〜日中戦争と時局が展開する中で教員に対する思想弾圧が強まり，1938年秋，山口正吾教授が総督府学務当局の圧力によって学園を追われるに至った。このいわゆる「山口事件」はその後も尾を引き，1939年3月，柴山昇・甘濃信一両教授と及川完助教授が連袂辞職するとともに，混乱の責任を取る形で岩佐重一校長も辞任した。

　1939年度に入ると，学校全体に戦時色が目立ち始めた。それは，教科目としての「日本学」の新設，外国語授業の英語から中国語（当時は「支那語」）への比重移行，長髪に代わって短髪，黒帽・黒服からカーキ色の戦闘帽・国防服へ，といった形をとり，同年度新入生から適用された。他校との比較で注目されるのは制服・制帽で，当事者たる京城高商1年生には，「当時，京城高工も水原高農も国防色に変えられたけれども，戦闘帽ではなかった。高商だけが戦闘帽になったんです」[10]，「当時，京城の学生・生徒の服装は，高商と京商だけが国防色一色であったように記憶している。この措置は，あたかも，封建時代の士農工商の身分制度の最下位の商業——別名，泥棒の神とも言われているマーキュリーをべっ視，利潤の追求という営利活動そして非生産部門を軽視した——を，当局は，狙い打ちしたのではないか」[11] と受け取られた。

　1939年10月，京城高等商業学校は城北区鍾岩洞に移転した。その理由は，崇二洞校舎には，京城帝国大学医学部との隣接などの立地条件から，新設の京城女子医学専門学校を入れるという学務局方針があり，京城高商としてはこれに従わざるをえなかったようである。京城高商同窓会がその後も「崇陵会」であり続けたことが，崇二洞校舎への愛着を物語っている。

　1941年10月，大学・専門学校の修業年限短縮が決定され，翌年3月卒業予定の第22回生の卒業式が，3ヵ月繰り上げて12月26日に行なわれた。内地人卒業生64名の多くは入営したが，校長の推薦を受けた数名は大学に進学した。

1943年10月，学徒徴兵延期制度が停止された。文科系である京城高等商業学校は直接にその影響を受け，満20歳に達していた学生は12月1日入隊が決定，学徒出陣の隊列に加わった。

　1944年4月，文科系学校・学科縮小政策の一環として京城高等商業学校は，京城法学専門学校を吸収する形で「京城経済専門学校」となった。入学定員200名は，経済専門学校としては日本最大の規模であった。しかし，修業年限は2年半（9月卒業）に短縮され，その短縮された修業年限さえも，勤労動員等でまともな授業が行なわれることはなかったのである。

　1945年8月，敗戦によって京城経済専門学校は終焉を迎えた。母校最後の日の出来事を，26回生（当時3年生）と27回生（当時2年生）はそれぞれ次のように回想している。

　　翌日（あるいは翌々日），学校に行くと，自然と，校舎の前庭に，日本人は向かって左側，朝鮮人は向かって右側に別々に並んで向かい合った。
　　ざわめきが静まり，日本人を代表して高橋禎吉君が別れの挨拶をした。体格もクラス一の立派さだったが，その言動は，実に堂々たるものがあった。これを受けて，朝鮮人の代表が挨拶をした。その中で，彼は「学校は，我々が警備隊を作って守る，君たちや家族が，日本へ帰るのに支障のないよう京城駅までは，無事送って上げる」（彼の名前を失念したことは，お許しを乞う）という意のことを言った。我々二十六回生が，一堂に会したのは，これが最後であった。校長の挨拶も，卒業証書の授与もなかったが，この日，この『別れ』が，我々の卒業式だった，と私は思っている[12]。

　　八月一九日。母校に登校。
　　真夏。蒼空。団々たる白雲を背に真白き母校は変わらぬ校容で私達を迎えてくれた。清澄な空気は塵埃騒音の工場から帰った身には，甘く爽やかだった。
　　しばらくして講堂に集まり，兼安校長の話が始まった。それは当然，重々しく時に沈鬱であったが，事態を冷静に受けとめ，簡潔に，私達が軽挙妄動に走らざるよう，慎重冷静であるように訴えられた。

説示のあと，みんなは正面玄関前に集まり，日本人学徒は正門左側を背に，韓国人学徒は右側に，向かいあって整列した。この光景は当然のようであって，実は崇陵開学以来の最初にして最後の光景であったのである。

　日本の敗戦，韓国の解放という，幾百千年を通しても滅多に遭遇し得ない運命のピークに立って，その感動，感慨を，青春，学窓という人生で最も多感な時代に味わった劇的な光景であった。

　当然，日本人の胸中は複雑であり，暗たんとして，時に鉛のように重かった。ひきかえ韓国人の胸中は，待ちに待った解放の日を手中にして，当然，高揚していたはずである。

　でも，互いの挨拶——別れの挨拶は爽やかであった。

　日本学生の代表は，我々が，間もなく日本に帰ること。常に真理を追求し，崇陵の伝統を守ってほしいこと。(ママ)

　そして最後を「あとは，よろしくお願いします」と結んだ。

　韓国学生代表は，これを受けて

「運命によって別れ別れになりますが，どうか，お元気で頑張って下さい」「残った我々は，崇陵の伝統を守ってまいります」「ご健康を祈ります」

と結んだ。

　ともに日韓の万感を代表し，いっさいを母校愛に昇華させた簡潔な抑えた表現であった。でも，簡単な表現のなかに，我々の感慨は，爽やかに男らしく表現された[13]。

　互いの記憶違いから細部は一致しないところもあるが，学生間の別れの儀式の部分は共通である。8月15日以後大混乱に陥り解散式さえもできなかった学校が多かった中で，内鮮の学生間に爽やかな別れの挨拶が交わされたのは，まさに稀有な例であったろう。

　1945年10月，日本人学校であった京城経済専門学校は，韓国人のソウル経済専門学校として再発足した。そして1946年8月，ソウル大学の一部（商科大学）となり，今日に続いている。

第2節　教員の去就

1. 校　　長

　京城高等商業学校の校史において，初代校長は吾孫子勝，その任期は1918年4月～1921年3月とされている。1918年4月は，東洋協会植民専門学校京城分校が東京本校から分離・独立して東洋協会京城専門学校となった時点である。しかし，先に見たように吾孫子と同校との縁はさらに時を遡る。

　吾孫子はもともと裁判官で，1915年，京城覆審法院判事となった。1916年4月，京城専修学校が「朝鮮総督府専門学校官制」に基づく専門学校となると同時に同校校長に就任，この本務の傍ら兼務として東洋協会植民専門学校京城分校の分校長を務め（1916年11月～），引き続き東洋協会京城専門学校の校長を兼務したのである。さらに東洋協会京城専門学校が私立京城高等商業学校となった後も校長兼任を継続し，1921年3月に辞任，京城専修学校長専任に戻った。

　兼任校長であったとはいえ吾孫子は，自ら東洋協会京城専門学校の教壇に立ち，学生の進級試験（面接）にも厳しい姿勢で臨んだ。1918年の第1回入学者が，「校長面接試験により，第一回入学者六十余名，二年進級の時は，四十名で二十余名は落第として退学。校長は，自ら教壇に立ち「法と道徳」について講義された」[14]と述べている。

　ちなみに吾孫子勝の本務校であった京城専修学校は，1922年4月京城法学専門学校となり，吾孫子は，1923年度まで同校校長を務めた。

　第2代（専任としては初代）校長鈴木孫彦は，1899（明治32）年東京高等商業学校を卒業し，1910（明治43）年から山口高等商業学校に勤務していた。山口高等商業学校教授鈴木孫彦が，1920（大正9）年，文部省による人選，朝鮮総督府学務局の要請を経て，官立移管含みの私立京城高等商業学校の校長となることを承諾するまでのいきさつは次のとおりであったという。

　　学務局は，大正十一年（一九二二年）の春より，官立・京城高等商業学校

の校長となる人の推薦を文部省に依頼した。文部省は，当時の日本の高等商業学校（小樽高商，東京高商，神戸高商，山口高商，長崎高商）の教授の中から，山口高商の鈴木孫彦先生を選んで推薦した。鈴木先生は，明治三十二年七月，東京高商を卒業，二，三の学校に勤務された後，明治四十三年，山口高等商業学校に赴任──在職中であった。

鈴木先生は，大正六年（一九一七年），文部省より二ヵ年海外留学を命ぜられたが，当時，ヨーロッパは第一次世界大戦の熾烈な戦禍の中にあったので，先生は，そのままアメリカに止どまり，ペンシルバニア大学で研究の日々を送られた。研究は「海運」であったと聞いている。帰国されたのは，大正八年である。

大正九年（一九二〇年），朝鮮総督府学務局は，鈴木先生に大正十一年の春より発足の官立・京城高等商業学校の校長に就任の招請をした。しかし，先生は断わられたらしい。静かな山口で，それまでに研究されたものを書物にして出版されることを考えておられたようだ。それにまた，先生は身体が，あまり，じょうぶな方ではなく，新しく「官立」として発足する学校のわずらわしい準備に当たるには，自分には向かぬと思われたようである。

「しかし，学務局は，この人をおいて，他にしかるべき人物はない」と確信，いわゆる，三顧の礼をもって先生の来任を懇請した。鈴木先生は，遂にこの熱心な要請を拒みがたく，京城高等商業学校校長就任を受諾された。大正九年の暮れのことであった[15]。

この資料によれば，すでに1920年の時点で京城高等商業学校の官立化が既定路線であったかのようであるが，この点はさらなる検証が必要である。鈴木孫彦が私立京城高等商業学校の校長に就任したのは1921年6月，官立移管に関する事務を正式に嘱託されたのは1922年1月のことであった。

1922年4月，京城高等商業学校が官立専門学校となり，校長鈴木孫彦は2等3級の勅任官となった。鈴木の京城高等商業学校長在任は，1928年3月まで，私立時代から通算で6年9ヵ月であった。

第3代校長岩佐重一は，1924年から28年まで朝鮮総督府視学官兼編輯課

長を務め，その後京城高等商業学校長として11年（1928年3月〜1939年4月）勤続した。岩佐の校長在任期間は歴代校長5名の中で最も長いが，1935年刊の『朝鮮功労者銘鑑』は，次のように京城高等商業学校長よりも，またその前の本務であった総督府視学官よりも，兼務であった編輯課長としての岩佐を高く評価している。

　岩佐氏は重厚な人格者，教育者として申分なき程洗練された人であり，意志の人であり，信念の人である。この信念が何時の間にか生徒の人格に反映して今日の高商を築きあげたのである。而も氏は大正十三年から昭和三年迄六ヶ年間(ママ)総督府編輯課長として，敏腕を揮つたもので啓蒙期に於ける朝鮮教育界の大功労者である。初等教育，中等教育に関しては編輯課長として，氏が生命を打ちこんだものであつて，全く今日の基礎を築いたのは氏であると云つても過褒ではあるまい[16]。

　岩佐が1939年4月の入学式直後という変則的な時期に校長を辞任したのは，教員人事をめぐる学園騒動のゆえである。山口正吾が辞任に追い込まれた「山口事件」に関連して柴山昇・甘濃信一・及川完が連袂辞職したことは前述したが，この事件の背景には，いわゆる帝大派と一橋派の対立があった。岩佐校長は東京高等師範学校〜東京帝国大学卒，柴山昇は東京高等商業学校卒，山口正吾・甘濃信一・及川完は東京商科大学（1920年東京高等商業学校が昇格）卒であった。そして岩佐校長と教授陣は，結果的に喧嘩両成敗となったのである。

　第4代校長山本智道は，1922年，京城高等商業学校の官立化と同時に英語担当の教授に就任，1932年には教頭となり，1939年4月，岩佐重一の辞任を受けて校長を継いだ。京城高等商業学校の平教授・教頭・校長をすべて経験した唯一の例であり，その通算在任期間は21年の長きに及んだ。1943年4月の辞任に際しては山本校長排斥運動があったといわれているが，その理由は不明である。

　第5代校長兼安麟太郎も，1922年4月，官立京城高等商業学校教授となった。つまり山本智道と同期で，1932〜38年度は山本に次ぐナンバー3であっ

た。1939年4月山本が京城高等商業学校長となるや，兼安は，釜山第一商業学校長として転出し，4年後の1943年4月，京城高商に校長として復帰した。1944～45年度は，京城高等商業学校が改編された京城経済専門学校の校長であった。

　以上歴代5名の校長の特色として，初代の吾孫子勝は終始兼任校長であったこと，教授たちの最終学歴は東京高等商業学校～東京商科大学卒が多かったが，一橋派の校長は鈴木孫彦だけで，岩佐重一・兼安麟太郎が東京帝国大学卒，山本智道が京都帝国大学卒と帝大派の校長が優勢であったこと，を指摘することができる。

2．教　授　等

　1907年10月の東洋協会専門学校京城分校開校時，幹事河合弘民（文学士）が英語を担当したほか，京城在住の各専門家9名に講師を委嘱した。このうち国際法の小松緑，簿記の本宿家全，韓語の金東完について若干補足しておきたい。

　小松緑は，慶応義塾卒業後米国に留学した法学博士であった。1906年2月，日本の保護国としての韓国に統監府が開設されるや，外務省から転じて伊藤博文統監の側近となった。日韓併合後も，総督府外事局長・中枢院書記官長などとして敏腕を振るった。

　本宿家全は，1907年4月に開校したばかりの善隣商業学校の初代校長であった。なお，歴代校長（本宿家全・田代仲次郎・篠崎時広）がすべて東京高商～東京商大卒だったこともあってか，善隣商業学校は，生徒の進学や教員（講師）派遣を通じて京城高等商業学校と緊密な関係があった。

　金東完は，『拓殖大学八十年史』が「全東完」とした[17]ために誤りが流布したこともあったが，山田寛人の研究によって「金東完」であることが明らかにされた[18]。

　専任教員の氏名が確認されるのは，1920年5月の私立京城高等商業学校認可以降である。この時の教員は32名であったが，うち専任は教授石村保三郎・山本正誠ら6名だけで，他は非常勤講師であった。彼ら教師陣を組織したいわばフィクサーは，京城在住の有力者板橋菊松で，板橋は次のような

手記を残している。

　　京城高商と私の関係は，私が京城に住んで著述を業とし，朝鮮中央経済
　会を主宰していた大正時代のことで，大正九年に総督府の青木戒三部長か
　ら，同校の発展的改造を懇望一任された不思議な因縁によるものである。
　　私は同校の発展的改造は，先ず専任校長をおき，さらに内地から新進の
　専任教授を増聘して教授陣を強化することにあると考えて，何度か内鮮の
　間を往来した。そして東京ステーションホテルの一室を臨時事務所とし，
　東京商大を中心に東京・京都の両帝大，早慶その他，有力な私立大学を飛
　び回って，かなり多数の適格候補者を推薦してもらった。しかし人事はま
　ことに微妙なもので，一長一短，簡単に採否を決定できない。そこで，京
　都帝大出の石村保三郎君をとりあえず教頭格に推挙し，漸次校長および教
　授を選考していった[19]。

　ここで注目すべきは，「東京商大を中心に」候補者がリスト・アップされ
たこと，教師陣の実質的中核が石村保三郎であったことである。石村は，実
は1919年4月の崇二ヶ丘新校舎への移転当時，すでに東洋協会京城専門学
校の「副校長」であった。前述したように校長の吾孫子勝は京城専修学校長
が本務であったから，その当時から石村保三郎が事実上の校長だったわけで
ある。しかし石村は，京城高等商業学校が官立化された1922年にはいった
ん転出し，翌1923年，平教授兼生徒監として復職している。官立移管に伴っ
て，石村の地位は相対的に下がったことになる。在任は1931年度までであっ
た。

　山本正誠は，私立京城高等商業学校では教授であったが，東京外国語学校
朝鮮語科卒の学歴のゆえか，官立京城高等商業学校では助教授であった
（1922～31年度）。しかし，助教授から会寧商業学校の校長となり（1932～34
年度），続いて元山商業学校長（1935～38年度）・仁川商業学校長（1939～43
年度，以後不明）を歴任した。ついでながら山本正誠の会寧商業学校の後継校
長は渡植彦太郎，元山商業学校の後継校長は西原峰次郎と，いずれも京城高
等商業学校元教授であったことを附言しておく。

教員の学歴について，1933年「当時帝大派と一橋派とがあって，一橋派が大体七割，帝大派は，三割ぐらいでした」[20]，「今（1939年4月―稲葉註）まで商大は一橋系のみだったが，今回三商大からお迎えすることにした，初の大阪商大からは三澤輝彦先生，神戸商大より安田充先生を招へいした，そして東京商大から末松玄六先生」[21] という証言がある。京城高等商業学校の教授陣にあって一橋派が如何に優勢であったかが窺われるが，ここで彼らの氏名・一橋（東京高等商業学校～東京商科大学）卒業年・京城高等商業学校在任期間を整理すると次のとおりである。

石黒　武松	1913年	1921～22年度
加藤　廉平	1914年	1925～42年度
柴山　昇	1918年	1922～38年度
西原峰次郎	1920年	1921～38年度
渡植彦太郎	1921年	1929～34年度
山口　正吾	1926年	1932～38年度
山口　武夫	1929年	1931～45年度
甘濃　信一	1932年	1936～38年度
及川　完	1936年	1938年度
山田　長夫	1936年	1938～41年度
末松　玄六	1937年	1939～40年度
肱黒　和俊	1943年	1943～45年度

　私立高商時代から石黒武松と西原峰次郎が，1945年8月の終焉時には山口武夫と肱黒和俊が在職しており，京城高等商業学校の教授陣に一橋出身者が絶えることはなかった。ピークは1938年で，専任の教授・助教授14名中8名を一橋出身者が占めた。しかし，同年秋，総督府の圧力によって山口正吾が満鉄調査部への転出を余儀なくされ，同年度末までに柴山昇・甘濃信一・及川完が連袂辞職したことは前述のとおりである。1939年度以降は，先の引用にあるように教員の出身校の多元化が図られ，一橋派の比重は低下した。
　次に，上掲リスト中の何名かについて補足しておこう。

加藤廉平は，第2代校長鈴木孫彦，第4代校長山本智道と同じく静岡県の出身であった。加藤の在任は18年の長きにわたるが，その大半は，同郷の両校長の在任期間と重なっている。蛇足ながら，後述する教授横山富吉や，戦時中の配属将校工藤重雄も静岡県人であった。このように静岡色が目に付くことも，京城高商教師陣の特異な傾向である。

　柴山昇は，京城高等商業学校在任中の1927年から欧米に留学，1930年2月の帰国時には「名物教授帰国す」と新聞報道されるほどの有名人であった。

　西原峰次郎も，柴山らと同じく1938年度末に京城高等商業学校を去った。これまた学園紛争の余波と見られている。しかし，西原は辞職したのではなく，元山商業学校長として転出したのである。ちなみに，前任の元山商業学校長は山本正誠であった。

　渡植彦太郎は，京城帝国大学法文学部助手（1926〜28年度）の後京城高等商業学校助教授（1929年度）〜教授（1930〜34年度）を務めた。続いて山本正誠の次の会寧商業学校長となり（1935〜39年度），新義州商業学校長にも任じた（1940年度）。『朝鮮功労者銘鑑』は，会寧商業学校長としての渡植を次のように評している。

　　満洲国の出現と，北鮮開拓事業の進捗とによって北鮮地方には大きな変化が行はれた。教育事業の上にこれを取り入れて，時宜に適した教育を行ふ人に会寧公立商業学校長渡植彦太郎氏がある。血気盛な氏は北鮮教育界に清新な空気を注入せんとして其の蘊蓄を傾倒し青年と共に伸び，職員と共に生くる奮闘振りを見せてゐる[22]。

　肱黒和俊は，京城高等商業学校第20回（1940年3月）の卒業生である。東京商科大学を経て母校に錦を飾ったことになる。敗戦後，「私達教官は，その後十月の学校引き継ぎまで京城に残り，交替で二人ずつの宿直を続け，無事，引き継ぎを終えた後，思い出多い校舎をあとにした」[23] という。

　なお，一橋出身ではないが，肱黒と同じく母校の教壇に立った者として第5回（1925年卒）の新木正之介，第12回（1932年卒）の植木総，第13回（1933年卒）の三苫夏雄がいる。新木の母校在任は1933〜45年度であったことが

確認されるが，植木と三苫の正確な在任時期は不明である。

　これまでに登場した者のうち京城高等商業学校の助教授・教授から商業学校の校長となったのは，山本正誠・西原峰次郎・渡植彦太郎の3名（前節の校長の部で触れた兼安麟太郎を含めれば4名）であるが，このほかにも近藤英三と高田邦彦がいた。

　近藤英三は，私立から官立にかけて京城高等商業学校教授（1920年7月～1930年3月）を務めた後，木浦商業学校長（1930～31年度）・釜山第二商業学校長（1932～34年度）・大邱商業学校長（1935～37年度）を歴任した。かつて米国コロンビア大学に学んだだけに自由主義者だったようで，釜山第二商業学校の後身である釜山商業高校の『釜商八十年史』は，近藤校長について次のように記している。

　　1932年3月29日，木浦公立商業学校長近藤英三が本校校長に任命された。彼は，1935年4月大邱公立商業学校に転出するまで満3年間本校に在職したが，学校経営にこれといった足跡を見出せないほど消極的であった。しかし，彼は，教育家としては自由主義者であり，先生あるいは生徒と路上で会った時お互いに挙手敬礼をするようにした制度は，40年が過ぎた今日まで継続されている[24]。

　高田邦彦は，京城高等商業学校教授（1926～27年度）の後，元山商業学校長（1928～30年度）・忠清南道視学官（1931～32年度）・全羅南道視学官（1933～34年度）・釜山第二商業学校長（1934～38年度）・平壌師範学校長（1939～42年度）・釜山第一商業学校長（1943～45年度）という華やかな経歴を辿った。釜山第二商業学校では近藤英三の，釜山第一商業学校では兼安麟太郎の後継校長であった。

　このように人数としてはそれほど多くないが，京城高等商業学校の教授（特例的に助教授）から中等学校（商業学校）の校長へというルートが存在したことは確かであり，このルートに乗った人たちの間では，商業学校長のバトン・タッチという形での連携がしばしば見られたことに留意すべきである。

　このほか，京城高等商業学校の初期と末期に異彩を放った教授として横山

富吉と上杉重二郎に言及しておきたい。

横山富吉は、静岡・東京で中学時代までを過ごした後カナダに渡り、さらにアメリカに移った。海外生活は17年に及び、この間ジョンズ・ホプキンス大学でPh.D.を取得した。帰国後、1918年から朝鮮総督府外事課の嘱託をしていた。私立京城高等商業学校の校長に就任することになった鈴木孫彦は、このような横山の経歴を買ったのであろう。『京城高等商業学校創立70周年記念文集』によれば、鈴木と横山の交渉経緯は次のとおりである。

　鈴木先生が、最初に最も大事なことを考えて手をつけられたのは、教職員の採用とその配属である。
　鈴木先生は、同郷の人で、長年アメリカで勉強、帰国後、朝鮮総督府の外事課に嘱託として勤務しておられていた横山富吉先生をよく知っておられた。鈴木先生は、横山先生に手紙を書いた。「自分は大正十一年の春から発足する官立・京城高等商業学校の校長に就任することになったが、貴下にはこの学校に英語の主任教授としてきてもらえないだろうか。もし、ご承知下さるならば、なお、お願いしたいことがある。自分は開校準備のために、大正十年六月に、私立・京城高等商業学校の校長として京城に行くので、貴下も大正十年の四月から、私立・京城高等商業学校の教授として来任されたい、そして、私の相談の相手となってもらいたい」と心情を述べられた[25]。

こうして横山富吉は、鈴木孫彦の「相談の相手」となり、鈴木校長の、および岩佐校長の学校経営を支えた（在任1921～31年度）。とくにアメリカ人牧師ケール（William C. Kerr）とイギリス人神父アーノルド（Ernest H. Arnold）を英語担当の講師として迎えたことは、横山の人脈の賜とされている。ちなみにケールは、終戦直後、東京の連合国軍最高司令部民間情報教育局（GHQ／CIE）のアドバイザーとしてアメリカ政府から派遣されたほどの人物であった。

上杉重二郎は、憲法学者上杉慎吉の息子で、かつて父が教授を務めた東京帝国大学を1938年3月に卒業し、4月、京城工業学校教諭となった。だが、

これは1年だけで、いわゆる「東亜新秩序の指導原理」構築を目指す試みのひとつとして1939年度から京城高等商業学校に新設された「日本学」担当の助教授として京城高商に移った（1941年以後教授）。上杉自身、その経緯を次のように語っている。

　わが高商のカリキュラムには、それまで当然のことながら私の担当した「日本学」とか「国史」とかは存在しなかったし、また、常識的に存在すべからざるものであった。おそらく、総督府学務局が私のために、ムリヤリ押し込んだのではなかろうか。想像に過ぎないけれども…[26]。

高等商業学校の教科目としての「日本学」や「国史」を「常識的に存在すべからざるもの」と認識していた上杉重二郎は、国粋主義者であった父慎吉とは異なった。ある教え子の上杉重二郎月旦は次のとおりである。

　かの美濃部達吉博士の向こうを張った上杉慎吉博士が、ご尊父であった。しかし、ご父君とは正反対に反体制的、左翼的な思想の持ち主のようにお見受けした。
　大東亜戦争のまっただ中、それこそ「国体の本義」を伝えるべき「日本学」の授業で、それまでの学校教育では教えられなかった日本歴史の暗部や恥部を教えて下さった。
　「歴史的事実とは何か」
　「ほんとうの教育とは何か」
　戦時下でありながら、いやそれだからこそ、あえて、たいせつなことがらを教えられたのだと思う[27]。

第3節　京城高等商業学校の学校文化

1918年4月、東洋協会京城専門学校に入学した第1回生48名の出身校は、中学校が42名、商業学校が6名と中学校卒業者が圧倒的であった。しかも、京城・東京・大阪・福岡で入試が行なわれた結果、入学者の大部分は内地か

らの学生であった。
　その後，年とともに商業学校出身者の比率が増大し，1938年以降ほぼ半数を占めるようになった。商業学校出身者の入学率増大に関しては次のような証言がある。

　　進学は，当然，と決め込んで高商一本ヤリ，であった。また，我が校の合格率は，ダントツだった[28]。(善隣商業学校から1932年入学)

　　私は京商から受験したのですが，その年(昭和十六年)京商，始まって以来の好成績でした，百人中十六人が京城高商に入ったんです。これは最高記録です[29]。(京城商業学校から1941年入学)

　中学校出身者と商業学校出身者では，当然のことながら第1学年のカリキュラムが異なった。手元の1938年度『京城高等商業学校一覧』によれば，中学校出身者にあって商業学校出身者にない科目は商業通論・商業簿記・商業数学，その逆が近世史・理化学・数学であった(合計の毎週教授時数は同じ)。また，外国語(支那語・英語)の時間数は同じであったが，程度には大きな差があった。支那語について，「中学から行った連中は，初歩の『ニーハォ』からやっているのに，商業学校からきた人は，もう分かっている。ずいぶん，ハンディキャップがあったですよ」[30] といわれている。英語の場合は，ほぼこの逆に近かったであろう。
　一方，内地出身者の占有率低下は，政策的な配慮の結果であった。1930年入学の「内地組」のひとりが次のように語っている。

　　朝鮮半島の中学校出は政策上重視したわけです。だから，僕ら内地組は非常に難しくて，六・五倍です。朝鮮組，例えば，京中とか竜中なんかは非常に優遇した。また推薦，いわゆる特待生で，無試験入学制もあった。学校の推薦です[31]。

　次に入試における競争率をみると，1918年は志願者48名を全員入学させ

たので1.0倍であったが，1919年1.5倍，1920年1.7倍，1921年3.5倍と徐々に上昇，官立移管の1922年に初めて5倍の大台に乗り，以後5倍前後で推移した。ただし，この競争率は全体としてのもので，1922年から入学が許された朝鮮人学生に限れば，これより遙かに高い。このように京城高等商業学校に多くの入学志願者が集まったのは，いくつかの要因による。そのヒントとなるのが次の発言である。

　初めて，はるばる海を渡った旅は，受験（京城高商）という，厳しい旅であった。
　わざわざ，そんな遠くにまで，という人もあったが，まず，何よりも自分の能力を考えなければならないのが，上級学校の選択基準であろう。しかも京城高商は「官立」の学校である。また，大陸への飛躍にも好適の位置ということが，この学校の選択となった[32]。

ここから窺われる要因は，京城高等商業学校は，内地の高等商業学校や専門学校よりは入学し易く，しかも授業料が安くプレスティージは高いという官立のメリットがあり，朝鮮・満州・中国での就職には有利である，という3点である。

保護者の職業については，『京城高等商業学校一覧』に「生徒家庭職業別表」というのがあり，1938年7月1日現在では，官公吏57（うち官吏52）・会社員46・商業45・農業39……，1939年4月1日現在では，官公吏56（うち官吏50）・農業54・商業53・会社員52……の順となっている。順位は別として，これらの職業が際立って多く，この4職種で全体の大半（1938年63.4％，1939年72.1％）を占めた。

続いて，卒業生の就職を見てみよう。そもそも京城高等商業学校のルーツである台湾協会学校は，「其名は台湾協会学校であったけれども，其実は一種の殖民学校といふべきもの」[33]であった。1908年4月，東洋協会専門学校長としての桂太郎は，「今日に於て我国には稍完全なる殖民学校として殆ど唯一の学校なりと信ず」[34]と断言している。このような学校の性格は，その後の東洋協会京城専門学校〜京城高等商業学校にも受け継がれたものとみる

ことができる。

　具体的な就職先を知ることのできる最も古い資料は，東洋協会専門学校京城分校第１期生（1908年３月卒）に関するもので，「本年三月を以て其卒業生三十八名を出したるが，已に悉く統監府韓国政府及銀行等に奉職することとなれり」[35]とある。すなわち京城高等商業学校は，その濫觴時代から官庁と金融機関を卒業生の主要就職先としていたのである。なかんずく最大の就職先だったのは韓国〜朝鮮の金融組合であった。これを研究した山田寛人は，次のように総括している。

　　金融組合は目賀田種太郎の発案で一九〇七年勅令第三三号「地方金融組合規則」により発足したもので，「地方農村を金融面から組合組織化することによって，徴税・貨幣整理の徹底，さらにこれと一体的関連において，義兵運動の物資的基盤＝温床たる地方農村を懐柔・統治しようというのが，その主要なねらいであった」という。金融組合を支配監督する立場にあった理事は，朝鮮総督がその任免権を持っており，各組合に一名ずつ配置されることになっていた。そして一九〇七年，理事として最初に採用されたのが東洋協会専門学校卒業生三〇名だった。以降，毎年のように，多くの京城分校卒業生が金融組合の理事として採用された。
　　このように，日本の朝鮮統治を支える人材として，朝鮮語を身につけた多くの卒業生を送り出した東洋協会専門学校の果たした役割は大きかった[36]。

　昭和初期の不況時には，京城高等商業学校の卒業生にとって金融組合理事のポストは一種の特権となった。次の引用は，1932年と33年の卒業生による対談の一節である。

　　西川　あのころは就職先がなくて，一般の事業会社はほとんど採らないし，官庁もあまり採らなかった。金融組合の理事が一番いい就職先だった。その時分，七十円ぐらいくれたですかね。だから，金融組合へ行くには，朝鮮語を知っていなければね。

前野　無条件で採用する。彦根高商グループが「京城高商はいいな」と言うから「何で」と言ったら「金融組合はお前のところばかりで，俺たちはだめなんだ」と言っていた。内地の高商を出てもだめで，金融組合の理事を特権で守ったわけだね[37]。

　われわれがここで留意すべきは，金融組合理事独占の特権が朝鮮語能力によって守られたということである。台湾協会専門学校が東洋協会専門学校と改称された1907年，同校に朝鮮語（当時の呼称は「韓語」）が「随意科」として設けられ，1909年9月からは「正科」となった。したがって，京城分校の学生たちは，東京で朝鮮語の手解きを受けており，京城で本格的な研修に励んだのである。この伝統は東洋協会京城専門学校〜京城高等商業学校にも受け継がれ，朝鮮語は必修科目で，朝鮮人の講師が常にいたばかりでなく，1922〜31年度は，山本正誠が朝鮮語担当の助教授として在職した。朝鮮語は，その後1935年頃から選択科目となり，1938年4月以降は事実上廃止されたが，京城高等商業学校生の約半数は商業学校出身であり，他校生よりは朝鮮語ができたことは事実である。

　話を元に戻して，1921（大正10）年から1945（昭和20）年までの京城高等商業学校卒業生の就職を概括すると，「大正十年に第一回生が卒業してから昭和二十年の太平洋戦争の終結による閉校に至るまでの間，二千数百名（在校生を含む）の同窓生は，主として朝鮮，満州の産業，金融界を職場として活躍した」[38]ということになる。これは，彼らが積極的に朝鮮・満州への進出を図った結果であったが，一面，内地での就職が難しかったからでもあった。1936（昭和11）年卒のひとりは，「昭和十一年，卒業の年を迎えた。同級生はほとんど京城あるいはその近郊に就職先を求めたが，私は母の希望が内地だったので内地へ就職したかった。しかし，その当時，朝鮮の学校を出て内地への就職は困難だった」[39]と述懐している。

　ところで京城高等商業学校では，学生は何かの部に入るのが原則であり，野球・テニス・スケート・ラグビー・柔道・剣道・陸上競技などのスポーツも盛んであったが，特筆すべき活動として，陸上部は中等学校の京城〜仁川駅伝大会を主催した。それが可能だったのは，主要な銀行・会社などに京城

高商の同窓会組織があり，経費の寄付を得ることができたからである。

このように京城高商同窓会は，朝鮮でかなり羽振りがよかったからか，他校生に対してある種の優越感を持っていたようである。その発露として，京城帝国大学・京城法学専門学校・京城鉱山専門学校・京城高等工業学校・京城歯科医学専門学校・京城第一高等女学校の在校生を茶化した「高商の窓から」という歌があった。たとえば「高商の窓から大学見れば，未来の馬鹿士がうようよしとる」とやるわけである。他校の場合は，次のような歌詞であった。

○法　　専　　未来の　ポリスが　交通整理
○鉱　　専　　未来の　山師が　もぐらのけいこ
○高　　工　　未来の　大工が　かんなのけいこ
○歯　　専　　未来の　下駄屋が　入歯のけいこ
○第一高女　　未来の　ワイフが　お花のけいこ

本節の最後に，朝鮮人学生について見ておこう。京城高等商業学校に朝鮮人学生が初めて入学したのは1922年のことである。同年2月，内鮮共学を建前とする「第2次朝鮮教育令」が公布され，4月に官立移管された京城高商が3名の朝鮮人学生を受け入れたのである。朝鮮人学生の数は年とともに漸増したが，彼らの競争率は内地人以上に高く，年によっては10倍を超えた。ただ，出身校の推薦による無試験入学のルートがあり，これが入試のストレスを多少緩和したようである。次の引用は，1931年に新義州商業学校から京城高等商業学校に入学した全龍鉉の例で，推薦入学が実態として教員間の人脈に依拠していたことを窺わせる。

　教頭の江副先生は，長崎高商出身で，私の京城高商，無試験合格に決定的影響を及ぼした先生であった。聞けば，京城高商の西原先生と長崎高商同期であったところから，私を極力推薦してくださったという。そのご恩は，未だに忘れられない[40]。

入学者の内鮮比率は，1938年まで8：2を暗黙の原則としたが，1939年から6：4となった。1938年4月，「内鮮一体」を3大スローガンのひとつとする「第3次朝鮮教育令」が施行され，次年度入学者から朝鮮人の比率を拡大するよう総督府の圧力がかけられた結果である。しかし，朝鮮人が入学者の約4割を占めた期間が短かったため，結局，京城高等商業学校の総卒業生1,833名のうち朝鮮人は339名（18.5％）に過ぎなかった。

　このように朝鮮人学生は，量的には少数派であったが，学業成績では内地人を凌ぐことが多かった。1942年9月の繰り上げ卒業生の場合は，「学業は韓国人学生の方が，まじめに取り組んでいた。昭和十七年九月の卒業式で表彰される学業成績優秀者は，すべて韓国人学生で占められていた」[41]という。彼ら朝鮮人学生は，そもそも中等学校段階から狭き門を潜り抜けてきたエリート中のエリートであり，内地人に対する民族的なライバル意識が強かった。また現実問題として，就職難を突破するためには内地人以上の好成績を収めねばならないという状況もあったのである。これに対して内地人学生は，ひたすら成績上位を目指す必要性がそれほどなかった。また戦時中は，「いずれ，戦場へ……という思いが，勉学に没入できなかった」[42]理由ともなった。

　京城高等商業学校の朝鮮人学生に関してもうひとつ言及しておきたいのは，彼らに対する内地人教授・学生らの態度である。次は，1943年の弁論大会のエピソードである。

　　私たちが一年生の時，弁論大会があった。二年先輩の韓国人が，豊臣秀吉と李舜臣のことを堂々と話した。それに対して「弁士中止」という声もなくみんなが黙って聞いていた。教授の中には，拍手した人もいた。だから，軍国主義，華やかなりしころでありながら，先生方の心の中には抵抗感があったのではないかと思いますね[43]。

　上述した1945年8月の別れの儀式は，このように日朝間の歴史を正面から受け止め，軍国主義に内心抵抗する教授と学生がいたからこそ実現したものと思われる。

おわりに

　京城高等商業学校の特色と考えられる点を改めて整理して結語に代えたい。京城高等商業学校の教授陣は，1920年の私立高商開設以来，東京高等商業学校〜東京商科大学出身者，いわゆる一橋派を中心として構成された。歴代校長5名中唯一の一橋派である鈴木孫彦が，私立から官立にかけて6年9ヵ月（1921年6月〜1928年3月）在任する間に彼らの人脈が築かれ，その後も引き継がれたものと思われる。とくに，1922年6月に挙行された官立京城高等商業学校開校記念式に東京商科大学長佐野善作がわざわざ東京から駆けつけたこと，ピーク時の1938年には専任教官14名中8名を一橋派が占めたこと，をポイントとして押さえておきたい。

　京城高等商業学校の助教授・教授から商業学校の校長として転出した者が，管見の限りでも6名（兼安麟太郎・山本正誠・西原峰次郎・渡植彦太郎・近藤英三・高田邦彦）いた。高等商業学校教授から商業学校長へという教員人事ルートが存在し，彼らの間には元京城高商教授どうしの連携プレーが見られた。

　京城高等商業学校のティーチング・スタッフは，専任教官もさることながら，非常勤講師陣も多彩であった。東洋協会専門学校京城分校の開校以来，京城在住の官僚や学識経験者を非常勤講師として動員することは，一種の伝統であったといってよい。外国語講師には一貫してネイティヴ・スピーカーが採用されたし，1924年に京城帝国大学予科が開設されてからは京城帝大との結び付きを強め，それが京城高等商業学校のレベルを高めることに貢献した。

　京城高等商業学校の学校文化の特徴として，リベラルな傾向が比較的強かったことが挙げられる。教授の中に横山富吉・近藤英三・吉川義弘・柴山昇などアメリカ留学経験者が多かったことが，その一因であろう。実際，近藤英三と上杉重二郎が自由主義者と評されたことは上述のとおりである。一方，学生たちも，1939年に制服・制帽が国防服・戦闘帽に変えられたものの，「学校と校外での服装は，黒と国防色の二重生活が卒業まで続けられた。我々

第13章　京城高等商業学校

の大多数は，登下校の時に黒の帽子をかぶり，学校当局に対し，わずかなレジスタンスを表していたものだ」[44]という。また，前述したように1943年の弁論大会では，朝鮮人学生の豊臣秀吉と李舜臣の話を傾聴した。散発的ではあったが，これらが学生のリベラルな性向を窺わせる実例である。

[註]（※はハングル文献）
1)『京城高等商業学校創立70周年記念文集　一粒の麦』京城高等商業学校（同経済専門学校）同窓会崇陵会　1990年　p.92
2)『拓殖大学八十年史』拓殖大学創立八十周年記念事業事務局　1980年　p.123
3) 同上　p.120
4) 多くの史料が東洋協会「殖民」専門学校としているが，いわば正史である『拓殖大学八十年史』が「植民」専門学校としているので，ここではこれに従う。
5)『京城高等商業学校創立70周年記念文集』p.51
6) 同上　p.79
7) 同上　p.55
8) 同上　p.102
9)『朝鮮』1922年7月号　p.178
10)『京城高等商業学校創立70周年記念文集』p.82
11) 同上　p.185
12) 同上　p.124
13) 同上　p.125
14) 同上　p.70
15) 同上　p.40
16) 阿部薫編　『朝鮮功労者銘鑑』民衆時論社　1935年　p.687
17)『拓殖大学八十年史』p.121
18)『アジア教育史研究』第8号　1999年　p.62
19)『京城高等商業学校創立70周年記念文集』p.101
20) 同上　p.80
21) 同上　p.113
22)『朝鮮功労者銘鑑』p.575
23)『京城高等商業学校創立70周年記念文集』p.163
24) ※『釜商八十年史』釜山商業高等学校　1975年　p.124
25)『京城高等商業学校創立70周年記念文集』p.40
26) 同上　p.108
27) 同上　pp.189-190
28) 同上　p.324
29) 同上　p.86
30) 同上　p.87

31）同上　p.72
32）同上　p.225
33）『拓殖大学八十年史』　p.119
34）同上　p.123
35）同上　pp.123-124
36）『アジア教育史研究』　第8号　pp.58-59
37）『京城高等商業学校創立70周年記念文集』　p.75
38）同上　p.48
39）同上　p.314
40）同上　p.249
41）同上　p.187
42）同上　p.200
43）同上　p.86
44）同上　p.185

第 14 章　京城帝国大学予科

はじめに

　京城帝国大学は，1886年の東京，1897年の京都，1907年の東北，1911年の九州，1918年の北海道に続く日本で6番目の，外地では最初の帝国大学として1924年に創立された。朝鮮(韓国)近代高等教育史研究の先達である馬越徹は，朝鮮総督府をして京城帝国大学の設立へと向かわしめた要因として次の4点を挙げている。①斎藤総督のいわゆる「文化政治」の総仕上げとして，そしてそのシンボルとして「帝国大学」が必要であった。②こうした総督府の新しい政策は，当時日本本国で進められていた教育制度の改革，とりわけ1918年の「大学令」の制定による高等教育の再編成とそれに基づく高等教育諸機関の拡張計画に呼応したものであった。③三・一独立運動後，私立専門学校の大学昇格運動や民立大学設立運動が勃興するなど朝鮮人の教育エネルギーが爆発したこと。④朝鮮在住日本人の高等教育機関設立要求があったこと[1]。

　このように京城帝国大学は，その設立の経緯からして「朝鮮的要素」と「内地的要素」が複雑に絡み合っていた。結果的に見ても，予科入学をめぐって内地人と朝鮮人の間に競合があり，同じ内地人でも，朝鮮在住者と内地からの新規渡航者との競争があった。予科教官は，内地から直接採用されるケースが多かったが，朝鮮の諸学校をステップとした者も少なくなかった。また予科の学校生活は，「一視同仁，内鮮融和，後には内鮮一体等というお題目だけに踊らされ，ただ内地人と朝鮮人が共に仲良く手を繋ぎ合って行きさえ

すれば、万事が旨く行くのではないかと、単純に考えていた節がない訳ではなかった」[2] といわれているが、現実には内・鮮学生間にさまざまな葛藤があった。

本章は、学生・教員および学校生活における「朝鮮的要素」と「内地的要素」を主たる関心事としつつ京城帝国大学予科の歴史を振り返ろうとするものである。なお、ここで対象を予科に絞るのは、「京城帝国大学学部の学生その殆んど総てを予科の修了生に仰ぐのであるからして本大学予科は即ち本大学の基礎根柢を為すもの」[3] だったからである。学部については他日を期したい。

第1節　学校沿革

朝鮮に大学設立の道を開いた「第2次朝鮮教育令」第12条を受けて、1923年11月、総督府に「朝鮮帝国大学創設委員会」が設置された。すなわち、この時点では、朝鮮に創設されるという意味から「京城」にはこだわっておらず、しかし、「帝国大学」という形は当初から目指していたのである。朝鮮総督府と本国政府との協議の結果、1924年5月に「京城帝国大学官制」が公布されることになるが、その経過を、1924年4月の『教育時論』は次のように報じている。

　　京城帝国大学官制々定の件は、先般来法制局にて審議中のところ
　　（一）　本官制は帝国大学令によるか又は朝鮮教育令によるか
　　（二）　名称を朝鮮帝国大学とするか又は京城帝国大学とするか
等の点につき、関係方面に種々の意見が生じて決定に至らなかったが、去る十四日法制局にて、佐竹法制局長官以下、各参事官、北島拓殖事務局書記官、長野朝鮮総督府学務局長等、参集審議の結果、本令は結局朝鮮総督府の原案通り、帝国大学令によること、名称は原案の朝鮮帝国大学を京城帝国大学に修正することに決定した[4]。

ところで、大学予備教育を、内地の如く高等学校によらず大学予科におい

て行なうことは,「第2次朝鮮教育令」が公布された時点(1922年2月)ですでに決まっていた。「高等学校の制に依るときには内地より入学志願者の殺到により朝鮮在住者の入学難を来たし,朝鮮に大学を設置するの趣旨を完ふすることが難しくなる虞れがある」[5]というのがその理由であった。また,京城帝国大学予科が2年制とされたのは,「高等学校の文科並びに理科に於ては,大学の各種の方面に進むべき生徒を養成する必要がある為めにその教科をなるべく普遍ならしむる必要があるのであるが,本大学予科に於ては法文学部並びに医学部に入るべく限定された生徒を養成するのであるから,その学力の教養に於てある種類のものに向って集中することができる」[6],したがって2年制でよいと判断されたからであった。いまひとつの理由として,3年制の高等学校は,中学校4年修了者の入学が可能であるが,それは実際上難しく,結局大多数は中学校5年を卒業して進学することになるので,資力に乏しい者の多い朝鮮では2年制の予科がよいとする向きもあった。

　1924年3月,京城帝国大学予科第1期生の入試が行なわれた。内地の高等学校との二股受験を防ぐため,試験期日を同一とし,試験場も京城1ヵ所に限った。その結果は次の表のとおりである。

表1　第1回予科試験合格率

		志願者(A)	受験者(B)	合格者(C)	合格率 C／B
文科	内地人	154	128	61	47.7%
	朝鮮人	141	119	29	24.4
理科	内地人	263	218	64	29.4
	朝鮮人	101	91	16	17.6
合計		659	556	170	30.6

出典:『朝鮮』第108号　1924年4月　p.181より作成

　表1によれば,内地人と朝鮮人の志願者・受験者数は,文科の場合接近しているが,理科では内地人が圧倒的に多くなっており,内地人の理科志向,朝鮮人の文科志向の強さを窺わせる。合格者の合計は,内地人125名(73.5%)に対し,朝鮮人は45名(26.5%)に過ぎなかった。

表2　第1回予科試験合格者内訳

		内地人			朝鮮人	計
		在朝鮮	在内地	その他		
文科	A（法学系）	18	17	0	10	45
	B（文学系）	15	11	0	19	45
理科（医学）		26	37	1	16	80
計　（　）内%		59 (34.7)	65 (38.2)	1 (0.6)	45 (26.5)	170 (100.0)

出典：『朝鮮』第108号　pp.181-182より作成

　表2は，合格者を出身校別に見たものである。朝鮮所在の中学校を卒業した内地人，在内地中学校出身の内地人，高等普通学校等を卒業した朝鮮人がそれぞれ約3分の1ずつとなっているが，厳密にいえば在内地中学校出身者が最も多く，とくに理科では80名中37名（46.3％）と半数近くを占めたことが注目される。

　このような入試結果に対して1924年4月3日付の『朝鮮日報』は，「朝鮮大学の試験顛末を聞いて」という見出しの社説において，①予科合格者は日本人が朝鮮人の3倍にのぼったこと，②おかしなことに日本本土から来た学生が3分の1にもなること，③入試問題を朝鮮人に不利にしたこと（日本史の出題，漢文の訓読など）を指摘，朝鮮人差別があったと非難した。

　また，文科・理科とも80名採用予定のところ，実際には文科90名，理科80名を入学させたことについて，日本側には，「合格者数を予定より増やしたのは，教室のゆるす限り受験者の便を考慮してのことと発表されたが，はじめての開校でもあり多少の落ちこぼれも出ることを予想しての措置ではなかったかと思われる」[7]という見方があるが，韓国側では，「理科は定員を守り，文科だけ定員を4名ずつ超過したのは，理科は朝鮮人学生が2組合わせて15名であるのに対し，文科ではA組10名，B組19名，計29名に達するので，これを牽制するため日本人学生を追加した」[8]と見ている。

　1924年5月10日，予科始業式が挙行され，京城帝国大学は実質的なスタートを切った。2年後の1926年4月には，第1回予科修了生を迎えて法文学部と医学部が出帆した。その後暫くこの体制が続いたが，京城帝大は1934

年，大きな転機を迎えた。予科の 2 年から 3 年への延長である。

　そもそも，2 年制の予科にもメリットはあった。それは，朝鮮人のみならず内地人にとっても同様であった。『京城帝国大学創立五十周年記念誌』には，「岡山県の私立金光中学を卒業した私は，ある日，朝鮮の京城に帝国大学が新設され医科があり，大学予科の受験資格は中学卒業ではあるが，修業年限が二年であるという新聞記事をみた。前年中学四年修了で高校の受験に失敗した私はただ，修業年限二年にひかれて規則書をとり寄せた」，「私が城大を選んだのは予科が一年短いのと修学旅行に私一人朝鮮に行かれなかったので，受験のためでも一度京城に行ってみたかったからである」[9] といった述懐がある。しかし，2 年制予科にはやはり限界があった。すでに 1927 年 3 月の時点で，法文学部教授安倍能成は次のように指摘している。

　　京城帝国大学の予科は現在二年制を取り，中学もしくは高等普通学校の卒業生を入学せしめてをるけれどもこれを三年制にする方がよいといふこと，更に進んでは三年制にすべきことは，学務当局においても主義として異議は余りないことだらうと思ふ。来学年度から三年制に改めたいといふ大学側の希望が容れられなかつたのは主として財政上の理由に基づくものであると信ずる。然しわれわれ大学に職を奉じて居る者からいはすればこのことはどうしても出来るだけ早く実現してもらはねばならず，京城帝国大学の使命を全うする上から見て，これは是非決行せられねばならない，といふことは殆ど自明のことである。……（中略）……三年制は確に有意味であり，必要である。第一に予科は単に大学の予備的智識を与へる所であるといふ以上に，主として学生相互間の交友によって人格や情操を養ふ所の，広い意味の教養の庭である。……（中略）……しかるにこの教育的意義は新入生から直に最上級生に移る二年制では十分に発揮せられない。……（中略）……

　　第二に大学の予備的智識を与へる所としての予科の職分から考へても二年では足りない。実例を一々挙げるのも煩しいから，予科として特に必要な外国語教育についてだけいつても，高等学校では第一外国語は約十時間，第二外国語は約四時間（私立大学の予科ではこの第二外国語を六時間やつ

て居る処もある）でこれを三年やって居る。ほゞ同じ時間を僅に二年しか
やらない本大学の予科と比べてその効果に差違の生ずべきは，余りに当然
なことではあるまいか，私は二年間に出来るだけの効果を挙げようとする
本大学予科教授の努力に感謝する者であるが，同時にこれが遂に不可能事
を強ふるに至らんことを懼ずには居られない[10]。

　このような大学側の動きにもかかわらず，安倍のいう「財政上の理由」か
らか，予科の修業年限延長は遅延を重ね，1934年になって漸く実現した。
それは，「京城帝国大学は，日本本国の帝国大学と比較して一段階低い，特
殊な大学であるという認識」[11]を，遅蒔きながら払拭するための措置であっ
た。
　なお，予科が3年制になると同時に，進学を前提とした文科のA・B組
（法学系がA組，文学系がB組）が廃止され，内地の高等学校と同じく第一外
国語による組分け（第一外国語が英語の者が甲類，ドイツ語の者が乙類）と
なった。
　1938年4月，理科の入学定員が40名増員された。1941年度からの理工学
部新設に備えた予科の学級増設であった。興味深いのは，新設学級のネーミ
ングである。この学級は，従来からの医学部進学予定者を「乙類」に押しやっ
て理科「甲類」とされたのである。前年7月に日中戦争が勃発しており，戦
力増強のために理工系が重視されるようになった現われである。
　1939年4月に入学した第16期生から，文科甲類は法文学部の法学科に，
文科乙類は哲・史・文学科にのみ進学するよう規程が変更された。いわゆる
「法学科ラッシュ」にブレーキをかける制度的装置であった。これによって，
それまでとは逆に，文科甲類はドイツ語が第一外国語，文化乙類は英語が第
一外国語とされた。結局，1933年入学者まで適用された進学先別のA・B組
編成に，実質的には還元されたわけである。
　予科の学級編成が改編された1939年は，入学志願者が急増に転じた年で
もあった。それまでも平均5〜6倍と入試競争率は高かったが，1939年に
は7.3倍となり，さらに1940年には12.7倍となった。その主たる原因は，
日本本国の大学入学難であった。韓国側の表現を借りれば，「大学に入れば

徴兵が延期されたので，浪人をしていた日本中学出身者が大挙押し掛けたからである」[12]。直接の呼び水となったのは，1939年から京城帝国大学予科の入試期日が早まったことであった。入試期日の繰り上げは，「京城の中等学校を出た内地人子弟の中優秀なるものゝ多くが内地の高等学校を受けに行ってしまふので，それを阻止して半島で中等学校を終へたところの内地人の最も優秀なるものを半島人の優れた者と共に予科に吸収したいといふのが目的であつた」[13] ようであるが，結果的には内地から多くの受験生を集めることになったのである。

1940年4月，日本全国の大学に適用される「大学令」に加え，朝鮮総督府令第79号を以て「大学規程」が定められた。それぞれの目的規定は次のとおりである。

　「大学令」第一条　大学ハ国家ニ須要ナル学術ノ理論及応用ヲ教授シ並ニ其ノ蘊奥ヲ攻究スルヲ以テ目的トシ兼テ人格ノ陶冶及国家思想ノ涵養ニ留意スヘキモノトス
　「大学規程」第一条　大学ハ国家ニ須要ナル学術ノ理論及応用ヲ教授シ並ニ其ノ蘊奥ヲ攻究シ特ニ皇国ノ道ニ基キテ国家思想ノ涵養及人格ノ陶冶ニ留意シ以テ国家ノ柱石タルニ足ルヘキ忠良有為ノ皇国臣民ヲ錬成スルニ力ムヘキモノトス

すなわち「大学規程」における京城帝国大学の目的は，日本の大学一般の目的に「皇国ノ道」「忠良有為ノ皇国臣民」を付加したものであった。1937年10月以来，予科の「毎朝の授業開始時には，全員起立して「皇国臣民ノ誓詞」というのを斉唱しなければならなかった」[14] ことなどと併せて，京城帝国大学では内地大学に輪をかけた皇国臣民教育が行なわれたことが窺われる。

1942年9月，予科の修業年限6ヵ月短縮が断行され，第17期生（1940年4月入学）の修了式が行なわれた。同様に，第18期生（1941年4月入学）の修了式は1943年9月に，第19期生（1942年4月入学）の修了式は1944年9月に挙行された（いずれも10月に学部入学）。

1943年1月，予科の修業年限はさらに6ヵ月短縮され，京城帝国大学予科はかつて（1933年入学者まで）の2年制に還元された。

1944年3月には，「教育に関する戦時非常措置方策」に基づいて文科系の縮小，理科系の拡充措置がとられ，京城帝国大学予科の入学定員は，文科60名（前年80名），理科甲・乙各120名（前年は甲・乙とも80名）となった。しかし，曲がりなりにも授業が行なわれたのは1944年度いっぱいで，理科系拡充の実を挙げるには至らなかった。

敗戦の翌々日（1945年8月17日），京城帝国大学の表札から「帝国」の2字が抹消され，京城帝国大学は名実ともに終焉を迎えた。

第2節　教官の去就

1．予科部長

初代予科部長小田省吾は，1899年に東京帝国大学文科大学史学科を卒業して教職に就き，長野師範学校嘱託・萩中学校教諭・徳島師範学校教授・畝傍中学校校長を歴任した。1908年12月，韓国政府に聘せられて渡韓，学部編輯局書記官として普通学校教科書の編纂などに従事した。1910年10月，朝鮮総督府の発足とともに学務局編輯課長となり，1922年には朝鮮総督府視学官兼事務官（編輯課長）となった。

小田省吾と京城帝国大学との縁が生じたのは，1923年11月，朝鮮総督府内に大学創設委員会が発足して以来である。そして1924年1月10日，同委員会の幹事であった小田に対して「朝鮮帝国大学附属大学予科開校準備ニ関スル事務取扱ヲ命ス」という辞令が発せられた。この辞令にあるように，1924年1月10日まではまだ「朝鮮帝国大学」であったが，ほどなく「京城帝国大学」に変わり，小田は5月2日，京城帝国大学予科教授兼朝鮮総督府事務官に任命され，同時に初代予科部長に補せられた。小田は，予科部長として朝鮮史および修身の教授や寄宿舎における学生の生活指導に当たったが，1926年4月，京城帝国大学の学部開設に際して法文学部教授を兼任することになった。そして，1年後の1927年5月，法文学部教授専任となり，予

科部長を辞任したのである。
　ある韓国人学者は，予科部長としての小田について次のように述べている。

　　彼はまた，朝鮮人学生と日本人学生間の摩擦を憂慮，この点に神経を大いに使ったようである。学生たちの前で訓話をする時も，彼は，朝鮮人・日本人という用語を絶対に用いなかった。彼は，朝鮮人を「国語を常用しない者」，日本人を「国語を常用する者」と言った[15]。

　「国語ヲ常用スル者」「国語ヲ常用セサル者」というのは，日本人・朝鮮人の直接的な民族区別を避けるため1922年2月公布の「第2次朝鮮教育令」に初めて採用された用語で，実社会ではほとんど使われなかったこの用語を固守したことは，「学者肌の勤勉な学務官僚」[16]としての小田の面目躍如たるものがある。
　法文学部教授専任となった小田は，その後1932年3月の定年まで勤続，朝鮮史に関する多くの研究業績を残した。退官後は，1935年8月に私立淑明女子高等普通学校（1938年4月淑明高等女学校と改称）の校長となり，1939年に淑明女子専門学校が創立されるや1年間，淑明高女と淑明女専の校長を兼ねた。そして1940年3月，淑明女子専門学校長専任となり，現役校長として終戦を迎えた。朝鮮滞在は，実に36年8ヵ月に及んだ。
　第2代予科部長戒能義重は，官立京城医学専門学校の教授であったが，京城帝国大学予科の発足とともに1924年5月2日，予科教授に配置替えとなった。予科における序列は，小田省吾に次ぐナンバー2であった。1927年5月，小田が法文学部の専任教授となって予科部長を辞したのに伴い後任部長となり，1934年5月まで7年間在任した。
　第3代部長中村寅松は，1903年に東大文科（哲学科）を卒業した。すなわち小田省吾の4年後輩である。その教職歴は，長野師範学校教諭・島根第一中学校長・真岡中学校長・台湾国語学校教授・三重第四中学校長・第八高等学校教授そして京城帝国大学予科教授・部長と非常に多彩であった。『朝鮮功労者銘鑑』も，次のようにこの点を高く評価している。

内地，台湾，朝鮮と中村寅松氏が教鞭をとり，子弟の薫陶に当つた所は多方面に渉つて居る。其の間或は中等教育に或は高等普通教育に，到る処として好績を残さぬものはない。以て其の人格と手腕と学殖との三拍子揃つた得難い人物なるを察すべきであらう[17]。

　予科部長となる前に朝鮮経験はないが，台湾総督府国語学校教授を務めたことが「外地経験」として買われたものと思われる。

　1934年5月の予科部長就任と同時に京城帝国大学法文学部教授を兼任したが，兼官は，1939年5月27日付で依願免となっている。予科部長在任は，それから1年後の1940年5月まで6年間であった。

　第4代部長黒田幹一は，すでに1920年から朝鮮にいたことが確認される。同年，京城医学専門学校助教授となり，翌1921年には教授に昇任した。そして1924年5月，京城医学専門学校教授兼京城高等商業学校教授から京城帝国大学予科教授に転じたのである（1925年1月まで京城医専教授も兼任）。予科教授としては当初，小田・戒能に次ぐナンバー3，戒能部長時代は，一貫してナンバー2であった。したがって，黒田が第3代予科部長になってもよかった筈であるが，結果的には第4代，同時に最後の部長となった（在任1940年5月～1945年8月）。

　以上見たように，歴代予科部長4名中3名は，京城帝国大学の創立以前から朝鮮におり，予科開設以来の教授であった。彼らの前職は，総督府視学官や総督府立専門学校の教授であったから，京城帝国大学予科教授への異動は，朝鮮総督府官僚の配置転換に過ぎなかったわけである。これは，京城帝大予科において「朝鮮的要素」が重視されたことを端的に示している。

2．教　授

　1924年5月の京城帝国大学予科発足当時の教授は，小田省吾・戒能義重・黒田幹一・福富一郎・近藤時司・高田真治・名越那珂次郎・山辺暁之・田中梅吉・児玉才三・津田栄・横山将三郎・阿部欣二の13名であった。このうち予科部長となった小田・戒能・黒田については前述したとおりであるが，この3名のほか福富・近藤・名越・児玉にも，予科教授となる前に朝鮮での

教職あるいは教育行政職の経験があった。

福富一郎は，1921年の京城師範学校開校時に同校教諭となった。この縁はその後も続き，福富は，予科教授となっても1930年3月まで京城師範学校教諭を兼任した。ちなみに，福富はこのほかにも兼任の多い人で，予科以前の1922年の数ヵ月間京城医学専門学校教授を兼任していたことがあり，予科教授時代には，1926年8月から1934年1月まで京城帝国大学法文学部助教授も兼ねていた。

近藤時司は，1923年以来，朝鮮総督府編輯課の職員（編修官）であった。この時直属の上司（編輯課長）だったのが小田省吾で，近藤は，小田に同道して京城帝国大学予科に異動したのである。

名越那珂次郎は京城法学専門学校教授，児玉才三は高等普通学校教諭であった。このふたりの渡航時期，児玉の勤務校はいずれも不明であるが，彼らの予科教授任命時の肩書きは，「朝鮮総督府官報」掲載の辞令によって知ることができる。

このように予科開設当時の教授陣は，その過半数（13名中少なくとも7名）を朝鮮総督府の本庁および傘下学校から調達する形で構成されたが，次に示すように，いわば予科教授の現地採用はその後も続いた。予科着任順に該当者を列挙してみよう。

藤井秋夫は，1922年から京城第一高等普通学校教諭を務めていたが，1924年8月，予科教授に任命された。

年岡鷹市は，専任の京城高等商業学校教授（1922年7月就任）から1925年2月，京城高等商業学校教授兼京城帝国大学予科教授となり，2ヵ月後，専任の予科教授となった。

小西英一は，1925年3月2日付で水原高等農林学校教授兼京城帝国大学予科教授に任じられたが，4月24日には免本官，予科教授専任となった。

森為三は，1909年4月，併合前の韓国に招聘されて官立漢城高等学校の教授となった。漢城高等学校は，1911年11月京城高等普通学校，1921年4月京城第一高等普通学校と校名が変わったが，森は，1924年5月まで15年にわたってこの学校に勤続した。ところで，彼が京城帝国大学予科教授に任じられたのは1925年4月30日であり，京城第一高等普通学校教諭を依願免

となってから11ヵ月間，公務員としての空白期間がある。京城帝大関係の韓国側資料に，「森は農林専門学校出身なので学士の資格がなく，初めは講師であった」[18]とあるところをみると，この11ヵ月間，森は予科の講師を務め，その後教授に正式採用されたようである。

高橋亨は，1902年に東京帝国大学文科大学漢文科を卒業し，暫く操觚界に居たが，1903年末，韓国官立中学校（漢城高等学校の前身）の教師として渡韓した。管見の限り，京城帝国大学予科の教授・助教授を務めた日本人は延べ65名であるが，渡航時期の最も早かったのが高橋亨である。高橋は，漢城中学校～漢城高等学校～京城高等普通学校に12年余勤続し，1916年5月，大邱高等普通学校長として転出した。その後1921年に朝鮮総督府視学官兼京城専修学校教授，1925年には本務と兼務が逆転して京城法学専門学校教授（京城法学専門学校は京城専修学校の後身）兼朝鮮総督府視学官となった。この間の1923年11月，総督府内に大学創設委員会が発足しており，高橋は，小田省吾らとともに同委員会の幹事として京城帝大の開設準備に携わった。そして，1925年11月24日，予科教授に任じられたのであるが，彼の予科在任は僅か5ヵ月に過ぎなかった。1926年4月，法文学部教授に配置替えとなったからである。ちなみに，高橋亨の詳細な年譜[19]にも予科教授の履歴は記されていない。法文学部教授としての在任は13年に及び，1939年4月，定年退職した。京城高等普通学校の校史が「とくに日本人教師の中には高橋や森のような学究的な人もいた」[20]と記しているように中等学校教師時代から学究派であった高橋亨は，京城帝大法文学部に本領発揮の場を得たとみるべきである。

平賀良蔵は，1924年5月，京城高等工業学校教授兼京城工業学校教諭となったが，翌年には本務と兼務が入れ代わり，1927年10月，京城工業学校教諭兼京城高等工業学校教授から京城帝国大学予科教授となった。予科在任は，1941年1月に退職するまで13年余に及んだ。

福士末之助は，1927年末に渡航して朝鮮総督秘書官に就任したが，間もなく総督府視学官となった。1929年12月，予科教授に任じられたが，この時も総督府視学官を兼ねており，1年後の1930年12月，再び視学官専任に戻った。

中沢希男は，1931年から海州高等普通学校教諭を務め，1935年2月，京城帝国大学予科教授に転じた。

佐藤得二は，1927年に水原高等農林学校助教授，1932年に同教授となった。また，1931年からは総督府編修官も兼ねていた。そして，予科教授に任命されたのは，1936年9月のことであった。

倉本雄三郎は，1935年11月から龍山中学校教諭をしていたが，1938年5月，予科教授に任じられた。

佐藤省三は，水原高等農林学校助教授を2年余務めた後，1938年9月に予科教授となった。

以上のように，現地採用組ともいうべき予科教授は，予科開設当時の7名と合わせて18名にのぼる。京城帝国大学予科の教授・助教授は，筆者が調べたところでは延べ66（内地人65，朝鮮人1）名であるが，このうち少なくとも18名（27.3％）は，日本内地から直接採用されたのではなく，すでに総督府傘下のポストに就いており，そこから予科に転じたのである。法文学部のスタッフが「東京帝大の若手教授，助教授を引抜いて」構成され，京城帝大法文学部は「東京帝大の分校といわれたほど」[21]だったのとは異なる。なお民族的には，予科の朝鮮人教授は尹泰東ひとりに過ぎず（在任1934年7～11月），この意味での「朝鮮的要素」はほとんどない。

次に予科教授後の経歴を見ると，小田省吾と高橋亨が法文学部教授となったことは前述したとおりであるが，同様のことは田中梅吉と土屋正義についても言える。

田中梅吉は，1924年6月に予科教授に就任，1927年4月，法文学部助教授兼予科教授となり，1929年4月以降は法文学部専任となった。

土屋正義は，1939年4月に予科教授に就任，1941年4月，理工学部助教授兼予科教授となり，1943年度からは免兼官とともに理工学部教授に昇任した。

このように予科教授から専任の学部教官となった者のほか，中村寅松が法文学部の教授を，高田真治と福富一郎が同助教授を兼任したことがあり，予科が，部分的に学部教官の供給源としても機能していたことがわかる。

第3節　京城帝国大学予科の学校文化

京城帝国大学予科は，次の5ヵ条を「訓育五綱領」とした。

一．至誠ヲ本トシ寛容協和ノ徳ヲ発揮スヘシ
一．倫常ヲ尚ヒ恭倹ノ心ヲ持スヘシ
一．責任ヲ重シ秩序ヲ守ルヘシ
一．省察自重以テ中正ノ道ヲ践ムヘシ
一．質実剛健ヲ旨トシ浮華放縦ヲ誡ムヘシ

1926年3月，第1回修了生に対して予科部長小田省吾が行なった訓辞の中に次のようなくだりがある。また，校歌「紺碧遙かに」の3番も，「至誠を捧ぐる五つの綱領」で始まる。京城帝大予科において「訓育五綱領」がいかに尊重されたかを窺わせるに充分である。

　　諸子カ本大学予科最初ノ入学生トシテ在学二ヶ年ノ間，能ク訓育五綱領ノ精神ヲ体認シテ之カ実現ニ努力シ我カ校風ノ樹立ニ力メタルコトハ小官ノ認ムル所ニシテ且大ニ満足スル所テアリマス，此ノ五綱領ハ我カ大学予科訓育ノ精神テアリマスルカ諸子カ進ンテ大学学部ニ入ルノ後ト雖モ此ノ精神ニテ行動シテ何等差支ナキモノト確信スルノテアリマス否大学学部ニ於ケル訓育ノ方針ト雖モ右五綱領ノ範囲ヲ出ツルコト之ナキモノト固ク信シテ疑ハヌノテアリマス因テ諸子ハ此ノ五綱領ノ精神ヲ永ク持続サレムコトヲ望ムノテアリマス[22]

「訓育五綱領」第1条の「寛容協和ノ徳」は，京城帝国大学が創立されるに至った当時の情勢からして，朝鮮人に対する寛容，内鮮の協和を多分に意識したものであった。そして，内鮮協和への大学側の配慮は，寄宿舎の在り方に端的に示された。寄宿舎「進修寮」の寝台や食事は次のとおりであった。

第14章　京城帝国大学予科

　　収容人員80名の進修寮を作るにあたっては、相当の配慮が必要であった。生活が非常に異なる朝鮮人と日本人学生を同じ寄宿舎に収容するには、どのようにするのが理想的かという問題であった。日本式にするとすれば、板張りに畳さえ敷けばよい。しかし、予科当局は、朝鮮式でも日本式でもない洋式と日本式の折衷式を採用した。寝台を置いて、その上に畳を敷いた。……（中略）……食事は、さらに問題であった。朝鮮料理でも日本料理でもいけない。これも、洋食と名付けて、日本化した洋食を主として提供した。朝鮮人の差別感を軽減するための配慮だったのである[23]。

　しかし、進修寮における内鮮協和は、結局不首尾に終わった。朝鮮人学生は、内地人主導の寮生活に馴染めず、次々に退寮していったのである。彼らの間には、「寄宿舎に入舎する学生を親日派とみる」[24]雰囲気もあったという。
　「訓育五綱領」の第2〜5条は、当時予科を風靡していた「蛮カラ風」を戒めたものと解することができる。蛮カラは、しばしば度が過ぎて次のような蛮行に走ることがあった。

　　朝鮮人学生は、クラス会のような公式集会以外では大体においておとなしい方であった。これに比して日本人学生の蛮勇は、商店の看板などをむやみに外して投げ棄てることがしばしばであった。また、蝉の幼虫が這うようにゆっくり進む電車の中で、ちょっとしたことで車掌を殴りつけた。
　　また、棍棒を持ち歩き、制服巡査が目に付き次第殴る者もいた。警察の派出所に小便をかけることもあったが、こんなことまでは許されなかったので、小田予科部長が、警察署を廻って、拘留された学生たちを貰い受けたものである[25]。

　しかし、これはあくまでも極端な事例であって、京城帝国大学予科生の多くは、課外活動に青春のエネルギーを燃やした。予科の部活動には、落第しない限り学部へ自動的に進学できるので部活動に打ち込める、運動部の場合、学部の先輩たちと一緒に練習することができる、という有利な条件があった。

これが，専門学校などとの対抗試合において京城帝大予科が好成績を挙げた背景である。1933年から40年にかけて実施された満州遠征，すなわち満州医科大学予科との各競技親善試合が刺激剤となったことも附言しておく。

蛮カラな生活や部活動によって青春を謳歌した予科生たちは，学部に進学すると一転して勉学に邁進した。ある朝鮮人OBは，「ひとつ不思議なことは，あんなに悪たれの振舞いをし，眼下無人的に遊びまわっていた日本人学生も，学部に来ると，いつそんなことがあったかという顔をして勉強に熱中するのであった」[26] と証言している。

次に，京城帝国大学予科生の民族構成や出身中等学校を改めて見てみよう。前述したように，1924年3月の第1回入試では，在朝鮮中学校卒の内地人，在内地中学校卒の内地人，高等普通学校卒の朝鮮人がそれぞれ約3分の1を占めた。内地人中の朝鮮出身者と内地出身者の比率については後述するが，入学定員の約3分の1という朝鮮人の比率は，1925年以降もほぼ不変であった。創立の翌年（1925年）から最末期まで京城帝国大学予科の教授を務めた小西英一は，「朝鮮人，内地人の合格者の割合は始めから何か決まったものがありましたか」という問いに対して，「全然なかったよ。神経質過ぎると思われる位に厳正にやっていましたよ。公平と言いますか，内鮮一体という表現のとおりにやっていましたよ。……（中略）……差別をするの，人数をどうするのか（ママ）ということは全然考えられなかった」[27] と答えているが，朝鮮側では，朝鮮人入学者の比率が伸びないことを差別と受け取り，また，「この3分の1という入学比率は，一般的に官立専門学校の朝鮮人学生にもあてはまる数値だったので，総督府当局に対する疑心は一層高潮した」[28] という。

第1期生168名（合格者170名中文科の2名が入学辞退。註8の叙述はこれに基づく）の出身校を分析すると，いくつかの特徴が見出される。

まず在朝鮮内地人の出身校は，文科の場合，京城中21名，平壌中6名，龍山中3名，釜山中3名，理科では京城中14名，平壌中6名，龍山中5名，釜山中1名と京城中学校のシェアが圧倒的である。その後，内地人中学校の増設に伴って新設校からの入学者もあり，既設校とくに龍山中学校の追い上げもあったが，京城中学校の相対的優位は一貫して変わらなかった。1932年のある京城中学校卒業生は，「京中出身者は多かったので予科の中で京城

中学出身者は仲々ハブリがよかった」[29] と述べている。

　内地からの新規渡航者の場合，出身中学校の所在地は，文科・理科とも福岡県をはじめとする九州が多かったが，その集中度は文科において高く，理科では出身校が全国にわたったため相対的に低かった。ちなみに第1期生の内地における出身中学校は，文科では福岡・佐賀・長崎・大分・鹿児島・山口・岡山・愛媛・兵庫・石川・愛知の11県にあったが，理科では福岡・佐賀・長崎・大分・熊本・鹿児島・山口・広島・島根・徳島・香川・愛媛・兵庫・大阪・京都・福井・三重・東京・群馬・新潟・山形・宮城の22府県に股がっていた。このような傾向はその後も一貫しており，とくに理科は，入学者が広く日本各地から押し掛けた感がある。

　ただ，予科修了者全体に占める内地中学校出身者の比率は，第1期生の38.6％がピークで，その後は漸減した。筆者の手許には第16期生（1939年4月入学）までの資料しかないが，この間の内地中学校出身者の比率は平均24.1％で，1929・33・36・37・38年度修了者においては20％を下回った。その分，在朝鮮中学校出身の内地人が増えたということである。

　前述したように，1939年以後，日本内地の入学難の反動として「浪人をしていた日本中学出身者が大挙押し掛けた」というが，詳しいデータは持ち合わせない。

　京城帝国大学予科に入学した内地人学生の受験動機はさまざまであった。内地中学校出身者の中には，「郷里柳河の近くには旧制高校が三校もあり父はその中の一つを受験するようにと言ったが未知の大陸に飛躍したいと大言して，渡鮮した」[30] 人もあれば，在朝鮮中学校の出身で，「父の病気はすでに重く一人息子の私を京城から離すことは耐えがたいように思えた」[31] など家庭の事情のため内地の高校への進学を断念した者，「内地留学は家計が許されないので，城大予科に進学」[32]（ママ）した者もあった。しかし，最大公約数的な動機として，内地の高等学校よりは入り易いということがあったであろう。京城帝大予科に1925年に入学し1927年法文学部に進学した朝鮮人学生は，「京城大学に学んだ日本人学生としては，日本本土内の高等学校や大学に比べて，何んだかプレスティジが劣るような学校だったような感じを皆さん持っていられたかも知れません。それは確かに入り易かった，日本人学生として

は。しかし韓国人学生の立場からすれば，とてもそんなものじゃなかった訳です」[33]と回想している。とくに1933年までの2年制予科時代は，中学4年修了時点で高校受験に失敗した者が中学校を卒業して改めて受験する際の，いわば「安全弁」的な性格があった。また，内地中学校出身者が大挙して押し掛けた主たる理由もここにあったとみられる。

朝鮮人に対する在朝鮮中学校出身内地人と内地中学校出身者との態度をめぐっては，次のように相異なる評価がある。前者は当時の朝鮮人学生，後者は朝鮮育ちの内地人学生によるものである。

　韓博士によれば，朝鮮で育った学生や朝鮮で教鞭を執った後予科に来た先生は民族差別が酷く，学生・先生を問わず日本からやって来た人は，民族差別があまりなかった[34]。

　私は朝鮮に育ったものですから或程度解っていましたので，朝鮮人学生を刺戟するような言動はつつしんでうまくやった積りです。けれども大体衝突するのは内地からの学生で，朝鮮人をよく知らないままに朝鮮に来，予科に入って来て多少蔑視するような言動をしたり，なにかというと反撥するようなことをしたもんだからスッタモンダする例がありました。私等は，まあ仲裁したようなことがしばしばありましたけれど………[35]。

いずれが現実により近かったのか判断できないので，ここでは両論併記にとどめるが，いずれにせよ京城帝国大学予科には，朝鮮人と内地人，同じ内地人でも朝鮮育ちと内地育ちという，それぞれがお互いの存在を意識する3つの学生集団があったといえるであろう。

おわりに

本章のポイントを改めて整理して結語に代えたい。そもそも京城帝国大学の校名は，当初の構想段階では「朝鮮」帝国大学であった。この「朝鮮」が消えたことは，「朝鮮の大学」さらには「朝鮮人のための大学」の色彩が薄

まるという意味において象徴的であった。現に京城帝国大学予科の学生は，内地人が3分の2を占め，朝鮮人は平均して約3分の1にとどめられたのである。

予科生の大部分を占めた内地人も，在朝鮮中学校の出身者と在内地中学校の出身者，換言すれば朝鮮育ちと内地育ちに二分された。とくに理科においては内地育ちの比重が大きく，彼らは，広く日本全国から参集した。このように見てくると，予科の学生レベルにおける「内地的要素」は，朝鮮人に対する場合と，内地人の間における場合とに分けて考える必要がある。

一方，予科の教授陣はほぼ全員内地人によって構成され，民族から見た「朝鮮的要素」はほとんどない。しかし，彼らの中には，予科開設初期を中心に朝鮮での現地採用組がかなり含まれており，この意味での「朝鮮的要素」を無視することができない。この点は，内地からの直接採用を原則とした学部と比べて，予科の大きな特徴である。ただ，予科教授と学部教授ではそのステータスに明確な差があった（たとえば内地大学の助手が，いきなり京城帝大予科教授となることがあったが，学部ではそれはなく，まず助教授となった）。現地採用を含む予科の教官人事の在り方と彼らのステータスとはどのように関連したのか，さらなる検討が必要である。

[註]（※はハングル文献）
1）馬越徹　『韓国近代大学の成立と展開』　名古屋大学出版会　1995年　p.103
2）『京城帝国大学創立五十周年記念誌　紺碧遙かに』　京城帝国大学同窓会　1974年　p.654
3）『文教の朝鮮』　1926年6月　pp.18-19
4）『教育時論』　第1399号　1924年4月25日　p.31
5）『朝鮮』　第85号　1922年3月　p.10
6）『文教の朝鮮』　1926年6月　p.19
7）『京城帝国大学創立五十周年記念誌』　p.13
8）※李忠雨　『京城帝国大学』　多楽園　1980年　p.59
9）『京城帝国大学創立五十周年記念誌』　p.30，p.648
10）『京城日報』　1927年3月11日付
11）※丁仙伊　『京城帝国大学研究』　文音社　2002年　p.71
12）※李忠雨　前掲書　p.244
13）『京城日報』　1940年7月16日付

14) 『京城帝国大学創立五十周年記念誌』 p.677
15) ※李忠雨　前掲書　p.68
16) 佐藤由美　『植民地教育政策の研究〔朝鮮・一九〇五～一九一一〕』 龍渓書舎　2000年　p.193
17) 阿部薫編　『朝鮮功労者銘鑑』 民衆時論社　1935年　p.905
18) ※李忠雨　前掲書　p.71
19) 『朝鮮学報』 第14輯　朝鮮学会　1959年　pp.1-13
20) ※『京畿七十年史』 京畿高等学校同窓会　1970年　pp.62-63
21) 『京中卒業五十周年記念誌　仁旺ヶ丘』 京喜会　1982年　pp.24-25
22) 『文教の朝鮮』 1926年6月　p.132
23) ※李忠雨　前掲書　p.81
24) ※丁仙伊　前掲書　p.136
25) ※李忠雨　前掲書　p.79
26) 同上　p.80
27) 『京城帝国大学創立五十周年記念誌』 p.743
28) ※丁仙伊　前掲書　p.88
29) 『京中卒業五十周年記念誌』 p.20
30) 『京城帝国大学創立五十周年記念誌』 p.35
31) 『京中卒業五十周年記念誌』 p.20
32) 同上　p.152
33) 『京城帝国大学創立五十周年記念誌』 p.408
34) ※李忠雨　前掲書　p.86
35) 『京城帝国大学創立五十周年記念誌』 p.719

〈著者紹介〉

稲葉 継雄（いなば・つぎお）

1947年　佐賀県生まれ
1970年　九州大学教育学部卒業
1973年　九州大学大学院教育学研究科修士課程修了
1974年　韓国・高麗大学校大学院教育学科博士課程中退
　　　　筑波大学文芸・言語学系講師〜助教授，九州大学教育学部助教授〜教授を経て，現在，九州大学大学院人間環境学研究院教授，博士（教育学）
主　著　『解放後韓国の教育改革』（共著・韓国文・韓国研究院），『旧韓末「日語学校」の研究』（九州大学出版会），『旧韓国の教育と日本人』（九州大学出版会），『旧韓国〜朝鮮の日本人教員』（九州大学出版会），など

旧韓国〜朝鮮の「内地人」教育
2005年11月5日　初版発行

著　者　稲葉　継雄
発行者　谷　　隆一郎
発行所　(財)九州大学出版会
　　　　〒812-0053　福岡市東区箱崎7-1-146
　　　　電話 092-641-0515（直通）
　　　　振替 01710-6-3677
印刷／㈲レーザーメイト・㈲城島印刷　製本／篠原製本㈱
©2005 Printed in Japan　　　ISBN4-87378-884-6